普通高等学校"十三五"规划教材

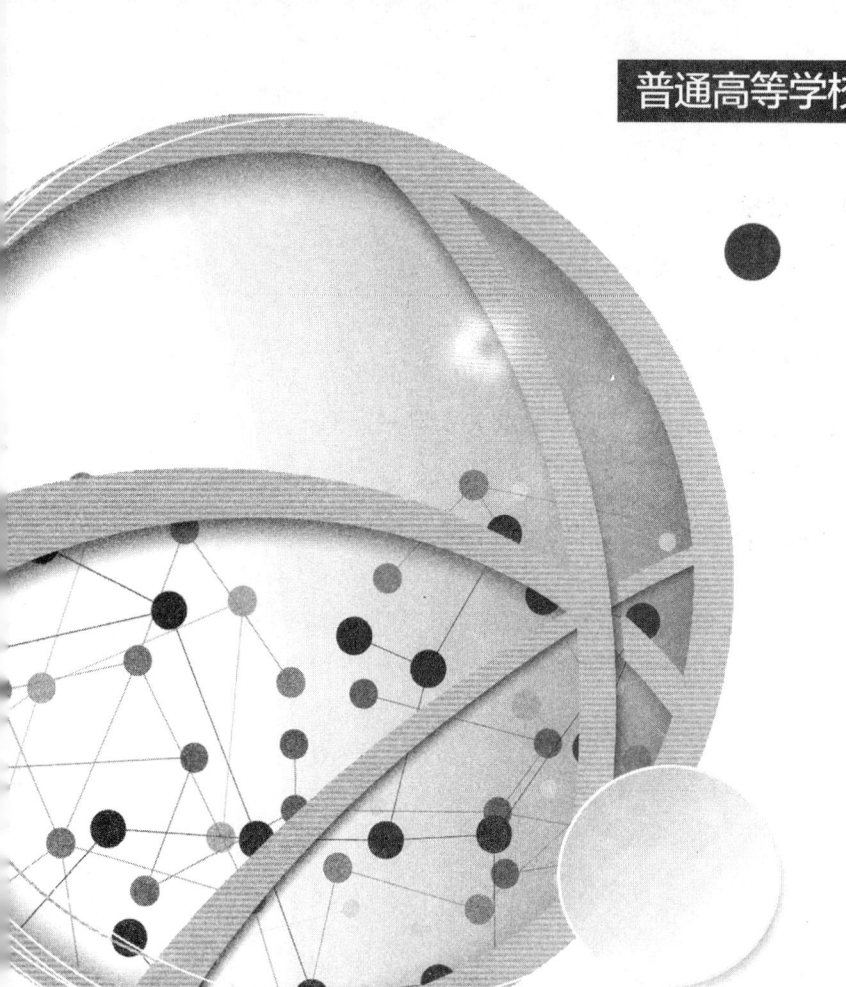

Shiyong
Gonggong Guanxi Jiaocheng

实用公共关系教程

陆季春　余斌　吴静　主编

经济科学出版社
Economic Science Press

图书在版编目（CIP）数据

实用公共关系教程 / 陆季春，余斌，吴静主编 . —北京：经济科学出版社，2015.11
ISBN 978 - 7 - 5141 - 6229 - 5

Ⅰ. ①实… Ⅱ. ①陆…②余…③吴… Ⅲ. ①公共关系学 - 高等学校 - 教材 Ⅳ. ①C912.3

中国版本图书馆 CIP 数据核字（2015）第 262011 号

责任编辑：周国强
责任校对：隗立娜
责任印制：邱 天

实用公共关系教程

陆季春 余 斌 吴 静 主 编
经济科学出版社出版、发行　新华书店经销
社址：北京市海淀区阜成路甲 28 号　邮编：100142
总编部电话：010 - 88191217　发行部电话：010 - 88191522
网址：www.esp.com.cn
电子邮件：esp@esp.com.cn
天猫网店：经济科学出版社旗舰店
网址：http://jjkxcbs.tmall.com
北京密兴印刷有限公司印装
787×1092　16 开　17.5 印张　430000 字
2016 年 1 月第 1 版　2016 年 1 月第 1 次印刷
ISBN 978 - 7 - 5141 - 6229 - 5　定价：42.00 元
(图书出现印装问题，本社负责调换。电话：010 - 88191502)
(版权所有　侵权必究　举报电话：010 - 88191586
电子邮箱：dbts@esp.com.cn)

本书编写委员会

主　编　陆季春　余　斌　吴　静
副主编　黎　红　周晓曼　李　繁
　　　　　劳蕾蕾　李　琴　卓　霞
　　　　　况汉英　赵雪莲
编　委（按姓氏笔画排序）
　　　　　王　琦　朱凤梅　苏　琼
　　　　　严瑞燕　傅晓颖　舒　卷
　　　　　曾小鸟　戴续妹

前　言

公共关系是一门探讨和研究社会组织如何通过有效的传播手段得到公众的理解与支持，以树立良好的组织形象、提高行业综合竞争力的管理科学。自20世纪80年代以来，公共关系以其独特的魅力，被广泛应用于社会的各个领域，在大众传播、经营管理、市场营销等领域发挥着令人瞩目的作用，越来越受到人们的高度重视。随着国际经济一体化的迅速发展，市场竞争日益激烈企业之间的竞争已经由价格、服务、转向了品牌和形象，公共关系正是创造品牌、树立形象的强力助推器，目前已经成为衡量一个组织管理水平的重要标志之一。

伴随现代公共关系理念在中国的深入传播，公共关系已被广泛地应用于社会的各个领域，从以"新北京、新奥运"为主题的北京奥运会、60周年国庆阅兵活动、上海世博公关新星评选活动等一系列热点事件的公共关系实践中我们不难发现，无论是政府、企业还是其他机构对于公共关系的重视程度日益加强，运用手法愈加娴熟，对社会经济的发展起到了十分重要的推动作用。

因此，对于当代大学生，特别是今后从事秘书、管理、金融、财政、外贸、商业等工作的人员来说，应该通过公共关系理论的学习，掌握其基本技能，以便在实践中不断提高自己的公关能力，在现代市场经济建设中发挥其价值和作用。

为适应当前高等教育内涵建设的需要，切实提高高等院校应用型、高素质专业人才的培养质量，我们经过对大量有关公共关系的资料搜集、整理、筛选、分析、提炼后，结合实际工作体会，编写了这本《实用公共关系教程》。

本书在编写过程中，笔者一方面充分综合了公共关系所涉及的各个方面，内容新颖，吸取更多新的知识、新的成果，紧密联系现代公关活动的特色，体现出时代性、实用性、创新性的特点，以满足社会各个方面、各个层次的工作人员学习公共关系知识理论的需要，主要内容包括：公共关系导论、公共关系的构成要素、公共关系的目标与职能、公共关系的工作程序、公共关系实务活动、组织与公众的关系协调、公共关系形象塑造、公共关系危机管理、公共关系交往技巧等。另一方面结合了大量案例讲解公关理论和实践运作，通俗易懂，深入浅出，在每一章节中不仅有相关链接的课堂讨论题，而且有典型案例讨论、课堂活动项目设计及思考题，以激发学生兴趣，调动学生参与的积极性，很好地起到了解最新国内外公关信息、深入学习和思考、巩固所学知识的作用。

本书不仅方便教师选取其中内容有针对性地组织教学、便于学生的自学和思考，而且还是相关人士提高公共关系操作技能及开展专业技能培训的指导性资料。

本书由陆季春编写大纲并统稿，具体编写分工如下：陆季春（宁波大红鹰学院）编写前言、第一章；余斌（金华职业技术学院）编写第二章；劳蕾蕾（宁波大红鹰学院）编写第三章第一、二节；况汉英（安康学院）编写第三章第三、四节；吴静（金陵科技学院）编写第四章；李繁（宁波大红鹰学院）编写第五章第一、二节；赵雪莲（台州科技职业学院）编写第五章第三、四节；黎红（宁波大红鹰学院）编写第六章；李琴（宁波教育学院）编写第七章；周晓曼（济南职业学院）编写第八章；卓霞（金华职业技术学院）编写第九章。这几位老师都是高等院校的一线教师，具有丰富的教学经验和科研经验，本书内容是这些老师在长期教学工作中的知识与经验和科研工作中的积累与成果的再现。

在本书的编写过程中，各编者参阅了大量的国内外著作和文章，恕不能一一列举，这里谨向这些论著的作者表示深深的敬意和由衷的感谢。由于作者水平有限，书中定有疏漏之处，恳切希望广大公关同仁和读者对教材提出宝贵的意见和建议，使之更臻成熟。

陆季春
二〇一五年九月十二日

目　　录

第一章　**公共关系导论** / 1
　　第一节　公共关系的基本理论 / 2
　　第二节　公共关系的兴起与发展 / 12
　　第三节　公共关系的学科与体系 / 23
　　案例讨论与项目实训 / 27
　　课后思考 / 28

第二章　**公共关系的构成要素** / 30
　　第一节　公共关系的主体——社会组织 / 31
　　第二节　公共关系的客体——公众 / 38
　　第三节　公共关系传播 / 49
　　案例讨论与项目实训 / 60
　　课后思考 / 63

第三章　**公共关系的职能和作用** / 64
　　第一节　公共关系的职能 / 65
　　第二节　公共关系的作用 / 75
　　第三节　公共关系人员及其素质 / 79
　　案例讨论与项目实训 / 85
　　课后思考 / 86

第四章　公共关系的工作程序 / 87

第一节　公共关系调查 / 88

第二节　公共关系策划 / 97

第三节　公共关系计划的实施与评估 / 106

案例讨论与项目实训 / 115

课后思考 / 121

第五章　公共关系专题活动 / 122

第一节　公共关系专题活动策划 / 123

第二节　公共关系广告 / 138

第三节　公共关系谈判 / 147

案例讨论与项目实训 / 155

课后思考 / 159

第六章　公共关系沟通与协调 / 160

第一节　组织内部公共关系协调 / 161

第二节　组织外部公共关系协调 / 175

案例讨论与项目实训 / 187

课后思考 / 191

第七章　组织形象塑造与 CIS 战略 / 192

第一节　组织形象的内涵与特征 / 195

第二节　组织形象的分析与设计 / 198

第三节　CIS 战略与设计途径 / 206

案例讨论与项目实训 / 222

课后思考 / 225

第八章 | **公共关系危机管理 / 226**

第一节　公关危机与危机管理 / 227

第二节　公共关系危机的预防 / 232

第三节　公共关系危机的处理 / 234

案例讨论与项目实训 / 236

课后思考 / 238

第九章 | **公共关系礼仪 / 239**

第一节　公关礼仪概述 / 240

第二节　公共关系从业人员个人形象塑造 / 242

第三节　公共关系交往礼仪 / 257

第四节　公共关系实务礼仪 / 263

案例讨论与项目实训 / 266

参考文献 / 269

第一章　公共关系导论

> 本章作为教材的起始点和导论部分，着重介绍公共关系的含义、特征与界定；中西方公共关系的发展历程；阐明构成公共关系的基本要素；公共关系与相关概念的区别。通过学习，认识公共关系的基本概貌，树立公共关系意识和现代公共关系观念，为今后提高公共关系能力打下牢固的理论基础。

学习目标

知识目标

- 掌握公共关系的概念及内涵
- 了解公共关系的要素与特征
- 认识公共关系与相关概念的辨析
- 了解公共关系的起源与发展概况

能力目标

- 能够树立公共关系意识，增强自身现代社会的适应性
- 能够运用现代公共关系观念解决公共关系问题的能力

先导案例

35次紧急电话

一天下午，日本东京奥达克余百货公司的一名售货员彬彬有礼地接待一位来买随身CD唱机的女顾客。当时，售货员为顾客挑选了一台未启封的新力CD唱机。最后，售货员清理商品发现，原来是将一个只有外观的样品机器卖给了那位女顾客。于是，她立即向公司警卫作了报告，警卫马上四处寻找那位女顾客，但是一直没找到其踪影。

奥达克余百货公司经理马上召集有关人员研究，可是只知道那位女顾客是一位美国名叫基泰丝的记者，留下一张"美国快递公司"的名片之外，别无其他线索。

公关部连夜开始了一连串查找，打电话向东京各大酒店查询，毫无结果。又打长途电话向美国快递公司日本大阪总部查询，后在深夜回话得知基泰丝父母在美国的电话号码。接着，工作人员打国际电话，找到了基泰丝的父母，进而打听到基泰丝在东京的住址和电话号码。完成这一过程，总共打了35个紧急电话。

第二天一早，奥达克余百货公司给基泰丝打了道歉电话，并由副经理和公关人员前往基泰丝的住处，见到基泰丝，他们深深鞠躬表示歉意，他们为基泰丝送来一台新的新力CD外，还加送了CD一张、蛋糕一盒和毛巾一套，副经理还拿出记事本，宣读了怎么查询顾客的住址和电话号码，实时纠正失误的全部记录。

基泰丝由此深受感动，她本来是要把随身CD唱机送给日本的亲戚作为见面礼的，但买回家发现随身CD唱机有问题根本不能用，非常恼怒，立即写了题为《笑脸背后的真面目》的批评稿，准备第二天拿到奥达克余百货公司兴师问罪。可是没想到，奥达克余百货公司竟然及时纠正了错误，并花了那么多时间和精力。

基泰丝为此撕掉了批评稿，而重新写了一篇题为《三十五次紧急电话》的特稿。该文章发表后，引起社会广大回响，奥达克余百货公司也因此声名鹊起，门庭若市。这个故事也被美国公共关系协会推荐为世界性公关关系的典型案例。

（资料来源：边一民，《公共关系案例评析》，浙江大学出版社2004年版）

思考： 此事曾被美国公共关系协会推举为世界性公共关系范例。通过以上案例，我们可以了解到公共关系对于一个企业来说有着重大的意义。"奥达克余"在不到20小时的时间内，能够将一起由于自身失误而引发的风波妥善地平息下去，应当说是得力于强烈的公关危机意识和及时的公关举措。那么，什么是公共关系，公共关系对我们的日常工作和生活有什么样的影响？本教材将带你们进入一个真实的公共关系世界，向你们展示公共关系的魅力所在。

第一节　公共关系的基本理论

公共关系是现代经济社会发展的产物，随着市场经济的迅猛发展和市场经济环境的不断完善，公共关系学越来越以她独特的魅力受到社会各界的普遍重视和各类组织的广泛应用。学习公共关系理论，应用公共关系技术，树立良好组织形象，提高经营管理水平和决策能力，已经成为社会组织谋求发展的重要手段。优良的公共关系为社会组织塑造出良好的形象，创造出了和谐的环境，并推动着整个社会的文明和进步。

一、公共关系的概念

（一）"公共关系"一词的来源

客观地说，"公共关系"这一概念是"舶来品"，是英文"public relations"的汉语译称（缩写PR）。从字面来看，公共关系一词是由两部分组成。"public"是形容词，有"公共的"、"公众"两方面的含义，即属于社会的、集体的，不是属于个人的；"relations"是一个名词，译为"关系"，后面加上s，为表明这些关系是众多的，即由多人组成的群体之间的某种性质的联系。"public relations"可译为"公众关系"或"公共关系"，大多数学者都采用"公共关系"译名。有人认为该词应译为"公众关系"，其实，它与"公共关系"在译法上无本质区别，但译为"公共关系"更容易被国人准确理解，理由有三：一是公共关系的"公众"不仅由人群构成，还包括政府、社区、媒介等机构。政府、社区、媒介等机构在中国人的心中是公共事业单位，因此译为"公共关系"，理解上更为准确；二是全世界华人著述多是这样译法，已成为主流译法；三是全国的公关协会被法律认可的也是"公共关系"的协会。

（二）公共关系定义

公共关系的定义，主要揭示公共关系这种活动的基本性质，明确公共关系的应用范围，规范公共关系的学科领域，阐述公共关系的技术手段。不过，由于公共关系是一门新兴的边缘交叉学科，其本身仍然处于不断的发展、变化之中，新观念、新方法层出不穷。近一个世纪以来，西方学者对公共关系学进行了大量的研究，但由于不同的学者的着眼点不同，采用的方法不同，所以，他们对公共关系所下的定义也迥然不同。正如公共关系学者斯蒂芬·菲茨杰拉德所说："令人头疼的不是'公共关系'一词缺乏意义，而是这个词包罗万象、囊括过多。"

在国内外，关于"公共关系"的定义可谓种类繁多、众口不一，现择其要者介绍如下。

（1）1976年，美国最早从事公共关系学教育的莱克斯·哈罗博士在分析了472个公共关系定义后提出：把"公共关系"定义为：公共关系是一种特殊的管理职能。它帮助一个组织建立并保持与公众之间的交流、理解、认同与合作；它参与处理各种问题与事件；它帮助管理部门了解民意，并对之做出反映；它确定并强调企业为公众服务的责任；它作为社会趋势的监测者，帮助企业保持与社会同步；它使用有效的传播技能和研究方法作为基本工具。

（2）1978年8月8～10日，在墨西哥城召开的各国公共关系协会世界第一次大会上，把"公共关系"定义如下：公共关系的实施是分析趋势、预测后果，向组织领导人提供咨询意见，并履行一系列有计划的行为以服务于本组织和公众共同利益的艺术和社会科学。

（3）国际公共关系协会的定义是：公共关系是一种管理功能。它具有连续性和计划性。通过公共关系，公立的和私立的组织、机构试图赢得同他们有关的人们的理解、同情和支持——借助对舆论的评估，以尽可能地协调它自己的政策和做法，依靠有计划的、广泛的信息传播，赢得更有效的合作，更好地实现它们的共同利益。

（4）美国公共关系学会推出了具有代表性的四种定义：①公共关系是企业管理机构经过自我检讨和改进之后，将其态度公诸社会，借以获得顾客、员工及社会的好感和了解的这样一种持续不断的工作。②首先，公共关系是一个人或一个组织为获取大众之信任与好感，借以迎合大众之兴趣而调整其政策与服务方针的一种持续不断的工作。其次，公共关系是对此种已调整的政策与服务方针加以说明，以获得大众了解与欢迎的一项工作。③公共关系是一种技术，此种技术在于激发大众对任何一个人或组织的了解并产生信任。④公共关系是工商管理机构用以测验大众态度、检查本企业的政策与服务方针是否得到大众了解与欢迎的一种职能。

（5）《韦伯斯特20世纪新辞典》的定义："公共关系，通过宣传与一般公众建立的关系；公司、组织或军事机构等向公众报告它的活动、政策等情况，企图建立有利的公众舆论的职能。"

（6）斯科特·卡特李普和阿伦·森特在其合著的《实用公共关系学》中下的定义："公共关系是一种通过优良的品格和负责的行为来影响公众舆论的有计划的努力，它建立在双方满意的双向交流的基础上。"

（7）中国学者居延安所著《公共关系学导论》中的定义："公共关系是一个社会组织用传播手段使自己与公众相互了解和相互适应的一种活动或职能。"

（8）毛经权主编的《公共关系》中的定义："公共关系是一个组织运用各种传播手段，在组织与社会公众之间建立相互了解和依赖的关系，并通过双向的信息交流，在社会公众中树立良好的形象和声誉，以取得理解、支持和合作，从而有利于促进组织本身目标的实现。"

（三）对如何给"公共关系"下定义的一些看法

以上种种定义，从不同方面揭示了公共关系的性质、特征、目的、途径等诸多方面。从这几个方面可以把这些定义归纳如下：

从公共关系的性质来看，公共关系到底是什么呢？它是一种关系、职能、活动、职业、工作、技术、艺术、政策，等等。

从公共关系的特征来看，公共关系具有功利性、相关性、公共性、互利性、连续性、职业性、政策性，等等。

从公共关系的直接和最终目标来看，公共关系是为了传递、交流信息，增进相互了解；获得理解，改善态度；塑造组织良好形象；为了服务公众；争取支持，赢得合作；互惠互利，实现共同利益；求生存谋发展，与时俱进。

从实现公共关系的途径与方法来看，要建立和维护良好的公共关系，就要运用信息沟通与传播手段；社会组织主动与相关公众进行卓有成效的双向交流；协调组织内部的关系、协调组织与公众的关系。

以上四个方面分别说明了公共关系"是什么""怎么样""为什么"和"怎么做"的问题。

要想准确地给公共关系下定义，必须先抓住公共关系的本质属性，理解公共关系的特征，这样才能够将它与同类事物中的其他不同属性的东西区别开来。

曾经有一个公关经理用一个小伙子追求一位漂亮姑娘的例子来形象地描述了公共关系的本质特征。他说，如果小伙子对姑娘大献殷勤，起劲地表白自己是如何喜欢她、欣赏她，这不是公共关系，是推销；如果小伙子精心地打扮自己，并以翩翩的风度去吸引姑娘的注意力，这也不是公共关系，而是广告；如果小伙子认定目标，制订计划，埋头苦干，取得优异的成绩，赢得大家的好评，而这种赞扬之词又通过众人之口传入姑娘的耳中，使姑娘对小伙子产生钦佩与爱慕之情，这才是公共关系。这个例子揭示了公共关系的本质特征。

我们在公共关系领域现有的研究基础上，给公共关系一个科学完整的定义：

公共关系是社会组织遵循一定的原则和方法，运用有效的传播、沟通手段，谋求公众对本组织的了解、信任、好感、支持与合作，在公众中树立起良好的组织形象，从而获得共同利益的一种经营管理艺术。

理解这一定义，主要掌握四个要点：

第一，公共关系是一个组织与公众之间的双向关系（主体与客体）。

只有双向沟通，公众才能接收社会组织发出的信息，社会组织也才能接收公众的信息反馈，从而不断改善组织生存和发展环境，调整自身形象，实现组织的最终目标。组织与公众之间双向沟通关系使公共关系与其他关系区别开来。

第二，公共关系主要通过传播与沟通等手段实施（手段）。

公共关系是社会组织通过传播、沟通手段影响公众。公共关系的主体是社会组织，客体是公众，手段是传播、沟通。换言之，社会组织、传播沟通、公众是构成公共关系的三大要素。

第三，公共关系是一种管理活动（职能）。

现代公共关系活动主要是指作为组织的一种经营管理行为的"公共关系实务"，包括公关调查、公关策划、公关交际以及各种公共关系专题活动等。

第四，公共关系的目的是为了实现组织与公众的共同发展（目的）。

公共关系是公关组织在一系列比较规范和专业化的公关活动中与其公众进行沟通、交流，以求相互尊重、理解、支持与合作，达到组织与公众的共同发展。

应该说，这一定义较为科学、严谨地表述了公共关系的基本要素及其本质属性。

二、公共关系的特征

分析公共关系的基本特征有助于我们加深对公共关系概念的理解。公共关系的主要特征表现为：

（一）以社会公众为工作对象

公共关系特指一定的组织机构和与其相关的社会公众之间的相互关系，公众是组织机构公共关系工作的对象、客体，一切工作均应围绕公众而展开，组织必须坚持着眼于自己的公众，才能生存和发展。

（二）以塑造良好形象为最终目标

公共关系的根本目的是为一定的组织机构在社会公众中塑造、建立和维护良好形象。组织应通过各种公共关系活动，有效地提高自身的知名度和美誉度，为组织创造良好的生存与发展环境。

（三）以双向传播沟通为基本方式

公共关系以传播沟通作为基本的工作方法或手段。为了维持组织与公众之间的良好关系，一方面组织应策划对外传播，迅速有效地将组织各方面信息传播给公众，使公众认识、了解自己；另一方面又要及时全面地了解、收集信息以调整、改善自我。只有这样，才能使组织与公众在交流沟通、共享信息的基础上增进了解、理解和合作。

（四）以真诚互惠为基本原则

真诚是态度言行上的真实与诚恳，互惠是利益回报在质和量上的大致相等。公共关系活动中，社会组织坚持真实的传播、善意的协调，使公众获得需求的满足、利益的实现，两者之间保持平等友好的交往，才能真正赢得公众的信任与好感、支持与合作。

（五）以长远发展为基本方针

公共关系要着眼于长远利益，追求组织与公众之间保持稳定而长久的良好关系状态，而这不是一朝一夕能够建立并一劳永逸的。必须依赖长期的、有计划、有目的、持久不断的艰苦努力对其维护、调整和发展，是一项长期的战略性任务。

三、公共关系基本原则

在树立组织良好形象的具体运作过程中，策划和实施公共关系活动时，必须在正确的原则指导下，才能达到预期的目的。

1. 诚实信用原则

公共关系是建立信誉、塑造形象的艺术，但又不是一种纯粹的艺术或宣传的技术，而是以事实为依据的科学。"诚信"是现代公共关系的立业之本、力量之源、行为之衡。诚信是现代公共关系的灵魂。隐瞒、歪曲、推诿、言而无信是公共关系的大敌，坦诚、亲切、负责、坚持承诺是公共关系成功的要诀。

案例1-1-1

农夫山泉"假捐"不能参选"企业公民"

2009年第五届中国优秀企业公民评选活动启动。与前届不同，这年中国社工协会推出了参选范围和评选标准，用"六不准"的限制将烟草行业企业、高污染企业和捐款未兑现等企业排除在评选范围之外。中国社工协会表示，被指在"一分钱公益"事件中有欺诈行为的农夫山泉股份有限公司已经被排除在评选范围之外。

协会制定了《中国优秀企业公民评估评价标准》，明确将六类企业排除在评选范围之外。这六类企业是：生产或经营对人或社会有害商品的企业；亏损企业；有严重破坏自然环境行为的企业；有违法乱纪行为的企业；有不道德商业行为的企业；有不诚信公益行为的企业，包括诺而不捐、捐赠不到位、承诺的公益项目不履行等。

中国社工协会负责人表示，按照这一标准，烟草行业所有企业、"毒奶粉"事件相关企业、发生"窜货门"事件的诺基亚，以及被指没有完全兑现"每喝一瓶农夫山泉，你就为水源地的贫困孩子捐出了一分钱"广告的农夫山泉股份有限公司，这些企业肯定不能参选。

（资料来源：《北京青年报》2009年8月14日）

案例评析：诚实守信不仅是一种责任的恪守，更是一种自律的承诺；不仅是一种价值理念的体现，更是一种企业文化的沉淀。案例中的农夫山泉等企业因"假捐"除了不能参选"企业公民"，还会影响到农夫山泉的信誉，甚至影响其今后的发展。

2. 平等互利原则

平等互利，就是既讲"利己"，又讲"利他"。在不违反法律和道德的前提下，让别人先得益，最后对自己也有利，不能单纯追求组织单方面的利益。只有在公众也同样受惠的前提下，才可能得到公众的支持和合作。公共关系必须以公众为本，一个失去了公众的组织也就丧失了生存的环境。为了满足公众的合理需求，有时可能要求组织对眼前利益做出必要的"牺牲"。从长远来说，这是对组织生存环境的维护，属于组织的公共关系投资，是形象建设的要求。所以，组织在与公众交往沟通的过程，应从公众利益出发，真诚地对待公众，设身处地为公众着想，以公正平等的态度为人处世。

3. 长期努力原则

与公众建立良好的关系，获得美好的声誉，绝非一日之功所能及。公共关系活动不是某一项具体的工作任务，某一个具体的工作目标，它是一个长期的、有计划的、周密的、全面的系统性工程，每一次具体的公关活动都只能看成是通往长远目标的一个阶梯，需要长期不懈的努力，建立声誉不易，失去声誉却很容易，绝不能"为山九仞，功亏一篑"。公共关系要着眼于未来，精心地去策划、规划，持久地去努力。

4. 不断创新原则

公共关系活动应适应公众求新、求异、求变的心理特征，以无穷无尽的创新精神来丰富和发展自身的思想、理论，适应社会发展新趋势，使自己的策划永远保持新意，不断推出新的思路、新的形式、新的方法、新的手段。一味重复，长期不变，必然引起公众的感觉疲劳，事倍功半，甚至引起反感，产生负面作用。而要善于别出心裁，与众不同；善于综合，汲取精华；善于变幻角度，识人未见。公关的生命在于创新。

案例 1-1-2

"贾君鹏你妈妈喊你回家吃饭"

2009年7月16日上午，有人在百度贴吧的"魔兽世界吧"里，贴了一个帖子，标题为"贾君鹏你妈妈喊你回家吃饭"，内容只有两个字母"RT"，意思是"如题"。半天时间，有40万点击率、近两万条留言。4天后，这两个数字变成800万和30万，而且还在疯狂地增长。北京一传媒公司突然自曝是他们制造了"贾君鹏"，目的是帮助一款游戏保持关注度和人气。该策划"总计动用网络营销从业人员800余人，注册ID2万余，回复10万余。"这个创意也让他们赚了"6位数"。

(资料来源：《中国新闻周刊》2009年第27期，有删减；
华商网-华商报，2009年8月2日，有删减)

思考："贾君鹏你妈妈喊你回家吃饭"这句看似诙谐好笑的一句话，一句儿时在街边玩耍时，才会听到的熟悉的简讯，却夹带起我们心中一串幸福也苦涩的回忆。这家传媒公司的策划之所以吸引了众多人的眼球，其原因在于言辞当中，可以看出一份可靠的友情，能在彼此最熟悉的地方，感受到相互间的气息。简单朴实的留言，是朋友之间的默契，是信任他能在茫茫人海之中听到这不足20个字的呼唤。

5. 全员公关原则

全员公关指社会组织中所有工作人员都参与公共关系活动，都具有较强的公关意识，上下齐心，合力搞好公关工作。组织形象是通过组织所有人员的集体行为表现出来的，是组织内个人形象的总和，每一个成员与外界发生联系时，其个人形象直接体现组织的整体形象和风貌，绝不能认为组织公共关系状态如何只是公关人员的事。组织最高领导层必须采取有力措施和行动支持公关工作，组织员工必须自觉代表组织向外界传播宣传组织形象，并注意收集有关本组织的信息，提供给公关部门，以自己的实际行动关心、支持、配合公关工作。

四、公共关系与若干相关概念的辨析

（一）公共关系与庸俗关系的区别

庸俗关系是指日常生活或经济交往中，利用金钱或权力，"拉关系"、"走后门"、"套私情"、为个人谋取好处等不正当的人际交往活动。它以损公肥私，侵占他人利益及危害社会利益为特征，是一种赤裸裸的私利关系。由于公共关系引进我国的时间不长，人们对公共关系的含义理解得不够准确，一些人认为公共关系就是教人花言巧语、搞不正之风的学问，这就是把公共关系误解成了庸俗关系。庸俗关系和公共关系有着本质的区别，表现在以下几个方面：

1. 产生的社会基础不同

公共关系是商品经济高度发展、传播技术高度发达的现代社会的产物；而庸俗关系则是落后、封闭的小农经济的必然结果，是生产力不发达、市场经济发育不完成、物质供应不充足的产物，带有浓厚的血缘、地缘的色彩。

2. 代表的利益不同

公共关系将组织利益和公众利益有机地结合在一起。公共关系所追求的是组织在公众心目中的良好形象，强调通过组织的政策，行动来赢得公众的理解和支持。而庸俗关系背离广大公众的利益，所追求的是小团体特别是个人的私利，甚至为了一时的既得利益，不惜损人利己、损公肥私，危害社会和公众的利益。

3. 采用的手段不同

公共关系人员光明正大地采用公开的、合法的、符合社会道德准则的手段来塑造组织的良好形象，实现组织与公众的共同利益。而庸俗关系为逃避公众舆论的谴责和法律的制裁，总是采取隐蔽的、不正当、不合法的手段进行私下交易，通过投机钻营以达到不可告人的目的，如行贿受贿、徇私舞弊等，因此被形象地称为"走后门"。

4. 产生的社会效果不同

公共关系在确立组织的良好形象的同时，也会给组织带来巨大的经济效益，并在取得社会效益的基础上纯化社会风气，促进社会进步；庸俗关系则只能满足个人私欲，腐蚀人的心灵，形成腐败，进而败坏社会风气，阻碍社会进步。公共关系与庸俗关系绝不可同日而语。

（二）公共关系与人际关系

在理论与实践中一直存在着将人际关系与公共关系混淆的困扰，人际关系是指人们在相互作用、相互影响的交往过程中所形成的人与人之间的联系，亦即私人关系。如因血缘关系而形成的父母与子女关系，以职业为纽带而形成的上下级关系和同事关系等。它与公共关系既有联系又有区别。

联系主要有两个方面：

一是公共关系通常表现为人际关系。因为在公共关系活动时，经常表现为个人与个人的联系，如组织内部的联系，主要是个人与个人之间的联系，组织与组织之间的联系，也往往表现为一个组织中的若干人与另一个组织中的若干人之间的联系，组织与公众之间的关系也表现为代表组织的个人与公众群体中的个人之间的相互交往。

二是公共关系的目的实现，也需要人际关系的协调。公共关系实务工作除了运用大众传播的手段，也常常通过人际关系的沟通进行。所以，公共关系是以人际关系为基础的，良好的人际关系必有助于组织内部环境和外部环境的和谐与改善，有助于组织公共关系的成功。但公共关系又不同于人际关系，我们从七个方面将公共关系与人际关系进行辨析。

（1）主体不同。公共关系的行为主体是组织；人际关系的主体仅是个人、人群。在公共关系活动中，个人也是以组织的身份与公众交往的，是组织的化身和代表。

（2）客体不同。公共关系的客体是与组织相关的所有公众及其舆论；人际关系的客体是人与人群，包含许多与组织无关的私人关系对象。

（3）手段不同。公共关系十分强调运用公众传播和大众传播的方式沟通，如网络、报刊、广播电视等；而人际关系主要用人际手段，主要利用语言文字、表情动作为媒介，或者借助书信、电话等进行直接或间接的信息交流，相互沟通的方式一般比较简单。

（4）基础不同。公共关系的产生基础主要是业缘；人际关系的产生基础是血缘、地缘、业缘、趣缘。

（5）历史不同。人类伊始就有人际关系，人际关系历史长，普及面广；公共关系是有了组织之后才会产生，历史短，普及快，专业化程度高。

（6）内容不同。公共关系是一种组织的管理活动与职能，处理的是组织事务和公众事务，运作内容广。人际关系处理的主要是许多私人事务，运作内容主要是自身发展的物质交换和交友的精神需求、感情交流。

（7）研究对象不同。公共关系研究组织与公众间关系的发展规律，公共关系职能、技巧、组织、人才发展的规律；人际关系研究人与人关系的发展规律。

（三）公共关系与广告

广告即广而告之，是指向广大公众传递信息的手段和行为。一般情况下，人们提到的广告大多指商业广告，即广告主为了扩大销售、获取赢利，以付钱的方式利用各种传播手段向目标市场的广大公众传播商品或服务信息的经济活动。开展公共关系无疑要运用广告这种重要的传播形式，但广告不等于公共关系。两者既有联系又有区别。

公共关系与广告是两门交叉学科，公共关系与广告的相近之处在于两者都源于传播学。都以传播特别是大众传播为主要的工作手段。与传播学的另一个分支新闻学不同，公共关系与广告都不属于"政府的喉舌、官方的工具"，公共关系与广告都是受聘于特定的雇主，向特定的公众传递特定的信息。

因此，不了解公共关系内涵的人常把公共关系与广告活动混为一谈，公共关系确实需要做广告，广告是公共关系的一种手段，但它们之间有一些原则的区别：

（1）目标不同。广告以推销产品或劳务为其目的，"让别人买我"。公共关系活动以树立形象、增进好感为目的，是"让别人喜欢我"。当广告被设计用来影响特定的公众对广告主的态度和行为时它便是一种公关活动，而已不属于市场交换的活动。

（2）传播的手法不同。广告的信息传播原则是引人注目，因此广告可以用一些奇特想象，艺术夸大的手法来达到目的。广告需要在短时间内引人注意，引起观众的购买欲，公开自我宣扬是这种传播最明显的特点。例如，一只金鸡给大喜剧演员卓别林擦皮鞋，鞋擦得油光闪亮，这是"金鸡"鞋油广告的一个镜头。这种表现手法在广告中是允许得，因为可以给人以新鲜感、形象感，从而加深人们的印象。公共关系的传播原则是以事实为依据，传播艺术手法上尽量诚挚朴实，不自我标榜，更多采用让第三者说话，或让记者代言的方式达到传播的目的。其考虑的传播手段是隐秘的，使人难以直接察觉到公关的目的。当然，公共关系信息传播也要讲究引人注目，但"引人注目"是从属于真实性的，为真实性服务的。如果在公共关系传播过程中，真实性受到了怀疑，公共关系工作就很难取得预期的效果，甚至会一败涂地。

（3）传播周期不同。通常来说，广告传播周期一般较短，最长也就是一年左右，而且一般是一个时期集中宣传某一种产品或服务，并有比较明显得季节性、阶段性。相对来说，公共关系得传播周期则是长期的，短的数月，长的几年直至十几年，因为公共关系的任务是树立整个企业的信誉和形象，急功近利的方式很难达到这一目的。

（4）与传媒的关系不同。传媒广告是客户付钱的，客户决定什么时候做，传媒就为其传播什么。公共关系活动大部分的新闻稿件、企业有关的经济及技术介绍材料，是否被传播，怎么被传播，其决定权在媒介手中，公关工作有求于媒介的支持，必须尽量维持好与媒介的关系。

（5）传播效果不同。一般来说，广告的效果是直接的、可测的，其经济效果显而易见，就某项广告而言，其效果又往往是局部的，只影响到某个产品或某项服务的销路。因而，广告的效果又是局部性的、战术性的。而公共关系效果一般是较间接的，不易察觉、不易计算，是较稳定的、复杂的、整体的、长期的效果。尤其是成功的公共关系所取得的效益，应该包括政治、经济、社会等各个方面效益的整体化效益，这样的整体效益是很难通过利润的尺度来直接衡量的。

（6）在组织机构中所处的地位不同。广告在企业属于营销推广范畴，是实现企业战略的一种工具，他的成败不会直接构成对企业的决定性的威胁。而公共关系则不一样，他属于决策层的只能，尤其在缺乏企划部门的企业，是战略性的工作，他的成败直接影响整个企业的全局，对企业生存发展起着决定性的作用，公共关系指导企业广告的确定。

| 案例1-1-3 |

央视标王秦池酒业的兴衰路

1995年秦池酒业赴京参加第一届"标王"竞标，以6666万元的价格夺得中央电视台黄金时段广告"标王"后，引起大大出乎人们意料的轰动效应，秦池酒厂一夜成名，秦池白酒也身价倍增。中标后的一个多月时间里，秦池就签订了销售合同4亿元；头两个月秦池销售收入就达2.18亿元，实现利税6800万元，相当于秦池酒厂建厂以来前55年的总和。事实证明，巨额广告投入确实带来了"惊天动地"的效果。1996年11月8

日下午，秦池酒厂再次以3.2亿元人民币的"天价"，买下了中央电视台黄金时间段广告，从而成为令人炫目的连任二届"标王"。然而秦池酒业并没有取得预期的15亿元收益。新华社1998年6月25日报道："秦池目前生产、经营陷入困境，今年亏损已成定局……"此后秦池酒业从公众的视野中消失。

（资料来源：新浪博客，有删改，标题自拟）

案例评析：名牌单凭广告是不能创造出来的，虽然塑造名牌也需要广告。由"标王"而形成的"名牌"，只能是一种"被更多人知道"的"名牌"，与通常讲被更多人喜欢的"名牌"是不同的，广告可以造成知名度暂时的提高，但没有在根本上塑造秦池品牌的灵魂，"永远的绿色，永远的秦池"，把白酒、绿色和健康连在一起，缺乏说服力。

（四）公共关系与市场营销

公共关系与市场营销常常被人混在一起。在一些小型组织中，公关人员既从事公共关系工作，又从事市场营销工作。一些公关公司为了得到更多业务，把其组织名称定为"市场营销公共关系公司"；更有一些人认为，公共关系只不过是市场营销中运用的战术。

事实上，公共关系和营销之间还是存在一定区别的：

（1）两者目标和责任不同。公共关系的目标是通过长期努力，赢得组织的良好形象，产生良好的公众信誉，从而使组织获得长足的发展，而并非仅仅是经济利益，还包括社会方面的利益，其基本责任则是建立和维护组织与公众之间互利互惠的关系；而市场营销的目标是在长期的基础上吸引和满足顾客（客户），以便赢得一个组织的经济目标，产生企业效益，其基本责任是建立和维护一个组织的产品或服务市场。

（2）两者的对象和手段不同。首先，公共关系涉及范围广泛的各类公众，包括顾客公众和非顾客公众，如雇员、投资者、邻居、特殊利益集团、政府等；市场营销主要聚焦于顾客的交换关系，其基本过程是通过交换，既满足顾客需要又赢得经济利益。其次，公共关系所采用的手段是宣传资料、各种专题活动，如记者招待会、社会赞助、典礼仪式、危机处理等活动；而市场营销所采用的手段是价格、推销、广告、包装、商标、产品设计、分销等。这些手段都是紧紧围绕着产品销售的目的。当然，市场营销有时也可把公共关系的一些手段作为自身的手段，但严格来讲，二者之间在手段上还是有很大差异的。

公共关系和市场营销在范围上也不存在谁包含谁的问题，有效的公共关系通过维护和谐的社会关系和政治环境，促进市场营销工作；而成功的市场营销工作同样有助于建立和维护组织与公众之间的良好关系。

案例1-1-4

美国运通公司与自由女神像

进入20世纪80年代，耸立在美国纽约湾边的自由女像经过百年的风吹雨打，身上已多处受损，视她为美利坚象征的美国人民纷纷呼吁政府筹资修复，使自由女神重现当年风姿。美国运通公司看准时机，从1983年第四季度开始，大张旗鼓地向消费者宣传：

凡本公司信用卡持有者，每购买一次商品，运通公司就向"自由女神修复工程"捐赠一美分；每增加一位申请使用本公司信用卡的新客户，公司则向修复工程捐赠一美元。此举一出，恰逢其时，大得人心。运通信用卡的购物次数和申请运通信用卡的人数急剧上升。运通公司当初在构想这一活动时曾经预测，公司信用卡业务有可能增长18%，实际结果却是，运通信用卡的使用率提高了28%，信用卡新客户增加了45%，总共为自由女神像修复工程筹资170万美元。

(资料来源：《江淮晨报》2006年9月25日，内容有删减)

案例评析：从这个事件中说明，良好的公关活动策划和运作会比将大量资金投入广告更为有效。产品要占领市场，自然是以过硬的质量和优良的服务为前提，更需要富有创意的公共关系策划和广泛而有效的媒体的传播。运通公司在这场为修复女神像筹资的公关活动中，充分利用有利的形势，把握公众消费的心理，最终名利双收。运通公司策划的这一场公共关系活动堪称是运用形势战术的杰作，反映出决策者不同凡响的公关意识。

第二节 公共关系的兴起与发展

> 了解过去是明了现在及未来的基本条件。许多人都觉得公共关系并无过去，它是一夜之间长成的。实际不然，公共关系有它一段悠长的历史，且一如其他行业，它系沿着一个合理的程序向前发展。
>
> ——[美] 爱德华·伯尼斯，《美国公共关系发展史》

公共关系作为一种客观存在着的社会关系和社会现象有着久远的历史。但作为一种职业，形成一门独立系统的学科，则只有近百年的时间。我们追溯公共关系的源流，了解其发生与发展的历史，把握国内外公共关系的现状，剖析公共关系形成和发展的条件，对全面、准确和科学地把握公共关系，开拓适合我国情况的公共关系事业具有重要意义。

一、公共关系的渊源

公共关系的源流可追溯到古代社会。古代的埃及、巴比伦和波斯的统治者虽然更多的是用武力、恫吓等手段来控制社会，但舆论手段的运用在处理与民众的关系上占有相当重要的地位。这些古代的国家、政府、帝王都曾用大量的金钱和人力去营造雕像、寺院、金字塔以及赞誉诗等，用精湛的艺术描述他们东征西讨的英雄勋绩，树立统治者的声誉，宣扬自己的伟大和神圣的身份。当年君主们制造舆论、控制舆论的意图属于原始公共关系思想的萌动。

古希腊的民主政治导致公众代表会议和陪审团制度的形成，它为公众提供了对话的讲坛，演讲逐步引起人们的重视。公元前4世纪，一批从事法律、道德、宗教、哲学研究与宣传的教师和演说家在社会上十分活跃，他们被史学家们称为诡辩论者。其代表人物苏格拉底、柏拉图和亚里士多德，其中，亚里士多德利用严谨的思维逻辑和科学的研究方法写出《修辞学》。强调语言修辞在人际交往和宣讲中的重要性。他认为，修辞是沟通政治家、艺术家和社会公众的相互关系的重要手段与工具，是寻求相互了解与信任的艺术。他还提出在交往沟通中，要从感情入手去增强宣讲和劝服艺术的感召力和真切可靠性。为此，西方的一些公共关系学者视亚里士多德的《修辞学》为人类历史上最古老的公共关系经典之作。

古罗马时代，人们对民意有更深的认识，并提出"公众的声音就是上帝的声音"。古罗马人注重发展各种影响人的传播技术，改进诗歌形式，使它更加精练，并巧妙地将宣传意图渗透进艺术的表现中。例如，由于城市的发展，当时大量向往城市生活的农民涌进城市，罗马城市一时变得拥挤不堪，人满为患。为了减轻城市人口的压力，同时也为了稳定农业人口，政府曾委托诗人写诗来协助宣传，维吉尔所写的《田园诗》就是其中之一。诗歌通过赞美乡村生活、新鲜的空气、纯净的流水，以及处身于大自然之中的乐趣，来吸引人们对乡村生活的向往，潜移默化，使人们受到艺术美的熏陶，最终达到宣传的目的。在恺撒时代，由于手抄小册子的流行，促使恺撒发行了世界上最早的日报——《每日记闻》，来作为自己与臣民沟通的工具。而由恺撒写作的《高卢战记》，记载了他的业绩和功德，成为一部纪实性的经典之作而广为流传。国外的公共关系学者称这部书是出色的公共关系实务宣传的佳作。

中国古代公共关系的萌芽早于古希腊和古罗马。在春秋战国时期，中国的思想与言论是较为自由活跃的，那时便出现了百家争鸣、百花齐放的文化盛世。当时产生的士阶层（古代帝王成为天子，诸侯是古代帝王统辖下的各列国君主的统称，诸侯之下是卿，卿之下是大夫，大夫之下是士，士之下是庶民），在社会上举足轻重，深受诸侯君王们的器重与信赖，形成了策士游说成风，舌战宣讲发达的历史局面。《文心雕龙》描述道："战国争雄，辩士云涌，纵横参谋，长短角势……一人之辩，重于九鼎之宝；三寸之舌强于百万之师。"战国的游说者，足智多谋，口才雄辩。除了辩术之外，中国古代十分强调争取"民心"在事业成功上的重要性。《老子》中有言："江海所以能为百谷王者，以其善下之也，故能为百谷王。是以圣人之欲上民也，必以其言下之；欲先民也，必以其身后之。是以圣人处上而民不重，处前而民不害。是以天下乐推而民不厌。"此乃"得民心者得天下，失民心者失天下。"取信于民是中国古代争取民心的一种主要方法。孔子曾多次讲，与朋友交要"言而有信"，"人而无信，不知其可也"。这些历史实例对于现代公共关系来说都很有借鉴意义。

案例 1-2-1

子产不毁乡校

郑人游于乡，以论执政。然明谓子产曰："毁乡校，何如？"子产曰："何为？夫人朝夕退而游焉，以议执政之善否。其所善者，吾则行之；其所恶者，吾则改之，是吾师也，若之何毁之？我闻忠善以损怨，不闻作威以防怨。岂不遽止？然犹防川：大决所犯，伤人必多，吾不克救也；不如小决使道，不如吾闻而药之也。"然明曰："蔑也，今而后知吾子之信可事也。小人实不才。若果行此，其郑国实赖之，岂唯二三臣？"

[译文] 郑国人到乡校休闲聚会，议论执政者施政措施的好坏。郑国大夫然明对子产说："把乡校毁了，怎么样？"子产说："为什么毁掉？人们早晚干完活儿回来到这里聚一下，议论一下施政措施的好坏。他们喜欢的，我们就推行；他们讨厌的，我们就改正。这是我们的老师。为什么要毁掉它呢？我听说尽力做好事以减少怨恨，没听说过依权仗势来防止怨恨。难道很快制止这些议论不容易吗？然而那样做就像堵塞河流一样：河水大决口造成的损害，伤害的人必然很多，我是挽救不了的；不如开个小口导流，不如我们听取这些议论后把它当作治病的良药。"然明说："我从现在起才知道您确实可以成大事。小人确实没有才能。如果真的这样做，恐怕郑国真的就有了依靠，岂止是有利于我们这些臣子！"

（资料来源：杨伯峻，《春秋左传注》，中华书局1981年版）

案例评析： 子产的言行鲜明地体现出在政府形象塑造过程中，信息收集的重要性。不难看出，在古代无论是中国还是西方，公共关系的某些观念和某些活动是很丰富的，但也仅仅是一些零星的观念和技巧而已，还远没有人专门去研究这些观念和行为，形成系统的公共关系理论，实际上，在古代，具有一定目标、系统的、经常性的公共关系活动尚未形成。真正的公共关系活动和公共关系理论出现在现代。

二、公共关系产生的背景与条件

就原始状态的公共关系而言，可以说是古已有之，和人类历史一样古老。而作为现代意义上的公共关系则是产生于20世纪初的美国，是当时美国及资本主义社会的基本矛盾以及经济、政治、科学技术、文化等诸条件综合作用的结果，是社会发展到一定阶段的必然产物，是社会文明进步的必然结果。

（一）**民主政治：公共关系发展的制度安排**

从人类社会制度发展看，公共关系的产生是社会民主化发展的必然产物。在人类历史上长达数千年的封建社会最显著的特点就是专制独裁。而15世纪下半叶开始，资产阶级逐渐登上历史舞台，用资产阶级的民主制代替了封建社会的君主专制制度，尽管资产阶级的民主制还存在某些虚伪的方面。任何政党要想执政获得权力，就必须得到社会舆论和选民的支持，靠竞选取胜，即便执政，仍需努力与选民保持良好关系。在推进民主的进程中，公民的参与意识和法权意识日益加强，对政府的各种政策以及行政管理活动，特别是关系到自己切身利益的社会问题上，都要通过各种渠道来表达自己的意见，从而形成公共意志，也就是公意。逐渐地公意成了竞选者和执政者必须高度重视的问题，"水能载舟，水亦覆舟"的道理得到了充分体现。如何才能有效地与公众进行沟通，建立良好的公众关系，成为各级政府和政党所面临的重要问题，公共关系工作日益受到重视。

（二）**市场经济：公共关系发展的现实土壤**

在农业社会里，其经济模式是一种自己自足的封闭的小生产方式，其生产组织方式是一家一户为单位。人与人之间关系的维持主要靠血缘、地缘、人缘关系，靠传统的宗教、风俗习惯和家庭伦理来进行调节和维护。在这种情况下，人们用不着进行公共关系活动。随着时代的发展，特别是工业革命之后，经济突飞猛进地发展，工业社会代替了农业社会。大工业的市场经济突破了时空和血亲局限，形成以市场为轴心的极为广泛的社会分工与协作。任何组织都需得到社会广泛的承认，获得社会整体的支持，才能生存和发展。所以市场经济势必需要公共关系。在市场经济的发展过程中，市场形势经历了一个由"卖方市场"向"买方市场"的转变过程的。在买方市场条件下，买方即消费者处于优势地位，他可以根据需要主动地自愿地选择适销对路的产品。在这种条件下，企业能否适应市场、争取顾客、占领市场，争取广大公众的支持与合作，就成了企业能否生存和发展下去的关键，而要解决好这一问题，就必须进行公共关系活动，促进企业与公众之间的沟通与理解。

（三）人性文化：公共关系发展的精神源泉

美国是世界上少有的移民国家，没有历史传统的包袱。美国文化体系中有三个突出的特点：个人主义、英雄主义、理性主义。个人主义使美国人富于自由浪漫色彩；英雄主义使他们崇拜巨头伟业，富于竞争精神；理性主义使他们注重严密的法规，崇尚教条、数据和实效。管理科学的始祖泰罗的思想及其制度，便是理性主义的代表。它将人视为机器的一部分，强调严格的操作程序，作业计量定额，颠倒了人与机器的关系。这种机器唯理主义的管理模式，虽然在短时间内取得了高效率，但却孕育着阶级矛盾和劳资矛盾。正是在这种情况下，人们逐渐认识到，纯理性主义的文化是有缺陷的，于是人文主义重新抬头，在管理中注重人性、注重个人和群体的文化精神理念迅速地获得人们的认同。20世纪初哈佛大学教授梅约在著名的"霍桑实验"中提出"人群关系理论"、"行为科学"，便是人性文化逐渐形成的有力体现。此外，大众传播的发展，社会化大生产的发展，也对过于狭隘的美国传统文化形成冲击，使社会生活、社会交往更趋开明化、开放化。这种尊重人性的、尊重个人情感和尊严的、人文的、开放的、人性化的文化，正是公共关系得以产生的精神源泉。

（四）传播技术：公共关系发展的技术支持

随着经济的发展和政治的变革，人们交往的空间不断扩大，人们需要了解的信息量也越来越大。为适应这种需要，信息传播技术特别是大众传播技术迅速发展起来。传播技术与传播有关的通信技术、控制技术的出现和发展为现代公共关系的形成与发展提供了重要的物质技术支持。

在传统的农业社会，一方面是封闭、落后的自然经济条件的制约并影响人际交往，人们相互之间没有进行交往的需要动机，有的甚至是"鸡犬之声相闻，民至老死不相往来"；另一方面由于没有需求刺激，大众传播技术和手段也相当落后，人们即使有交往的愿望也因为传播条件所限而无法实现。进入发达的工业社会，专业化、社会化的大生产、大协作使人们相互之间的依赖性增强，人们的社会交往动机日益强化，使大众传播手段的改造和更新成为人们极为关注的问题。从中国造纸术的发明到报纸的出版；从中国的活字印刷的发明到计算机、复印机的出现；从19世纪电报、电话的发明，到20世纪交通工具和传播技术、手段的现代化，以及广播、电视、通信卫星的出现等，传播技术手段的更新和发展日新月异，这大大地推动了公共关系的发展。

三、现代公共关系的发展过程

（一）"公众受愚弄期"（巴纳姆时期）

美国19世纪中叶风行"报刊宣传活动"，指某公司或某组织为了自己的利益，雇用专门人员，在报刊上进行宣传。当时一份报纸，只需一便士（一美分）即可购到，因而报纸的发行量猛增。许多公司、组织，纷纷花代价雇人员，充分利用报纸，编造新闻，虚构、深化内容，以迎合读者心理，引起公众注意，达到宣传自身形象的目的。费尼斯·巴纳姆是当时最有代表性的"报刊宣传"的发起者。他擅长策划宣传活动，尤以宣传、推动马戏演出事业而闻名于世。他恪守的信条："凡宣传皆是好事。"不论别人是恨他还是爱他，只要越来越多的人知道他的名字就是好事。他可以无视公众的利益，手段翻新，怪招迭出，贪婪地实现自身利益。

所以，报刊活动的盛行时期，恰恰是公众受愚弄的时期，巴纳姆的所作所为，是完全违背公共关系宗旨的，是公共关系史上不光彩的一页，这一时期被称为"公众受愚弄期"和"单向吹嘘式公共关系时期"。

| 小资料 |

巴纳姆的"海斯神话"

巴纳姆曾在19世纪初编造了一个"海斯神话"：马戏团有位名叫海斯的黑人女奴，曾在100年前养育过美国第一任总统乔治·华盛顿。报纸披露这一消息后，立即引起轩然大波。巴纳姆借机以不同的笔名向报社寄去"读者来信"，人为地开展争论。巴纳姆认为，只要报纸没有把他的名字拼错，随便怎么说也无妨。他的信条是"凡宣传皆是好事"。"神话"给巴纳姆带来的是，每周从那些希望一睹海斯风采的纽约人那里获得1500美元的收入。海斯死后，解剖发现，海斯不过80岁左右，与他吹嘘的160岁相距甚远。对此，巴纳姆厚颜无耻地表示"深感震惊"，他还说自己也"受了骗"。其实，这一切都是他刻意策划的。

（资料来源：张践，《公共关系学》，中央广播电视大学出版社2004年版）

（二）"说真话"时期（艾维·李时期）

19世纪末，西方国家相继进入垄断阶段。劳资关系和社会矛盾激化，工人运动兴起，同时美国又掀起了一场所谓"揭丑运动"，揭穿垄断企业的丑行和骗局。巴纳姆式的宣传活动进入穷途末路，一个以艾维·李代表的"说真话"的新时期开始了。艾维·李曾任过《纽约时报》等几家报纸杂志的记者和编辑。1903年，他在纽约首次开办了第一家宣传事务顾问所，成为向顾客提供劳务而收取费用的第一个职业公共关系人。艾维·李认为那种"要么给人贴金，要么给人抹黑"的宣传手法是不可取的，他恪守的信条是"公众应被告知"，要说真话。只有说真话，把真情告诉公众，公司或组织才能获得好的声誉。如果说出了真话，披露了真情，却对公司组织不利，那么，就应该采取诚实的措施，调整自身的行为。艾维·李把他的新思想付诸实践，在处理煤矿工人罢工事件和宾夕尼亚公司主干线的严重事故等多个事件中平息了工人怒潮，改变了企业形象，收到前所未有的效果。

总之，艾维·李为改善企业的公共关系和人事管理付出的持久努力，被人们看成是现代公共关系的里程碑；他开设的公共关系事务所，被认为是现代公共关系实业的起点；他坚持以诚待人，重视坦白的舆论，揭示了现代公共关系的特征及其奥秘；他采用的许多公共关系技巧和方法，一直沿用至今，为现代公共关系的实务技能奠定了基础。因此，艾维·李被学术界誉为"现代公共关系之父"。

| 小资料 |

洛克菲勒的"变脸"

洛克菲勒因公然下令在科罗拉多残杀罢工的工人而一度声名狼藉，被称为"强盗大王"，与公众之间的矛盾十分尖锐。为平息工人的罢工怒潮，改变自身的形象，洛克菲勒聘请艾维·李处理劳资纠纷及其与新闻媒介的关系。艾维·李果敢地采取了一系列的措施：

（1）聘请有威望的劳资关系专家来核实与确定导致这次事故的具体原因，并公布于众；

（2）邀请劳工领袖参与解决这次劳资纠纷；

（3）建议洛克菲勒广泛进行慈善捐赠；

（4）增加工资、方便儿童度假、救贫济困。这就使工人对洛克菲勒的看法有了微妙的改变，为洛克菲勒集团在内外公众中树立了较好的形象。

（资料来源：张践，《公共关系学》，中央广播电视大学出版社2004年版）

| 案例1-2-2 |

杜邦的"门户开放"

19世纪末，伴随着"揭丑运动"，许多企业开始修建开放透明的"玻璃屋"，增强企业的透明度，增过与新闻界和社会公众的联系。杜邦化学工业公司是其中的佼佼者。

杜邦公司是一家从事炸药生产事务的化学公司。其时化学工业刚起步不久，工艺技术尚不很先进，公司里难免发生一些爆炸事故。起初公司当局采取保密政策，一律不准记者采访。结果大道不传小道传，社会公众对此猜测纷纷，久而久之，杜邦公司在社会公众心目中留下一个"杜邦——流血——杀人"的可怕形象，对杜邦公司的市场扩展与企业发展造成极不利的影响，杜邦为之深感苦恼。后来，他的一位报界挚友建议他实行"门户开放"政策，杜邦采纳了他的建议，并聘请这位朋友出任公司新闻局局长。此后，公司在宣传方面改弦更张，坚持向公众公开公司事故真相与公司内幕；同时精心设计出一个口号并予广泛宣传："化学工业能使你生活得更美好！"且重金聘请专家学者在公众场所演讲；此外，还积极赞助社会公益事业、组织员工在街头义务服务。一举改变了"杜邦——杀人"的可怕形象。

（资料来源：陶应虎，《公共关系原理与实务》，清华大学出版社2010年版）

案例评析：杜邦公司通过有效的信息传递，使公众对组织有正确的了解，从而改正错误认识，正确树立组织良好形象。

（三）"投公众所好"时期（爱德华·伯尼斯时期）

艾维·李虽然有丰富的公共关系实践经验，但却没有提出系统而科学的公共关系理论。

真正为公共关系奠定理论基础，使现代公共关系科学化的是另一位现代公共关系先驱，美国著名的公共关系顾问爱德华·伯尼斯。爱德华·伯尼斯1923年以教授身份首次在纽约大学讲授公共关系课程，同年出版了被称为公共关系理论发展史上"第一个里程碑"的专著——《公众舆论的形成》。1952年，爱德华·伯尼斯正式出版了《公共关系学》教科书，从而使公共关系的基本理论和方法成为一个较为完整的体系。至此，公共关系进入学科化阶段。

爱德华·伯尼斯的公关核心思想是"投公众所好"。他认为公众喜欢什么、公众期待什么，作为组织必须要严肃地考虑。在科学的审视与调查研究之后，一切以公众态度为出发点，再进行组织的宣传工作，以满足公众的要求。由于伯尼斯在从事公共关系的研究与实务中，以一定的科学理论为指导，所以，促进了公共关系正规化、科学化提高了公共关系的理论水准。

（四）"双向对称"时期（斯科特·卡特利普新时期）

20世纪50年代以来，公共关系的实践和理论研究进入了一个全新的发展时期。1955年5月国际公共关系协会在伦敦成立，1992年的会员已发展到五大洲62个国家919名会员，这标志着公共关系已作为一门世界性的行业而独立存在。在这一时期，以萨姆·布莱克、卡特利普、森特、杰夫金斯和格鲁尼克等为代表的一大批公关大师，在理论和实践上把公共关系推向一个新的历史发展阶段。特别是卡特利普和森特合作的《有效的公共关系》一书，被美国公关协会定为美国高校公共关系课程的标准基础教材，被誉为公共关系"圣经"。

《有效的公共关系》提出"双向对称"的公关模式。双向对称式的公共关系是当代公共关系发展的高级阶段，它强调"双向沟通、双向平衡、公众参与"。其基本思想是一方面把组织的想法和信息向公众进行传播和解释；另一方面又要把公众的想法和信息向组织进行传播和解释，使组织与公众结成一种双向沟通和对称和谐的关系。"双向对称"模式的提出，把公关实践活动的本质予以理论抽象，并将公关理论的知识体系发展到战略性高度，使公关在很大程度上达到了专业水平。

| 课堂讨论 |

试比较公共关系发展四个阶段公共关系信条的异同，以此分析公共关系理念不断进步发展的过程。

四、公共关系在中国的传播与发展

现代公共关系思想和公共关系实践进入中国，应以20世纪60年代中国香港、台湾地区的公共关系的引进为发端,但全方位地落户中国,则只能以中国大陆为参照系。20世纪80年代初,中国大陆实行对外开放政策,公共关系作为一种新的经营管理思想和技术传入中国,并呈现出由南向北、由东向西,由服务行业向工业企业,由外资企业向国有企业,由企业组织向政府组织逐步发展的格局。

(一)公共关系在中国的发展过程

当代中国公共关系的发展,大致经历了三个发展阶段:

1. 第一阶段:导入时期

时间为20世纪80年代初及中期。随着改革开放的发展,在深圳、广州等地的一些中外合资企业和外商独资企业按照海外的管理模式,出现了公共关系活动,最早设立了公共关系部。在这些公共关系部中,多数是在海外受过公共关系训练的人担任经理。1980年,内地和香港合资的深圳蛇口华森建筑设计顾问公司率先成立,这是我国第一家公共关系性质的专业公司,它主要是适应特区建设的需要,提供经验与技术。1982年,深圳竹园宾馆成立公共关系部,开展以招徕顾客为目标的扩大影响的服务性公共关系活动。1983年,中外合资的北京长城饭店成立公共关系部。1984年,广州中国大酒店等宾馆、酒家和服务部门设立公共关系部。后来,广东电视台以这批宾馆酒楼的公共关系活动为背景拍摄了第一部反映公共关系理论与实践的电视连续剧《公关小姐》。该剧在全国放映后,影响千家万户,使公共关系为亿万中国人所知晓。1984年9月,我国国有企业第一家公共关系部——广州白云山制药厂公共关系部正式成立。1984年11月,《经济日报》发表长篇通讯《如虎添翼——记广州白云山制药厂的公共关系工作》,并配发重要社论《认真研究社会主义公共关系》,对公共关系的引进和发展阐述了原则性的看法和指导性的意见。这标志着现代公共关系在中国已得到确立。导入阶段的公共关系主要是把国外的公共关系运作模式、运作程序、管理经验及具体做法引入中国。由于当初人们对公共关系缺乏认识和了解,公共关系的运用多采取简单搬用或模仿外国公共关系的做法。即便如此,对改革开放的中国人来说,能以新的思想观念接受外国的经验技术,已经是一个了不起的进步。

| 案例1-2-3

办里根访华答谢宴　长城饭店声振海外

长城饭店1983年正式开张营业,之后一直面临着如何把长城饭店介绍给世界、招徕顾客的问题。1984年4月26日到5月1日,美国总统里根将访问中国。长城饭店获知消息后,立即着手了解里根访华的日程安排和随行人员。当得知随行来访的有一个五百多人的新闻代表团,其中包括美国的三大电视广播公司和各通讯社及著名的报刊之后,长城饭店决定抓住这次机会,举办一次大规模的公关活动。

在成功争取到美国新闻代表团入驻之后,长城饭店对代表团的所有要求都给予了满足。为了方便代表团各新闻机构及时发稿,长城饭店在楼顶上架起了扇形天线,把高级套房布置成工作间。长城饭店更将饭店最精华的部分给美国三大电视广播公司做播放电视新闻的背景:CBS公司采用富有中国园林特色的"艺亭苑"茶园的六角亭、NBC公司采用中西合璧的顶楼酒吧"凌霄阁"、ABC公司采用将古朴典雅的露天花园。

为了使收看、收听电视、广播的公众能记住长城饭店这一名字，饭店总经理提出，如果各电视广播公司只要在播映时说上一句"我是在北京长城饭店向观众播报"，一切费用都可以优惠。富有经济头脑的美国各电视广播公司接受了这个条件，暂时当起了代言人、做起了免费的广告，把长城饭店的名字传向世界。

随后，长城饭店又把目标对准了高规格的里根总统的答谢宴会。在以往这几乎是不可能的，因为这种规格的宴会通常都在人民大会堂或美国大使馆举行。长城饭店先向中美两国礼宾司的首脑及有关执行部门的工作人员详细介绍了饭店的情况并赠送了相关资料，然后把重点放在了邀请各方首脑及各级负责人到饭店参观考察上。在看过长城饭店的设施、店容店貌、酒菜质量和服务水平之后，中美官员当即拍板，还争取到了里根总统的同意。

获得承办权之后，饭店经理立即邀请中外各大新闻机到饭店租用场地，实况转播美国总统的答谢宴会，并表示：如果转播时提到长城饭店，收费可以优惠。

答谢宴会举行当日，中美首脑、外国驻华使节、中外记者云集长城饭店。电视上在出现长城饭店宴会厅豪华的场面时，各国电视台记者和美国三大电视广播公司的节目主持人异口同声地说："现在我们是在中国北京的长城饭店转播里根总统访华的最后一项活动——答谢宴会……"在频频的举杯中，长城饭店一次又一次地展现在世界各地民众的面前。里根总统的夫人南希后来给长城饭店写信说："感谢你们周到的服务，使我和我的丈夫在这里度过了一个愉快的夜晚。"

此后，各国访问者、旅游者、经商者慕名而至，有38个国家的首脑率代表团访问中国时，都在长城饭店举行了答谢宴会，以显示自己像里根总统一样对这次访华的重视和成功的表示。

（资料来源：《忻州师范学院教学案例》）

案例评析： 长城饭店在成立之初就聘请国外专业公关人员进行公关活动策划，而这次成功的策划也使长城饭店名声大振，成为公关史上一个成功的案例。

2. 第二阶段：迅速发展时期

时间为20世纪80年代中后期。这期间，中国呈现第一个"公关潮"。其标志是专业公共关系公司、公共关系协会、公共关系教育培训以及公共关系理论研究迅速发展起来。1985年，两家世界上最有影响的公共关系公司——伟达公司和博雅公司先后进入我国。其中，博雅公司与中国新闻发展公司达成协议，成立中国第一家公共关系公司——中国环球公共关系公司。1986年12月，上海成立全国第一家省级公共关系协会。1987年5月，全国权威性的公共关系社团组织——中国公共关系协会在北京正式成立。此后，全国各省、直辖市、自治区以及若干大中城市相继成立地方性公共关系协会或学会。许多企业内部的公共关系部开始运作，并取得了较大的实践成果。"健力宝"等企业的公共关系活动在全国范围内产生轰动效应。1985年1月，深圳市总工会举办全国第一个公共关系培训班。在此前后，深圳大学、中山大学、北京大学研究生院、首都师范大学、复旦大学、清华大学、中国人民大学等相继讲授公共关系课或开办公共关系专业。1986年11月，中国社科院编著的《塑造形象的艺术——公共关系学概论》正式出版。同年12月,王乐夫、廖为建等人的公共关系专著问世。从1988年起,全国公共关系组织联席会议相继在杭州、西安、广州等地召开。1989年,全国高校第一届公共关系教学研讨会召开。弗兰克·杰弗金斯著《公共关系学》、斯科特·卡特利普等著的《有效的公共关系》等国外公共关系著作在中国翻译出版。1988年1月,中国第一家公共关系专业报纸——《公共关系报》在杭州创刊,向全国发行。1989年1月,中国第一份国内外公开发行的公共关系杂志——《公共关系》在西安创刊。公共关系的理论研究十分活跃,理论成果十分丰富。据不完全统计,在发展时期公共关系专著、译著、教材公开出版发行近100部。在第一次"公共关系潮"时期,虽然仍有机械模仿、层次较低、良莠不齐、鱼龙混杂等情况,但理论上和实践上的"百家争鸣,百花齐放"的局面却为下一时期的公共关系发展打下了较好的基础。

3. 第三阶段:成熟稳定发展时期

时间为20世纪90年代初至今。其标志为:第一,中国的公共关系得到党和国家领导人的关注。1991年5月,中国公共关系协会在北京召开全国公共关系工作会议,对公共关系事业的发展进行总结,交流经验。党和国家领导人李瑞环、薄一波等同志在给会议的贺词中充分肯定了中国公共关系事业取得的成绩,明确指出了公共关系事业的发展方向和根本任务。这在全国产生了重要影响。第二,公共关系的教育和理论研究日趋成熟。1994年4月,中国国际公共关系协会成立,促进了中国公共关系理论研究与社会实践的国际化,推动了公共关系事业的进一步发展。1994年,中山大学被教育部批准开办部属院校第一个公共关系本科专业,随后在一些名牌学府开始尝试招收公共关系方向的硕士生、博士生。至今,所有的本科院校全部开设了公共关系学课,约有20所各类学校开设了公共关系大专专业。全国公开出版的公共关系专著、教材、译著、工具书等已超过1000种。其中具有代表性的有:全国通用教材《公共关系学》(获全国优秀畅销书奖)、《中国公共关系教程》、《中国公共关系大辞典》等。1990年,中国公共关系协会学术委员会在河北高碑店召开全国第一届公共关系理论研讨会。之后在上海、福州、杭州、石家庄、大连等地召开第二届至第六届全国公共关系理论研讨会,极大地推进了中国公共关系的理论研究进程。在这一时期,学术研究较为活跃。一些学术流派开始产生,比如形象学派、协调学派、传播学派、管理学派等,细化和深化了对公共关系的研究。第二,公共关系的实践活动从自发走向自为、从盲目走向自觉、从照搬走向自主创造,全国有一大批公共关系专家、学者分别主持策划操作企业公共关系、企业CIS、政府公共关系或城市CIS和城市形象建设。第四,1998年,经国家劳动和社会保障部批准,公共关系职业载入"国家职业分类大典",公共关系职业纳入国家正式职业行列。1999年,国家职业资格工作委员会专门设立公共关系专业委员会。这标志着我国公共关系职业化迈出关键一步。

(二)公共关系在中国发展的条件

公共关系在中国的传播和迅速发展,具有不以人们意志为转移的客观必然性。党的十一届三中全会后,中国进入社会主义现代化建设新的历史时期,经济建设成为一切工作的中心,改革开放的时代潮流、市场经济发展的大趋势,为公共关系的兴起和发展提供了必要的条件。

1. 经济体制改革，呼唤与市场经济相统一的公共关系

中国经济体制改革要解决的是经济组织的活力问题，为此，就必须扩大经济组织的经营自主权，使之成为独立的经济实体。1988年11月1日，我国《企业法》正式生效。《企业法》规定，企业的所有权和经营权分离，厂长、经理是企业的法定代表人。《企业法》生效后，企业作为一个独立的经济实体，一个开放系统，立即面临着一系列前所未有的新问题；企业再也不能仅仅为完成国家计划而生产，而要为满足消费者的需要而生产；企业再也不能单纯地根据上级的指示进行决策，而要根据瞬息万变的市场信息，根据消费者的需求、愿望来进行决策；企业再也不能只是坐等国家计划调拨的原材料，也再不能依赖于国家的所谓统购统销来推销自己的产品，而要靠自己去开拓原材料和产品的供销渠道和市场营销网络；企业再也不能继续摆官商的架子，而要通过营销、广告、宣传以及各种社会活动来与公众保持广泛的联系。所有这一切都需要公共关系。值得特别提出的是随着社会主义市场经济的建立，"卖方市场"朝着"买方市场"转变，给公共关系带来无限生机与活力。

2. 政治体制改革，呼唤重视沟通协调的公共关系

经济体制的改革要求政治体制作相应的改革。政治体制改革的目标是建立高度的社会主义民主政治制度，而建立高度的社会主义民主政治制度的一条重要途径，就是要在政府和人民群众之建立起一座信息沟通与交流的桥梁，以增加政治的透明度、公开性以及增强人民群众的参政议政意识。政府与民众的信息交流，实际上是公共关系的一种表现。在公共关系学看来，政府亦是社会组织，政府的公众就是人民群众，政府如何通过传播活动来达到与人民群众相互了解和相互合作的目标，就是政府公共关系的活动内容。为此，各种社会组织必须学会利用公共关系的原理、法则，运用沟通技术，履行民主责任，在尊重他人民主的同时，维护自身的民主权利。从政府的角度讲，新的经济、政治体制仍然要求"从群众中来，到群众中去"，要求把基层的群众当作公众（"公众是上帝"、"领导者是人民的公仆"），而不是当作一群只能服从、只能听命的生物个体。公众是有自身独特利益的，他们的利益与政府的利益休戚相关，不尊重公众的利益，就是不尊重政府自身。目前，中国政府公共关系正稳步发展，政府形象工程、城市形象建设、勤政廉政建设、精神文明工程等，逐渐深入人心。可以推测，随着政治体制改革的深入和民主化进程的加快，公共关系将会发挥越来越重要的作用。

3. 文化变革，呼唤体现开放趋势的公共关系

当今世界，任何一个国家都已不能孤立地存在，处于封闭状态。中国实行改革开放以来，国际的交往、交流、合作日渐增多，市场经济的进一步发展，与国际市场接轨，将更增加这种交往、交流与合作。邓小平说："社会主义要赢得与资本主义相比较的优势，就必须大胆地吸收和借鉴人类社会创造的一切文明成果，吸收和借鉴当今世界各国包括资本主义发达国家的一切反映现代社会生产规律的先进经营方式、管理方法。"改革开放之前，虽然我国已经开始进入工业文明时代，但中国的社会关系大多仍停留在乡土关系的水平。由于没有法人的存在和公众观念，因而改革开放前的社会关系还没有真正意义上的市场关系。改革开放使我国与国外的文化、思想、科技、学术交流与日俱增，国人大开眼界。人们真正看到，在这个"地球村"生存的不同文化的人越来越分

不开了。因此，只有在相互尊重、相互接触中才能求生存、求发展。于是，人们不仅研究国家内部的组织与公众应怎样和谐相处，而且开始研究不同的文化之间如何实现跨文化沟通。同时，需要研究如何从乡土关系进到市场关系，进到跨文化关系；由以礼维持的人际关系推进到以法维持的公共关系。文化变革与文化融合对公共关系发展提出了更高的要求，同时把"内求团结，外求发展"的公共关系理论推向了新的境界。

第三节 公共关系的学科与体系

一、公共关系学的研究范畴

公共关系学是一门新兴的学科，关于它的研究对象等内容，在国内外的说法也不完全相同。有人从管理学的角度，认为公共关系的管理职能是公共关系学的研究对象；也有人从传播学的角度，认为公共关系的运作特点是公共关系学的研究对象；也有人从社会关系的角度，认为各种社会组织与相应的外部公众的相互关系是公共关系学的研究对象；甚至有人认为，向特定的公众输导和获取信息的方法、手段、步骤是公共关系学研究的对象。各种说法都只是从一定的角度揭示了公共关系学的内容，并没有科学的界定公共关系学的相关研究内容。

（一）公共关系学的研究对象

公共关系学是一门研究社会组织与其公众建立、协调、改善关系的原理、原则和方法及其规律并且探讨公共关系基础理论的应用问题的新兴科学。

从总体上说，公共关系作为一个组织与公众之间相互了解和合作的关系，其研究对象是社会组织与公众相互关系的运动与发展规律。

具体说来，公共关系学的研究对象主要包括：

（1）作为社会组织管理职能的公众关系的现象和规律。主要研究社会组织与相关的各种"公众"关系以及如何处理这些关系。如职工关系、新闻界关系、政府关系、社区关系等。

（2）作为社会组织与其公众间的信息传播活动的公共关系的现象和规律。

（3）作为处理与各类具体公众的关系的公共关系的现象和规律。

（二）公共关系学的学科体系

由于公共关系学交叉学科的性质，因而关于公共关系的学科归属问题，就像公共关系的定义一样，人们至今还没有取得完全一致的意见。目前国内外比较流行的观点有三种：

（1）公共关系具有管理的职能。公共关系组织在进行内部沟通的过程中，要广泛地借用管理学的一些基本观念和方法。公共关系对外部公众的沟通与协调，属于组织整个管理活动中的一个重要组成部分，也应纳入管理学的研究范围。所以，公共关系是管理学的范畴，因此，公共关系学是管理学的一部分。

（2）公共关系是社会关系，本质上是一种社会组织的行为。公共关系学和行为学一样,是以人的行为作为自己的研究对象,研究人们行为的动机、规范、准则以及行为所产生的社会效果;在研究过程中,也运用心理学、社会学、人类学、经济学等学科的原理和方式、方法;并且行为学的一些理论经常被公共关系工作者所使用。因而,可以说公共关系学是社会学或组织行为学的分支。

(3) 公共关系是一种传播活动,它遵循传播规律。而且,传播学对人与人之间信息流通的基本现象与规律、各种传播工具的特点与性能、运用各类传播工具技巧的研究,为公共关系学提供了完善的基础理论。所以,公共关系学是传播学的一个应用领域。

这三种观点分别强调了公共关系的管理职能、主体行为和传播手段,有一定的合理性。而且,由于公共关系的管理职能、主体行为和传播手段之间有必然的联系,因此,这三种观点本身也是统一的。但,这种统一性实际上揭示了一个道理,即不能简单地把公共关系学归属于某一学科,公共关系横跨许多学科的研究领域,这些学科可以而且应该从各自学科的角度对公共关系现象和规律进行研究。也因为如此,任何学科都不可能对公共关系进行全面的研究,除公共关系学之外。

二、公共关系学科特点

公共关系学是一门研究社会组织与其相关公众之间传播与沟通的行为、规律和方法的学科。它既是一门理论学科,也是一门应用学科。它既具有自己特定的研究对象及理论体系,也有其他学科无法代替的社会功能。作为一门独立的综合性的应用学科,它具有两个显著特点:

(1) 高度的综合性。公共关系学是一门综合性、交叉性的学科,它涉及社会学、哲学、政治学、经济学、管理学、传播学、行为学、营销学、伦理学等学科,当然主要是以传播学和管理学为依托,它既是现代传播学发展的一个应用分支,也是现代管理学的一个构成部分。

(2) 很强的应用性。公共关系学既是一门科学又是一门艺术,是一门应用性和实践性都很强的学科,特别强调理论和实践的结合。公共关系理论来自实践,同时又指导实践,在实践中形成很多行之有效的公关技巧与手段。公共关系学的应用范围也在不断扩大。

所以,以公共关系为研究对象的公共关系学就必定是一门综合性的边缘学科。

三、公共关系学研究的内容

公共关系学的研究内容大致包括九个方面:
(1) 公共关系学的概念、范畴及其本质(说明"什么是公共关系");
(2) 公共关系的起源和发展的历史(说明"公共关系的来龙去脉");
(3) 公共关系的行为主体及其功能(说明"谁在搞公关,搞什么");
(4) 公众对象分析(说明"与谁开展公关活动");

(5) 公共关系的管理过程（说明"公共关系怎样做"）；
(6) 公共关系的媒介及其应用方法（说明"公共关系用什么手段和方法来进行"）；
(7) 公共关系实务活动（说明"公共关系工作主要做些什么"）；
(8) 公共关系的职业道德和法律制约；
(9) 公共关系在中国应用和研究的国情和特色。

四、学习公共关系学的意义

学习公共关系学的现实意义可以从以下四个方面来认识：

（一）适应市场经济发展的需要

市场经济带来了大范围的分工协作关系和激烈的市场竞争关系，企业组织需要运用公共关系来拓展合作关系，加强竞争能力，树立组织及其产品的知名度、美誉度，促进经济效益和社会效益。

现代社会关系错综复杂，个人（直接导致社会组织）对社会的理解难以全面、完善，因此有一个主体与社会的适应或调适的问题。公共关系学在这方面建构了一些基本观念和技巧，有利于人们适应社会、协调各种关系。学习公共关系，掌握公共关系的基本技能，可以增进人们在市场经济条件下的现代社会生活中所需要的诸如变革、开放、互补、适应、协调等观念。公共关系在阐述社会组织与公众之间的关系时，只有加强公共关系实训，提高创新与合作意识，及时把握时代脉搏，才能适应市场经济发展的需要，跟上时代的脚步。

（二）有利于提高自身素质

一个社会组织从创建伊始，只要它打算继续下去并获得不断的发展，它就必须在组织内部和组织外部经常持久地开展公共关系活动，进行公共关系教育，不断地发掘新情况、研究新问题、取得新的理解和支持，以塑造、保持、改善、发展良好形象。这种持续不断的公共关系实践教育和训练，对于提高人的素质，具有重要意义。国内外凡是注重长期对员工进行公共关系教育与培训的社会组织，都在提高员工素质方面收到了良好效果，同时也就大大提高了该组织公共关系的效率和效能。

新时期需要与时俱进、全面发展的高素质人才，需要具有现代观念、具有开拓创新意识、善于与人交流沟通、合作协调、善于处理公共关系事务、具有公关意识和公关能力的人才。各社会组织、成员，如果能有效地运用公共关系，可以拓展合作关系，加强竞争能力。职业社会要求从业者必须具备一定的素质，而且必须随着时代与形势的发展变化与时俱进地不断提高自身素质。公共关系学对于人的心理健康、精神气质和应对、处理社会关系技能等方面素质的提高具有独到的作用。随着现代社会生活节奏快、效率高、关系复杂的情况，要求人们有一个良好的心理状态和完善的公关意识。公共关系学强调人对工作环境、工作对象的深入了解，强调人对工作环境、工作对象的适应和调适。因此，积极开展公共关系实训、汲取公共关系的营养，并长期接受公共关系的熏陶，可以帮助人们认识事物的复杂性，形成包容、宽容和从容应对复杂情况的健康心理和公关意识。现代公共关系学还特别注重提高人在精神气质和形象方面的素质，这不仅利于个人在人际关系中以良好的形象和精神气质来赢得他人的好感并感染他人、影响他人，而且也利于社会组织形象的良性化（组织形象往往要通过员工的精神气质和形象反映出来）。公共关系实训在提高人的修养、培养人们如何改进自身形象方面，有丰富的经验总结，提出有可供应用的方法。因此说，进行公共关系实训，有利于提高自身素质。

案例 1-3-1

公司秘书的公关素质

一位来自德国的一家大公司的商务经理，在日本东京开展贸易活动期间，经常需要乘坐火车往返于东京与大阪之间。不久，这位经理发现，每次去大阪时，座位总在右窗口，返回东京时，座位又总在左窗边，都能看到日本的富士山。这位经理十分奇怪，就去询问每次负责为他购买车票的这家贸易公司的秘书小姐，这位秘书笑着回答："我想外国人都喜欢我们日本的富士山，您一路上工作繁忙，可以在乘坐火车的闲暇时间观赏富士山秀美的景色，缓解工作中的疲劳，所以，我替您办理了不同位置的车票。"这位德国经理听了大受感动，他想："对这么微不足道的小事，这家贸易公司的职员都能想得这么周到，那么，跟他们做生意还有什么不放心的呢？"于是，他决定把同这家日本公司的贸易额由原来的 400 万马克提高到了 1200 万马克。

（资料来源：中国秘书网）

案例评析：从这则案例中我们可以看到，通过日本公司秘书小姐订票时的细小行为，在德国客商心目中形成了该公司认真负责、体贴温情的形象，增强了企业的可信度和亲和度。德国经理增加贸易额正是对这一形象的肯定和回报。公共关系活动不仅对公关人员的素质有着较高的要求，而且真正核心的应该是一种公关意识和公关理念，它是形成良好组织形象的关键因素。

（三）有利于促成社会组织的发展

在社会主义市场经济条件下，人与人之间、社会组织与社会组织之间、社会组织与个人之间的社会联系日益广泛、日益复杂化。对外开放的持续深入与扩大，尤其中国加入 WTO 以后，中国日益融入世界，世界逐渐接纳中国，中国人、中国社会组织进入国际大舞台参与协作与竞争，与其他国家或地区的人们的联系日益广泛。而在公共关系中要求把组织各种目标统一到组织形象上来，避免组织目标分散导致组织效率低下的现象；公共关系要求把组织利益和公众利益统一到组织目标上来，避免只把组织利益作为组织目标，忽视公众利益，导致失去公众理解、配合、支持而引起组织效益下滑的现象；公共关系强调组织内部的沟通与协作，有利于克服组织内部互相推诿、互相封闭的现象；公共关系强调环境对组织发展的重要影响，有利于组织把环境因素放在组织的整体发展目标和具体工作中去，可以促进组织的可持续发展。总之，公共关系在社会组织实现组织目标、健全和完善组织结构、理顺和协调组织关系、优化和改善组织环境等方面，会产生积极效应。因此，通过公共关系有助于帮助组织调整自身行为，方能适者生存。学习公共关系学，有利于社会组织的发展。

（四）有利于和谐人际关系的建立

"内求团结、外塑形象"是组织发展的必不可缺的条件，组织管理要以人为本，要尊重人、关心人、爱惜人、爱护人、理解人、塑造人，善于营造一个相互信任、相互理解、充满友善与合作、温馨和谐的组织内部环境和氛围。因此，无论是在组织内部的劳动关系、员工关系间，还是在组织外部的公众关系间都应该形成一种和谐的组织关系，必须通过公共关系的实训，大力宣传和普及公共关系，这样才能有利于全社会人与人之间的关系和谐。同时，建立和谐的人际关系，还必须在企业和员工中，强调职业道德、职业礼仪，强调公共关系以满足公众需求为原则，强调全员公关，强调组织的良好形象，按照公共关系的要求和规范去操作和策划，使社会组织与公众之间营造良好的公共关系氛围，善于为人处世，善于交际，在公众中树立良好的公共关系形象。

案例1-3-2

美国纽约联合碳化钙公司，建起了一栋几十层的总部大楼，正当他们开始内部装修时，突然发生一件事：大楼里飞来了一大群野鸽子。按照习惯思维，这本来是件麻烦事。但是负责公关传播的主管却认为是公关宣传的天赐良机。在他的策划下，公司先是关好大楼窗户，不让鸽子飞走；接着电话通知动物保护委员会，请他们立即前来处理这件有关动物保护的"大事"；同时，通知纽约新闻界，请他们来采访报道。于是，从动物保护委员会的工作人员捕捉第一只鸽子起，直到最后一只鸽子落网为止，记者们记录了许多有趣的场面和细节。随后几天，新闻消息、特写、图片、电视录像纷纷出现在报纸、杂志和荧屏上，公司首脑借机出场亮相，趁机宣传公司，"鸽子事件"竟成当地一大热点。

（资料来源：作者根据相关资料整理编写）

案例评析：通过这一事件，体现了公共关系的魅力，由于一次成功的公关，麻烦事变成了大好事，该公司的形象如同一只只鸽子重飞蓝天，"声名远播"。因此，学习公共关系课程，除了要大家掌握一些基本理论之外，更重要的是促使大家学会一种公关思维的方式，用公关的头脑来处理所面临的问题。

作为21世纪的高素质人才，仅仅只有理论知识、专业知识是不够的，学习公共关系学将有助于个人增强公关意识，培养合作精神，提高沟通协调能力，有助于个人塑造良好形象，有助于个人走向成功。

案例讨论与项目实训

一、案例讨论

（一）案例描述

2008年美国大选中希拉里和奥巴马都在微博客网站Twitter上建立了个人主页，但最终奥巴马获得了 15 万 follower 的支持,而希拉里仅有 6000 多。仔细分析发现,虽然他们都经常更新消息,差别却是希拉里主动追踪回复别人的数量(following)为 0,而奥巴马的 following 高达 15 万!这说明奥巴马营销团队在即时跟踪十余万人的消息更新,当有人对奥巴马支持时,团队就通过 Twitter 向用户进行信息反馈,这样支持者感受到的是:奥巴马跟我对话了!而希拉里这方 Twitter 仅仅充当了单向信息发布平台,而不是交流工具,她并没有关注那些关注她的人。

(资料来源:刘东明,《网络整合营销兵器谱》,辽宁科学技术出版社 2009 年版)

(二)提出问题

1. 以上材料中体现了怎样的公关思想?
2. 网络时代,你还有什么办法可以开展有效的公关沟通?

(三)讨论步骤

1. 分组课前讨论,各组整理讨论意见。
2. 选出不同的小组代表在班级交流,发言时间 10 分钟。
3. 教师根据学生讨论发言情况总结 5 分钟。

二、项目实训

项目:"公共关系"大家说

(一)实训目的

1. 真正理解什么是公共关系,并能够用自己的语言准确表述。
2. 通过对公共关系理论界前沿、热点问题的探索,使学生强化原理的掌握水平,提高领悟和驾驭能力。

(二)实训内容

1. 说明"什么是公共关系"要求语句及内容完整,表述清楚。
2. 要求经过讨论,明确所列举的活动具有公共关系性质,属于公关活动。
3. 小组代表发言应对小组活动情况真实概括,总结性强。

(三)实训设计

1. 全班 4~5 人一组,分成若干小组。
2. 以小组为单位,每人用一句话说明什么是公共关系。
3. 以小组为单位,每人说出 1~2 件生活中观察到的公共关系活动。
4. 每组派代表在全班做总结发言。
5. 评分标准:小组自我评分占 20%,学生互评占 50%,教师评分占 30%。

❓ 课后思考

1. 公共关系有哪些基本特征?
2. 现代公共关系经过了哪几个发展时期,他们的信条分别是什么?

3. 公共关系和庸俗关系为何不同?
4. 结合自己所学专业,分析学习公共关系对所将从事的职业岗位的意义。
5. 运用公共关系理论分析评价"好酒不怕巷子深"和"王婆卖瓜,自卖自夸"。
6. 根据对公共关系的学习与认识,分析它和人际关系、新闻宣传有什么区别。

第二章 公共关系的构成要素

通过本章内容的学习，了解公共关系的构成要素及其特点；全面把握公共关系三大构成要素各自的概念、分类、特征及其作用；全面系统地了解社会组织、公众和传播，了解社会组织的生存环境，了解公众的特点、分类及公共关系传播媒介，充分把握"组织"与"公众"之间通过"传播沟通"活动所形成的信息的双向交流关系。

学习目标

知识目标
- 掌握社会组织、公众、传播的含义
- 了解社会组织与环境、社会组织与形象的关系
- 了解公众的特点、公众分类的意义
- 了解把握传播的基本原理、公共关系的传播媒介及传播效果

能力目标
- 初步掌握社会组织的结构特征和公共关系人员的基本工作方法
- 掌握公众目标定位和运用公关原理处理与各类公众关系的方法
- 熟悉掌握各种公关传播媒介的特点、规律并能实际运用

先导案例

"奔跑吧，兄弟"成功营销策略

"奔跑吧，兄弟"是浙江卫视引进韩国 SBS 电视台综艺节目 Running Man 推出的大型户外竞技真人秀节目，由浙江卫视和韩版 Running Man 制作团队 SBS 联合制作，双方采取混编团队的方法进行，最终呈现的效果，既有 Running Man 中的特色游戏，也有中国版区别于原版的独特之处。

节目一方面更多地融入了当地文化元素，打造中国特色的"跑男"文化；另一方面把握受众心理变化，加入社会热点元素。节目在内容设计和嘉宾参与方面结合当前社会热点和舆情走向考虑，设计有悬念、趣味性和时代感兼备的游戏任务，尽量多选择一些舆论认同度和关注度较高的明星艺人加入。

另外，注重健康理念的传播，提升节目"正能量"。"娱乐"与"健康"是"奔跑

吧，兄弟"的两个关键词。在节目中，导演组有意识地强化了明星和普通人通力合作，永不言弃的拼搏精神。

节目自播出以来，受到观众的热捧，2015年1月9日晚，浙江卫视"奔跑吧，兄弟"获得了4.206%的收视率，继连续两周收视"破三"后再攀新高。

（资料来源：《2015热点公关案例》，百度文库，有删改）

案例评析： 从公共关系的角度，分析"奔跑吧，兄弟"受到观众热捧，反响如此热烈原因。节目组织者在分析公众与传播手段方面的有效策划，充分应用了公共关系原理中的整合营销传播。节目播出的时间是在周五晚上，这正是小周末的时间，观众有很大空闲时间，而节目的宣传力度十分强大，无论在网络上，还是在生活中，随处可见该节目的宣传，使"奔跑吧，兄弟"在开播之前就受到了高度关注。同时，该节目把握受众心理变化，加入社会热点元素，并加入了一些当地文化元素，打造中国特色的"跑男"文化，让观看此节目的观众觉得趣味性极强。

第一节 公共关系的主体——社会组织

现代社会的一个显著特点，是各类组织的增多和迅速发展。"在所有发达国家，社会已经成为一个由各种组织构成的社会。"作为以树立组织自身形象为最终追求的公共关系活动，其目的就是要在社会公众心目中展示组织存在的价值，传递组织的各种信息。社会组织是公共关系的主体，是公共关系活动的承担者、实施者、行为者，在公共关系活动中起着控制者和组织者的作用，它主宰着公共关系活动，决定着公共关系状态。因此，认识社会组织的结构与功能，明确组织形象的重要性，对于全面理解公共关系的有关理论，有效地开展公共关系活动具有重要意义。

一、社会组织的内涵与类型

（一）社会组织的内涵

1. 社会组织的含义

社会组织简称组织，指的是由一定的社会成员、按照一定的规范、围绕一定的目标聚合而成的社会机构或社会团体。组织是公共关系的第一构成要素，是公共关系的主导，它决定了公共关系的状态、活动、发展方向。

2. 社会组织的基本特征

（1）具有明确的组织目标。任何社会组织都有一定的目标，明确的社会组织目标是构成该组织的核心要素，对组织的公关活动起到规范的作用。社会组织的生存和发展，其实质就是社会组织目标能否实现的问题。社会组织有了共同目标，组织成员才会形成共同信念，统一行动，产生较高的社会效益和经济效益。社会组织一旦没有了共同的目标和共同的利益需求，就会迷失方向，如同一盘散沙，丧失战斗力。

（2）具有实现目标的结构。社会组织具有分工明确的内部结构，纵向存在隶属关系，横向发生合作关系，相互间既保持有机联系，又具有相对的独立性，每个内部机构都有着特定的工作目标，一个社会组织只有形成统一意志和整体合力，才能树立良好形象，提高知名度和美誉度，并为实现组织的整体目标服务。

（3）具有实现目标的手段。社会组织的对象是与其发生密切关系的内外公众。组织的建立必须拥有一定数量的内外公众，一方面是适应公众环境的需要，另一方面又能动地改变公众环境，也就是主动地对公众施加影响，实现其组织的目标。因此，社会组织必须制定出一整套的管理办法，控制、协调内部各机构，才能确保总体目标的实现发挥其功能。如制定相应的章程、规章、制度、管理办法、行为规范等。

（4）具有实现目标的功能。社会组织要实现其既定目标，必须适应社会的需要，适应公众环境的需要，才能发挥自己的功能，否则就无以成立和存在，更不会具有活力和生命力。同时还必须依靠组织内部协调运转，通过一定方式实现的有机整合，充分发挥各部门的功能，以保证社会职能的履行。

（二）社会组织的类型

社会组织是具有特定目标、职能及一定独立性的社会群体，具有多样性。

对社会组织进行分类，从不同的角度出发可以分为不同的类型：如从社会功能的角度看，在公关活动中，明确组织所属的类型，目的是有利于把握公关的行为方式和公众的类型划分。由于组织的属性比较复杂，划分的依据不尽相同，国内外按照不同的标准把组织分成很多类型，这里介绍常见的几种划分方法。

1. 以组织成员之间的关系状态为标准，可将组织划分为正式组织和非正式组织

正式组织的成员之间关系明确，对组织活动也有一定要求和规定，最为典型的就是工商企业、学校、政府、军队等。

非正式组织的成员之间的关系比较松散和自由，彼此是一种地缘、趣缘、业缘的关系，如一些群众团体、各种协会、志愿者组织、同乡会、同学会等。

2. 以组织的性质及其职能为标准，可将组织划分为政治组织、经济组织和文化组织

政治组织具有政治职能、权力职能，集中体现了社会成员某些阶级和阶层的利益。如属于国家机构的立法组织（人大等）、司法组织（法院、检察院、公安局等）、行政组织（中央及省市的政府机构等）、政党组织（政党、政治团体等）以及各种军事组织等。

经济组织具有经济职能，是担负经济领域中的生产、交换、流通、分配等职能的组织。它参与原材料生产、能源生产、加工制造、销售流通、交换分配、消费服务的全过程或部分过程，沟通生产、流通、消费三个环节。如生产组织（有工厂、农业生产单位）、商业组织（商店等）、交通运输组织（铁路公司、航空公司、船舶公司等）、社会服务组织（银行、饭店、保险公司）等。

文化组织具有文化、教育职能，是以满足人们文化的精神生活需要而成立的组织。它包括文学、戏剧、影视、音乐、舞蹈、美术、书法、曲艺等狭义文化组织，还包括教育组织、体育组织、卫生组织、科研组织以及各种学术和科研团体、协会等。

3. 以组织获利与否为标准，可将组织划分为营利性组织、服务性组织、互利性组

织和公益性组织

营利性组织以经济利益为目标，公共关系工作围绕着经济效益这个中心开展，注重对产品的推销和追求经济利益。如工商企业、金融机构、旅游服务性单位等。

服务性组织以服务对象的利益为目标，是为服务对象谋求利益的，是以提供服务来满足顾客需要从而实现自身利益的经济实体或事业单位，主要有学校、医院、慈善机构、社会公用事业机构等。这类组织以其特定的服务对象的需要为目标，还必须与其资助者等保持良好的关系。当然，它也要接受媒体、主管部门的监管，与"同行"既有协作关系，也有竞争关系。

互利性组织以组织内部成员之间互获利益为目标，即组织目标对所有的组织成员都有好处，如各种党派团体、职业团体、群众社团组织、宗教组织等，这类组织重视内部成员对本组织的凝聚力和归属感，重视组织系统内部的沟通。

公益性组织是以国家和社会利益为目标、为国家和社会公众谋利益的社会组织，如政府部门、公共安全机关、消防队等，这类组织其公众对象是社会各界。

以上对社会组织的划分标准，也不是绝对的。不仅不同标准下的组织之间呈现出互相交叉、互相重叠的关系，而且同一标准下的不同组织也是互相联系、互相制约的。以营利性组织、服务性组织、互利性组织、公益性组织为例，学校属于非营利的文化组织，而学校的校办产业则属于营利性的经济组织。但由于学校以提供社会人才服务为主，所以学校仍属于服务性的文化组织。又如政党，属于非营利性的政治组织，但从相互利益关系来说，它是互利性组织，而从对外服务的职能来说，它又是社会的公益性组织。

不同类型的社会组织的相互联系，形成了社会组织的机构网络，并且随着社会分工的发展而逐步发展。只有既看到它们各自的特殊性，又看到它们之间的相互联系，这样我们才能正确地认识各类社会组织。

二、社会组织的形象

（一）社会组织形象的构成

社会组织形象是指社会公众对一个组织综合认识后形成的总体评价，是社会组织的表现与特征在公众心目中的反映。它包括社会组织的内在气质和外观形象。

（1）社会组织的内在气质。包括服务态度、待人处事的基本行为准则、二次服务水平，作为社会成员的社会道德水准等。它是社会组织的"软件"。

（2）社会组织外观形象。包括产品的质量、美观度及市场价格与市场占有率，社会组织的名称、标志、商标、广告，社会组织的建筑式样、代表色和组织的建筑、设施、场所状况，组织的技术力量、人员素质，等等。它是社会组织的"硬件"。

社会组织内在气质与外观形象的有机结合构成社会组织的形象。社会组织形象是组织经营活动中最为宝贵的无形资源。社会组织形象的好坏对社会组织的生存和发展来说至关重要。树立良好的组织形象是组织的重要任务，也是公共关系工作的最终目的。

社会组织形象可以具体表现为：产品形象、人员形象、建筑物形象、自我期望形象、虚假社会形象、实际社会形象、公共关系形象等。

（二）评价社会组织形象的标准

社会组织形象的评价标准，可以用认知度、美誉度、和谐度三个方面来概括。

（1）认知度——是指社会组织被公众认识、知晓的程度，因此又称为知名度，它包括被认识的深度、被知晓的广度两个方面。

（2）美誉度——是指一个社会组织获得公众赞美、称誉的程度，是组织形象受公众评价的舆论倾向指标。

（3）和谐度——是指社会组织在发展运行过程中，获得目标公众态度认可、情感亲和、行为合作的程度，是组织从目标公众出发、开展公共关系工作获得回报的指标。社会组织应在提高和谐度的基础上，争取更高层次的认知度和美誉度。

三、社会组织公共关系目标的确定

每一个社会组织，都有自己的工作总目标，这是社会组织得以生存的根本原因。社会组织内部的所有部门及其各个成员的一切工作，都必须围绕社会组织的总目标展开。公共关系是社会组织在完成工作总目标过程中派生出来的工作内容，它必须服从并服务于社会组织的总目标。因此，公共关系目标与社会组织总目标的关系是从属关系。但是，这并不意味着公共关系对于社会组织是可有可无的。在现代社会中，公共关系对于社会组织具有举足轻重的作用，不可或缺。公共关系的目标，就是塑造和改善社会组织的形象。因此，社会组织的生存和发展不能没有公共关系，而且公共关系对社会组织顺利开展业务，扩大影响，并最终实现社会组织工作目标有着重要作用。

社会组织的形象，是发展变化着的，会处于不同的状态，公共关系工作目标，要根据社会组织形象的不同状态而确定。一般来说，公共关系的目标可以根据社会组织形象的三种状态来确定。

第一，当社会组织的形象还没有完全树立起来，还处于比较模糊的状态时，公共关系目标是尽快地建立起社会组织的清晰的良好的形象。这即为塑造社会组织形象。

第二，当社会组织形象发生不良甚或恶性变化时，公共关系目标是尽可能地改善社会组织形象，促使组织形象向着好的方面转化，至少要阻止组织形象继续恶化的势头。这即为改善社会组织形象。

第三，当社会组织形象产生良性变化时，公共关系目标是保持社会组织形象良性发展趋势，彰显组织良好的形象，并不断地升华组织形象。这即为优化发展社会组织形象。

| 案例 2-1-1 |

谁挽救了雀巢公司

盛誉国际的雀巢公司是世界上最大的食品公司之一，有110年的历史，总部设在瑞士。该跨国公司在世界市场的销售量处于领先地位。但是，20世纪六七十年代曾出现一种舆论,称雀巢食品的经销导致了发展中国家母乳哺育率下降,致使婴儿死亡率上升。最有影响的当数英国记者迈克·穆勒撰写的题为"婴儿杀手"的报告。在这篇长达 28 页的报告里,穆勒谴责了一些食品制造商怂恿母亲们放弃母乳喂养而代之人工喂养,但也承认就业等其他因素也是促使母亲们转向人工喂养的原因。穆勒的小册子是批评整个食品工业行业的,但瑞士一个支持不发达国家的援外活动组织"第三世界工作团"中的一些人,对该小册子略加修改后出版,题目改为"雀巢杀死婴儿"。小册子还略去了其他影响母乳喂养的各种因素,并在"前言"中专门指出,雀巢公司在第三世界国家运用欺诈的销售技巧进行营销活动应受到谴责。这就引发了一场世界性的对雀巢制品的抵制运动,"雀巢"食品的推销由此大大受阻。

为了扭转不利局面,雀巢公司用重金聘请世界著名公共关系专家柏根来商讨对策,解决难题。柏根发现,在舆论开始兴起并逐渐发展的过程中,"雀巢"决策者拒绝听取批评,同时对"雀巢"的经销行为始终保密,这种做法适得其反,反而助长了抵制运动的爆发。于是,他选用"与社会对话"的技术,把工作重点放在抵制情绪最严重的美国实施。他带领助手们专心听取社会批评,开展游说活动,并成立了有公众代表参加的权威的听证委员会,全面审查"雀巢"的经销行为。另外,公司还通过法律手段与"第三世界工作团"对簿公堂。法庭调查的结果表明,导致婴儿死亡的不是雀巢公司的产品,而是产品用户不卫生的饮用方法。这一系列活动,逐步挽回了"雀巢"的信誉。最后,历时 7 年的抵制运动终于被取消。公司总裁感慨地说:"事件的教训,说明任何企业都少不了公共关系部门,是公共关系的技巧把真情告诉了公众。"

(资料来源:《公共关系学案例库》,百度文库,案例一)

案例评析:社会组织公共关系的主要目标是提高其知名度和美誉度,提高其吸引力,树立组织的良好形象。作为本案例中的组织主体——雀巢公司具有强烈的危机公关意识,他们认识到公众一旦对企业产生了不信任,往往就会导致企业产品的滞销。在这个案例中,雀巢公司及时处理危机事件,给企业带来了很大的主动权。同时,雀巢公司还较好地把握了公众心理,危机处理的全部公关活动是具有艺术性的,赢得了公众的好感,使公众对产品的质量恢复了信心。

| 课堂讨论 |

在雀巢公司的案例中,公共关系所体现出的重要作用。

四、社会组织与环境的关系

任何组织都不是孤立地存在于社会之中的,它们的生存和发展要得到与之相联系的环境变化的极大影响。

(一) 社会组织必须适应环境的变化

1. 适应经济环境的变化

经济因素是人类社会发展的重要基础。在现代社会中,每一个组织都在社会经济运行系统中扮演一定的角色,即使是不直接从事经济活动的组织,也不能脱离于社会经济生活之外。

2. 适应政治环境的变化

在影响组织的环境因素中,政治因素是一个重要的环境因素。如果国家政治稳定,政府维持自由竞争和公平竞争的环境,则组织可以获得良好的发展;否则将遭受损失。

| 案例 2-1-2 |

政治危机使泰国旅游业损失重大

泰国旅游局局长蓬诗丽 2008 年 9 月 8 日透露:泰国当前政治危机造成该国旅游业受到重大损失。自从泰国 8 月底发生政治危机以来,与上年同期相比,国际游客数量总体上下降了 25%。目前已有超过 23 个国家对本国人民前往泰国旅游发出了级别不同的"警告"。泰国旅游局对当前政治危机下的旅游业形势进行了评估,如果政治危机能在 9 月 20 日以前结束的话,游客数量将减少 247438 人,损失收入 94.03 亿泰铢(1 美元约合 34 泰铢);而如果危机一直延续至 2008 年第四季度旅游旺季的话,游客数量将减少 841029 人,损失收入将高达 319.6 亿泰铢。针对这一状况,泰国旅游局已经拨出 2500 万泰铢专款用于在近期努力恢复外国游客前往泰国旅游的信心。其中一项计划是制作录像短片,由来自中国和欧洲这两个大市场的游客介绍到泰国旅游的经验,然后通过网络等媒体进行广泛传播。另一个计划是前往世界 20 多个主要城市进行旅游宣传,同时介绍国内政治形势真相,以增加各国旅游经营者和游客们对泰国的了解,恢复他们到泰国旅游的信心。

(资料来源:《精编泰国旅游局长称政治危机使旅游业损失重大》,人民网,2008 年 9 月 10 日,有删改)

案例评析:政治环境不是组织自身可以掌控的,组织的主要工作是在环境发生变化的时候,如何采取有效措施,尽量减少负面影响。

3. 适应文化环境的变化

文化作为人类的社会环境,是一个复杂的整体,包括知识、信仰、艺术、道德、法律、风俗习惯以及人们所学习到的任何技能。

比如,深圳康佳电子集团,着力培养"康佳"特色的组织文化,把员工的利益、荣誉和组织的发展目标统一起来,着力塑造"爱厂爱国、团结协作、遵纪守法、好学上进"的组织文化氛围,提出"我为你,你为他,人人为康佳,康佳为国家"的口号,将"康佳精神"确定为"团结开拓、求实创新",并让全体员工内化为自己的行为准则。这一系列的组织文化活动,体现了社会主导文化的要求,适应社会文化环境的需求,它必然优化了组织的公众环境,潜移默化地影响员工自觉地将"康佳精神"作为公关意识,内求团结、外求发展,推动组织的发展。现在人们更注重生活环境,回归大自然,所以房地产开发商,就不仅要房屋结构好,而且还要注意社区的环境。现在许多人希望孩子上名校,所以就有房地产商,打出教育社区的牌子。

(二) 社会组织要能动地影响环境

1. 真实感知环境的信息

社会组织及其公关人员要通过公关调查，尽可能正确、及时、真实地向领导提供各种环境变化的信息，而不是错误、过时、虚假的信息，帮助组织的决策者改善感知环境的方式，提高感知环境的能力。

2. 预测环境的变化

根据大量的环境变化信息，从中分析研究出带有规律性的东西，在把握环境变化规律的基础上使社会组织始终处于主动的地位和与环境处于相对和谐的发展状态。

3. 应对复杂多变的环境

对组织所处环境的复杂性，社会组织及其公关人员应有清醒的认识，帮助组织了解复杂环境中各种因素的特殊性及其相互关系，要做到全面地反映和深入地分析，不能片面，不应浅尝辄止，这样才有助于组织做出正确的决策，也有利于组织在复杂纷繁的环境中做到胸中有数，处变不惊，有条不紊。

五、塑造社会组织形象常见误区

社会组织形象对社会组织有着重要的作用，社会组织树立了良好的公众形象，有利于社会组织吸引优秀的人才，有利于社会组织得到政府及全体员工的信任，更有利于社会组织在市场竞争中处于优势。但是，在塑造社会组织形象时，要防止陷入比较容易出现的误区。

误区一：要防止忽视社会组织形象可能产生的压力。社会组织形象是一种资源，它像人力资源、物力资源和财力资源一样，但它对社会组织来说又是一种压力，它的塑造需要社会组织投入相当的精力、财力、人力、物力。

误区二：在塑造社会组织形象方面，要摆脱急功近利的思维模式。在大多数情况下，即使社会组织形象得到了树立，但因为在短时期社会组织的形象与经营活动的因果关系是不确定的，所以社会组织形象的作用并没有立竿见影地立即显现出来，所以不少社会组织由此产生轻视社会组织形象塑造的观点。这是塑造社会组织良好形象主观上的大敌，必须克服。

误区三：在社会组织形象塑造过程中，要防范组织内部的不协调。古人云："攘外必先安内。"社会组织内部投入因素不协调，也会影响社会组织良好形象的树立。关键在于组织各部门必须强化信息交流，协调配合。

| 案例 2 - 1 - 3 |

尼康相机"黑斑门"

尼康 D600 数码单反相机率先在美国和英国上市后，就深陷"黑斑门"，在 2013 年 2 月 22 日，尼康发表公告，承认一些用户指出使用尼康 D600 数码单反相机拍摄时，照片上会出现多个颗粒状影像。当时尼康给出的解决办法是让用户按照用户手册（第

301～305页）关于"清洁影像感应器"进行清洁，或用气吹手动清洁，或者到尼康售后服务中心进行清洁。

央视2014年"3·15晚会"报道称，全国多位消费者发现新买的尼康D600拍摄照片后出现黑点。用户就此到尼康维修点进行过四五次清洗进灰，也无法解决问题。随后尼康通过更换快门等方式，也无法解决这款宣称防尘防潮相机的问题。按照三包规定，相机因质量问题返修两次之后，可以退换产品。不过尼康售后辩称清灰不算修理，但尼康官方规定清灰属于修理范围。在随后发布的公告中，尼康再次要求用户对D600进行清理更换。

2014年2月26日，尼康再度发表公告，表示将免费替所有出现进灰问题的全幅单反D600用户进行检查、清洁，并进行快门等相关零部件的更换。

据悉，尼康在处理D600"黑斑门"事件时内外有别，据外媒报道，欧洲部分用户把机身内部进灰的D600相机送到服务站除尘后收到了全新的D610相机；而在法国，进灰D600换全新D610的代价也仅需要支付很小一笔费用；但是在中国，遭受D600进灰困扰的用户显然没能受到如此待遇，尼康在拖延一年之后给出的解决办法仅是免费清洁而已。

（资料来源：《尼康陷入"黑斑门"，屡出问题无法解决》，《北京晨报》，2014年3月16日，有删改）

案例评析：尼康D600数码单反相机质量问题被曝光、组织形象受到影响的情况下，尼康不仅没有拿出诚恳的、负责任的态度，与用户进行沟通，反而坚决否认相机存在质量问题，拒绝用户退机或换机的要求，这种态度引发用户的极度不满，严重损害了公众对尼康的品牌美誉度和忠诚度，同时也使尼康的"黑斑门"危机愈演愈烈。尼康公司的这一做法忽视了社会组织形象可能产生的压力，这一认识误区发人深省。

社会组织是公共关系的主体，是公共关系活动的承担者、实施者、行为者，在公共关系活动中起着控制者和组织者的作用，它主宰着公共关系活动，决定着公共关系状态。因此，认识社会组织的结构与功能，明确组织形象的重要性，对于全面理解公共关系的有关理论，有效地开展公共关系活动具有重要意义。

第二节 公共关系的客体——公众

公众是公共关系学中的一个基本概念。随着公共关系学在西方国家的兴起，公众一词也日益引起人们的注意。公众的英文为"public"，泛指公众、民众，也指具有"合群意识"的社会群体。公共关系中的公众不同于政治学或社会学中所讲的公众，与日常生活中所讲的"人民"、"大众"、"群众"也不一样。公共关系的公众特指公共关系工作对象的总和，即那些与公共关系主体有直接或潜在关系，相互影响、有互动关系的个人、群体或组织的总和。

一、公众的概念和特征

(一) 公众的概念

从公共关系学的一般意义上说,公众即与公共关系主体利益相关并相互影响和相互作用的个人、群体或组织。

公众至少包含以下几项基本含义:①公众是公共关系主体传播沟通的对象的总称,它与人民、群众、人群、大众、受众等概念是有区别的。②公众是相对特定组织而存在的。一个组织诞生了,就意味着与之息息相关的内外部公众形成了;一个组织消失了,也意味着与特定组织相关的公众将消失。当然,这种消失对公众而言是指其所承担的特定组织公众关系身份的消失,并不是指出公众人身的消失。实际上个人、群体或组织必然同时具有多重的公众身份。③公众是因共同的利益、问题等而联结起来并与特定组织发生联系或相互作用的个人、群体或组织的总和。组织在具体的公关活动中面对的既可能是分散的个人,也可以是由个人构成的群体或组织,但这些个人、群体或组织只有因共同的问题或利益而联系起来,并与特定组织发生了关系或相互作用时,才可以称为公众。公众既是个集合性概念,又是具有指向性的概念。④公众是客观存在的。公众作为主体的作用对象与主体存在着客观的、不依主体的主观意志为转移的关系。

(二) 公众的特征

1. 同质性

社会公众是由个人或组织组成的群体,是与公共关系主体发生联系并以特定的角色出现的。它的形成是由社会组织的性质决定的,正是由于某个共同的问题把一些人或一些组织联结在一起形成了公众,公众的成员具有某种内在的同质性。比如,快餐店的消费者,本来相互之间并没有联系,但是,因为共同消费同一快餐店的食品,因而对快餐店的食品就有了相应的要求。如果快餐店在食品生产中不够规范,那么快餐店的消费者就会联合起来共同捍卫自己的权益。

2. 整体性

公众不是单一的群体,而是与社会组织种种活动有关的整体环境。任何组织的生存和发展都离不开一定的公众环境。公众环境是指组织运行过程中必须面对的社会关系和社会舆论的总和。社会组织面对公众环境因素的影响,应作整体思考,要用全面、系统的观点来分析和对待。

3. 相关性

公众是因面临共同的利益关系而形成的群体,这种关系的产生和解除又与一定的社会组织有着密切的直接关系。因为,维系公众的共同利益关系是因社会组织而产生的,没有社会组织的存在,也就无所谓与之相关的公众的存在,也就没有形成公众这一群体的共同问题的存在。所以,社会组织对公众这一群体所面临的共同问题的决策与行为,对公众所面临的相同利益关系的解决有着直接的关系。这种相关性是形成良好公众关系的关键。社会组织鉴定公众、分析公众的依据就是明确这种相关性,以此确定组织的工作目标,选择工作对策和行动方案。

4. 多样性

公众是一个开放的系统，任何组织面临的公众，其性质、形式、数量、范围等均会随着主体条件、客观环境的变化而变化。公众的存在形式不是单一的，而是复杂多样的。比如，同一公众群体，在商店出现是顾客角色，乘在公共汽车上就是乘客，到了医院就变成病人，在学校就是学生。公众形式的多样性，决定了沟通方式和传播媒介的多样性。

5. 变化性

公众的多变性主要体现在公众对象的多变和公众态度的多变方面。公共关系要处理的公众群体是一个开放的系统，始终处于变化之中。任何组织面临的公众，其性质、形式、范围等均会随着主体条件、客观环境的变化而变化。公众群体随着问题的产生而形成，随着问题的解决而自然消失。比如：大型超市每天接待的大批顾客，他们都带着"购买日用消费品"的共同问题，从而形成了这家超市的消费者公众群体。这些顾客如果买到了如意商品，离开商店，那么由他们组合而成的公众群体也就自然消失了。但是其中有部分顾客发现自己购买的商品质量有问题，回到这家商店来交涉，则彼此毫无关联的顾客因商品的质量、赔付问题联结起来，形成了这家超市的公众群体，等超市解决了他们的问题，保障了他们的利益，随着他们的满意而归，这一公众群体也随之解体。

6. 可导性

一个社会组织的公众，总是与这个组织存在着某种利益关系。公众的意见、观点、态度和行为对组织有一定影响，而该组织的决策和行为也对这些公众具有实际的或潜在的影响力和作用力，制约着他们利益的实现、需求的满足等。由于公众的态度、动机和行动受到个体和环境两个因素的影响，所以公共关系主体经常借助对环境因素的改变来达到逐渐影响公众态度和行为的目的，所以，公众具有可导性，这也是公共关系能够不断取得成就的原因。

二、公众的分类

（一）按公众与组织的关系来分类

根据公众与组织的关系可以将公众分为内部公众与外部公众。

（1）内部公众：即组织内部的成员群体，主要包括组织员工、股东、董事会、顾问、员工家属等，社会组织与这些内部公众所发生的关系，便被称为员工关系、股东关系等。

（2）外部公众：是指社会组织外部环境中所面临的公众，即除内部公众以外的其余公众。在现代社会中，社会组织的生存和发展越来越依赖于其外部的公众环境，因此社会组织除了要处理好内部公众关系，同时还要处理好与外部公众的关系，以争取外部公众对组织的理解，建立良好的外部公众环境。外部公众主要包括消费者、社区、政府、媒体、同行组织、供货商、经销商以及突发事件公众等。社会组织与这些外部公众发生的关系，称为顾客关系、社区关系、政府关系、媒介关系和协作者关系等。

（二）把公众作为一个过程来分类

公众的发展一般有这样一个过程：当组织做出某种行为时，其行为会引起公众态度、行为发展变化。公众与组织的关系可能由疏变密，公众对组织的影响力也由弱变强。美国公共关系学研究人员格罗尼格和亨特按照公众的一般发展过程，把公众分为非公众、潜在公众、知晓公众和行动公众四类。

（1）非公众。在组织所处的环境中，一部分个人、群体和社会团体在一定的时空条件下，不受这个组织的行为影响，他们也对这个组织不产生影响力。他们在组织的视野中，就成了非公众。例如，一般条件下，棉布店可以被看做是轴承厂的非公众，丝绸店可以被看做是飞机制造厂的非公众，婴幼儿可以被看做是成人用品商店的非公众。

（2）潜在公众。在组织所处的环境中，当一个组织的行为与一定的个人、群体和社会团体发生了利益关系，使他们已面临着由这个组织的行为引起的共同问题，但他们本身暂时未意识到这种问题的存在时，他们就成了潜在公众。例如，如某汽车厂，由于原材料问题，使10000辆汽车刹车存在安全隐患，汽车的制动装置寿命会比预计的要短，等到发现问题时，10000辆汽车已全部卖给了消费者。在这里，10000位买主都即将面临一个共同的问题——汽车刹车系统将出现问题，但他们尚未意识到这个问题的存在。于是这10000名买主便成了该电视机厂公共关系部的潜在公众。

潜在公众在一定时间内，至少在意识到他们面临的问题之前，不会采取行动，不会对组织构成威胁，他们对组织的影响力只是潜在的。但是，这种状况不会始终存在下去，问题迟早会暴露，一旦问题暴露就会损害这家汽车厂的形象。较明智的公关部经理往往不抱侥幸心理，在潜在公众形成的时候就着手进行工作。如果所举例子中的厂家及时向10000名买主发出道歉和换货公告，让他们即刻前来，将"问题刹车"进行维修或更换，并负责赔偿因换货而造成的时间浪费和其他损失，那么，组织的经济效益虽然在短期内会有所损失，但它在公众心目中树立起了知错就改的良好形象，信誉也大大提高，因而赢得了一笔"无形的财富"，而且日后一定会转化为有形的财富。

（3）知晓公众。当公众面临着由一个组织的行为引起的共同问题，而他们本身已经意识到这种问题的存在时，他们就成了知晓公众。知晓公众一般是由潜在公众发展而来。知晓公众一旦形成，他们就急切想了解问题的真相、原因和解决的办法。仍以前述厂家为例，如果该厂的公关部在潜在公众形成的时候怀有侥幸心理，那么企业将面临10000名知晓公众和10000辆刹车存有隐患的汽车，接下去汽车厂的声誉将受到很大影响。但此时公关部门如能及时采取补救措施，还有机会挽回损失。否则后果将更为严重。

（4）行动公众。当公众不仅意识到由组织行为引起的问题，而且准备采取或已经采取行动以求问题的解决时，他们在组织的视野中就成了行动公众。行动公众是由知晓公众发展而来的，他们的形成可以对组织的生存发展构成直接威胁。再以上述厂家为例，如果该厂公关部对已经形成的知晓公众仍无动于衷，甚至还千方百计隐瞒事实的真相，那么心有怨气的买主就会使该厂公关部的电话响个不停，甚至聚集在厂大门前指责或咒骂其不讲信誉，同时向工商管理部门和新闻媒介反映。倘若记者把这件事写成新闻，在电视和报纸上报道其真相，那么，该厂将信誉扫地、声名狼藉，经济效益和社会效益都会受损。

（三）根据公众对组织的不同态度来分类

一个组织面临的公众，由于他们所处的地位、环境、扮演的社会角色、主观认识水平，以及利益追求等条件的不同，形成对组织的不同态度。在公共关系中，根据公众对组织的不同态度，可以分为顺意公众、逆意公众和独立公众。

（1）顺意公众。与组织关系良好，对组织奉行的政策、采取的行为持赞赏、支持、合作的态度，在较大程度上与组织保持一致，是组织生存和发展的积极社会环境因素。对顺意公众，公关人员需经常与他们沟通联系，争取他们对组织的继续支持。

（2）逆意公众。对组织奉行的政策、采取的行为持反感、反对、不合作态度。逆意公众的形成通常有两种原因：一是组织的政策、行为不当危害了公众利益，或者组织和公众之间价值取向有差异致使组织和公众利益上存在冲突；二是由于沟通不畅而对组织的政策行为产生了误解。

（3）独立公众。又称中间型公众，是指对组织的政策和行为不了解、不理解或者有所怀疑，一时还没有表明态度或者还拿不定主意的公众，这部分公众应该引起组织的重视，如果采取合适的方法，这部分公众会成为组织的和谐公众，而如果组织的公关方法不当，这部分公众变为逆意公众，将不利于组织公共关系的开展。

（四）根据公众对组织的重要性程度来分类

不同的公众对组织的生存发展的影响力不同。根据公众对组织重要性程度不同，可以把公众划分为首要公众、次要公众和边缘公众。

（1）首要公众。首要公众是与组织关系密切，对一个组织的生存发展具有重要影响力和决定性作用，而且还影响和制约其他公众的公众。首要公众是组织生存发展的"生命线"，是公共关系对象中最关键的公众，因此，组织的公关部门应该投入最多的人力、财力和物力来维持和改善同这类公众的关系。

（2）次要公众。次要公众是对一个组织的生存发展有一定影响，但这种影响尚不具有决定作用的公众，如社区公众、新闻界公众。

（3）边缘公众。边缘公众是与组织有一定的联系，但不影响组织生存发展的公众。如学校、宗教团体、非同类企业等。

例如，某水泥厂建在市郊，筹建期间，社区内的公众并未有任何异议，此时，社区公众就是次要公众。可是，当水泥厂投产后，废水对附近的农田造成了严重污染，农民的利益极大地受损，他们强烈要求该厂要么采取措施治理废水，要么搬迁到别处，否则就会对该厂的设备采取行动，这时，本来属于次要公众的社区就成了水泥厂能否在此处生存下去的首要公众。

（五）根据组织对公众的态度来分类

组织根据自己的需要，对不同公众也会形成不同的态度。按照组织对公众的好恶程度分类，可以把公众可以分为受欢迎的公众、不受欢迎的公众、被追求的公众。

（1）受欢迎的公众：组织与这类公众能够良好合作，并有着一致的利益，组织对这类公众非常欢迎，而公众也能对组织表示兴趣。这类公众包括企业的股东、赞助者、慕名而来的采访者等。

（2）不受欢迎的公众：是指那些对组织的目标、利益、发展都无益的公众，这些公众被组织视为其发展的阻力因素，组织害怕它们违背组织的利益和愿望，对组织构成潜在和现实的威胁的公众。如那些先入为主，带有偏见的采访者、调查者，以及那些纠缠不休的拉广告、拉赞助的组织和个人。

（3）被追求的公众：这些公众能够很好地满足组织的利益和需要，但是因为对社会组织不够熟悉，组织对之缺乏交往，对这些公众，组织会千方百计与之建立联系，积极开展公关工作，以建立良好关系，从而满足组织的某些利益和需要。这类公众有社会名流、专家学者以及新闻机构等。

三、现代公众意识

（一）现代公众意识的形成过程

自现代公共关系产生以来，在对待公众的态度上也有一个思想认识的发展过程：

（1）19世纪中叶以巴纳姆为代表的单项吹嘘式思想式"公众要被愚弄"、"凡是宣传皆是好事"，为了扩大自身的影响而编造"新闻"，玩弄公众利益。

（2）到20世纪初，艾维·李提出单项传播式公关思想，认为"公众必须迅速被告知"，要对公众"讲真话"，寻求公众的理解和认同。从这时起，才有了真正意义上的现代公共关系，公众意识开始觉醒。

（3）爱德华·伯尼斯提出双向沟通式公关思想，认为"要投公众之所好"、"让组织了解公众，也让公众了解组织"，主张通过双向传播取悦公众，以求得公众的支持和合作。这就打破了单项"告知"公众的思维模式，增强了公众导向的理论基础，使公关研究由经验转向科学，具有划时代的意义。

（4）1952年，卡特利普和森特在其专著《有效的公共关系》中提出双向对称的公关模式，强调"组织与公众双方在目的、利益和传播上要双向对称，双向平衡"，认为公共关系是一个开放系统和一种职能，要对环境进行监测和调适，发挥信息反馈功能，"使公众意愿能参与到决策中来"。进一步提出了公众意识，确立公众导向，将公关理论推向了当代发展的新阶段。

（二）现代公众意识的含义

概括地说，现代公众意识就是一切从公众出发的公众导向意识。具体地说，它包含以下一些主要内容：

1. 公众参与

组织的决策和行为都要从公众出发，以公众的意愿为决策依据，以满足公众的需求作为行为指针。

2. 目的、利益的双向平衡

在公关目标上要将组织和公众的利益放在同等重要的地位，公众利益的实现就意味着组织利益的实现；而当双方利益发生冲突时，应将公众利益放在首位，必要时宁愿牺牲组织利益，以求得公众环境的良性发展。

3. 双向对称的传播沟通

在公关传播中，公众并非是一个完全被动的"接收器"，而是能起到巨大反作用的社会群体。首先，公众的各类需求是公关传播活动的推动力。其次，在公关传播的正向传播过程中公众是信宿，而在公关传播的反向传播过程中公众又是信源。最后，对公关传播效果的检验，需要公关信息的不断反馈，正反馈可将传播活动引向深入开展，而出现负反馈时则必须停止传播，并采取相应的补救措施。因此，公关传播活动时一个监测、传播、反馈、调适以达到双向对称的过程。

4. 一切工作围绕公众进行

组织的一切工作要围绕公众进行，要诚心诚意对待公众，全心全意为公众服务，切实尊重公众的权利和人格，虚心接受公众的监督和批评，坚持依靠公众做好工作，视公众为组织生存和发展的前提条件。

5. 与公众的心理互动

组织与公众是双向互动的利益关系，不仅需要让公众了解组织，更需要组织了解公众；特别是了解公众的心理倾向和心理定势，与公众进行心理互动，才能不断沟通信息、交流感情，形成共识，使双方协调一致，为实现共同的利益而和谐发展。

（三）确立公众意识的重大意义

1. 公众意识是最基本的公关意识

现代公关意识包括形象意识、公众意识、双向沟通意识、协调意识、互惠互利意识等。很显然，双向沟通与协调、互惠互利、立足长远等，都是将维系与公众的良好关系的原则和方法；而社会组织形象是组织在运行过程中的实际行为表现和风格特征给予公众的印象的反映，也有赖于公众作出客观的评价。因此，公众意识是最基本的公关意识，是公关意识的核心。

2. 公众意识是整个公关工作的基本指导思想

以公众利益为出发点的公众导向意识表现在公关工作的决策、目标、传播沟通、基本要求以至心理活动等方方面面，它是贯穿公关工作的一条主线，是整个公关工作的基本指导思想。

| 案例 2-2-1 |

从家乐福"一元可乐"事件看商家的公众意识

1998年4月17日下午，开张仅十天的重庆"江北金观音店"，一大批顾客突然向饮料货柜拥去，抢购1.25升装的百事可乐。但是，当顾客按每两瓶2.5元的价格付款时，收银员却不知所措……事前，商场准备开展为期三天的特价酬宾活动，其中1.25升的百事可乐售价5元，同时赠送一听价值2元的天府可乐。为何顾客以2元买2瓶可乐呢？原来，当天重庆某报上刊登了一则"家乐福"特价酬宾广告，在数十种商品中，"百事可乐"原价5.00元，现价买一赠一。由于广告有歧义，造成顾客理解与商家原意不符，就在顾客与收银员为价格僵持不下时，"家乐福"江北店店长——法国人布拉松只说了一句话："尊重顾客的意愿。"几十人上百人，一会儿就把500件百事可乐购买一空，商场马上调货补充，并调集保安人员维持秩序。最后为不影响整个商业环境的平衡，商场不得不每人限购两瓶，并在本市报纸上发出启事对原广告修正，才将问题圆满解决。显然，金观音店卖出的百事可乐大大低于成本价。问及该店损失，布拉松却说："我不在乎利润的损失，我的宗旨是顾客满意为先。"

（资料来源：《从家乐福"一元可乐"事件看商家公关意识》，联商网，2002年2月6日，有删改）

案例评析：古语云："智者千虑，必有一失"。这一点对于现代企业而言，也无例外。任何一个经历发展的企业都绝不可能是一帆风顺、十全十美的，偶尔暴露出一些问题与不足也是情理之中的正常现象，关键看企业如何面对，怎样处理。真正的公众意识不是一句口号而是在处理过程中的实际举措。

3. 公众利益导向是处理组织与公众利益关系的唯一正确的原则

组织与公众之间的公共关系是建立在利益基础上的。但在以往，组织所考虑的往往是自身的利益。公众意识的确立，使组织的经营从封闭走向开放，从追求自身利益转向追求组织与公众共同利益，而以公众利益的实现为实现组织利益的前提；如两者发生冲突，首先是维护公众利益。这样才能不断改善公众环境，避免发生危机。

四、公众心理

（一）公众个性心理特征

这种在个体身上经常地、稳定表现出来的心理特点就是个性心理特征。个性心理特征是个人的比较稳定的心理特点的总和，是一个人区别于他人的整体特性。具体来讲，它包括人的能力、性格和气质。

1. 能力

能力是人顺利完成某种活动所必需的心理特征，或者是完成一项活动的本领。

2. 性格

性格是指人对现实的一种稳定的态度体系和行为方式。也就是说，性格是表现人的态度和行为方面较稳定的心理特征。如果断、寡断、耐心等。对于从属品质的评价，通常要看它依从于哪些核心品质而定。性格包含许多具体内容，是多侧面的复合体。具体来说：

（1）性格具有态度特征。表现在对社会、对集体、对他人的态度方面，有爱集体、正直、诚实、有同情心、礼貌、善交际；或者相反，对集体漠不关心、阿谀奉承、弄虚作假、没有同情心、傲慢、孤僻等。表现在对自己的态度方面，则有谦虚与傲慢、自信与自卑、严于律己或任性、大方或羞怯等。

（2）性格的意志特征。意志表现为一个人的性格，往往有果断或犹豫不决、勇敢或懦弱、坚定或动摇、严谨或散漫、沉着冷静或鲁莽从事等。

（3）性格的情绪特征。情绪表现为人的性格，主要有心情舒畅或抑郁低沉、宁静的或易于激动的等。

（4）性格的理智特征。这主要表现为主观性与客观性、粗略性与精细性、严谨性与轻率性等。

3. 气质

气质是人的典型而稳定的心理特点，是人的心理活动的动力学特点。它主要表现为一个人的情绪体验的反应速度（快慢）、强度（强弱）和表露的隐显程度以及心理活动的指向性和动作的灵敏或迟钝等方面。

（二）公众心理倾向

1. 公众需要倾向

公众需要是指公众生理和心理上的匮乏状态，即感到缺少些什么，从而想获得它们的状态。美国人本主义心理学家马斯洛将人类需要按由低级到高级的顺序分成 5 个层次或 5 种基本类型：生理需要、安全需要、归属和爱的需要、自尊的需要、自我实现的需要。

|案例 2 - 2 - 2|

别克凯越的情景剧发布会

2003 年 6 月 15 日，别克凯越以《飞越梦想》情景剧的方式进行新车发布。剧情讲述了一个青年人成长的故事：一个年轻人从一个公司的底层做起，勤奋进取。10 年后，年轻人成为中层管理者。当男女主人公结婚时，借了朋友的微型车当婚车，从此夫妻俩就做起了汽车梦。当妻子怀上了小宝宝时，他们有了经济实力，并开始选购汽车。当妻子产下儿子时，正好凯越面世，因而给儿子取名凯越，丈夫则心满意足地驾了辆别克凯越，接母子俩平安回家。至此，上海通用汽车定义这部中级车的目标消费群体清晰可见，呼之欲出——务实、进取、有强劲上升力的中青年"社会新中坚"。观众为之鼓掌欢呼，掌声之中，那辆名叫凯越的车缓缓驶上舞台，多媒体情景剧也随之达到高潮。

（资料来源：曾琳智，《新编公关案例教程》，复旦大学出版社 2006 年版）

案例评析：了解需要才能找准公共关系客体，方式创新才能吸引公共关系客体，手法多样才能打动公共关系客体。剧情的时间跨度暗示购车是时代潮流，使公众产生购车欲，成为潜在公众。

2. 公众的动机

动机这一概念是由伍德沃斯于 1918 年率先引入心理学的。他把动机视为决定行为的内在动力。一般认为，动机是引起个体活动，维持已引起的活动，并促使活动朝向某一目标进行的内在作用。

3. 公众的兴趣倾向

兴趣是指一个积极探索某种事物的认识倾向。当一个经常主动地观察某种事物时，我们就说他对这一事物产生了兴趣。所以说，兴趣不是天生的，它是在社会实践活动中产生和发展起来的。

（三）公众群体心理与行为

公众群体由于分类与功能的不同，其心理特征也就既有共性又有特殊性。根据公共关系活动的特点，群体的心理特征可从群体的一般心理特征和特殊角色群体的心理特征两个方面进行分析。

1. 群体心理的一般特征

群体，无论是正式群体还是非正式群体，也不管是实存群体还是隐形群体，都会表现出群体的一般心理特征。这种特征主要是：

① 归属心理。无论何种群体的成员，都有一种强烈的归属意识，也即对自己群体的依赖性。这种依赖性就使其成员获得了一种安全感，从而减少了孤独，增强了自信。

② 认同心理。凡是属于一个群体的成员，都有认同其群体的共同心理特征，也都不否认自己是该群体的成员，这样才使其行为、活动表现出群体的一致性。

③ 凝聚心理。任何群体都对其成员有强烈的吸引力。群体成员之间，由于共同的背景、目标、利益或兴趣与爱好，也会相互之间产生强烈的吸引力。一般来讲，群体的规模越小，其凝聚力也就越强；同时，当一个群体面临外界的压力时，其凝聚力表现得也越强。

④ 整体心理与排外心理。由于群体成员之间的凝聚力以及成员对群体的认同，就必然使他们产生或强或弱的整体意识，即意识到自己群体的整体性和共同性，从而也应付产生相对的独立性和排外意识。

2. 特殊角色群体的心理特征

（1）不同性别角色的心理特征。

公众性别只有男性、女性两类。男性和女性，首先在生理上有重大差别。除此之外，文化因素对其心理特征也有重要影响。男女由于遗传及文化的不同，在性格、能力、气质、情感等方面形成了各自特定的心理定势和行为活动方式（见表2-1）。

表2-1　　　　　　　　　　　男女性别角色的心理特征

性别 \ 心理特征	性格特征	能力特征	气质特征	情感特征
女性	女子性情都比较温柔，富有爱心，厌恶暴力，胆怯怕事，办事谨慎，缺乏充足的自信心	女子记忆力一般较强，特别表现在机械记忆和短时记忆方面；善于倾听别人的意见或谈话，对各种话题都有兴趣；办事心细，善于观察，富于联想，谨慎小心，但开拓性不强	女子心胸相对比较狭窄，受不得委屈与打击，家庭观念较强，比较看重经济和物质，爱斤斤计较。比较固执，一种看法一旦形成，很难改变，且优柔寡断	女子感情比较丰富，易受感情支配，且易受感染，自制力较弱，更易接受暗示、时尚、流行等
男性	男子都有较强的独立性，喜欢独立工作、独立思考，不喜欢受别人控制、被人指派，心胸比较开阔，不斤斤计较	男子的独立性决定了他们更适合于开拓性的工作，且比较合群，集体意识较强。善于推理，有较强的逻辑思维能力，但比较粗心，对人和事的观察不如女子周到、敏锐	男子心胸开阔，意志坚定，刚强，对挫折与打击的承受力强，比较务实，讲究实际，但比女子更喜欢出风头，好表现，尤其喜欢在女性面前表现自己。虽对服饰、仪表不像女子那么讲究，但花钱大方阔绰	男子感情不如女子丰富，不多愁善感，也不像女子那样富于幻想，情绪来得快也退得快，自我控制能力较强；不易受他人控制，不像女子那样容易接受新鲜事物

(2) 年龄角色心理特征。

个体是随着年龄的变化而逐渐成熟和变化的，个体在不同的年龄阶段的生理发育状况会制约心理的发展。不同年龄的个体在家庭和社会所承当的角色不同，社会对其的要求也不同，其社会化的过程和内容也因此而不同。同一年龄段的个体往往具有相似的文化，影响着个体的心理和行为。根据心理学对年龄阶段的划分，可以粗略地将公众分为四部分：儿童、青年、中年、老年。

（四）群体心理定势

1. 社会刻板印象

社会刻板印象，是指社会上对于某一类事物产生一种比较固定的看法，也是一种概括而笼统的看法。

2. 流行心理定势

流行亦称时尚、风尚，平时讲的"热"、"时髦"等都是流行的不同表现形式。流行心理，是社会上相当多的公众在短时期内，追求某种行为方式，并使公众相互之间互相模仿的连锁性感染。流行是一种群众性的社会心理现象，具有迅速性、时代性、下行性的特点。

3. 逆反心理和公众行为

逆反心理是作用于个体的同类事物超过了各体感观所能接受的限度而产生的一种相反的体验，是有意识的脱离习惯的思维轨道，而向相反的思维方向的探索。逆反心理的形成主要是由于人们的好奇心、好胜心和抵触情绪。

案例 2-2-3

丑陋玩具风靡全美

美国艾士隆公司董事长布希耐有一次在郊外散步，偶然看到几个儿童在对一只肮脏并且丑陋的昆虫而爱不释手。布希耐突发异想：市面上销售的玩具一般都是形象优美的，假若生产一些丑陋玩具，又将如何？于是，他让自己的公司研制一套"丑陋玩具"，并迅速推向市场。结果一炮打响，"丑陋玩具"给艾士隆公司带来了巨大收益，并使同行们也受到了启发，于是"丑陋玩具"接踵而来。如"疯球"就是一串小球上面，印上许多丑陋不堪的面孔。又如橡皮做的"粗鲁陋夫"，长着枯黄的头发、绿色的皮肤和一双鼓胀且带血丝的眼睛，眨眼时发出非常难听的声音。这些丑陋玩具的售价虽然超过正常玩具，却一直畅销不衰，而且在美国掀起了一场行销"丑陋玩具"的热潮。

(资料来源：节勇：《丑陋玩具风靡全美》，《番禺日报》2008年6月26日，有删改)

案例评析：研究公众对象的一个重要内容就是分析公众心理和行为，以便使传播沟通工作具有较强的针对性和科学性。此案例就是一个组织利用公众的求新欲望和逆反心理，成功地把自己的产品推向市场的公关活动。

4. 流言

流言是提不出任何信得过的确切的依据，而在人们中相互传播的一种特定的消息。流言反映的是人们的一种不安和不满的情绪，传播的经常是坏消息。

5. 社会舆论

社会舆论是公众的意见与看法，是社会全体成员或大多数人的共同信念，也可以说是信息沟通后的一种共鸣。因此要做到第一，尊重舆论；第二，倾听舆论；第三，顺应舆论；第四，劝导舆论。

第三节　公共关系传播

从广义上讲，人类社会、生物群体乃至自然界普遍存在着传播现象，从而使宇宙连接成一个整体。狭义的传播，则是指人类之间的信息传播过程，是一种特有的社会现象。正因为人与人之间、群体与群体之间有了信息的沟通，人类文明才能协调发展。

在市场经济条件下，社会组织的生存与发展需要一定的制度环境和公众环境保护、理解与支持，而要做到这一点就必须进行公共关系工作。公共关系工作的过程实质上就是组织主体与公众客体之间的一种信息传播活动和信息交流过程，研究公共关系必须研究传播问题。

一、公共关系传播的含义

"传播"一词译自英文"communication"。而"communication"除了译作"传播"之外，也可译作"交流""联络""交往""沟通"等。"communication"又与"信息"（information）这个词相关联，它包括了信息的交流、沟通的现象、行为、规律和方法；凡是人类传递、接受、交流、分享信息的活动过程，都可以称为"communication"。即是说，"传播"这个概念泛指人类信息交流的关系和活动。把握其含义有三个要点：

（一）传播的作用是沟通社会组织与公众的桥梁

社会组织在与公众联系时，主要是通过传播媒介进行的。传播媒介常常直接体现社会组织的政策与意图，反映社会组织的文化素质，它是开展公关活动的最重要组成部分，这种沟通作用表现在：

首先，社会组织可以通过传播媒介的报道向公众传递组织的信息。社会组织要巧妙地运用传播媒介的传播作用，使传播媒介对组织内部发生的事情感兴趣，并加以报道，为组织和组织的产品进行宣传，帮助组织把信息输送给公众。

其次，社会组织可以通过传播媒介收集到各种信息，尤其是关于公众对组织的印象恶化、对产品的意见方面的信息。这有利于组织了解公众的意向、要求，有的放矢地开展公关工作。

最后，社会组织可以通过传播媒介的宣传，扩大公关工作的影响。特别是大众传播媒介，包括网络媒介，能同时影响众多的公众，这种方式在组织的沟通中所能发挥的重大作用，是其他传播媒介所不能比拟的。

(二) 公关传播的内容是信息或观点

传播的内容是社会组织要向公众进行传递与交流的信息与观点。它的一个很大的特点是分享性,将少数人享有的信息与观点通过媒介手段向公众进行传播,使公众得以共享。由此可见,公关传播就是把社会组织的观点,所制定的政策、方针,向公众进行交流。因此要求传播媒介能生动、全面、客观、准确地向公众传递各种观点与信息;传播的内容是沟通的信息,信息沟通的目的是更好地认识公众、说服公众、影响公众、赢得公众,同时也是为社会组织决策和行动提供依据。

(三) 公关传播的手段是运用各种媒介形式

社会组织向公众进行信息或观点的传递,需要运用一定的手段。这种传递手段可以通过面谈、写信、打电话等个体语言或文字等媒介形式,也可以通过报告会、博览会、展销会等语言、实物媒介形式,还可以通过印刷媒介和电子媒介等传播媒介手段。公关传播主要是运用大众传播媒介包括网络媒介手段进行信息或观点的传递与交流。大众传播媒介是公共关系中进行沟通的最重要的工具,它的影响范围最为广泛,传播速度最为迅速,是其他任何传播媒介形式所不能比拟的。这是最能符合公关要求的,是公关活动所不可缺少的重要媒介手段。

公共关系传播,就是社会组织运用媒介手段将信息、观点和主张有计划、有目的地与公众进行交流和沟通的过程,是社会组织开展公关工作的重要手段。

二、公共关系传播的基本要素

美国传播学家哈罗德·拉斯韦尔在其发表的《社会传播的结构与功能》一文中,提出了构成传播过程的五种基本要素,并用五个疑问代词加以表述,即:

(1) who:它是信息的发布者(传播者),在公共关系中一般指社会组织;

(2) to whom:它是指信息的接受者(受传者),在公共关系中一般指公众;

(3) through which channel:它是指信息传递的途径和渠道(信道),在公共关系中,信道既可以是文字图画,也可以是语言声音,还可以是电视频道;

(4) say what:它是指信息的内容,在公共关系中,信息的内容十分广泛,既包括各方面的知识、事件、消息,也包括各种观念、态度、情感等;

(5) with what effect:它是指某一信息传播后产生的效果,在公共关系中,这种效果往往与信息反馈相联系,信息发布者可以根据信息接受者对该信息的反馈来检验传播效果,并相应地调整行动方案。

英国传播学家 D. 麦奎尔等将该模式演变为图 2-1 所示。

谁	说什么	通过什么渠道	对谁说	有什么效果
(who) →	(say what) →	(through which channel) →	(to whom) →	(with what effect)
传播者 ——	信息 ——	媒介 ——	受传者 ——	效果

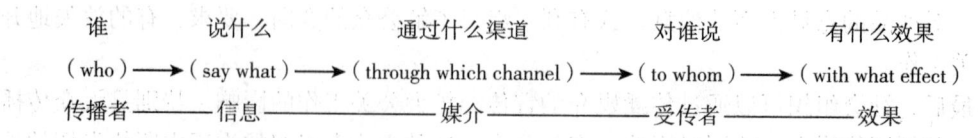

图 2-1

三、公共关系传播的类型

(一) 个体自身的传播

"个体自身的传播"也称"个人的自我交流",即传播信息的主体和接受信息的客体是同一个体;或者说,信息交流的"双方"不是两个人而是同一个人。例如,人有时需要独自思考反省自己,需要自言自语、自问自答、自我发泄、自我责备、自我平衡、自我安慰、自我鼓励、自我陶醉,存在思想斗争、内心冲突等,这些思维或心理活动,均属于个体自身的传播或自我交流。

(二) 人际传播沟通

"人际传播沟通"指个人与个人之间的信息沟通与交往,亦称"个人之间的沟通",即我们日常所说的"人际交往"、"人际关系":人与人之间的交流、交往、联络、沟通等。这是最常见、最普遍、渗透人类生活一切方面的最基本的传播方式。公共关系传播活动也涉及这种传播方式。其主要特点包括:

(1) 显著的私人性。人际传播的一个特点就是个体对个体,即两个人之间的交流,这种个人与个人之间的交往又有各种情况,一是面对面的,直接通过双方的语言、表情、动作、行为进行的"亲身"交流,如谈话。二是非面对面,而通过个人性的媒介如电话、电报、书信、便条、电子邮件等通信工具进行的"个体媒介"交流。它具有显著的私人性、个体性。

(2) 双方的参与性。在人际传播中,双方参与性强,互为传播主体、客体。两个人之间一旦发生交流和沟通,双方便不断地对调传播的角色,既说又听,既写又看,既发表自己的见解又接受对方的意见,相互讨论,商量对话等。特别是融洽的人际沟通,相互沟通的地位平等,分不清谁是主动的传播者,谁是受传者。应该说双方都是传播者和受传者。

(3) 传播符号的多样性。人际传播的交流手段丰富,传播符号多样化。传播学将人们传递交流信息的种种表达形式称为符号。人际传播所运用的符号最多样化,除了语言、文字、图像、音响,还有诸如眼神、表情、动作、姿态、服饰、特定的物品,以及交往的时间、空间的环境等。从而使对方从感观到理智上受到多方面的信息刺激。

(4) 反馈的灵敏性。人际传播过程的信息反馈灵敏,易于相互调整适应。人际交流中,能够及时做出反应来表达自己的情绪或意见,能够通过观察对方的反应及时调整自己的内容、方式或符号,相互间不断地信息反馈,易于达到相互适应的沟通。

(5) 沟通的情感性。在所有传播方式中,人际传播的人情味最浓。

(6) 主观的制约性。人际传播主要在个人之间进行,因此最容易受个人主观因素的制约。如受个人能力的限制,使信息传递受时空的制约,传播面比较窄,传播的速度比较慢。受人的素质、观念、态度、情绪、语言等因素的影响,使信息在传递过程中失真,或形成人为的传播障碍。

(三) 小团体传播

小团体或称小群体沟通主要指介于人际传播和组织传播之间的一种传播形式,即群体内的人际沟通活动。人们总是在若干个小群体中生活、学习、工作或从事多种社会活动，如家庭、班组、科室、兴趣团体、同学会等。因此，客观上存在着如何与小群体内的其他成员沟通的问题。

（四）大众传播

大众传播即通过各种大众传播媒介（报刊、广播、电视），将复制的信息传递给分散的大众。随着科学技术的不断进步，信息的传递规模与速度得到了空前的发展，大众传播也随之有了跨时代的飞跃。今天的社会是"大众传播社会"，今天的时代是"大众传播时代"，谁要想获得成功，谁就必须认识和掌握大众传播。公共关系工作的重要内容，就是使用大众传播去影响公众。

| 案例 2-3-1 |

借势皇马激情　演绎红塔精彩——"2003 红塔皇马中国行"公关活动

结合皇家马德里足球队将进入中国昆明红塔基地进行 7 天集训的消息和中国抗击"非典"获得重大胜利后国民的心情，红塔集团制定了"2003 红塔皇马中国行"总策略，借助世界一流球队、借助世界顶尖足球明星、借助足球的运动精神，展现中国的强壮，迅速地扩大了企业知名度和美誉度，完整地诠释出"山高人为峰"的精神内涵，为红塔集团走向世界奠定一定的基础。在此背景下，利用媒体高度关注的机会，通过报纸宣传为主、互联网宣传为辅对此事进行宣传。

在新闻媒体的选择中，红塔尽量多地选择强大的新闻媒体网络，给予行业媒体独家报道，同时让其他媒体大量转载，以最小的投入争取获得最大的宣传面。

为确保新闻质量，利用现有资源组建临时"红塔皇马新闻中心"，在尊重新闻规律的同时，确保正确信息的传达；建立"重大事件新闻发言人"制度，统一对外宣传口径，确保正面效果；编写编辑记者发稿手册，确保报道的重要信息到位；完善发稿流程，确保报道发稿的高质量、高标准；建立样报回收、整理、归档、总结制度。

同时在本地的《春城晚报》《都市时报》等媒体开辟"红塔皇马中国行"专栏，刊登皇马"每日一星"简介，吸引公众和消费者的关注；同时就"与皇马面对面"、"红塔集团对社会的贡献"等论题对球迷、有关领导及中奖消费者开展系列采访报道，更深程度与消费者形成互动。在全国其他 14 个省市中，选择当地影响力较大的媒体开展宣传，开辟"红塔皇马中国行"专栏，刊登皇马"每日一星"介绍，吸引公众和消费者关注。据风驰传媒提供的 AC 尼尔森的调查数据。8 月 2 日皇马北京赛事直播期间，北京、广州、武汉、沈阳、南京等地的收视数据比平时要高出 5~10 倍。皇马在华期间，国外近 100 人的媒体"部队"开始了激烈的新闻大战。西班牙媒体就派出了 40 多人的强大队伍。而互联网的报道，到 7 月底，"红塔""皇马"两个关键词的中文网页已经超过 10 万个，外文网页也有数百个。

（资料来源：姚庆艳，《借势皇马激情　演绎红塔精彩》，《财经界》2005 年第 3 期）

案例评析：此次活动红塔集团巧妙借势媒体对事件自发的高度关注，有效地减少了推广成本；借助媒体关注，通过媒体的组合宣传，加上消费者的互动式活动，进一步提升了红塔品牌的知名度和美誉度;并且球迷的双重身份(既是球迷也是消费者)使得红塔集团能借此机会通过产品营销,提高销售。

大众传播的主要特点:

(1)传播机构高度专业化。现代大众传播业是非常专业化的行业。现代大众传播业是一个非常专业化的行业。大众传播工作要又专业化的机构和人员来从事。如报纸和杂志编辑部、广播电台、电视台、电影和电视剧制作中心、图书出版社等,都是高度专业化的大会总传播机构,集中了大量的职业传播人员,如记者、编辑、主持人、各类制作人员等。

(2)传播对象高度大众化。大众传播拥有大量的受众,涉及不同的地域、不同的阶层。他们在接受信息时处于高度的分散状态,分布在不同的空间和地点,相互之间没有紧密的联系,与传播者之间也没有即时的、直接的联系。

(3)传播内容大众化。由于面对整个大众,大众传播的内容一般要求能够为大众所关心、所接受,能引起许多人的注意和兴趣,从而获得一定数量的读者、听众和观众。因此,大众传播的内容一般难以满足个性化的要求。

(4)传播手段高度技术化。现代大众传播必须借助于各种技术手段才能完成,如印刷、摄影、传真、无线电、电视、微波、通信卫星等,其技术程度越来越高。

(5)传播活动高效化。由于使用现代的传播技术能够大量地、高速度地复制和传递信息,使传播活动能够大范围覆盖、高速度地进行,具有强大的公众舆论影响力。无论从时间还是从空间效果来看,大众传播均是影响力最大的一种传播方式。由于它对于现代社会的影响力,现代社会被称为大众传播时代。

(6)信息反馈困难。大众传播的影响面广泛,但信息的反馈则比较困难。分散的、匿名的受众对大众传播的内容作出的反应是个别的、分散。因为缺乏直接和有效的反馈通道,因此反馈的过程比较长、比较缓慢,转播者收集反馈意见的手段成本比较高,难以得到较为及时、准确、充分的反馈。因而是双向性比较弱的一种传播方式。

四、公共关系传播的媒介

(一)语言媒介

语言媒介包括无声语言媒介和有声语言媒介。语言既是人际传播的载体,又是大众传播的载体。正因为这样,习惯上把语言称作"公共关系的第一媒介"。

(二)非语言媒介

据统计,大多数人实际上每天所讲的话仅仅只有 10~11 分钟。在一般的两人会话中,语言所表达的意义平均不到 35%,65% 的社会意义是用非语言符号传递的。我们在与人沟通时获得的信息,有很大一部分来自暗示,而不是来自字句。

我们常见的非语言媒介主要指体语和服饰。

体语包括动作、姿势、体态、表情等。体语在公共关系的人际传播中经常运用,它所起到的作用主要是对语言媒介的替代作用、辅佐作用和表露作用。

服饰具备了传递信息的功能,它的质料、款式、颜色都能传达出国民气质、时代风俗、文化特色、组织理念以及个人的文化素质、社会地位。这就要求我们的公关人员能在社交场合，注意服饰的协调搭配，以增强亲切感和认同感。

（三）实物媒介

实物媒介是指传递语言和非语言符号的物体。主要包括产品、样品、公关礼品、模型、象征物等。其特点是直观明确，可信度高，视觉和感觉冲击力强，容易引起公众反应。

（四）大众传播媒介

1. 印刷类大众媒介

印刷类大众媒介主要指以文字、图片形式将信息印刷在纸张上进行传播的报纸、杂志和书籍。

（1）报纸。

报纸是以刊载新闻为主的、定期的连续印刷出版物。报纸具有固定名称，通常以散页形式（不加装订）发行。在印刷媒介中，它的传播速度最快，发行量最大，与社会生活的关系最为密切，具有很强的政治性和权威性。但报纸的文章内容较为浅显。总的来讲，报纸作为传播媒介的优势在于：传播面较广，传播速度快，具有新闻性，阅读率高，文字表现力强，便于保存和查找，费用较低；其弱点在于：时效短，传播信息易使读者忽略，理解能力受限，诠释较差，缺乏动感。

（2）杂志。

杂志又叫期刊，指以刊载各类文章为主的，定期的连续印刷出版物。杂志具有固定名称装订成册发行，杂志的文章探讨问题时较为深入。它对读者的文化与知识水平的要求通常高于报纸，有时还要求相当的专业知识，这使它的普及性常常低于报纸。总的来讲，杂志作为传媒的优势在于：时效广，针对性强，印刷精美，表现力强；其缺点在于：出版周期长，声势小，理解能力受限。

2. 电子类传播媒介

电子类传播媒介指以电磁物理现象作为信息传播的基础，以电子产品作为传播工具的一类传播媒介，包括广播、电视、互联网等。

（1）广播。

广播纯粹诉诸听觉，信息制作简便，便于报道突发性事件。广播有较好的生动性。作为传播媒介传播迅速，声势强，功能多样化。但广播的缺点是内容很浅显，容易产生歧解。传播效果稍纵即逝，信息的储存性较差，受众选择性差，缺乏文字、图像，受众容易分散对信息的注意。

（2）电视。

电视以图像为主，声像兼备，还可以辅以文字说明，是最生动形象、感染力最强的大众传播媒介，是受众人数最多的大众传播媒介。电视的优点在于：视听信息传达效果好，纪实性强，有现场感，传播迅速，影响面大，功能多样化，娱乐性强。但电视传播依然存在受众选择性差，传播效果稍纵即逝的缺点。

（3）互联网。

互联网出现于20世纪60年代，是伴随着电子计算机的出现而出现的。网络媒体真正实现了传播者与受众的信息互动，在网络我们可以拥有丰富的信息资源，企业通过网络对外进行低成本的公关宣传。

① 网络化条件下公共关系主体的变化。网络中企业，是"无国籍"企业，其活动范围是全球性的；网络化企业的管理是一种数字化管理，人们通过设计数据存储工具，对大量的数据进行捕捉和开发，然后，决策者可以使用数据分析工具，对复杂的数据进行分析，甚至画出数据图表，以帮助其进行更好的决策。随着 MRP（MRP II &ERP）、MIS、DSS（决策支持系统）、ESS（专家支持系统）等系统的建立与应用，将促进企业全面进入信息化管理时代；由于电子技术的应用，企业能够以极快的速度对发生在一个地方的事件做出反应，发生在一个地方的事件也会迅速地被远方的组织和个人知道；速度也成为企业竞争取胜的决定因素，如快速识别顾客新的需求、实施新服务满足顾客的新需求；同时可以缩短从新产品、新服务概念的产生到实施的时间距离。总之网上企业依靠反应迅速、自我调整能力强在网络中生存发展。

② 网络化企业公共关系客体的变化。网络化条件下公共关系的客的变化表现在：网络化的企业组织，它所面对的市场是在全球范围内充满个性的公众市场乃至个人市场，因此要面对的公众也是个体性的，网络可以使得与公众的交流实现真正的一对一；网络化的企业所面对的公众极为复杂，既有传统意义的"大众"公众，又有网络文化下的"小众"公众乃至个体公众；既有本地同一文化条件下的公众，又有世界各地文化差异极大的公众；由于互联网技术，使得公众的威力大大地超过传统意义上的公众力量。有人说："以前，如果我们服务让一个顾客不满意，他可能告诉他的五个朋友，而在网络中，他可能会告诉五千人或更多。"就会出现，因为失去一个顾客而导致失去一群顾客的后果。这为公共关系工作提出了更高的要求。

③ 网络化条件下公共关系传播方式的变化。由于网络化企业是利用计算机、网络和多媒体等信息技术进行的商业活动方式，网络是公共关系传播的一种新媒体，网络媒体突破了传统媒体的传播局限性，不论相隔多远都能近在咫尺般迅速沟通和交流，为实现公共关系传播的全球化提供了技术支持，而全球经济一体化的趋势也推动着公共关系的工作的全球化。并且网络是迄今为止最"民主"的传播媒体，打破了传统媒体对信息发布的垄断，网络中的公众，没有了现实中的身份、地位、财富的"等级"，有的只是平等，所以西方学者把网络称为"数字化的民主"。与传统的传播媒体相比，网络媒体有成本最低、信息量最大、传播速度快的特点。企业一旦注册了域名后，就能在极大的空间里发布自己的信息，它不受版面和时间的约束，也不需要昂贵的传播费用。

| 案例 2-3-2 |

网络为上海世博会先声夺人

从最初的贸易集市演变而来的世博会业已成为一个多元文化交流的平台和人类心灵沟通的桥梁，被誉为世界经济、科技、文化的"奥林匹克"盛会。以"城市，让生活更美好"为主题的 2010 年上海世博会，因为"网上世博会"的概念，被誉为"永不落幕的世博会"。

1. 世博会官网——建设权威信息源活动官网已经成为重大活动的重要宣传营销手段

因其专业性、可掌控性、权威性，被主办方普遍采用。通过与本地和国内主流媒体、新闻网站、商业网站或国际网站展开合作，世博会官方网站已成为向全球观众发布世博会独家新闻、服务信息、最新动态的信息源。

2. 世博频道——遍布全国的虚拟平台

上海世博会开创性地推出网上世博会项目，作为实体世博会的引导、补充和延伸。通过互联网、虚拟现实等多种技术建立一个虚拟的、三维的网上世博园区，将实体世博会的精彩呈现在网上。世界各地的网友进入网上世博会，可以方便地了解世博园区概貌。世博会官网还与中国著名网络媒体共同开设世博会平台，及时发布世博会各类信息，使民众及时了解上海世博会的进展情况。截至目前，中央重点新闻网站和各商业门户网站都推出世博频道。

3. 独家网络赞助商——腾讯网

腾讯作为世博会唯一网络赞助商，不仅承建了世博会官网，还将全程全方位报道世博会进程，除图文报道和视频点播外，还有基于腾讯产品的独特工具，例如QQ新闻推送。同时，腾讯也将在世博会的各个阶段推出丰富的主题在线交流活动。在互联网增值应用方面，腾讯将推出相关的虚拟社区、虚拟形象产品、网络拍卖、QQ空间的个性化展示等。据悉，腾讯将对自身品牌、产品和资源进行有机整合，实现对世博会的整合推广营销。

4. 网络媒体世博报道联盟——整合网络资源

2009年12月11日，由搜狐网、东方网联合发起，全国31家主流地方新闻网站共同组建的"全国网络媒体世博报道联盟"正式启动。联盟将在新闻报道、品牌活动、线上线下、资源共享等方面展开全方位合作，力图成为2010年上海世博会新闻报道的主力军。

5. 世博报道联盟——整合资源，报网互动

由新华社长三角新闻采编中心、《新闻晚报》、《中国青年报》、《南方都市报》等全国50多家主流媒体共同发起的世博报道联盟，于2009年12月11日在上海启动。世博报道联盟覆盖了31个省份，旨在充分发挥媒体的传播优势，打造上海世博会的媒体报道平台。联盟设立统一标识，开展新闻报道和媒体活动等合作，加强报、网深度互动。世博报道联盟活动具体由《新闻晚报》和网易承办。其中，网易是唯一的网络媒体。

6. 无线网络发力——4G从上海世博会开始

移动通信和无线网络技术在世博会的营销中也起到了巨大的作用。上海世博会无线官网2008年12月17日正式开通。全球手机用户可通过手机登录，实时浏览世博概况、世博新闻、热点活动、园区场馆等内容。上海世博会官方网站手机网络也推出了上海世博会无线官方网站和名为"Shanghai Daily"的英文手机日报。

另外，在上海世博会倒计时200天之际，上海世博局和世博会赞助商中国移动共同发布全球通信和世博历史"双首创"的中国2010年世博会手机票，不仅实现了刷手机就可以就餐、购物，在世博园畅行无阻，还可以用手机刷卡坐公交、地铁往返世博园与市区之间。上海还将搭建一个TDLDE的试验网，这个准4G移动通信网络将实现通过无线网络传

递，坐在黄浦江游船上也可以看到世博园区各个展馆开展的各种各样的精彩活动。

这些创举在网友当中引起了巨大反响，网友惊呼：4G从上海世博会开始！世博会科技嘉年华的概念也因此得到强力推广。

7. 知名网络媒体上海世博行——为冲刺呐喊

上海市网宣办、上海世博局于2009年11月21～28日举办了"城市，让生活更美好"全国知名网络媒体上海世博行活动。全国24家知名网络媒体围绕世博主题进行采访、互动、交流活动。活动期间，各网络媒体共制作专题20多个，发布稿件3500篇，图片950幅，视频65个，活动产生了巨大的影响力和辐射力。

8. 志愿者网络活动——搭建志愿者互动平台

世博会志愿者网络活动以"点心愿之墙，展志愿风采"为口号，旨在搭建一个寄语世博、传递志愿的互动平台。

活动期间，网友可登录上海世博会志愿者官网，以上传个性照片和填写祝福语的形式点亮世博会志愿者主口号。活动结束后，主办方将收集人气指数排名靠前的2010位参与者照片，制作成2010年度限量版纪念年历，作为奖品回馈给幸运者。

9. "自媒体"——草根网民的心声表达

更多的普通网民通过博客、微博客、播客等"自媒体"平台，表达自己躬逢世博会的由衷喜悦和热切期盼。仅新浪博客一家，就可以检索到与"上海世博会"相关的博文共1119万篇，远远超过同样受关注的"广州亚运"相关博文的306万篇。如此巨大的关切度，在近年来的个人博客主题中十分罕见。

（资料来源：《网络营销为上海世博会先声夺人》，人民网，2009年12月31日，有删改）

案例评析：本案例说明，随着科技的发展，网络媒体因其运营的低成本、传播的快速性、参与的广泛性，已成为组织宣传的重要手段。上海世博会通过网络互动，资源整合取得了显著性效果。

五、公共关系传播的方法与技巧

（一）实施有效传播的方法

1. 选择最佳的信息源

选拔品德优良、能力强、形象好的人员从事公关工作，必要时还可借助社会名流、权威人士作为本组织的传播者。

2. 编制最好的信息符号

根据特定的内容和对象选择一定的表现形式，尽可能采用公众喜闻乐见的形式来表现内容，针对公众特点及时调整和改进信息内容，才能引起公众对传播的兴趣与共鸣。

3. 认真研究公众对象

公关人员在信息传播中不要奢望改变公众的选择性，而应改变自己顺应公众的选择趋势，要学会根据共同的需要调整自身的行为、内容和形式。

4. 营造良好的传播背景

有效的传播必须在良好的社会环境、具体场合、一定情景气氛中进行。公关人员要根据各种可能存在的环境来努力营造良好的传播背景，获得最佳传播效果。

5. 使传播具有感染力

要想实现有效传播，必须加强传播过程的感染力，使传播对象在接受传播的过程中，能通接受传播者的观点，从而在传播过程中以最短的时间取得最大的传播效果。

6. 注意传播的创新

公共关系传播活动是一项创意性活动，公共关系人员要培养和提高自身的各项能力，在掌握传播沟通规律的基础之上，注意对传播沟通的经验积累，并以此为基础，大胆尝试，勇于创新。

（二）完善传播技巧

传播者要善于运用各种传播沟通手段、技术来增强传播的效果，以下传播技巧可供借鉴：

1. 信息的美化

即给人物或事物加上一些美好的评价与修饰，使公众产生一个美好的印象。在公关广告中我们就常常可以体会到。运用美化的基本条件有：

（1）美化的对象要可信，即有被美化的条件；

（2）美化要适度，切记不可远离实际；

（3）用词恰到好处，给人以美的感受感。

2. 重复与新鲜相结合

同样的信息发出去多次，受传者会逐渐由生疏到熟悉、由漠然到亲切。所以，同样的信息在相当长的时间里重复出现，是取得以至增强传播效果的重要因素。如报纸上醒目的标题、高层建筑物上的巨幅宣传画、天天播出的电视广告等，都能增加信息刺激的强度，吸引公众的注意。但是，在一定时间段内，信息重复的次数太多、频率太高，反而会使公众产生反感甚至厌恶。在主题不变的前提下，定期调整信息传播的表现方式，才能利用全新的形象变化来提起公众对传播内容的兴趣。

3. 唤起公众感情的共鸣

情感具有推动和促成人类行为的力量，在公共关系传播中，情感的煽动可以带来其他传播方式所不能到达的效果。采用情感渲染的方法，往往能给公众留下更加深刻的感染和打动，唤起公众心目中那份深藏已久的感情，从而通过最佳的宣传效果来达到引起公众行为的目的。这种技巧，在各种的公共关系广告宣传中是最常见的。

| 案例2-3-3 |

松下崛起的秘密
——内部公众关系障碍及其消除渠道

松下公司的电器产品在世界市场上早就闻名遐迩，被海内外企业界誉为"经营之神"的公司创始人松下幸之助，也因畅销书《松下的秘密》而名扬全球。现在，松下电器公司已被列入世界50家最大公司的排名之中，人们对该公司经营管理水平和社会形象予以高度评价，而作为诸公司最高顾问的松下幸之助更是备受推崇。

贫民出身的松下幸之助，于1918年正式成立松下电器公司，他的第一项产品是双插座接合器，制造工厂就在他家的客厅。在不到10年的时间内电器公司的业务就一跃而起，成为日本电器行业的领导者。松下公司之所以能有今天，是和松下先生管理有方、经营得法分不开的。

松下电器公司获得成功的一个重要因素是"精神价值观"在起作用。松下幸之助规定公司的活动原则是："认清实业家的责任，鼓励进步，促进全社会的福利，致力于世界文化的繁荣发展。"松下先生给全体员工规定的经营信条是："进步和发展只能通过公司每个人的共同努力和协力合作才能实现。"进而，松下幸之助还提出了"产业报国、光明正大、友善一致、奋斗向上、礼节谦让、顺应同化、感激报恩"七方面内容构成的"松下精神"。在日常管理活动中，公司非常重视对广大员工进行"松下精神"的宣传教育。每天上午八时，松下公司遍布各地的职工都在背诵企业的信条，放声高唱《松下之歌》。松下电器公司是日本第一家有精神价值观和公司之歌的企业。正是这种精神价值观的作用，使得松下公司这样一个机构繁杂、人员众多的企业产生了强劲的内聚力和向心力。

与此同时，松下电器公司建立的"提案奖金制度"也是很有特色的。公司不仅积极鼓励职工随时向公司提建议，而且由职工选举成立了一个推动提供建议的委员会，在公司职员中广为号召，收到了良好的效果。仅1986年一年，全公司职工一共提出了66万多个提案建议，其中被采纳的多达61299个。即使有些提案不被采纳，公司仍然要给以适当的奖赏。仅1986年一年，松下电器公司用于奖励职员提案的奖金就高达30多万美元。当然，这一年中合理化提案所产生的效益则远远不止30万美元。

松下幸之助经过常年观察研究后发现：按时计酬的职员仅能发挥工作效能的20%～30%，而如果受到充分激励则可发挥至80%～90%。于是松下先生十分强调"人情味"管理，学会合理的"感情投资"和"感情激励"，即拍肩膀、送红包、请吃饭。

——拍肩膀。车间里、机器旁，当一个员工兢兢业业、一丝不苟操作时，常常会被前来巡视的经理、领班们发现。他们先是拿起零件仔细瞧瞧，然后会对着你的肩膀轻轻拍几下，并说上几句"不错"、"很好"之类的赏识话。

——送红包。当你完成一项重大技术革新，当你的一条建议为企业带来重大效益的时候，老板会不惜代价地重赏你。他们习惯于用信封装上钱款，个别而不是当众送给你。对员工来说，这样做可以避免别人，尤其是一些"多事之徒"不必要的斤斤计较，减少因奖金多寡而滋事的可能。

——请吃饭。凡是逢年过节，或是厂庆，或是职工婚嫁，厂长经理们都会慷慨解囊，请员工赴宴或上门贺喜、慰问。在餐桌上，上级和下属可尽情唠家常、谈时事、提建议，气氛和睦融洽，它的效果远比站在讲台上向员工发号施令好得多。

更令人叫绝的是，为了消除内耗，减轻员工的精神压力，松下公司公共关系部还专门开辟了一间"出气室"。里面摆着公司大大小小行政人员与管理人员的橡皮塑像，旁边还放上几根木棒、铁棍，假如哪位职工对自己某位主管不满，心有怨气，你可以随时来这里，对着他的塑像拳脚相加棒打一顿，以解心中积郁的闷气。过后，有关人员还会找你谈心聊天，沟通思想，给你解惑指南。久而久之，在松下公司就形成了上下一心、和谐相融的"家庭式"氛围。在与国内外同行竞争中，松下公司的电器产品总是格外受人青睐。

（资料来源：黄昌年，《公共关系学教程》，浙江大学出版社 2004 年版）

案例评析：一个能够取得卓越成就，并能长久保持竞争优势的企业、公司和其他组织机构，靠的究竟是什么法宝？透过"经营之神"松下幸之助及其所创办的松下电器公司的发展历史，就内部公共关系活动而言，可以带给我们这样一些有益的启示：

首先，员工的价值观念是决定组织成败荣衰的一个根本问题。每一个社会组织都必须有一个价值信念和行为宗旨，以维系和激励全体员工，充分调动他们的积极性、主动性和创造性。松下公司在日常经营管理中给予员工两种训练，一种是基本业务技能训练，另一种是"松下精神"的学习领会。培养员工积极向上的"精神价值观"，在内部公共关系活动和塑造社会形象上具有至关重要的作用。一方面，员工的价值观念赋予企业，组织重大的社会责任。员工们正确择定的价值目标，同时要求组织集体从社会公众利益的大局出发来校正自己的行为。另一方面，它赋予广大员工的日常工作以崇高的意义。

其次，在组织内部完善合理化建议制度，表彰和奖励先进的员工。经常向上级领导提出合理化建议，可以增强职工的责任感和自信心。依照松下公司的做法，实行和完善合理化建议制度，应当鼓励每个职工对公司经营管理、技术改进、产品开发，人事安排诸方面提出自己的看法。合理化建议制度的推行一是要制订出合理的方案，事先设计好"提案表格"；二是抓紧时间审理，及时给本人反馈处理意见，对每一条提案都需认真评判，反复斟酌，筛选出其中有价值的可行性东西；三是经常向员工公布合理化建议的采纳情况和实施效果，对积极分子给予适当的表彰和奖励。

最后，运用"情绪指数"调动积极性，学会使用合理的感情投资和激励艺术。感情作为联系组织内部员工关系不可缺少的润滑剂，主要存在于领导者与被领导者、管理者与被管理者之间。在内部公共关系建设中，想让下属群众理解你、尊重你、信任你；支持你，首先你应该懂得怎样关心、爱护他们。松下电器公司在日常公共关系工作中，十分重视对自己的员工对象进行感情投资，不论是拍肩膀，还是请吃饭，总是做到"人心换人心"，彼此互相影响，心心相印，内耗大大减少。至于松下公司别出心裁地开辟了"出气室"；主要也是为了理顺员工们的思想情绪。

案例讨论与项目实训

一、案例讨论

讨论材料一：
（一）案例描述

不以服饰区别对待公众

某街区一家靓女时装店，专营各类布料高档、款式新颖的女式时装，颇受经济条件优越、喜欢扮靓的女士、小姐们的青睐。某著名报社记者小王偶然从母亲手里拿着的报纸看到了这家店"新款""酬宾"的广告，打算在女友阿玲（在外地工作）过生日的时候买一套时装送给她。刚巧一天，小王参加社区劳动风尘仆仆地从该店门前经过，看见同事惠娟和叶子在店里讨价还价买时装，顿时大喜，想进店询问两位同事一些事宜。但"天有不测风云"，门口保卫硬是拖住小王不得入内，原因是小王"衣冠不整""不会买时装"等。小王越解释，保卫越觉得他有"不轨"企图。双方吵闹，争执不下，引来许多人议论纷纷，直至公关部经理出面调解。

（资料来源：《公共关系学案例》，豆丁网）

（二）提出问题

1. 材料中人物多数属于消费者公众或顾客观众。请将下列人物的名字与其归属公众发展类型连线。

非公众	惠娟与叶子
潜在公众	母亲
知晓公众	女友阿玲
行动公众	小王

2. 如果你是公关部经理，在出面调解时你将采取怎样的公关措施？

3. 如果你是小王，若公关部经理未出面或调解不令您满意，你会采取什么行动或想法？

4. 如果你是这位公关部经理将怎样让小王和其他人由逆意公众转变为顺意公众，及时挽救声誉，树立好的形象？

（三）讨论步骤

1. 教师确定讨论题目进行分组讨论。
2. 小组选出代表在班级交流、发言。
3. 教师根据学生讨论发言情况进行总结。

讨论材料二：

（一）案例描述

难伺候的"上帝"

某家宾馆，一次来了几位美国客人，或许是不了解中国，或许是抱有偏见，他们对宾馆的客房设备和饭菜质量，都过于挑剔。在5天的住宿时间内，他们几乎每天都打电话给宾馆的公关部反映问题。开始该公关部的某接待人员还能够心平气和地倾听他们的意见，并给予回答和解释，可在以后接二连三的电话和毫不客气的指责下，她终于耐不住性子了。当几位客人要离开宾馆回国时，他们又拿起了电话打给公关部，说："我们这几天要求您解决的问题，您一件也没能解决，真是太遗憾了。"听了这话，这位接待人员反唇相讥："倘若你们以后再来中国，请到别的宾馆试一试！"于是一场激烈的舌战在电话里爆发了。当美国客人离开宾馆后，客房服务员在他们住过的房间写字台上发现了一张纸条，上面用英文写着："世界第一——差"。

（资料来源：《公关案例》，道客巴巴）

（二）提出问题

1. 美国客人的评价与公关人员的态度有什么关系？
2. 通过本案例的阅读，你认为公关人员必须具备哪些素质和能力？
3. 该事件发生后，宾馆应该如何做才能挽回影响，以利于企业进一步发展？

（三）讨论步骤

1. 根据讨论题目进行分组讨论。
2. 小组选出代表在班级交流、发言。
3. 教师根据学生讨论发言情况进行总结。

讨论材料三：

（一）案例描述

对于汽车企业来说，没有比网络更有效的沟通渠道了。有调查显示，76%的车主在购车前浏览汽车企业的网站，67%的人会到一个第三方网站查看相关评论。现在，通过博客，汽车企业有了一个更直接与客户沟通的渠道。其中，通用汽车就是一个先行者。

通用汽车的FastLane博客是最受欢迎的企业博客之一，由汽车业传奇人物、通用汽车副总裁鲍勃·鲁茨（Bob Lutz）主笔，话题集中在汽车设计、新产品、企业战略等方面。这一博客的日浏览量近5000人，对每个话题的评论都有60~100条。但是FastLane博客之所以受欢迎，主要原因在于鲁茨那些诚实而且深入、直接涉及社会公众对通用汽车正负面评论的文章。虽然有人怀疑是否每一篇文章都出自鲁茨之手，但是客户、行业分析人士、传统媒体还是给予FastLane博客以很高的评价，因为通用汽车是唯一一家愿意让客户公开反馈意见的汽车公司，通用汽车因此获得了极高的声誉。

通用汽车新媒体公关总监迈克尔·威利（Michael Wiley）把FastLane博客的目标设定为创造一个超越所有传统形式，一个面向通用汽车所有受众的直接沟通渠道。传统的公关形式是发布新闻稿，与媒体沟通。而媒体要预先编辑企业所要表达的信息，然后才有可能发布。所以说，传统媒体并不是读者反馈的直接渠道。通用汽车希望创造一个直接的形式，通过这一形式，与通用汽车有关的社会各界人士都有机会直接与通用汽车对话。借助于这些来自客户、员工、投资人等的反馈，通用汽车正在成长为一个更好的公司，为客户提供更好的产品。"我们真的收到了不少有价值的反馈，FastLane上的每一个话题，都是一次极好的对话。"威利说。

（资料来源：《通用汽车：博客比公关做得更多》，中国亿万电器网）

（二）提出问题

结合传播理论分析通用汽车的博客在传播媒介、传播对象和传播效果等方面的作用。

（三）讨论步骤

1. 教师确定讨论题目进行分组讨论。
2. 小组选出代表在班级交流、发言。
3. 教师根据学生讨论发言情况进行总结。

二、项目实训

项目：根据提供的材料，进行人际沟通情景模拟训练

（一）实训目的

1. 通过本次实训，培养与人相处沟通的公共关系技巧，如与领导、与下属、与同事相处的技巧。
2. 理解组织与公众沟通的重要性，排除沟通障碍，提高人际沟通能力。

（二）背景材料

北京某大学校园旁，有一家服装厂，这家服装厂的生产车间与这所大学教学人员的住宅区隔墙相望。有一段时间，这家工厂借鉴国外的先进经验，为消除工人在重复劳动中产生的疲劳感和单调感，每到上午9~10点，就在车间内播放各种流行音乐。可是在这段时间内，正是大学的教学科研人员从事科学研究的"黄金时间"，他们需要一个安静的环境，使自己的大脑进入正常工作状态。然而，从仅隔一墙的服装厂传来的"震耳欲聋"的流行音乐，却破坏了他们的工作环境，使他们无论如何也无法进入正常的思维状态。这引起了大学里的教学和科研人员的不满和愤怒，他们多次找厂方交涉，但始终没有得到结果。无奈，不得不采取行动，投诉报纸，呼吁社会舆论的支持及政府的干预。

问题：假如你是服装厂的公关部主任，请你进行公关策划，解决大学教学科研人员与服装生产厂的矛盾。

（三）实训设计

1. 将班级同学分为5~7人小组，每个小组对此案例进行讨论。
2. 自行设计、分配角色，每个小组上台展示实现良好沟通的建议和做法。
3. 分小组总结、讲评，评选出最佳公关人员。
4. 评分标准：学生互评占40%；教师评分占60%。

课后思考

1. 简述社会组织的含义与特点。
2. 什么是"公众"？请根据不同的标准对公众进行分类。
3. 建立良好的员工关系对树立社会组织形象有何作用？
4. 社会组织如何与顾客建立起良好的合作关系？
5. 如何理解公共关系传播的要素和种类？
6. 公共关系工作中可以利用的传播媒介有哪些，它们的特点分别是什么？
7. 公共关系传播媒介选择时要注意哪些影响因素？

第三章 公共关系的职能和作用

通过本章学习，能够认识公共关系在组织中的职责范围及其与相关范畴的联系，了解公共关系在组织运行过程中的基本职能，明晰公共关系状态分析，完整认识公共关系在组织管理中的作用，不断更新公共关系从业人员观念，逐渐提高公共关系从业人员的综合素质，为公共关系活动的决策和实施打下良好的基础。

| 学习目标 |

知识目标
- 了解公共关系在组织运行过程中的基本职能
- 准确把握公共关系职责和功能范围
- 掌握现代公共关系的发展特点和应用发展趋势

能力目标
- 具有确定公共关系的职能划分的能力
- 具有开展公共关系信息收集、咨询与建议的能力
- 具有平等互利、整体一致的全员公关意识和沟通协调能力

| 先导案例 |

1%与100%

2012年2月16日下午4点50分左右，一位网友在网易家居论坛爆料称：万科在全国10多个城市的上万套全装修房项目中，大量使用甲醛严重超标、劣质的安信品牌地板，甲醛释放量超过标准5倍，严重危害人体健康。消息一经曝出，万科被卷入"毒地板"事件，成为舆论关注的焦点。

当天下午6点，万科立即成立工作小组，启动紧急调查程序展开调查，发布关于安信地板质量遭质疑事件的第一份情况说明，公司专业部门开始启动复检相关方案并邀请质检机构协助检测。同时，万科把工作小组的专案工作计划通报了网易（媒体机构）。

2月17日晚，万科关于"毒地板"事件中所涉及楼盘及目前万科方面所进行的调查做出了详细说明，并通过邮件投递到各大媒体邮箱，内容涉及16个城市领域内向客户交房的29个项目，当天向全社会公布了项目的详细情况。

2月18日，王石发表微博表示，一旦发现产品问题，万科将承担全部责任，维护

消费者权益。即使1%差错,对消费者就是100%。

2月20日下午两点,万科在深圳万科总部大楼举行新闻发布会。2月27日,万科发布第一份检测结果。

3月1日上午,72份地板检测结果全部出炉,结果显示只有佛山新城湾畔7号楼甲醛超标。

3月1日下午,万科总部工作小组立刻赶往佛山,启动了事先安排好的预案。当天万科集团代表郁亮向业主道歉:"对客户造成的困扰、不安和麻烦,我代表万科集团表示道歉。同时我也代表万科集团再次重申,对因此给客户造成的问题,我们承担全部的责任。佛山万科将严格承担应尽的义务和责任,尽一切努力为客户解决好问题"。

(资料来源:黄文,《品牌企业如何做好危机公关》,《中国品牌与防伪》2012年第11期,第54~55页)

思考:你从王石的"即使1%差错,对消费者就是100%"的经营哲学中得到什么启示?结合案例,谈谈万科集团是如何塑造企业形象的?

第一节 公共关系的职能

公共关系之所以能在现代社会中发展起来,具有多方面的原因。其根本原因在于它的职能对社会组织的生存和发展有着重要的作用。大量的公共关系案例表明,社会组织重视公共关系与否,其工作效果大不相同。不少社会组织注意运用公共关系的手段和方法,在塑造组织形象,改善经营管理方面收到了意想不到的成效。

一、公共关系职能的内涵

公共关系职能是指以优化公众环境,树立组织形象为任务的一种传播沟通职能。即运用各种传播、沟通的手段,塑造良好的组织形象,影响公众的观点、态度和行为,争取公众舆论的理解和支持,为组织的生存和发展创造良好的社会环境,从而促使组织在激烈的竞争中取胜。

二、公共关系职能的基本类型

公共关系职能从其运行所发挥作用的表现形态来看,主要包含管理职能、传播性职能和决策性职能三大类型。

(一)公共关系管理职能

公共关系管理职能是社会组织对各类与公共关系相关的要素所实施的教育引导与协调沟通以及规划控制等各项职能。主要内容包括:交往沟通、协调关系;教育引导、服务社会。

(二)公共关系传播性职能

公共关系传播性职能是指在公共关系活动中通过传播工作的实施与运行所能发挥出

的有利组织发展的效用。主要内容包括：采集信息、监测环境；组织宣传、创造气氛；策划应变，塑造形象；调节引导，优化环境。

（三）公共关系决策性职能

公共关系决策性职能是指在公共关系活动中通过对重大活动的策划、管理与实施，对组织决策所能发挥的服务、指导与促进的效用。主要内容包括：咨询建议、决策参谋；发现问题、加强管理；防患未然、危机管理；创造效益、寻求发展。

| 案例 3-1-1 |

雅安地震后首次召开新闻发布会

新华网成都 2013 年 4 月 20 日电（记者 丛峰 许茹）20 日 11 时 34 分，四川省政府新闻办公室召开四川省芦山县 7.0 级地震首场情况通报会。四川省常务副省长钟勉介绍说，目前四川省政府已启动 I 级应急响应，紧急安排部署抢险救援工作，包括：

一是立即实行交通管制，开辟成都至芦山的应急通道。全面启动移动、电信、卫星等应急通信，保证通信畅通。

二是省上已派出公安消防、矿山救护、民兵预备役、卫生、武警水电等近 2000 人的救援队伍赶赴灾区。其中已派出 15 支医疗队伍 200 余人。成都军区已出动部队 2000 余人赶赴灾区。省、市医院已做好接收、转送伤员的准备。

三是已要求雅安市、芦山县和有关乡镇党委、政府立即组织力量开展第一时间、第一现场救援，同时对地震波及的相关地区救援工作进行了安排。

四是已安排省地震局派出专家工作组对余震加强监测，会商震情，给出权威意见。

五是安排国土、水利专家赴现场对地震可能产生的次生灾害进行监测。已安排气象专家加密对震区的气象监测，做出应对异常天气的准备。已安排交通部门尽快抢通道路。

六是已安排民政迅速调集帐篷棉被等救灾物资赶赴灾区。已紧急向雅安市调动帐篷 10000 顶、棉被 20000 床、折叠床 2000 个。

七是在雅安建立指挥部，统一组织应急救援力量有序快速进入灾区。

（资料来源：http://news.xinhuanet.com/video/2013-04/20/c_124606662.htm）

案例评析：政府公共关系的主要目标是提高政府的威信和美誉度，提高其吸引力、凝聚力和号召力，增进人民群众对政府的信心和好感，树立政府的良好形象。作为本案例中的组织主体——四川省政府新闻办公室，在重大自然灾害发生时，能切实将公众最关切、意见最大最迫切需要解决的问题作为办实事的重点，及时启动 I 级应急响应，紧急安排部署抢险救援工作，这正是作为人民政府发挥公共关系职能——协调沟通、灵活应变、决策管理、服务社会，把为人民服务的宗旨落实到具体工作中的真实表现。

三、公共关系职能的基本内容

我们知道，塑造组织良好的形象是公共关系的目标，因此，围绕这一目标所要开展的工作就形成了公共关系的职能范围。同时作为一门内求团结、外求发展的管理艺术,需要的是点点滴滴、日积月累的努力,这也意味着公共关系的职能是全方位的。公共关系职能具体有以下几个方面:

(一) 信息收集、监测环境

诚如美国未来学家阿尔温·托夫勒20年前在《第三次浪潮》中所预言的将来的社会"谁掌握了信息,控制了网络,谁就掌握了整个世界",在现代社会中,信息被人们看作是与能源同等重要的宝贵资源,而一个组织要想在激烈的竞争中得以生存和发展,必须依赖于信息的收集、分析和综合利用,信息在某种意义上可以说是质量、是效率和生命。因此,为组织收集和捕捉有效信息,实时监测组织环境,促使组织在良好的环境中发展是公共关系的首要职能。

案例 3-1-2

日本如何知道开发大庆油田的"机密"

20世纪60年代,我国为甩掉贫油国的帽子,打破国外的封锁,集中人力、物力开发大庆油田。当时这是国家的重大机密,国内大都不知道它的选址,可日本人知道了,而且非常准确。他们是怎样了解我国这一秘密的呢?是特务、间谍,还是收买了中方技术人员?都不是。出人意料的是,他们靠的就是零零星星收集到的关于大庆油田的公开资料,以及依此所做出的合乎逻辑的分析和推理。

首先,日本大使馆经济官员发现北京大街上汽车顶上的煤气包不见了,就想到了中国开发了自己的油田,但在哪儿却不清楚。时隔不久,日本人看到中国画报封面上的王铁人,身穿大棉袄,冒着鹅毛大雪工作的照片,断定油田就在东三省靠北边,否则不会下这么大的雪,但具体位置仍不能确定。当他们看到《人民日报》的一篇报道,说王进喜到了马家窑,说了一声:"好大的油海啊,我们要把中国石油落后的帽子扔到太平洋里去!"这下日本人乐了,说找到了,马家窑是大庆的中心。我国对日出版的《人民中国》杂志又报道说,中国工人阶级发扬"一不怕苦,二不怕死"的精神,大庆设备不用马拉车推,完全是肩扛、人抬,从车站把设备运到现场。日本人据此分析,大庆车站离马家窑不远。地址找到了,什么时候出的油呢?他们也算准了,1964年王进喜同志光荣地出席了第三届全国人民代表大会。日本人说肯定出油了,否则王进喜当不了人民代表。接下来又根据《人民日报》上一幅钻塔的照片,从钻台手柄的架式推算出了油井直径的大小。根据油井直径和国务院的政府工作报告来推算,把全国石油产量减去原来的石油产量,就是大庆的石油产量。在此基础上,他们很快设计出适合中国情况的钻井设备。等到我国向其他国家征求钻井设备的设计方案时,其他国家没有准备,日本人早已胸有成竹,很快谈判成功。这项贸易的成功,靠的就是外部信息传播及精密的分析和推论。

(资料来源:张岩松,《一张照片后的巨额利润》,载《公关关系案例精选精析(第三版)》,经济管理出版社2003年版)

案例评析:日本在第二次世界大战后,之所以能在一片废墟上建立起现代经济强国而使美国震惊,其中十分重要的一条经验,就是重视信息的收集、加工、储存和运用。案例提供的日本准确掌握大庆油田信息并有效利用,可见一斑。在知识经济时代和现代社会中,信息就是财富,就是资源。在激烈的市场竞争中,谁拥有信息,谁就有了竞争的实力。公共关系的根本目标是塑造良好的组织形象,这就必须采用双向沟通这一基本手段。在双向沟通过程中不仅需要信息导向,也产生着信息。采集和传播信息,是监测组织环境,塑造组织良好形象的第一步工作,也是公共关系的首要职能。从日本获得开发大庆油田"机密"信息来看,社会组织的公共关系部门和人员要善于广泛地采集信息,这是实现公共关系目标的前提。

1. 公共关系信息收集的具体内容

(1) 产品信息的收集。

产品是组织与消费公众之间发生关系的最根本途径,不管哪个组织的产品,只有具备了良好的形象才会有相应的社会需求,组织才有生存和发展的根基。因此,产品信息的收集对组织而言具有重大的意义。产品信息收集主要是收集公众(消费者)对该组织产品的意见和评价。

(2) 组织形象信息的收集。

与产品形象相比,组织形象对组织而言可能更重要。因为产品形象是公众对产品这一因素的评价,而组织形象则是公众对组织的整体印象,它更能反映组织的公关状态,对企业公共关系工作的效果的反映也更全面。组织形象信息具体包括:①公众对组织机构及其效率的评价或看法;②公众对组织管理水平的评价或看法;③公众对组织人员素质的评价或看法;④关于服务质量的评价或看法。

(3) 组织环境信息收集。

组织的生存和发展都是在特定的环境中进行的,不同的环境状态对组织带来不同的影响。因此,公共关系必须重视对环境信息的收集,具体包括:

① 组织周围自然环境的情况。自然环境优美,可以增加组织的吸引力,提高公众对组织的好感;另一方面,组织所处的地理位置、交通情况,也对公众的了解程度、态度和意见等有一定的影响力。

② 内部关系状况。组织内部公众对组织的态度和意见,例如,对工资、奖金的发放,各种福利的提供情况,生产和生活的环境条件,对上级领导的尊重程度,对本单位的自豪感等。

③ 社会整体的经济、政治发展趋势。这方面的情况变化,会影响到任何组织的运行情况,也会影响到其公共关系状态,所以应该当作一种基本的背景资料收集分析,以便了解客观的变化趋势。

2. 公共关系信息收集的渠道和方法

公共关系人员采集信息的渠道和方法有很多,主要是运用各种传播媒介,如广播电视、报纸杂志等;利用各种会议、活动,如新闻发布会、展览会、纪念会、重大庆典、座谈会、学术交流等,采取社会调查方法,建立高效、准确、及时的信息网络,保证获取最佳信息;听取公众反映,接待来访者和投诉者,进行面对面的交谈等。只有采集信息的渠道和方法多种多样,才能保证采集和掌握信息的全面性。

当然，采集信息固然重要，更重要的是对信息进行整理、分析和加工，即对采集的产品形象信息、组织形象信息、公众需要信息和竞争者信息、社会信息进行"去粗取精，去伪存真，由此及彼，由表及里"的加工处理，找出与客观实际一致、符合事物发展规律的信息，并运用到公共关系实务活动中去，公共关系采集信息的职能才能得以实现。

| 案例 3-1-3 |

与竞争者双赢

在一个偏僻的小山村，有一个独家经营的小百货商店，产品单一，赢利并不多。后来和它相邻处又开了一家经营项目类似的百货商店，两家从此展开了竞争。老店新进的货，新店立即赶上，新店采用的服务，老店也不落后。渐渐地，两家因竞争而矛盾重重，有时甚至大打出手。可他们却没有注意到：他们各自的利润却比从前独一家时还多。后来，一个内行人一语道破玄机，两家才意识到自己的发展离不开对方的竞争，于是双方握手言欢。

（资料来源：兰州商学院，《公共关系案例集》，第19页，2007年3月）

案例评析： 在竞争中充分了解市场信息、掌握有效信息，与竞争对手之间相互合作，错位发展，最终才能达到双赢的目的。很多公关专家在正式场合都会说，在公关学者眼中没有竞争对手，只有合作伙伴。在现代社会，企业已经不可能独霸某一领域或产品，因此必须了解对手的情况与相关信息，才能采取有针对性的措施。

（二）引导舆论，有效传播

树立良好的组织形象，是一个组织赖以生存和发展的基础，也是公共关系的核心工作。尽管组织良好形象的树立是以提供良好的产品和服务为基础的，但也离不开组织通过公共关系活动对舆论进行的引导和强化工作。引导和强化舆论，进行有效传播是公共关系的又一重要职能。

对组织而言，舆论是包含正负两方面的，有些舆论有利于组织的发展，而有些舆论可能不利于组织的发展，组织开展公共关系就是要卓有成效地为组织建立良好的舆论氛围，这就需要对公众舆论进行细致的分析，从而有针对性地开展公关活动，引导舆论向有利于组织的方向发展。

（1）当公众对组织缺乏认识和了解时，组织应主动地宣传自己、介绍自己，促进公众的认知和了解。

（2）当一个组织及产品有了基本的公众印象及良好的评价之后，组织应继续努力、强化这种良好的舆论态势，使组织形象深入公众心中。

（3）当公众对组织的评价游离不定、好坏莫辨时，组织应谨慎地发挥引导作用，使舆论尽可能向有利于组织的方向发展。

（4）当组织形象受损时，组织应该根据不同情形采取相应措施。如果是因组织自身失误危害了公众利益，就应该本着实事求是、有错即改的态度，坦率认错，尽快采取补救措施，将损失减少到最低限度，并把组织处理事故的过程以及整改措施及时告知公众，求得公众谅解，以期重获支持和信赖。如果是因为公众误解，应及时向公众澄清事实真相，消除误会；对于他人陷害则应尽快揭露其阴谋，并将本组织采取的预防措施向公众宣布，以防事态扩大，然后再逐步恢复公众对组织的信心。

| 案例3－1－4 |

第一份民意测验报告

半个世纪前的一天傍晚，乔治·盖洛普博士接到美国白宫打来的电话，内容是总统想知道社会舆论对政府某一外交政策的看法，由于国际事务的需要，这份报告必须在13个小时之内交给总统。

短短的13个小时，找谁收集和怎样收集公众舆论？盖洛普博士突发奇想，并立即行动起来。他先找来6位助手，他们以最快的速度拟出若干与那项外交政策相关的题目。然后，分头去电话给6位不同地区的新闻记者，请他们即刻分别采访10位不同文化层次的公众。被采访者对那些题目发表了意见，总括这些意见，便形成了对外交政策的看法。深夜之前，得到回音。盖洛普博士列出表格，把人们的意见反映在上面，并写出报告。在规定时间的前两个小时，报告出现在美国总统的办公桌上，成为美国总统处理这一重要外交事务的公众舆论依据。乔治·盖洛普博士在11个小时之内完成了民意测验。

这就是有史以来的第一份民意测验报告，乔治·盖洛普因此成为民意测验的创始人。

（资料来源：吴建勋、丁建华、丁华，《公共关系案例与分析教程》，中国物资出版社2002年版）

| 课堂讨论 |

通过上面的案例，你从中获得了什么启示？

（三）咨询建议，辅助决策

咨询建议，辅助决策是指公共关系部门在采集信息的基础上运用科学方法、经验和智慧就组织需要决策的问题提供若干可供选择的预选方案，协助管理者展开科学的决策活动。

对于一个组织而言，决策是最基本也是最重要的职能，直接关系着一个组织的命运。随着社会环境的日益复杂多变，组织活动的规模越来越大，组织的社会联系也越来越广泛，现代决策的系统性要求也越来越高。诚如迈克尔·里杰斯特所说的，"公共关系在管理活动中应是组织的触角"。公共关系因为充分了解掌握与组织有关的公众情况，掌握组织运行的政治、经济、社会环境情况在组织的决策管理过程中积极地发挥着咨询建议，辅助决策的职能。

1. 公共关系在组织决策中的特点

在一个组织管理机制中，不能否认其他职能部门也有提供咨询建议、辅助决策的作用，但它们一般只是从各部门所属工作范围内提供信息，更多考虑的是本部门的职能目标，而忽视了全局和社会的利益。公关关系工作则与之不同，组织的总目标也即公关总目标，具体呈现出如下特点：

（1）在决策咨询中，公共关系关注的是组织整体形象的树立和宣传，关注组织利益与社会公众利益的协调一致。

（2）在决策咨询中，它以其独特的视角为组织提供全方位的咨询服务，站在企业与公众之间，以公众的眼光审视、评判企业的决策。

（3）在决策咨询中，公共关系提供的咨询服务是全程性，包括决策实施的效果的了解以确保科学决策目标的顺利实现。

2. 咨询建议、辅助决策的主要内容

决策是一个系统的过程，一般来说，整个决策程序可分为八个步骤，即发现问题、确定目标、价值准则、拟制方案、分析评估、方案选优、试验实证和普遍实施等。

（1）发现问题。信息是决策的依据，公共关系要帮助组织经营决策收集和整理信息，从中发现矛盾，从而提出需要适时解决的关键问题。

（2）确定目标。这既是经营决策的开始，也是组织寻找决策问题的过程。公共关系应从公众利益的角度去观察组织的不足，敦促有关部门或决策当局，依据公众需求和社会价值，及时修正可能导致不良社会效果的决策目标。

（3）价值准则。价值应包括学术价值、经济价值和社会价值，三者不可偏废。公共关系要不断提醒组织，莫忘组织形象、莫忘社会价值，使组织的价值准则既反映组织发展的要求，也体现社会公众的利益。

（4）拟制方案。方案是保证决策目标得以实现的各种措施的总和。在设计拟制方案中，公关部门应力促公关目标在方案中及时落实，让公众利益进入决策者的视野，以保障公众的需求与利益。

（5）分析评估。这里主要是评价可行性问题，确定可行性方案，一是量化，二是优化。要站在公众的立场上，让公众当作最权威的评议者。

（6）方案选优。尽管方案选优的最终权在决策者手中，但公关部门应力主把公关原则放进方案选择标准中，并制定相应的选择尺度。

（7）试验实证。公共关系要注意收集试验实证的问题，并及时将其反馈给决策部门，以便决策者不断地调整和改变决策目标，使决策方案日臻完备。

（8）普遍实施。公关人员只要协助决策者向各执行部门，广大员工传达和解释企业决策方案的目标，意义和内容，以及实施决策方案的基本步骤和要求；同时，继续做好信息反馈工作。

（四）协调关系，沟通内外

现代社会中，任何组织都是一个开放的系统。它必须与周围环境建立广泛的联系。作为组织对外交往的"名片"和与社会各界沟通的桥梁，公共关系职能部门的一个重要职能就是运用交际、协调的手段为组织广结人缘，发展横向联系，减少社会摩擦，缓和各种冲突，与内外公众建立友好、合作的社会关系。

1. 友好、合作的内外部关系的营造

公共关系与宣传不同，传统的宣传工作方法主要是"单向灌输"，要求公众被说服；而公共关系却强调双向沟通，不仅是组织向公众传递信息，而且还特别注意公众对信息的反馈。沟通交际、协调关系旨在使组织与公众相互理解支持，建立信任关系，处于一种和谐的状态，为组织创造一个"人和"的环境。

（1）组织外部的协调沟通有助于组织赢得社会公众，并能避免或减少组织与公众的矛盾和误解，即使发生矛盾，也能在沟通的基础上迅速予以解决。

（2）组织内部的协调沟通有助于组织形成和谐向上的工作环境。成功的组织必然有一个充满理解信任、团结合作气氛的良好内部环境。组织内部的协调、沟通可以增强组织的凝聚力，维系良好的人际关系状态，避免和减少组织内部的摩擦，正确对待和处理冲突。

2. 减少、缓和各种冲突和矛盾

公共关系协调不仅表现在防止问题的形成和产生，也即是所谓的"预先调节"，同时也表现在矛盾和摩擦已发生之后，及时地阻止矛盾的发展和扩大，最大限度地减少摩擦和纠纷给组织带来的危害和损失，具体包括：

（1）减少摩擦。由于作为公关主体的组织和公关对象的公众处于不同地位，它们之间必然会存在利益的种种差异和矛盾。又由于他们在信息的掌握上总是不对称的，因此，摩擦在所难免。这就要求组织充分运用公共关系，努力减少摩擦，协调内外关系。

（2）化解冲突。摩擦是小的冲突，冲突是大的摩擦。对于社会组织来说，有冲突并不是什么丑事，只有有了冲突而不思化解、不求改进才是不可原谅的。发生了冲突，公共关系便可充分发挥其协调功能，运用各种有效的交际手段和沟通方式，化干戈为玉帛，解冲突于无形。

（3）平衡关系。在公共关系发展过程中，不平衡模式一直占据主要地位，最初是组织完全以己为主，根本不考虑公众利益。后来人们提出公众是上帝，一切为了公众，这种思想仍是一种不平衡观。现代公关理论认为，组织和公众都是公共关系的主体，双方都有自己的利益，两者同样重要。当双方利益出现分歧和矛盾时，组织既不能牺牲公众利益，也不要一味地牺牲自己利益，而应通过平等的对话、协商，使双方能达成共识，双方都应该做出必要的让步和妥协。因此，公关的任务便是在双方利益得到维护的前提下，实现利益平衡下的新的合作。

（五）教育培训，服务社会

公共关系在完成其社会职能、促进组织发展时需要加强教育引导，在提高知名度和美誉度时更需要教育引导。组织公共关系的教育引导职能主要表现在对内、对外两个方面。

1. 对组织内部公众实施教育引导工作

一个有远见的组织领导者常常不会把公共关系活动仅仅看成是公关部门的事，而是看成组织整体的事，认为开展公共关系、树立公关观念、塑造组织形象与组织所有成员都关系密切。因此，组织往往对其内部公众实施教育引导，使他们认识到公众关系的重要性，明白树立组织的良好形象必须从每个人的具体工作做起。公关部门对员工的教育引导工作主要包括两个方面：

（1）重视本组织的形象和声誉。公关人员要教育全体员工，使每个人都懂得，企业的形象和声誉同大家的切身利益紧密相关，企业形象的好坏足以使企业兴旺发达或是破产倒闭。

(2) 在员工中开展公关知识培训。企业员工光有为组织增光的良好愿望是不够的，还应掌握一些基本的公关知识和技能，以便在公众面前树立一个美好的形象。在员工中进行公关知识讲座、提高员工的公关技能，是内部公关工作中一项经常性的工作。

2. 对组织外部公众实施教育引导工作

在一个组织中，外部公众有顾客公众、社区公众、金融公众、媒介公众、政府公众等，组织通过培训和提供教育引导外部公众对组织的认同，提高其自身的知名度和美誉度。

(1) 开展培训，引导公众对组织的认同。人们常说"公众永远是对的"，这是从服务的角度将"正确"让给对方，但客观地讲，公众不可能永远正确，而是需要加以引导。尤其随着科技的突飞猛进、产品的极大丰富，更需要公共关系来培育市场。因为公众不可能了解那么多的新产品，需要不断对其进行商品知识、消费知识、安全保险等方面的教育和引导，使消费群体与组织认同。

(2) 教育服务，提高知名度和美誉度。向社会提供教育、服务社会是组织树立良好形象的一个途径。例如广州钢琴厂为提高自己的知名度和美誉度，进而扩大产品的销售量，每年都举办少年儿童钢琴夏令营，在广州、北京、武汉等地分别设营。通过这种活动，为社会培养了许多优秀琴师，在社会上树立起了该厂的良好形象，使其珠江牌钢琴的销售量一跃而达到全国之首。

案例 3-1-5

比服务重要的是公关

全球餐饮巨头麦当劳以其优良品质、快捷服务和清洁环境而广受世界各地人们的喜爱。这样的优秀国际化企业，在取得斐然经济效益和国际声誉同时，仍不忘记向呵护他们的公众投以关爱。北京的麦当劳食品有限公司曾经在所属的 57 家餐厅内代售公交月票。因为其调查后发现北京的月票网点只有 88 处，乘客很不方便，于是他们"拾遗补缺"开展了"代售月票"的活动，为广大乘客创造便利条件。

(资料来源：陈胜，《有时"巨人"和"矮子"只差一步：做》，《销售与市场》2000 年第 11 期)

案例评析：企业为公众服务实际上一个很重要的方面就是方便公众。古人云"处处留心皆生意"说的就是这个道理。麦当劳给我们的启示是：任何一个行业都可以凭借方便公众而创造竞争优势。

四、公共关系职能的认识误区

现代公共关系在我国兴起于 20 世纪 90 年代前后，社会公众在理论和实践上对于公共关系职能的认识还存在着误解。

(一) 公共关系职能扩大化

一个社会组织的兴衰存亡，取决于它自身是否有生存的能力和发展的潜力，取决于是否能适应激烈竞争、瞬息万变的社会环境，取决于它的领导层、决策层的能力和水平。有的社会组织或个人认为公共关系是能包治百病、起死回生的灵丹妙药，幻想着只要设立一个公关部，组织存在的问题就能迎刃而解，这是把公共关系的职能扩大化的一种典型表现。公共关系知识以其"参谋"功能对组织的管理工作起到一定的辅助作用，它不能代替组织其他部门的职能和工作。公共关系工作是百分之九十靠组织自己做得对，百分之十靠宣传。也就是说，组织自身的工作做得好，公共关系可以使之更好；如果组织自身的工作做得不对、不好，公共关系可以提醒其改正，促使其做好，而不能掩饰甚至美化其不足。

（二）公共关系职能片面化

有人认为公共关系只是一种补救措施，就像什么地方发生了火灾，公共关系人员的职责就是去救火；有人则认为公共关系就是做广告、出报纸、搞宣传。这些都是对公共关系的职能片面化的认识。公共关系职能中包含着危机管理，但这只是大量的公共关系工作中的一个方面。公共关系部门要通过双向信息交流预测危机，在决策咨询中提出或制定处理危机的建议、措施，当危机出现时，要协同组织内其他部门共同消除危机带来的不利影响。离开本组织其他部门的配合与支持，公共关系部门不可能单独地使组织渡过难关。

公共关系工作常常借助于报纸、广播、电视、杂志等传播媒介，或者自己编辑、制作宣传品，来传递有关本组织的各种信息，以引起公众的注意和理解。宣传是公共关系人员实施工作计划的重要步骤。但是公共关系与传统意义上的宣传存在本质的区别。第一，性质任务不同：公共关系属于经营管理范畴，其主要任务是与公众沟通信息，协调关系，为组织塑造形象，进行决策咨询等；宣传则属于思想政治范畴，其主要任务是对公众进行思想教育、政治工作、情感影响等。第二，工作方法不同：公共关系工作是组织与公众之间的双向信息交流过程，它既要及时、准确、有效地向公众传播有关信息，又要随时收集公众的反应和意见，使组织不断调整政策和行为，改善与公众的关系；而宣传基本上就是单向的信息传播过程。

（三）公共关系职能庸俗化

社会上存在一些社会组织不了解公共关系的真实含义和作用，只凭想当然，人云亦云，或者借助公共关系名义大搞宴饮款待，送礼赠物，摆阔气，搞场面，或者以公共关系工作为由动辄美女相伴，唱歌跳舞。有的社会组织甚至在选聘公关人员时，把外在条件放在第一位，而很少考虑应聘者的内在素质。有的公共关系工作人员除了具有身材和长相等外在条件，没有受过公共关系方面的专业教育和培训，甚至对公共关系知识一无所知。这是把公共关系职能庸俗化的一种行为。

公共关系工作有时可能需要通过宴饮、接待、赠物、歌舞、庆典等形式，与公众联络感情，加深交往，增进感情，但这些绝对不是公共关系工作的基本手段与主要内容。公共关系是社会组织与公众之间的正当联系，它是以公开诚实为信条，以信息传播为基本手段。公共关系活动能够引导人们树立新观念，净化社会风气，促进精神文明建设。开展公共关系活动首先应该扎扎实实做好组织自身的工作，致力于组织内部各方面关系的沟通协调。一味歌舞宴饮容易导致并助长不正之风，把人际关系商品化。这是与真正的公共关系背道而驰的，也是社会组织和公共关系人员应当引以为戒的。

第二节 公共关系的作用

一、公共关系对组织的作用

(一) 树立组织形象

组织形象是社会公众包括组织员工心目中对组织整体的评价,它是公众对组织的发展史、管理人员、团体气氛、行为准则、物质条件、产品、服务、组织名称等的总体认知,反映了公众对组织的整体特点、总的精神的了解和情感倾向。良好的组织形象,对于组织来说是一笔无形的财产。组织通过广告宣传、公关传播、人员推广等公关活动提高组织的知名度和美誉度,取得公众的信任和支持。

1. 扩大影响,提高组织知名度

知名度是指组织在公众心目中名气的大小。所谓"酒香也怕巷子深",一个组织无论它的设施多么豪华,服务多么热情周到,但无人知道、无人光顾,企业的生存和发展也都会受到影响。组织影响的扩大,知名度的提高,与组织充分发挥公共关系的作用是密不可分的。

2. 树立形象,增进组织美誉度

美誉度是指一个组织获得公众信任、赞许的程度,是这个组织的社会影响好坏的程度。它是评价一个组织社会影响好坏程度的指标,对于一个组织具有决定性的意义。无论是 CI 设计还是危机公关处理,树立形象,增进组织美誉度是组织公共关系所不遗余力追求的重点。

(二) 增强组织的凝聚力和向心力

从公共关系角度来看,企业竞争力是企业凝聚力的外在表现。公共关系作为企业竞争的手段,首先表现在它通过"全员公共关系",使塑造、传播良好企业形象成为全体员工的自觉行为,从而确保优质、高产、低耗及高水平服务,部门间、员工间紧密合作,使企业及时适应市场变化;其次,良好的公共关系可以为组织创造一个团结、和谐的气氛,培养员工强烈的集体意识,逐步形成企业文化,以调动员工的积极性、创造性和主动性,激发员工对组织的自豪感和归属感,形成强大的向心力。

| 案例 3-2-1 |

IBM 公司的"金环庆典"活动

美国 IBM 公司每年都要举行一次规模隆重的庆功会,对那些在一年中做出过突出贡献的销售人员进行表彰。这种活动常常是在风光旖旎的地方进行。对 3% 作出了突出贡献的人进行表彰,被称作"金环庆典"。在庆典中,IBM 公司的最高层管理人员始终在场,并主持盛大、庄重的颁奖酒宴,然后放映由公司自己制作的表现那些作出了突出贡献的销售人员工作情况、家庭生活,乃至业务爱好的影片。在被邀请参加庆典的人中，不仅有股东代表、工人代表、社会名流，还有那些作出了突出贡献的销售人员的家属和亲友。整个庆典活动自始至终都被录制成电视（或电影）片，然后被拿到IBM公司的每一个单位去放映。

IBM公司每年一度的"金环庆典"活动，一方面是为了表彰有功人员，另一方面也是同企业职工联络感情、增进友情的一种手段。在这种庆典活动中，公司的主管同那些常年忙碌、难得一见的销售人员聚集在一起，彼此毫无拘束地谈天说地。在交流中，无形地加深了心灵的沟通，尤其是公司主管那些表示关心的语言，常常能使那些在第一线工作的销售人员"受宠若惊"。正是在这个过程中，销售人员更增强了对企业的"亲密感"和责任感。

（资料来源：曾琳智，《新编公关案例教程》，复旦大学出版社2010年版）

| 课堂讨论 |

在上面的案例中，IBM公司的庆功会在公司内部都有哪些重大意义？这种活动对其他公司有何借鉴？

二、公共关系对个人的作用

（一）帮助个人观念更新

1. 注重个人形象的观念

尽管我们常常说，爱美之心，人皆有之。但事实上，总有些人对自己的形象并不是很在意，在言谈举止、姿态动作及穿着打扮方面表现得漫不经心。组织会通过公关活动向人们灌输形象意识，它甚至会要求个人在公共场合和社交场合要尽量地修饰自己的外表和仪容，保持得体的形象和风度。如IBM公司要求它的白领工人（办公室人员）上班时西装革履、衣冠整洁；很多营业性场所，要求其员工仪态大方，保持职业微笑。

| 案例3-2-2 |

赵薇军旗裙的公关形象

2001年，赵薇为《时装》杂志2001年第9期拍摄的一张图片引起很大争议，网友指责赵薇身着服装图案酷似日本军旗，从而在网上引起数以万计网友震惊及谴责，而且在国内引起轩然大波，赵薇被指为背叛国家民族，鼓吹军国主义。

当时，负责赵薇海外演艺事业的经纪人表示，赵薇只是作为一个模特，应《时装》杂志的邀请拍那些图片，穿什么衣服不是由她自己决定，而是杂志编辑决定。

在强大舆论压力下，同年12月8日，赵薇在接受媒体采访时表示将就此事做深切的道歉并深刻的反省。而《时装》总策划邹雪对因此造成的社会批评及对赵薇造成的极大不良影响承担责任，最终决定辞去杂志总策划职务。12月10日，赵薇和《时装》杂志总策划邹雪分别通过新浪娱乐发表声明，向公众表示深切道歉，并做出深刻反省，网上舆论趋向缓和。

（资料来源：《江南时报》2001年12月11日；有删改）

案例评析：军旗裙事件看似纯属一个个人的服饰形象问题，结果却引起了如此的轩然大波，究其原因：一是作为一个公众人物，其必须对公众负责，他的穿衣打扮，言谈举止都不单单是个人形象问题，而且也与时代脉搏和社会生活密切相关；二是作为一个公众人物，在危机发生之时应该积极应对，而不是采取鸵鸟政策。

2. 形成尊重他人的观念

在公关活动特别是与人交往和沟通过程中，我们特别强调要尊重他人。在企业看来，消费者是衣食父母、是上帝，当然要尊重；在党派领袖看来，选民是水，他们是舟，水能载舟也能覆舟，不尊重选民，自己就得下台。其实我们从人际交往的角度来看，尊重他人就是尊重自己，你尊重别人，别人才会尊重你。所以，在公共关系活动中，应该培养人们学会尊重他人的观念。

3. 形成合作观念

社会分工和专业化不仅需要人们交往、沟通，更需要人们进行合作。企业与企业之间的合作日益加强，如麦当劳、可口可乐和迪斯尼就因为共同的利益走到了一起；国家和国家之间的关系日益紧密，像美国和朝鲜之间的这样刻骨铭心的仇恨也正在合作中不断消融。在一项工作中，人与人的合作也正变成一种社会要求，是否具备合作精神或合作观念，甚至成了某些组织录取新员工的一个重要标准。而在提倡合作观念方面，公共关系可以说是不遗余力的。因此，公共关系确实有助于人们树立合作观念。

（二）促使个人能力提高

1. 交际能力

在从事公关活动时，公关人员的交际能力和水平往往会对公关活动效果产生很大影响，有时甚至是决定性的。比如在新中国成立之初，周恩来总理就以其卓越的交际能力在国际政治舞台上纵横捭阖，为新生的人民共和国创造了良好的外部环境。交际能力在公关活动中的这种极端重要性，使得公关人员必须努力学习和掌握各种交际礼仪和规范，不断提高自己的交际能力和水平。

2. 自我调节能力

在公共关系活动中，公关人员常常要和不同的组织和个人打交道，经常会面临各种突发事件，其自身的心理状态也会随时发生变化。但工作不能不做，而且必须要做好，这就促使公关人员随时调整自己的心态，摆正自己的位置，不管在何种情况下都能以职业态度和乐观心情去面对工作和生活。这样，当然会对提高自我调节能力有所帮助。

3. 应变能力

公共关系是一门实践性很强的工作，而现实中的公众和环境都是比较复杂的，并且会时刻发生变化，根据变化的环境做出正确决策就是公关人员的必修课。因此，公关人员在从事这些公关工作中，应变能力自然而然地得到锻炼而且逐步提高。

三、对社会的作用

（一）优化社会互动环境

以追求交流、协作、互惠互利为特色的公关意识和以运用公平、公正、公开的手段为特征的公关活动，在20世纪逐渐得到了社会的认同，进而成为现代占主导地位的社会观念和价值标准的一个非常重要的方面。由此，使得人际交往和社会经济生活中那种你死我活的生存斗争、势不两立的激烈对抗逐渐趋于缓和，也使得那种暗箱操作、权钱交易、权色交易、钱色交易等丑恶行为越来越受到社会舆论的谴责。通过公平、公开、互惠互利的公共关系活动，组织已经完全可以达到目标，人们当然没有必要再去用那些不正当的手段和有违法律和道德的手段。这样，公共关系就在无形中起到了净化社会风气、调控社会行为的作用。

（二）优化社会心理环境

现代社会一个突出现象是：人们在享受高度物质文明的同时，精神方面的失落感却越来越强。有了汽车、火车、飞机、高速公路、高速铁路等，人们的地理距离越来越近了，但人们之间的心理距离没有缩短反而拉大；很多人天天见面，却熟视无睹，形同路人；很多人心情苦闷、精神压抑，却无处倾诉。所以，一些有识之士不无忧虑地说，现代特别是当今社会，对人类威胁最大的不是战争、不是原子弹，而是越来越严重的心理障碍、心理疾病。

按照心理学理论，每个人都有合群的需要、情感的需要、交往的需要。如果这些需要得不到满足，就会导致人的心理失衡；这样的人多了，就会形成社会问题。而公共关系恰好可以提供给社会一种良好的关系氛围，它可以用真诚广泛的社会交往、双向交流的沟通，帮助人们摆脱孤独、恐惧、忧虑和隔阂，帮助人们提高心理适应能力和心理承受能力，从而营造一种良好的社会心理环境。

正如美国黑人运动领袖马丁·路德·金所说，人之所以会互相仇视，是因为他们之间害怕；他们之所以害怕，是因为他们互相不了解；他们之所以互相不了解，是因为他们互相不能交流；他们之所以互相不能交流，是因为彼此隔离。因此，接触、对话、交流这些公共关系的基本观念，是优化社会心理环境的绝妙良药。

（三）增进社会整体效益

首先，公共关系有助于营利性组织获得更好的经济效益，从而促进整个社会发展。其次，公共关系有助于建立和维护地区、国家良好的经济环境，为该地区、国家内的企业提供良好的发展条件，也有利于吸引更多的外部资源（如投资、技术、人才）进入该地区，从而促进该地区整体经济的发展。最后，公共关系活动的进行还可促进现代社会中信息的共享和交流，大大降低市场交易成本，使经济活动变得更为规范和有序，使社会资源得到更为有效的利用。

| 案例 3-2-3 |

余额宝取缔风波

2014年2月21日，央视证券资讯频道执行总编辑兼首席新闻评论员钮文新发博文《取缔余额宝!》称，"余额宝是趴在银行身上的'吸血鬼'，典型的'金融寄生虫'。"

钮文新认为，余额宝冲击的是整个中国的经济安全。因为，当余额宝和其前端的货币基金将2%的收益放入自己兜里，而将4%~6%的收益分给成千上万的余额宝客户的时候，整个中国实体经济也就是最终的贷款客户将成为这一成本的最终买单人。

2月22日凌晨，支付宝官方发长微博《记一个难忘的周末》幽默回应。支付宝则表示，余额宝加上增利宝，一年的管理费是0.3%、托管费是0.08%、销售服务费是0.25%，利润只为0.63%，除此之外再无费用。并对吸血鬼一说加以调侃称，"老师您能别逗了吗？我查了下，2013年上半年，16家国内上市银行净利润总额达到6191.7亿元人民币，全年起码翻一番，12000亿元吧？"

2月22日，阿里小微金融服务集团首席战略官舒明称：即使与总规模约10万亿元的银行理财产品相比，货币市场基金也不到其总规模的十分之一。很难想象，规模如此之小的货币市场基金会对市场整体利率水平产生巨大的影响，会"严重干扰利率市场"。

（资料来源：《2014年上半年十大危机公关案例》，中国公关网，2014年7月21日）

案例评析：现代公共关系被广泛地应用于社会各个部门，在政治、经济、文化等领域发挥着独特的作用。案例中公关焦点——余额宝遭央视评论员质疑后，支付宝随即通过官微以诙谐幽默的风格发布一篇长微博来进行解释，在当前的互联网语境下，这种卖萌式回应比较容易得到网民理解与认可，发挥了建立和谐友好的人际关系的公关作用；同时，公司高管也及时与媒体进行了沟通，对质疑者的说法进行了驳斥，符合真诚沟通原则。质疑声音出现后，支付宝第一时间通过微博予以回应，防止了危机的进一步蔓延。但是，余额宝遭质疑后，支付宝并没有邀请权威的第三方出面为其证言，仅仅是通过官方微博和一位公司领导之口进行了回应，不利于推进社会组织的健康发展。对于这个被质疑者上升到"国家利益""经济安全"高度的问题，支付宝仅仅通过卖萌自黑的方式进行回应显然不够，对于这种新兴的理财方式，公众也希望看到支付宝拿出一个认真、严肃的态度，从而继续获得人们的支持。

第三节 公共关系人员及其素质

一、公共关系人员的概念

公共关系人员从狭义上理解是指从事公共关系职业的专职人员，即专门从事组织机构公众信息传播、关系协调与形象管理事务的调查、咨询、策划和实施的人员。从广义上理解，公关人员泛指组织内部和外部从事直接的公关工作、公关理论研究和公关教学的人员，以及在公关协会等公关组织机构工作的人员。

二、公共关系人员的素质

公共关系从业人员的素质，是指公共关系从业人员在运用传播媒体，实施增强组织机构的生存能力和在公众心目中树立良好形象的目标过程中，所表现出来的知识、个性、兴趣偏好、风度、工作作风、政治及文化素质修养等生理和心理方面的总和。

(一) 公共关系人员的公关意识

公关意识是公共关系人员所应具备的各项基本素质中最为重要的一项素质，是现代经营管理理念和原则在公共关系活动中的具体反映，它是一种综合性的职业意识。

1. 塑造形象的意识

在决策和行为中高度重视声誉和形象，这是公关意识的核心。在现代社会中，良好的形象是组织的无形资产，具有塑造形象意识的公关人员，才能够深刻理解知名度和美誉度对社会组织的生存和发展的价值，重视形象投资、形象管理、形象塑造和形象竞争，将树立和维护良好的形象作为重要的战略目标，在行动中自觉塑造和维护组织的形象。

2. 尊重公众的意识

公共关系首先服务于公众利益，这是组织本身生存的需要。形象是为组织的特定公众塑造的，公众的需求就是组织形象塑造所追求的目标。组织应自觉地将公众的意愿和利益作为决策和行动的依据，将了解公众、顺应公众、满足公众、服务公众作为重要的经营管理原则，一切为公众的利益着想，创造一切条件为公众服务，满足公众不断发展的需求。公共关系人员只有牢固树立公众意识，才能承担起组织应有的社会责任，才能真正做好组织的公共关系工作。

3. 传播沟通的意识

表现为重视信息的双向沟通，主动地运用各种传播媒介和沟通方式去建立相互之间的了解、理解、信任与好感，不放弃任何传播的机会去影响公众、引导公众和争取公众，为事业的发展创造"人和"的舆论气氛。公关人员只有具备传播协调的意识，促使组织与其相关公众建立信任与合作的关系，解决和调节组织与公众之间的对立性因素，社会组织才能获得更好的生存和发展的空间，才能在公众心目树立良好的知名度和美誉度。

4. 诚信互惠的意识

任何一个组织都希望得到更多的公众的信任、理解和支持，但组织在自身的发展过程中，诚信是互惠的前提，只有诚信，才能互惠，诚信互惠的意识主要表现在目的、计划、行为和效果上的互惠互利，这也是社会组织开展公共关系工作的原则，也是组织是否真诚地对待公众的试金石。不具备诚信互惠意识的公共关系人员，是不可能做好公共关系工作的。

5. 创新审美的意识

社会组织要树立良好的组织形象，必须按照公众心目中的审美需求塑造企业形象；同时，任何一个公共关系活动都不可能是以往或他人已有的活动形式的简单重复，其策划与设计都需要有所创新。唯有创新，才能塑造有个性的组织形象；唯有创新，才能使组织的良好形象打动公众、征服公众。

6. 立足长远的意识

立足长远的意识是实现公共关系协调发展、塑造品牌形象的重要基础和条件。只有立足长远，社会组织才能通过公共关系活动有计划、有措施地完善组织形象，扩大组织的知名度和美誉度，才能使社会组织全面地融入社会、面向公众，以达成与公众、与社会的全面的双向交流。

案例3-3-1

顾客争座位，餐厅怎么办？

2000年8月，江西第一家肯德基餐厅落户南昌，开张数周，一直人如蜂拥，非常火爆。不想一月未到，即有顾客因争座被殴打而向报社投诉肯德基，造成一场不小的风波。

事件经过大致如下：一位女顾客用所携带物品占座位后去排队购买套餐时，座位被一位男顾客坐而发生争执。先是两位顾客因争座发生口角，尽管已引起其他顾客的注意，但都未太在意，此时餐厅的员工未能及时平息两人的争端。接着两人争吵上升到大声争吵，店内所有顾客则都开始关注事态，邻座的顾客则停止用餐，离座回避，带小孩的家长担心事态危险和小孩受到粗话影响，开始领着小孩离店。最后二人争吵上升到斗殴，男顾客大打出手，殴伤女顾客后离店，别的顾客也纷纷离开或远远地看热闹。女顾客非常气愤，当即要求肯德基餐厅对此事负责，并加以赔偿。到此时，其影响面还局限于人际范围，如果餐厅经理能满足顾客的要求，女顾客就不至于向报社投诉。但餐厅经理表示"这是顾客之间的事情，肯德基不应该负责"，拒绝了女顾客的要求。

女顾客马上打电话向《南昌晚报》和《江西都市报》两报投诉。两报立即派出记者到场采访。女顾客陈述了事件的经过并坚持自己的要求，而餐厅经理在接受采访时对女顾客被殴表示同情和遗憾，但是认为餐厅没有责任，不能做出道歉和赔偿。两报很快对此事做了报道，结果引起众多市民的议论和有关法律专家的关注。事后，根据消费者权益保护法，肯德基被认为对此事负有部分责任，向女顾客公开道歉，并赔偿了部分医药费，两报对此也都做了后续报道。

（资料来源：袁小懋，《顾客争座时肯德基怎么办？》，《公关世界》2001年第3期）

案例评析：从整个过程看，肯德基餐厅经理对该事件的处理态度实为公关大忌，为了维护一时的权益，不仅失去了一个消费者，而且造成了众多消费者的心理阴影。而在这一事件中，作为餐厅经理缺乏最起码的塑造形象、尊重公众、立足长远等意识，应积极主动地介入并妥善沟通处理，使消费者免伤和气，心情愉快地消费。

（二）公共关系人员的知识结构

公共关系学是一门综合性的应用科学，而公共关系人员的知识结构就是公共关系知识体系在其头脑中的内化，这个知识体系包括职业公关人员从事公关工作所必需的专业知识和相关知识。一般来说，成功的公关人员应该是一专多能的"杂家"。我们通常要求公关人员所具备的知识结构包括四个方面：

1. 公共关系的基础理论知识

公共关系理论是人们对于公共关系社会实践活动的科学的总结和理论概括。知识应包括公共关系的基本概念，公共关系的由来和基本原则，公共关系三大要素，即社会组织、公众和传播的概念和类型，不同类型的公共关系机构的构建原则和工作内容，公关工作的基本程序等。公共关系的理论体系与知识结构是一个开放的系统，要不断地发展、充实,逐渐吸收各国的特色并深入到行业之中,开拓新的领域。

2. 公共关系的基本实务知识

公共关系是一门哲理性、实务性都很强的学科,公关人员除了需要通晓公共关系的基本知识以外,还必须具备公共关系的基本实务知识。公共关系的基本实务知识包括:公关调研的知识,公关策划的知识,公关活动实施与评估的知识,处理各种危机的知识,公众对象分析的知识,与各类公众打交道的知识,社会基础文明和社交礼仪的知识等。

3. 与公共关系密切相关的学科知识

1989年全国高级公关教学研讨会上,来自全国的100多位学者认真讨论了一个合格的公关专业大学生应具备哪些知识、学习什么课程,最后形成了一个达成共识的教学计划,其中所设课程包括:专业骨干课程:①公共关系学;②公共人员素质;③专业公关;④公关策划。传播学及相关门类课程:①传播学原理;②媒介理论与实务;③演讲与口才;④人体语言;⑤公关应用写作;⑥电脑应用;⑦谈判理论与技巧。管理学及其相关课程:①管理学原理;②组织文化;③市场营销;④广告概论;⑤会计学原理;⑥法律门类课程(如经济法);基础课程:①社会学;②心理学;③文化学;④逻辑学;⑤实用美学。

此外,公共课按教育部规定开设。

4. 与对象相关的特定的公共关系知识

公共关系部应是一个人才能力互补的群体,作为其中一员应有自己的专长,或长于对内关系,或长于对传播交往,或长于专题策划,或长于国际公关,以便在群体发挥自己的作用。没有一定专长的公关人员在今天的公关工作中一定会感到力不从心,难以有大的作为。

(三)公共关系人员的能力结构

公共关系人员的能力结构与知识结构一样,是一个系统,由一系列彼此关联的能力所构成。主要包括:

(1)人际交往能力。组织间关系的建立和维护需要通过人与人的交往来完成,因此有效的人际交往是组织搞好公共关系工作的基础。衡量一个公共关系人员能否适应公共关系工作需要的标准之一,就是看他是否具备善于与他人交往的能力。

(2)传播表达能力。公共关系是一种传播活动。把所要传达的信息或思想清晰地用文字或口头表达出来,是对公共关系人员的一项基本要求,离开了传播表达、协调内外关系、优化内外环境,便是纸上谈兵。

(3)自我调节能力。公共关系工作不可能是一帆风顺的。要在工作不顺心如意的时候学会控制自己的情绪,对情绪及时调整,平和地面对各种复杂局面。自我调节能力既是对公共关系人员心理素质的一种挑战,也是对其道德修养的一种检验。

(4)组织协调能力。组织形象的确立,依仗着公共关系人员的组织协调能力,公共关系人员的协调能力强,公共关系活动的推展就快,效果就好,公共关系工作的成效也就越大;反之,则可能处处受阻,寸步难行,公共关系工作很难取得成效。

(5)创造策划能力。这是公共关系人员素质的集中体现,只有不断推出富有想象力的、别具一格的新颖的活动策划方案，才可能使组织在竞争中处于有利地位。因此，创新策划能力是公共关系人员极重要的一项能力因素。

（四）公共关系人员的心理素质

素质是一个集生理学、心理学和社会学等多种意义的综合范畴。狭义的素质单指人的生理特征；广义的素质则主要是指人的社会心理特征，它包括人的感知能力、记忆能力、思维能力、反应能力和运动能力，以及个人的性格、兴趣、知识、品格及气质等特征。根据公关工作的实际需要，公关人员必须具备以下心理素质：

1. 自信的心理

法国哲学家卢梭曾经说过："自信对于事业简直是奇迹。有了它，你的才智才可以取之不尽，用之不竭。一个没有自信心的人，无论他有多么大的才能，也不会有成功的机会。"自信，是公关人员职业心理最基本的要求。有了自信心，才能激发极大的勇气和毅力，最终创造出奇迹。自知者明，自信者强。相信自己能超越别人，才能发挥自身最大的聪明才智，不断去面对竞争，追求成功。

2. 热情的心理

公共关系是一个既动脑又动手，既有学又有术的职业，需要投入大量的智力和体力劳动，因此，具有热情心理的人能够使人感到亲切，易于创造交流思想、交流感情的环境，能够使人形成宽容豁达的精神。在同他人交往的过程中，能使他们兴趣广泛，充满想象力和创造力，真诚面对各界人士，广交朋友，开拓工作渠道。相反，一个公关人员如果不具有热情的心理，对工作不能全身心的投入，是无法胜任公关工作的。

3. 开放的心理

公共关系本身就是一种开放型的工作，因此要求公关人员以一种开放的心理适应这一工作。公关人员在同外界打交道时会遇到各种各样的人，应该能够应付自如、游刃有余，善于"异中求同"，与各种类型的人建立良好的关系。

此外，公关人员还应具有强烈的求知欲，多研究新事物，关心新问题，接受新知识、新观念，不拒绝一切有益于公共关系的信息。公关工作的要求创新，会带来一定的风险，工作中就必然会遇到这样、那样的困难与挫折，这一点比其他行业要更突出一些。面对困难与挫折，公关人员应能达观面对，走到哪里就把微笑带到哪里，而不能把满脸愁云带给公众。这不仅是对公关人员的一种心理素质要求，而且还是公关人员的一种职业规范。

（五）公共关系职业道德与职业准则

职业道德指与人们的职业活动紧密联系的，具有自身职业特征的道德准则和规范；也就是从事一定职业的人们在职业活动过程中必须遵循的行为规范的总和。公共关系人员的职业道德，就是指公共关系人员在从事公共关系活动中所必须遵循的行为规范的总和。

公共关系人员的职业准则，就是公共关系工作中必须遵循的道德操守和行为规范。很多国家及国际公共关系组织都十分重视公共关系人员的职业准则问题，并纷纷制定出相应的职业准则条款以规范组织成员的行为。

纵观多种范本的公共关系职业（道德）准则，其目的均在于规范公共关系人员的行为，珍惜并扩展公共关系行业的良好声誉。所列条款多由以下内容组成，即：坚持真实和准确地反映事物的本来面貌；尊重客户的权益，客观、公正、忠诚地对待所服务的对象，为客户保守秘密；不损害、中伤同行的权益和声誉；应以自己的行为赢得有关方面的信赖等。

综上所述，公共关系人员所应具备的素质是多方面的。当然，一个公共关系人员不可能完全具备上述各项素质，但是，至少应把具备上述素质作为自己的目标去尽力实践。在具备这些素质的情况下，再针对实际情况加以应用，只有这样的公共关系人员才能真正胜任公共关系工作，才能对自己的组织有所贡献。

案例3-3-2

"你会坐吗？"——一次公关部长聘任考试

一家公司准备聘用一名公关部长，经笔试筛选后，只剩8名应试者等待面试。面试限定他们每人在两分钟内对主考官的提问作出回答。当每位应试者进入考场时，主考官说的是同一句话："请您把大衣放好，在我面前坐下。"

然而，在进行面试的房间中，除了主考官使用的一张桌子和一把椅子外，什么东西也没有。

有两名应试者听到主考官的话以后，不知所措，另有两名急得直掉眼泪；还有一名听到提问后，脱下自己的大衣，搁在主考官的桌子上，然后说了句："还有什么问题？"结果，这五名应试者全部被淘汰了。

剩下的三名应试者，一名听到主考官发问后，先是一愣，旋即脱下大衣，往右手上一搭，躬身致礼，轻轻地说道："这里没有椅子，我可以站着回答您的问话吗？"公司对这个人的评语是："有一定的应变能力，但创新开拓不足。彬彬有礼，能适应严格的管理制度，可用于财务和秘书部门。"另一名应试者听到问题后，马上回答道："既然没有椅子，就不用坐了。谢谢您的关心，我愿听候下一个问题。"公司对此人的评语是："守中略有攻，可先培养用于对内，然后再对外。"最后一名考生的反应是，听到主考官的发问后，他眼睛一眨，随即出门去，把候考时坐过的椅子搬进来，放在离主考官侧前约一米处，然后脱下自己的大衣，折好后放在椅子背后，自己就在椅子上端坐着。当"时间到"的铃声一响，他马上站起来，欠身一礼，说了声"谢谢"，便退出考试房间，把门轻轻地关上。公司对此人的评语是："不着一词而巧妙地回答了问题；性格富有开拓精神，加上笔试成绩佳，可以录用为公关部长。"

（资料来源：昌智纯，《"你会坐吗？"——一次公关部长聘任考试》，人人网）

案例评析：从事公共关系工作与从事其他工作一样，都需要具备相应的专业素质。案例中的公关部长聘任考试，正是根据公共关系工作的特点对应聘者从文化底蕴、心理特征、人格境界以及风度仪表等方面提出综合化的素质考量。公共关系人员需要通过自我修养和自我锻炼，形成和发展良好的基本素质，方能在工作中应对自如。

案例讨论与项目实训

一、案例讨论

（一）案例描述

2011年8月13日下午，上海虹桥机场雨雾弥漫。一架卡塔尔班机称剩油仅够维持5分钟发出MAYDAY紧急信号，要求提前降落。空管部门在7分钟内6次要求前方的吉祥航空班机让开跑道，该班机竟然拒绝让路，这一行为可说是"创造了世界百年航空史上"的"奇迹"。

8月29日，民航华东管理局公布调查结果，称"吉祥航机组在其他航空器宣布遇险情况下拒绝按管制指令进行避让是一起严重违章行为，违反了《一般运行和飞行规则》等相关法规规章，当事机组违背了飞行员应有的职业操守"。民航华东管理局开出罚单：吉祥航空公司3个月内将被削减10%的运力，其扩大经营范围、设立分公司、购租飞机等事项的申请被暂停受理。当事韩国籍机长也被吊销中国民航航线运输驾驶员执照。

8月30日，吉祥航空发表声明向公众致歉，称将坚决执行民航局处理，并将解除与当事机长的劳动合同。

在此事被网络曝光后，吉祥航空并未即时作出回应，即使到此事被媒体广泛报道，吉祥航空仍然只是说"网上部分议论的内容与真相有较大出入"，直到调查结果公布才在网上向公众道歉。吉祥航空的态度除了显示其危机公关的差劲，更表明其并未意识到事件严重性的根源。此事几乎引起全民公愤，并不在于机长罕见违规，而在于机长漠视其他航班乘客的生命安全。

（资料来源：《吉祥航空致歉并解聘抢道机长》，《东方早报》2011年8月31日）

（二）提出问题

1. 以上材料中体现了怎样的公关思想？
2. 面对危机事件，社会组织该采取怎样的措施才能有效地缓解危机带来的负面影响，重塑组织形象？
3. 结合案例谈谈公共关系的职能在危机事件中的体现及应用。

（三）讨论步骤

1. 分组课前讨论，各组整理讨论意见。
2. 选出不同的小组代表在班级交流，发言时间10分钟。
3. 教师根据学生讨论发言情况总结5分钟。

二、项目实训

项目：根据所给公关情景，进行模拟表演

（一）实训目的

1. 通过本次实训，体会公共关系活动的场景氛围、公共关系具体工作的细节安排。
2. 树立公关意识，学习公关人员的言行规范，展示公关人员的精神风貌。

（二）背景材料

场景一：某厂公关部。上午，公关人员正在忙碌，有的在看材料，有的在写计划。这时，有一个妇女突然推开公关部的门，怒气冲冲地叫道："你们厂产品质量这样差！我只用了一次，这东西就坏了。我要退货！"问题：假如你是公关人员，这时，你怎么办？你怎么能平息她的怒气？怎么让她满意而归？

场景二：某百货大楼。有一位老大爷在货架上挑选了一支牙膏，插入自己的口袋，然后又在超市里兜了一圈，没有付款就走出门去。问题：假如你是一个公关人员，发现了这一情况，追上老大爷，你将对他怎么说，怎么做？

场景三：某工商银行会议室。工商银行单位领导决定就本单位的服务质量、服务态度、服务水平召开一次客户信息反馈座谈会。问题：假如你是一个公关人员，主持这次座谈会，一开始，你准备怎么说？请你拟写一段开场白，并发表讲话。

（三）实训设计

1. 采取课堂分组情景模拟表演的形式，自行分配角色，布置表演场景。
2. 表演地点在授课教室，表演时间为15分钟左右。
3. 注意不同场景的公关策略的选择；注意不同角色表演的到位；注意对公关人员言行的设计。
4. 由各不同小组选出的代表组成评分小组，给每个表演小组评分。
5. 评分标准：小组自我评分占30%，学生互评占30%，教师评分占40%。

课后思考

1. 请你谈谈公共关系职能的内涵与基本类型？
2. 试概括并分析公共关系职能的基本内容。
3. 公共关系职能有哪些具体的作用？
4. 结合自己所学专业，分析学习公共关系人员素质对所将从事的职业岗位的意义。
5. 结合本章先导案例"1%与100%"，谈谈公共关系的职能。

第四章 公共关系的工作程序

通过本章学习，了解公共关系工作的一般程序：公关调查、公关策划、公关实施、公关评估，即所谓"四步工作法"。熟悉公共关系调查的方法和选择，理解公共关系策划的含义、作用与方法，掌握公共关系活动模式与公共关系计划的内容，了解公共关系评估的方法体系以及公共关系专题活动的内容和组织方法，强化对公关工作流程的认知。

学习目标

知识目标

- 掌握有效开展公共关系工作的基本步骤和方法
- 掌握公关调查的方法，熟悉公关调查的内容，具备进行公关调查的初步能力
- 掌握公共关系策划的程序，能根据组织情况进行基本策划并制订具体的活动计划
- 懂得如何有效实施公关方案，掌握公共关系效果评估的内容和方法

能力目标

- 培养公共关系调查问卷的设计与撰写公共关系调查报告的能力
- 培养公共关系策划能力、公共关系实施能力和公共关系的创新能力
- 遵循公共关系方案的基本要求，培养撰写公共关系策划方案的能力

先导案例

蒙牛"酸酸乳"的成功公关

来自内蒙古的蒙牛乳业，2005年准备主攻新产品"酸酸乳"的销售。公司请来公关行销高手孙隽担任市场总监。

面对挑战，孙隽并未急于构思方案，他首先买下市场所有乳制品进行研究，接着分析对手和相关企业情况。经过调研，问题终于理清。

其次，他开始策划，找寻最佳的切入点。经再三比较，他注意到湖南卫视"超级女声"节目，以1400万元买下了独家赞助权。孙隽用"四个一"来贯穿该节目：一个粉红系色调、一首招牌主打歌《酸酸甜甜就是我》、一句广告词"酸酸甜甜就是我"、一位代言人张含韵，借此来固定品牌宣传基础。在实施过程中，孙隽采取全国参与制度，并通过电台、报纸、网络、传单DM，整体包装赛事信息，花费近亿元资

金配合宣传。结果，几场赛事后，"超级女声"收视率高达90%，将近四亿人收看节目。

蒙牛"酸酸乳"销售额从上年的7亿元上翻到23亿元！这场结合手机短信、互联网的超级华丽公关行销手法，捧出了数名敢秀、积极表现自我的年轻女明星，更确立了湖南卫视在全国的先驱地位；最大的赢家——蒙牛，更攀上了乳制品市场的龙头宝座。

蒙牛"酸酸乳"的成功，正是公关营销的成功。从案例中可以清晰地看到公共关系工作的四个步骤：调查、策划、实施和评估。

（资料来源：李道平，《公共关系学》，经济科学出版社2011年版）

思考：蒙牛乳业是通过怎样的公共关系活动，终于攀上了乳制品市场的龙头宝座的？为了使公关计划做到目标明确，公关人员事先应该进行哪些准备工作？公共关系活动实施过程中，应注意哪些基本环节？

第一节 公共关系调查

美国公共关系专家丹尼斯·威尔科克斯指出："调查是听取意见的形式。在进行任何一个公共关系活动之前，必须收集资料、数据和事实证据。只有采取公共关系过程的这个第一步，一个机构才能开始筹划决策和战略以开展有效的信息交流项目。"调查研究是开展一项公共关系活动的首要环节，公共关系调查能为组织提供决策依据，并有效地预测和检验决策的正确性，它是其他公共关系活动的前提条件。

在现代社会中，人们要有效地开展公共关系工作，就必须准确地把握社会组织的公共关系状态，把握与企业活动和政策相关的认知观点、态度和行为；就必须有效地掌握与之相关的公共关系信息，这些必须通过公共关系调查来实现。

公共关系调查研究是公共关系活动的基础性工作，发挥着情报功能，国外成功的大企业一般都十分重视公共关系调查研究。

在美国《幸福》杂志排名前1000名的大公司中，大约有一半的公司都利用公共关系调查研究为其形象建设服务。许多著名的公关公司也不断加强其调研能力，如希尔·诺顿（即伟达）公关公司在20世纪70年代到80年代间的10年间，其调研部门的规模扩大了3倍。据1984年的有关统计，全美94家调研机构的收入已达15亿美元，平均每家1600万美元。由此可见，对于组织来讲，不可小视公共关系调查研究工作的重要性和意义。

一、公共关系调查的意义

（一）公共关系调查是公共关系过程的首要步骤

公共关系调查是公共关系过程的第一步骤，公共关系工作始于公共关系调查。不仅如此，公共关系调查也是公共关系过程的一个重要步骤。美国公共关系专家丹尼斯·威尔科克斯指出："调查是听取意见的形式。在进行任何一个公共关系活动之前，必须收集资料、数据和事实证据。只有采取公共关系过程的这个第一步，一个机构才能开始筹划决策和战略以开展有效的信息交流项目。"

（二）公共关系调查研究是组织卓有成效地开展公关活动的前提

调查研究是开展一项公共关系活动的首要环节，公共关系调查能为组织提供决策依据，并有效地预测和检验决策的正确性，它是其他公共关系活动的前提条件。

（三）公共关系调查是公共关系工作的基础工作

调查研究工作是一项前提性的工作，更是一项基础性的工作，它贯穿于整个公共关系活动的全过程，是开展公共关系活动的基础。公关调查，目的都是要为公共关系工作的各个步骤夯实基础，为公共关系工作的正常进行提供完备的基础信息保证。

（四）公共关系调查具有沟通信息的作用

公共关系调查研究是反映公众意见、希望和要求的过程，也是调查研究人员向公众介绍组织情况，使公众进一步了解组织的过程。

二、公共关系调查的内容

（一）组织内外公众状况的调查

公共关系实际上可以理解为公众关系，离开了对公众的了解，公共关系就成了无源之水。只有掌握了变化中的公众的资料，才能进行科学的公共关系分类，从而制订出具体的公共关系计划来。

1. 组织外部公众的调查

组织外部公众的调查一般要掌握下列四种资料：

（1）背景资料。包括被调查者的姓名、年龄、性别、籍贯、住址、文化程度、职业、收入情况、家庭情况等。

（2）知晓度资料。指的是被调查者对某一问题、某一事件、某一形势、某项计划、某段时间的知晓程度。

（3）态度资料。指被调查者对各种对象的态度。态度分延缓性和即时性两种。延缓性态度指的是一个人在相当长时期内起作用的价值观念；即时性态度是对一事一物的态度。

（4）行为资料。指的是被调查者就某个问题正在或者已经采取的行动的情况。

2. 组织内部公众的调查

公共关系的宗旨是内求团结，外求发展。因此除了了解外部社会公众的状况外，还应掌握组织或企业内部的心理气氛、人际关系及凝聚力的状况。群体内聚力主要反映组织内部所形成的集体意识、相互合作的气氛、使其成员对群体产生的向心力。这是衡量一个组织的战斗力高低的尺度。公共关系人员可以通过各种方式，收集内部员工的意见，把握员工的思想脉搏，了解员工的思想情绪。

（二）组织自身形象调查

对公众的调查达到"知彼"的目的，对组织自身形象的调查达到"知己"的目的。

1. 组织自我期望形象调查

通过调查，了解组织对自我期望值与组织实际状况是否一致。

组织形象是一个组织在公众心目中看法和评价的总和。期望形象是一个组织自己所期望建立的形象。自我期望形象的确立应该以客观实际与主观愿望相适应为前提，否则脱离实际的低目标将使组织无所作为，脱离实际的高目标将会给工作带来难以克服的困难。科学的自我期望形象的调查一般按以下三个层次进行。

（1）内部现状和基本情况调查。

组织对自我形象的期望必须根据自己的实力和基本条件，因此，首先必须对组织内部的实际情况做全盘了解，以便为准确把握组织现状提供重要依据。

（2）领导层对组织形象期望水平的调查。

领导者是组织的决策者和最高管理者，决定组织生存发展的重大决策是从他们中间产生的，他们的决心、意图、期望是确立组织形象的关键因素。因此，公共关系调查必须触及领导，了解他们决策的动机、意图，把握他们提出的各项目标和政策，测定他们对组织形象的期望和要求程度，研究他们的指导思想、管理方式和经营手段，了解他们对公关活动的认识和要求。所有这些，对于策划公共关系方案，制订公关活动计划都具有重要意义。

（3）全体员工对组织形象期望和评价的调查。

一个企业或事业单位能否在公众中树立良好的组织形象，重要标志之一，就看组织与它的员工之间是否具有向心力。员工对他所在的组织能够认同或满意，就会产生归属感和自豪感，就会以主人翁姿态充分发挥其积极性和创造性，同心同德美化和完善组织形象。因此公共关系工作人员在制订公共关系工作计划之前必须充分了解员工对组织的意见、希望和要求。找到组织与员工之间的认同点，并且研究制定出有效的政策和措施，加强和扩大认同范围，以便激发起员工归属感和主人翁的自豪感。这是组织形象诸内容中最本质的部分。

2. 组织形象客观认识调查

组织形象的真实状况必须将主客观两方面的评判意见综合起来才能确定，而组织形象的自我认识，对于组织本身，只是一个主观评判，因此公共关系调查的重要对象是本组织以外的社会公众。通过广泛调查，测定公众对组织的认识、评判，了解组织在社会公众心目中的知名度和美誉度。

（1）组织形象地位的测定。

良好的组织形象始终把知名度和美誉度作为努力追求的两个目标。所谓知名度是指一个组织被公众知道、了解的程度，以及组织社会舆论的广度；美誉度是一个组织被公众获得公众信任和赞美的程度，以及组织社会影响的深度。前者是衡量社会公众对组织舆论评价"量"的大小，后者是衡量社会公众对组织舆论评价"质"的好坏。知名度和美誉度同是组织追求的目标，但是两者之间的关系不成正比。公共关系专家们为了测定组织形象地位，制作了知名度和美誉度形象地位图，亦称"组织形象地位四象限图"（见图4-1）。

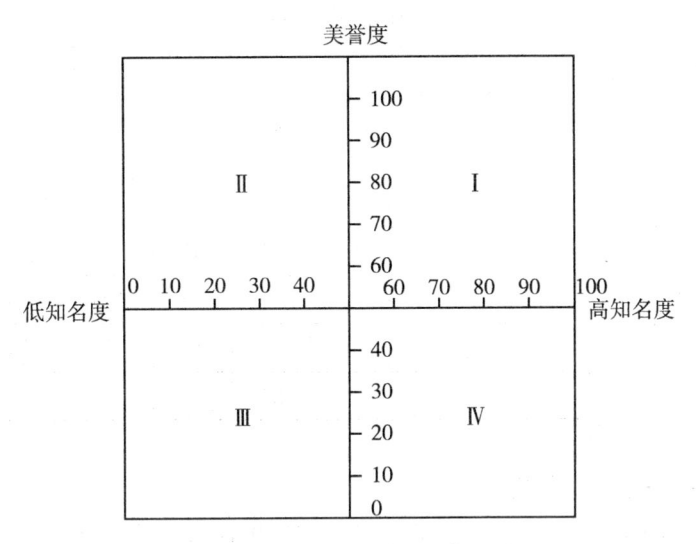

图 4-1　组织形象地位四象限图

象限Ⅰ代表高知名度，高美誉度区；象限Ⅱ代表低知名度高美誉度区象限；象限Ⅲ代表低知名度低美誉度区；象限Ⅳ代表低美誉度高知名度区。

就一组织的形象，对一百名公众进行抽样调查：

如果百分之百的人对此公司表示了解和知道，并且对它感兴趣和赞赏它，那么该公司的知名度和美誉度均为100，该公司的形象地位就处于象限Ⅰ的（100，100）点处。如果在被调查的100名公众中，只有40个人知道和了解该公司，那么它的知名度则为40，知道这个公司的这40个人中，如果仅有8人对该公司表示赞赏，占40人的20%，那么这个公司的美誉度则为20，该公司的形象地位便处于象限Ⅲ的（40，20）点处。

(2) 组织形象内容要素的分析。

通过组织形象地位的评估，能了解组织形象的地位和现状，但对形成的原因无法了解。

进一步分析公众对组织的不同态度、看法和评价的原因，这就是组织形象要素具体内容的分析所要解决的问题。

组织形象的内涵十分丰富，它包括经营方针、办事效率、服务态度、业务水平、管理者的影响、组织规模等方面内容。要找出组织为什么会形成如今的形象，就要对组织的形象蕴含的多种要素进行逐个分析。具体做法是将上述有关组织形象的主要因素分别以正反相对的形容词表示"好"与"坏"两个极端，并在这两个极端中间设置若干个程度有差别的中间档次，以便公众对每一个调查项目可以作出程度不同的评价，在属性的标尺上用"语意法"进行选择。公共关系人员对所有的调查表格进行统计，计算每一个项目中各种选项所占的比例，便可把握组织的形象要素。组织形象要素调查表如表4-1所示。

表 4-1　　　　　　　　　　　组织形象要素调查表

调查项目 \ 正评价	非常	相当	稍微	中	稍微	相当	非常	负评价 \ 调查项目
服务方针正直	70	25	5					服务方针不正直
办事效率高		10	20	65	5			办事效率不高
服务态度诚恳				15	20	65		服务态度不诚恳
公司业务时有创新					20	70	10	公司业务缺乏创新
管理颇有名气						10	90	管理没有名气
公司规模大					25	55	20	公司规模小

（3）组织形象差距的分析。

在了解到了组织在公众的心目中的实际社会形象以后，就可以将组织自我期望形象与其进行对比分析。组织自我期望形象，即是一个组织自己所希望具有的社会形象，亦即角色的自我认知形象。组织自我期望形象是组织发展的内在动力。公共关系工作的一个重要任务，就是将本组织的自我期望形象明确地规划出来，以使组织自觉地为创造良好社会形象不懈努力。公共关系部门可以将"组织形象要素调查表"中的调查结果，经过数字换算，用曲线表示出来，同时标出组织自我期望形象的曲线，将两条曲线进行对比，构成"组织形象内容间隔图"。

通过组织形象的自我认识和客观认识的调查、比较，就可以揭示组织的实际社会形象和组织的自我期望形象之间的差距，弥补和缩小这种差距便是下一步公共关系策划和实施工作的目标和方向。

（三）社会环境状况调查

社会环境是指与社会组织生存和发展相关联的外部社会条件的总和。社会环境对社会组织的经营发展具有制约作用，同时也对社会组织的公共关系工作具有重要影响。因此，在公共关系工作中，必须重视做好社会环境状况的调查。

一般性公共关系调查内容包括：组织的基本情况，公众的态度与意见。其中组织形象调查和公众动机调查是重要的项目。

特殊性公共关系调查内容包括：具体问题调查、活动效果调查和传播效果调查等。

案例 4-1-1

江厂长的变形家具

××家具厂的产品连续几年滞销，究其原因，在于其与用户的实际需要和具体要求脱节，针对这一原因，江厂长遂以有奖求教的方式进行了一次公关调查研究。他在报纸上刊登了一封有奖求教信：

尊敬的顾客朋友：

我厂受变形金刚的启发，最近聘请了一批高级家具设计工程师，为您设计了一种可变形的多功能家具。为了使这种家具既能满足您的需要,解决您住房窄小的困难,又能给您带来方便、舒适和美的享受,恳请您来信,我们将根据您的意见进行设计。凡来信的顾客,将在报纸上公布名字,同时赠送一张优惠25%的购物卡,凭此卡可购买一件多功能家具;意见被采纳者,赠送一件多功能家具。

这封信在报纸上刊登后,收到2100封指教信。江厂长严守信用,立即在报纸上以"可变形多功能家具凝聚着无数朋友的智慧和心血"为标题,用大号黑体字排印了一个通栏标题,在这个标题下,按来信的先后顺序公布了指教者的姓名,并给每个指教者寄出一封感谢信和一张优惠卡。后来,这种家具一投放市场,立即被抢购一空,1个月的销售等于过去5年的销售总量。

(资料来源:中国公关网)

案例评析:从公共关系的工作过程来看,公共关系始于调查研究,只有收集了大量信息,汇集了大量的资料和事实,才能进行有效的公共关系活动。这家家具厂采用求教信的形式,大量收集顾客需求信息,满足顾客对家具个性化的心理需要,从而扩大了销量,提升了企业形象。所以,在竞争日益激烈的市场经济条件下,企业要生存,要发展,就要重视信息的收集与整理,重视调查研究,并采取有效的公共关系活动提高企业整体形象。

三、公共关系调查的方法

(一)抽样调查法

抽样调查法是指从调查对象的总体中按照一定的比例抽取一部分作为样本加以调查,并把样本的调查结果近似地等同于总体的调查方法。

(二)访问调查法

访问调查法是指调查人员根据事先预定的主题和内容与调查对象进行面对面的访问和谈话以获取所需要的信息、资料的方法。

(三)文献研究法

文献研究法搜集有关调查对象的文献资料并进行研究分析,这是一种有效的调查方法。

(四)问卷调查法

问卷调查法又称为民意测验法,这种方法是调查者根据调查的目的将所要调查的内容和问题设计成统一的问卷量表,选择相应的群体发放问卷,让他们根据各自的情况做出回答。

(五)观察分析法

观察分析法是指公共关系人员在自然条件下有目的、有计划、有重点地借助于自己的感官或各种测量仪器观察和研究他人的言行表现,并把得出的结果按照一定的次序作系统记录、分析和整理,写出报告的研究方法。

四、公共关系调查的一般程序

所谓公共关系调查的程序，一般地讲，指的是对社会组织客观存在的公共关系现象进行科学调查的基本过程。具体地说，它是调查工作的实施阶段。公共关系调查的一般程序可以分为以下五个基本阶段：

（1）调查准备阶段。调查准备阶段的工作内容主要确立调查任务、开展调查设计、准备调查条件。

（2）资料搜集阶段。资料搜集阶段也称为具体调查阶段，是整个公共关系调查过程中最为重要的阶段。

（3）整理分析阶段。整理分析阶段也称为研究阶段。它是运用科学的方法，对资料搜集阶段搜集得来的各种调查资料进行提炼整理，并加以分析、研究的信息处理过程。整理分析阶段是公共关系调查从感性认识到理性认识的飞跃阶段。它不仅能为解答社会组织的公共关系问题提供理论认识和客观依据，而且能为公共关系学理论的发展做出贡献。

（4）报告写作阶段。在公共关系调查中，完成了调查资料的整理分析后，一般还要写调查报告。所谓调查报告是指用以反映公共关系调查所获得的主要信息成果或初步认识成果的一种书面报告。它是公共关系调查成果的集中体现，也是公共关系调查成果的重要形式。通过调查报告，调查者可以将调查过程中获得的信息成果和认识成果集中地表现出来，以方便社会组织的领导者或公共关系部门的负责人参考利用，使他们免去全面查阅所有原始信息资料之累，有利于将公共关系调查成果尽快地应用于公共关系科学运作过程中，求得公共关系科学运作的良好效果。

（5）总结评估阶段。总结评估阶段可以说是公共关系调查过程中不可缺少的重要步骤，通过总结评估，公共关系调查至少可以取得三种新的收获：①可以了解到本项公共关系调查的完成情况如何；②可以了解到本项公共关系调查所取得的成果怎样；③可以了解到本项公共关系调查的经验教训何在。

五、调查问卷的设计

问卷法是公共关系调查研究的支柱，这种方法有很大的应用价值。为此，特就问卷调查的具体设计方法作一重点介绍：

1. 明确调查目的，建立理论假设

调查是一项目的性很强的工作，在每一项调查开始之前，公关人员首先要明确调查的目的，并把它用前提假设和理论框架表述出来。

理论假设是调查问卷设计的基础。如果调查的结果与前提假设相吻合，调查得出的数据结果便是为前提假设提供的证据；相反，如果调查结果与前提假设不相符合，或者完全相反，则用事实证明这一假设的不正确，从中推导出正确的结论。问卷设计的思路首先要确定研究题目，从理论角度分析，可能存在的问题，这些理论假设把一些相关因素（由诸概念组成）包括进来，并反映出各因素之间的关系，而这些概念必须转变为各项易答的测量指标，确定为问题。

建立理论框架的目的是采用相应的理论而将所研究的问题深化、显化，通过概念，变相的演绎，使得调查问题简捷和易懂。

2. 调查问卷的内容

调查问卷一般包括前言，指导语和主体三个部分：

（1）前言。前言是对调查目的、意义及有关事项的说明，它主要有两个目的：一个是引起被调查者的重视和兴趣，使他们愿意回答；另一个是打消公众的顾虑，使他们敢于回答，争取他们的支持与合作。

前言的具体内容为：调查的目的、意义、匿名性和保密原则；对被调查者的希望和要求；回复问卷的时间和方法；调查实施单位或调查者的个人身份。

（2）指导语。指导语是用来指导被调查者如何填写问卷的说明。需要说明的事项一般有：对选择答案所用符号的规定，选择答案的个数及其他要求。

（3）主体。问卷的主体包括调查的问题和回答方式。

① 问题设计。问题是向被调查者提出也要求回答的事实、态度、行为、愿望等，是问卷的主要内容，一般包括基本情况、行为事实、态度意见三部分。基本情况一般指与调查内容相关的被调查者的背景资料，如年龄、性别、文化程度、职业、收入等项目。行为事实是调查内容的重要部分，主要是调查和测量被调查者与调查主题相关的行为和事实。态度意见是了解被调查者对所调查事物的评价。

② 答题设计。答题是问卷主体部分不可缺少的内容，答题可分为三种类型：封闭式题、开放式题和半封闭半开放式题。

第一，封闭式题，指设计问卷时，在提出问题的同时，列出若干个答案，被调查者根据自己的情况选择一个或几个答案。封闭式题对被调查者来说，填写比较容易、方便，因而有助于提高问卷的回收率，同时答案标准有利于进行统计分析和对比研究。其缺点是：对比较复杂的问题，答案难以设计周全；回答方式缺乏弹性，难以发挥调查者的主观能动性；填答中的失误难以发现，影响回答的真实性和可靠性。

封闭式题主要有填答式和选项式等形式。

填答式，即在问题后画一横线，由被调查者填写。

例如：

（a）您的年龄_____岁

（b）您居住的省份是_____

（c）您家里有几口人_____

选项式，指给出的答案有多项，被调查者根据自己的情况选择一项或多项。

例如：

您从何处知道或了解我们的产品_____

（a）报纸

（b）电视

（c）朋友介绍

(d) 街头广告

(e) 商店

第二，开放式题，则是在设计问卷时仅仅提出问题，不为被调查者提供具体答案，由回答者自由填写。例如：

(a) 您认为我们产品的主要优点有哪些？

(b) 您认为我们产品的主要缺点有哪些？

开放式题的优点是：被调查者回答问题不受限制，可以充分自由地发表个人见解，适合回答那些答案较复杂，或尚未弄清各种可能答案的问题，因而常用于探索性研究。其主要缺点是：回答资料标准化程度低，难以进行分析和比较；需要被调查者具有较高的知识水平和文字表达能力，同时花费较多的时间与精力，因而影响回收率。

第三，半封闭半开放式题，即在封闭式题后加上"其他"，或在开放式题前加上封闭式答案。这种形式，既给被调查者一定的自由回答余地，又给其一定的标准答案，综合了封闭式和开放式题的优点，克服了它们的缺点，具有广泛的用途。例如：

您对我们产品的评价是_____。

(a) 满意

(b) 一般

(c) 不满意

请说明理由：_____。

3. 调查问卷设计的注意事项

(1) 问题设计要具体，不要笼统抽象。比如："您觉得我们的改革怎么样？""您觉得我们的组织有凝聚力吗？"这样的提问就太宽泛。

(2) 问题设计要单一，不要语义纠缠。比如："您的父母是否喜欢我厂的老年人用品"，而事实上有可能父母中只一个人喜欢。

(3) 问题设计要简洁，符合逻辑。比如："您喜欢某某牌的咖啡吗？"紧接着"您最喜欢咖啡具有_____的作用。"这种问题排列，问题2在起着一种暗示作用，会影响被调查者的判断。

(4) 用词要简洁，不要用形容词和副词。比如："您是否特别爱吃零食？""您是否特别爱化妆？"在实际生活中对于特别爱的理解各不相同，选择答案时就拿不准。

(5) 用词要通俗易懂，不要用陌生的专业术语。比如："您家的消费结构怎么样？"这样的提问就显得过于专业化。

(6) 问题设计要客观中立，不要渗入影响其回答的观点。比如："您愿意为利国利民的希望工程捐款吗？"这样的问题被调查者不可能作否定性的回答。

(7) 问题的设计要保护答题者的自尊，不要增加答题者的压力。比如："您是否认为父母是可尊敬的？"就不如换个角度问："有些人认为父母应当受尊重，有的人反对。您的意见呢？"

(8) 问题设置，所列项目要互斥，不要出现包容现象。比如："您认为这种款式最合适谁？a. 男士；b. 女士；c. 教师；d. 军人……"

(9) 问题中的数字要准确，不要交叉。比如问年龄，应指明十周岁为期，答案应该是:"a. 20岁以下; b. 21~30岁; c. 31~40岁; d. 41~50岁"。数字不要出现交叉,让人难以选择。

(10) 问题设计所列项目要穷尽各种能够情况,不能让有些人找不到自己应填的位置。比如文化程度,除小学、中学、大学外,还应包括中专、技校、职校和大学以上等状况。

公共关系调查完成后,应尽快地进行分析、整理,提交调查报告,为公共关系策划打下坚实的基础。

第二节 公共关系策划

公共关系策划是公共关系工作程序的第二步,它研究如何在调查研究的基础上进行决策、制订方案,为公共关系的实施和评价提供依据。它是公共关系工作的核心,是公共关系成败的关键。

曾有人将公共关系的发展看成三个阶段:接待型公关、传播型公关和策划型公关。前两个阶段只是公关发展的起步阶段,后一个策划型公关才是公关走向"繁荣"的标志,才是公关的"正宗"水平。也就是说在策划型公关时期,从日常接待到专题活动安排,乃至决策咨询,任何一种公关行为,都是通过科学的谋略,周密的计划安排,而有意识、有目的地进行的公关行为,再也没有那种不带策划痕迹的"直觉性"公关行为。

一、公共关系策划的含义

(一) 策划的含义

策划也叫作"策画",含有构思、谋划、筹划、计谋、谋略、计划之意,也就是通常讲的"出谋划策"。策划是通过精心安排的宣传和手段,对事件的发生、发展进行操作。策划就是有效地组织各种策略方法来实现战略的一种系统工程。

策划作为人类历史范畴,可谓源远流长,其活动内容也伴随着人类的文明进步而不断丰富和升华。

汉代贾谊《新书·过秦上》中就有:"深谋远虑,行军用兵之道也。"《三国志·蜀志·马谡传》中有:"用兵之道攻心为上,攻城为下,心战为上,兵战为下"。《汉书》中的"运筹帷幄之中,决胜千里之外"等,都点明了以智谋制胜的重要性。

(二) 公共关系策划的含义

所谓公共关系策划,就是公共关系人员根据组织形象的现状和目标要求,分析现有条件,谋划、设计公关战略、专题活动和具体公关活动最佳行动方案的过程。

从公共关系策划的定义可以看出,公共关系策划实际上就是一个设计行动方案的过程。在这个过程中,公共关系人员首先要依据公共关系调查中所确定的组织形象的现状,提出组织新的形象目标和要求,并据此设计公共关系活动的主题,然后,通过分析组织内外的人、财、物等具体条件，提出若干可行的行动计划，并对这些行动计划进行比较、择优，最后，确定出能够达到目标要求的最适当、最有效的行动方案。

任何公共关系策划都是建立在公关调研的基础之上的。主要包括三个层次：一是总体公关战略策划，如组织形象的长期规划；二是专门公关活动策划，如"蒙牛"成功赞助了湖南卫视 2005 年的"超级女生"总决赛；三是具体公关操作策划，如典礼、联谊会等组织的专题活动和日常活动。

二、公共关系策划的价值

在公关活动中，策划，是指公关人员为实现特定目标，在一定条件下进行的创造性思维活动。创意是公关策划的灵魂，有了好的创意，策划才能成功。成功的公关创意离不开科学的思维方法。正如法国科学家贝尔纳说："良好的方法能使我们更好地发挥、运用天赋的才能，而拙劣的方法则可能阻碍才能的发挥。"

（一）公关策划是公关实务的最高层次

一项成功的公关策划方案，需要有全面的市场调查资料，并能对各类信息进行科学的分析评估，从中得出合理的结论；需要运用策划人的聪明才智，提出合理、新颖、实用的公关设计；还需要有周密的动作和安排将活动的方方面面落到实处，保证整个策划方案能按预期设计充分实施，其难度不亚于一场成功的军事战役。

（二）公关策划是公关价值的集中体现

公共关系策划最能体现公共关系传播信息、协调关系、塑造形象的作用。成功的公关策划能迅速地提高组织的知名度。在组织的危难之际，能够挽救形象。

（三）公关策划是公关运作中的飞跃

公共关系动作应该像交响乐：有起有伏有高潮，通过一些典型策划在公众（包括组织内部公众）心目中引起震荡，产生高潮，使公共关系运作上了一个新台阶，产生了一种巨大的飞跃，从而统率公共关系的运作。

（四）公关策划是企业形象竞争的法宝

现代企业的竞争已经从产品竞争发展到企业竞争，其内涵更深刻，手段更高明，表现为信誉竞争、形象竞争，哪个企业公共关系策划得好，哪个企业就树立更好的形象，就能赢得公众，赢得效益，赢得发展。

| 案例 4-1-2 |

公关策划让咖喱粉公司的宣传收到奇效

日本一家咖喱粉公司的创举。日本一家生产咖喱粉的公司准备推出一系列以绿色环保为主题的活动，但直接推出，效果肯定不佳。于是，公司请来记者，宣称自己要租用直升机把洁白的富士山用咖喱粉将其染黄。记者闻听大惊，便大篇幅报道此消息。随后媒体关注，读者、观众关注，使得该企业成为社会焦点、热点。一个星期后，该公司又召开记者招待会，宣布放弃原计划，把钱投在绿色环保改造和相关活动上。媒体对此大加赞扬，大篇幅报道。这实际是企业的一次新闻制造。倘若不是企业的这般策略，媒体肯定不会把它当作重要的事情来报道的。现在这样一设计，形成了轰动效应，收到了奇效。

（资料来源：李耿源，《富士山"设局"卖咖喱粉》，《经理日报》2011年8月3日，有删减）

案例评析：策划本身就需要创新，跟在别人身后，人云亦云其实就是策划的悲剧。咖喱粉公司的成功，关键在于公共关系活动发起人贴近公众心理，手法不落俗套的公共关系策划，从而达到了塑造企业关注绿色环保的形象。

三、公共关系活动策划的原则

公共关系策划是组织公共关系工作的中心环节，组织形象管理工作是否有效，在很大程度上取决于策划的成败。因此，公共关系人员在进行公共关系策划时，不可随心所欲，应遵守下述各项原则。

1. 创新性与社会性的统一

任何公关活动都存在于社会，受社会因素制约，又反过来影响社会。作为策划活动的组织机构，无一不受到社会环境的制约，创造性的策划必须在社会底限的范围内，比如：政策、社会热点、传统习惯、伦理道德，总之，社会性的要求是很广泛的，适者生存是这一原则的最好的注脚。

2. 创新性与科学性的统一

首先，创造性策划是策划者遵循科学的思维方法，不断进行创意素质的训练，借助丰富的推理和想象，对概念、表象等思维元素进行组合加工，产生创造性成果的过程，是策划者尊重科学，不断探索，打破思维定势，突破常规经验，在求新求特中出新招的过程。

其次，创造性策划，要坚持以客观事实为依据，做到客观真实。客观真实的基础，必须是通过科学、周密、细致的调查，排除来自各种虚假因素的干扰，制定切实可行的公关目标。

3. 创新性与实效性的统一

组织的效益包括经济效益与社会效益。组织的公关活动服务于组织运行的总目标，无论是战略策划，还是专门策划，还是操作策划，目的明确，在给社会和组织带来效益的同时，要讲究公关行为的投入产出。因为公关行为不是慈善家的施舍行为，更不是一掷千金的败家子行径，公关策划者，在考虑策划方案是否能够吸引并留住足够多的"眼球"时，还要考虑如何以最低代价获取最优效果。

4. 创新性与连续性的统一

公关策划，是建立在组织所处的客观环境条件下，公众心理状态以及组织内部诸要素变化的情况下，进行的创新性策划。而现有内外公众对组织的评价是由于组织多次公关活动的不断积累而形成的公众比较确定的评价。所以组织塑造良好的形象，不可能一蹴而就，不可能靠一两次成功的活动得到迅速的改善并保持不变。所以公关策划不仅要有创新性，还要注意连续性，使创新性与连续性相统一。

5. 创新性与操作性的统一

公共关系策划，只有具备创新性，才具有生命力。但一个有新意的策划方案，可能会受到诸多因素的制约而难以实施，所以，策划必须既要有创新性，又要有可操作性。反对不切实际、不讲效益的花架子，反对偏离组织的现实境况，搞一些不着边际的设想，成为无法实践的"水中花"。

|课堂思考|

有人说公关策划纯粹是靠策划人的脑力、智慧，你认为如何？

四、公共关系策划的内容与程序

（一）确定公关策划目标

1. 确定公关策划目标的作用

公关策划目标就是组织通过公关活动实施希望达到的形象状态和理想标准。公关调查在及时发现组织存在的现实或潜在的公关问题，并对相应的公众进行深入了解之后，公关人员就开始确定公关策划目标。其主要作用在于：

（1）提高企业的知名度、信任度和美誉度；

（2）使企业或组织与公众保持沟通，并完善其渠道；

（3）依据社会环境的变化趋势，调整企业或组织的行动；

（4）妥善处理公关活动中的纠纷，化险为夷；

（5）帮助企业提高产品及服务市场占有率等。

2. 确定公关策划目标时需要注意的问题

（1）公共关系目标要明确，要具有可操作性。这就要求我们在公关调查阶段所获取的各种资料要尽可能详尽、准确。

（2）公共关系目标要强调合理性。它在符合组织利益和公众利益的同时，还必须符合社会道德和社会行为准则。

（3）公共关系目标体系要具有完整性。要从组织的整体利益出发，做出通盘考虑。

（4）公关目标要有一定的弹性。即"留一手"。要考虑突发性因素对实施计划的影响，尤其是在时间上要留有余地。

|相关链接|

常用的公共关系目标

英国公关专家弗兰克·杰夫金斯提出的16条公关目标清单：

（1）新产品、新技术、新服务项目开发之中，要让公众有足够的了解。

（2）开辟新市场、新产品或服务推销之前，要在新市场所在地的公众中宣传组织的声誉，提高知名度。

（3）转产其他产品时，要调整组织对内对外形象，树立新的组织形象与新产品相适应。

（4）参加社会公益活动，并通过适当的方式向公众宣传，增加公众对组织的了解和好感。

（5）开展社区公共关系活动，与组织所在地的公众沟通。

（6）本组织的产品或服务在社会上造成不良影响后，进行公共关系活动。

（7）为本组织的新的分公司、新的销售店、新的驻外办事处进行宣传，使各类公众了解其性质和作用。

（8）让组织内外的公众了解组织高层领导关心社会，参加各种社会活动的情况，以提高组织声誉。

（9）发生严重事故后，要让公众了解组织处理的过程、采取的方法，解释事故的原因以及正在做出的努力。

（10）创造一个良好的消费环境，在公众中普及同本组织有关的产品或服务的消费方式、生活方式。

（11）创造股票发行的良好环境，在本组织的股票准备正式上市挂牌前，向各类公众介绍产品特点、经营情况、发展前景、利润情况等。

（12）通过适当的方式向儿童了解本组织产品的商标牌号、企业名称。

（13）争取政府对组织性质、发展前景、需要得到支持的情况，协调组织与政府的关系。

（14）赞助社会公益事业。

（15）准备同其他组织建立合作关系时，对组织的内部公众、组织的合作者及政府部门宣传合作的意义和作用。

（16）处在竞争危机时刻，通过联络感情等方式，争取有关公众的支持。

杰夫金斯的目标清单说明，一个组织的各个方面都能成为公共关系的计划目标。不过，各类组织的具体情况不同，编制目标时要根据实际情况和制定公共关系目标原则来确定。

（资料来源：思库企业商学院）

（二）确定公众和时机

1. 确定公共关系公众

公共关系活动的对象是具体的公众。确定公众实际是确定目标公众，即本次公共关系活动的对象。在公共关系策划时，应选择与本组织的信念和发展利益相同，相近或利益关系特别紧密的公众作为目标公众。因为他们对组织的支持和信赖程度直接关系到组织的生存和发展，因而应考虑他们的权利和要求。对公众分析得越透彻，公共关系目标越有针对性，策划就越有可行性。例如，美国通用汽车公司在某新型汽车发明周年纪念之际，举办了历代汽车"进步大游行"活动。那一天，在纽约的主要马路上排满了各种式样的老爷车，由穿着考究礼服的司机拿起摇柄，开着晃晃悠悠的老爷车，长龙式地从纽约驶向全国其他城市。一路上所有行人都好奇地驻足观望，热闹非凡。这次周年纪念活动搞得非常成功，不仅使人们对汽车发展史有较深刻、系统的了解，宣扬了通用汽车公司在汽车发展史上所做的贡献，而且使人们对该公司所生产的新型汽车有了"最现代化"的认识，扩大了通用汽车公司在社会上的影响。

在公共关系中，一般选择同组织信念和发展利益相近或利益关系特别紧密的公众，作为公关工作的主要对象。不同的目标公众有不同的权利要求。目标公众权利要求，可借助于"目标公众权利要求分析法"进行分析，即在公众分类的基础上，列出所有目标公众的权利要求，而后对其进行评价、比较、选择（见表4-2）。列表时应尽可能全面地列出目标公众，并反映出各类公众各自的权利要求，切不可疏漏了重要的目标公众，更不可忽视或误解他们的权利要求。

表4-2　　　　　　　　　　公众权利要求结构

组织（以企业为例）的公众对象	公众对象对组织（以企业为例）的期望和要求
员工	就业安全和适当的工作条件；合理的工资和福利；培训和上进的机会；了解公司的内情；社会地位、人格尊重和心理满足；不受上级专横对待；有效的领导；和谐的人事关系；参与表达的机会等
股东	参加利润分配；参与股份表决和董事会的选举；了解公司的经营动态；优先试用新产品；有权转让股票；有权检查公司账目、增股报价、资产清理；有合同所确定的各种附加权利等
顾客	产品质量保证及适当的保用期；公平合理的价格；优良的服务态度；准确解释各种疑难或投诉；提供完善的售后服务；获取必要的产品技术资料及增进消费者信任的各项服务；必要的消费教育和指导等
竞争者	由社会或本行业确立竞争活动准则；平等的竞争机会和条件；竞争中的相互协作；竞争中的现代企业家风度等
协作者	遵守合同；平等互利；提供技术信息和援助；为协作提供各种优惠和方便；共同承担风险等
社区	向当地社会提供生产性的、健康的就业机会；保护社区环境和秩序；关心和支持当地政府；支持文化和慈善事业；赞助地方公益活动；正规招聘，公平竞争；以财力、人力、技术辅助地方小企业的发展等
政府	保证各项税收；遵守各项法律、政策；承担法律义务；公平竞争；保证安全等
媒介	公平提供消息来源；遵循新闻界的职业规范；有机会参加公司重要庆典等社交活动；保证记者采访的独家新闻不被泄露；提供采访的方便条件等

2. 选择公共关系时机

成功的公关策划必须对公关最佳时机进行策划。时机选得好，公关将会收到事半功倍的效果，策划常利用的公关时机有以下几个方面：

（1）组织创办或开业之际；

（2）组织更名或与其他组织合并之际；

（3）组织推出新的服务项目或新产品之际；

（4）组织快速发展但声誉尚未树立起来之际；

（5）组织获得新的荣誉之际；

（6）组织出现局部失误或遭某方面误解之际；

（7）组织遇到突发性事件或危机事件之际等；

（8）重大节日，重大纪念日，其他有规律的假日等；

（三）确定主题和传播渠道

1. 确定主题

公共关系活动主题是对公共关系活动内容的高度概括，它提纲挈领，对整个公共关系活动起着指导作用。主题计划是否精彩恰当，对公共关系活动的成效影响很大。

公共关系活动主题的表现形式是多种多样的。它可以是一个口号，也可以是一句陈述或一个表白。

如北京2008年奥运会的主题口号是："同一个世界，同一个梦想。"

一家保险公司制定了一个"在短时间内，使更多的公众认识保险、参加保险"的公共目标。设计了三个主题，即第一，"保险在我心中"；第二，"保险解除了我的后顾之忧"；第三，"我现在就去投保"。

日本精工计时公司，为使精工表走向世界，利用在东京举行奥运会的机会，进行了让"全世界的人都了解：精工计时是世界第一流技术与产品"为目标的公共关系活动，活动的主题是"世界的计时——精工表"。

公共关系活动的主题看上去很简单，但设计起来很不容易。设计一个好的主题应考虑三点：公共关系目标、信息特性和公众心理。

（1）公共关系活动主题必须要与公共关系目标相一致，充分表现目标，应该是一句话即点出活动的目的或表现活动的个性特色。

（2）表现公共关系活动主题的信息，要独特新颖，有鲜明的个性，突出本次活动的特色，表述上也要有新意，词句要能打动人心，要使之具有强烈的感召力。

（3）公共关系活动主题的设计还要适应公众心理的需要，主题要形象，既富有激情，又贴切朴素，使人感到有积极奋发的情绪，同时，又觉得可信可亲。

（4）公共关系活动主题的设计要注意简明扼要，词句切忌过长，难以记忆，否则，不仅不易宣传，还可能会令人厌烦或产生歧义。此外主题切忌空泛和雷同。

2. 确定传播渠道

公共关系活动的目标、主题确定后，就得选择传播渠道，使组织与公众建立起一种联系，最有效地传播、沟通信息。传播渠道有各自不同的长处和短处，选择的原则是以最小的人力、财力、物力获取最佳的效果。

公共关系通常采用的传播媒介主要有：①个体传播媒介；②群体传播媒介；③大众传播媒介。

选择传播媒介的基本原则是：①根据公关工作的目标、要求来选择；②根据不同的对象来选择；③根据传播内容来选择；④根据经济条件来选择。

（四）预算经费，审定方案

1. 经费的预算

开展公共关系活动，必须考虑成本与效益即投入与收益的关系问题。公共关系活动，需要一定的物质基础。也就是说，公共关系策划方案，必须建立在一定的物质条件基础之上，才有可能实现。因此，预算经费便成为公共关系策划的一个重要步骤。

经费预算，即将每一项目所需的费用估计出来，累计后算出整次公关活动的总费用，注意预算时不能估计得太紧，宜留有余地。一般来说，一次公关活动的费用包括劳务工时报酬、行政办公与活动费、印刷费、材料费、交通费、广告费等再加上适当的机动费用。

2. 方案的论证与审定

公共关系策划是创造性的活动，常常针对不同公众、针对不同的公共关系目标，提出各种不同的方案。但是，这些方案未必都那么适宜，那么尽善尽美，也不可能同时被采用。因此，必须进行方案审定，即方案优化、方案论证和报告审核。

（1）方案优化。方案优化是提高方案适宜程度的过程。在对一个方案进行优化时，可首先分析目的性、可行性、耗费三个方面，哪个方面的增加或减少对该方案的适宜程度影响最大，即把影响最大的方面确定为重点。如果我们的方案中目的性和可行性都很强，就是费用太高，就可将耗费定为重点；如果是目的性和耗费都很合适，只是可行性差，就应以增强方案的可行性为重点。另外，要重点突破薄弱环节，使方案整体优化。

（2）方案论证。方案论证是对行动方案所进行的可行性论证。一般由有关领导、专家和实际工作者对方案的可行性提出问题，由策划人员答辩论证。它主要包括以下几个方面的内容：

① 对公共关系目标的合理性分析，即分析目标是否明确，目标性是否很强，实现的把握程度如何，能否为组织总体发展战略和基本使命服务。

② 对方案的可行性进行分析。公共关系活动都是在一定条件下进行的，因此，必须分析考察这些行动是否可行，如对资金、时间、人力及传播渠道等进行再分析。公共关系方案的可行性还表现在方案本身有创新、有一定的把握公众的兴趣和需要等，都会影响到公共关系方案的可行性。

③ 对潜在问题进行分析和防范。即预测公共关系实施时可能发生的潜在问题和障碍，寻找防止和补救的措施。

④ 对预期结果进行综合效益评估。即对经济效益、社会效益、生态效益的意义进行评估，以衡量方案是否能够付诸实施。

（3）书面报告的审核。为了取得领导的支持及各部门的配合，必须把经过论证的方案，以书面形式报告给领导层。报告内容为：综合分析的介绍、公共关系活动计划书和方案的论证报告等。

上述各项完毕后，策划人就得起草书面报告，将调查中发现的问题、开展这次公关活动要达到的目标、选定的主题、传播渠道、时间安排、收费用预算详细写出来，呈送组织首脑审批。如获批准，即可按计划实施。

| 课堂讨论 |

斯科特·卡特利普曾说："许多从业人员并不花费必要的时间来制订计划，而仅仅是草率从事，他们做的是'假计划'"，对此你有何评价？

五、撰写公共关系策划书

公共关系策划书是一份完整的公共关系策划方案的书面报告，是公共关系策划工作的最后一项程序。职业化的公共关系工作都应该建立完备齐全的工作档案系统，因而每一次具体的公共关系策划活动都必须形成文字，以一份清晰的公共关系策划书的形式留存下来。这不仅便于进行工作的回顾与效果的检验，而且也可作为向组织决策层进行报批，获取批准的书面依据。

（一）公共关系策划书的基本结构

1. 封面

封面一般包括题目，策划者单位或个人名称，策划文案完成的日期，编号。在需要的情况下，可考虑在封面上简洁地加以说明文字。如：策划方案尚属草稿或初稿，应在标题下括号注明"草案""送审稿""讨论稿""意见征求稿""修订稿"，如策划方案已确定，可注明"实施稿""执行稿"等字样。

2. 序文

如果方案内容多，而且比较复杂，有必要以内容提要，简洁清晰地作为一个引导。如果方案比较简单，可以省略序文。

3. 正文

正文的主要内容包括：活动背景分析，活动主题，活动宗旨与目标，基本活动程序，传播与沟通的方案，经费概算，效果预测等。

4. 附件

附件包括：活动筹备工作日程推进表；有关人员职责分配表；经费开支明细预算表；活动所需物品一览表；场地使用安排表；相关资料（主要是提供给决策者参考的辅助性材料。如：调查报告、新闻文稿范本、演讲词讲稿、相关法规文件、电视片脚本、纪念品设计图等）；注意事项（将策划方案实施过程中应当注意的事项做一重点集中的提示）。

（二）公共关系策划书的主体内容

公共关系策划书的撰写计划报告无固定格式，主要包括的内容有：

（1）背景概述。即概要说明组织面临的问题及问题产生的原因。

（2）公共关系目标。简明扼要地说明具体的公共关系工作目标，并提出预期达到的结果。

（3）公共关系项目。设定公共关系活动的主要项目，并逐项列写。

（4）实施措施。说明为实现目标而拟采取的措施，及传播的方式。

（5）费用预算。详细开列出所需人员、经费和时间表。

（三）公共关系策划书撰写的注意事项

（1）在具体写法上。应以表述事实为主，以公共关系目标分析、项目设定、时间地点、项目预算、人员要素所组成的实施程序为主线，语言要求简明扼要，具体明晰。

（2）在结构组织上。应写明公共关系工作的指导思想、公共关系背景、总体目标，然后再写明具体的公共关系活动项目和实施的步骤。

第三节　公共关系计划的实施与评估

公共关系方案的实施，是公共关系方案所规定的目标和内容变为现实的过程，是整个公共关系工作程序中最为复杂、最为多变、最为关键的环节。这个过程是"公共关系四步工作法"中的第三个环节，而且也是最为复杂、最为多变的一个公关计划实施环节。

一、公共关系计划的实施

（一）公共关系计划实施的意义

1. 公共关系计划实施有助于公共关系目标的最终实现

公共关系的终极目的不是研究问题而是解决问题。公共关系调查研究、制订计划是发现问题、研究问题的过程，而计划的实施才是具体地解决问题达到目标的过程。如果一份制作完美的公共关系计划仅仅存在于公共关系人员的头脑中或书面报告中，不付诸实施，那么，只是"一纸空文"，无论是对组织还是对公众都是毫无意义的纸上谈兵。

2. 公共关系计划实施有助于公共关系策划的顺利开展

一般来说，公共关系实施要依赖于公共关系策划，但公共关系的成功实施，并非只是被动实施，而是也有一个创造性过程。公共关系人员富有创造性的工作，可以圆满地完成计划中确定的任务，实现计划目标，甚至还可以由实施人员创造性的努力来弥补计划的不足，在公众中树立本组织的良好形象，取得意想不到的效果。而公共关系人员在工作方法上缺乏创新，有可能使整个公共关系活动缺乏新意，甚至完全与计划目标背道而驰，这样不仅不能实现计划目标，有时还可能使计划中想要解决的问题更加恶化。因此，公共关系实施不仅决定了计划能否实现，而且也决定了计划实现的效果。

3. 公共关系计划实施有助于公共关系工作的后续方案的制订

一项公共关系计划的实施过程不论成功与否，它都会在社会上造成一定的影响和后果，而后续方案的制订必须以前一项公共关系策划实施的结果作为依据，以吸取成功的经验和失败的教训，因此，针对新出现的问题制订新的计划，可以说是公共关系计划制订过程中必须遵循的一个原则。因此，前一项公共关系计划实施的情况，对后续方案的制订具有重要的意义。

总之，计划的实施是整个公共关系工作中的一个极其重要的环节；同时，它的作用和影响又贯串于整个公共关系工作过程的始终。重视研究公共关系计划的实施对提高公共关系工作的效率和效益有着重大的现实意义。

（二）公共关系方案实施过程

公共关系方案的实施一般包括实施的准备阶段、实施的执行阶段和实施的结束阶段。实施的准备阶段包括设计实施方案,制订对各类公众的行动、沟通计划,确定实施措施和程序,建立或组成实施机关等。实施的执行阶段,实施机关按照已经设计好的实施计划的程序,落实各项措施。实施结束阶段,实施机关为下一步的效果评估做好准备。

(三) 公共关系策划方案实施中的障碍及排除

尽管公共关系实施方案是经过认真论证的,但由于公共关系处于动态的环境之中,一套策划方案在执行过程中,很难完全符合、适应客观环境。并且,受执行能力、沟通障碍及新情况、新问题的影响,策划方案很容易偏离计划轨道。为此,通过对实施方案的实施障碍因素进行调查,进一步了解、认识实施障碍的因素,以寻找和设计排除障碍因素的途径和方法。同时,对于公共关系的实施来说,需要及时而有效的控制,以确保公共关系的实际运作与计划相一致,并实现组织目标。

1. 目标障碍

目标障碍是指公共关系活动策划方案中由于目标定位不明确甚至不正确,缺乏可操作性或由于方案制订的活动偏离目标而给实施工作带来的困难。

排除目标障碍的根本方法是要求策划部门修正目标并使之正确、明确和具体。排除目标障碍应当将目光牢牢盯住目标,一切活动以实现目标为准则。同时要严格控制工作进度,保证整个实施能按计划规定的基本步骤进行。如果在实施过程中,遇到没有料到的问题或障碍就立即改变目标,或改变实现目标的基本步骤,那迟早会被复杂易变的客观形势弄得无所适从,被新冒出的问题和障碍扰乱阵脚,使工作陷入迷途,陷入"头痛医头,脚痛医脚"的被动应付局面。

2. 沟通障碍

沟通障碍是妨碍目标实现的壁垒,公关计划实施的负责人应根据公关目标和客观环境的要求,对活动时间的安排、地点的选择、对象的确定、程序的控制、内容的构思、方式的采用以及人员的分工、费用的开支等进行认真研究,拟制可靠有效的实施方案。这里特别指出选择时机对计划实施成败的影响,不能正确选择时机,常会造成沟通的障碍。因此,公共关系方案的实施必须要善于化解障碍,减少摩擦,保证活动过程的连贯、畅通。在实践活动中,常见的沟通障碍主要包括:语言障碍、风俗障碍、观念障碍、心理障碍、组织障碍五个方面。

(1) 语言障碍。语言障碍主要指因语意表达不清、寓意差异或语言不通而造成的误解和隔阂。要求活动主体语意表达清楚,熟悉地方语言,积极采用公众乐意接受的方式进行交流,避免沟通受阻。

(2) 风俗障碍。风俗是一定文化历史背景下沉淀的、地方固有的调节人际关系的人文环境或传统,它不受法律约束,但受到家族及社会群体的舆论、信奉和尊重。冒犯地方风俗必然会遭到排斥、受到冷落,甚至攻击。

(3) 观念障碍。观念是对事物的看法和观点。不同的生活环境、文化背景及人生经历便会形成不同的观念。观念的相近和共识是沟通顺畅的基础。为此,活动主体要深入了解公众的观念基调,合理进行公众分类,通过选择恰当的沟通话题,表明共同立场,有效规避观念障碍。

（4）心理障碍。心理是指人的情感、感受、态度、情趣等意识形态，且能影响内心活动的因素。心理障碍在沟通过程显得尤为复杂，并且变化无常、难以捉摸，比如：一句话失言，就会引起误解；天气或环境气氛都能影响人的情绪；压抑状态的心情，就不愿意与人交往；言行与内心往往表现不一致等。在沟通中，活动主体应懂得揣摩公众的内心世界，善于察言观色，通过准确把握对方的心理活动，选择适当的沟通手段，达到共鸣的沟通效果。

（5）组织障碍。组织障碍主要是因责权不清、信息不畅等内部机制不健全造成的内讧和矛盾。具体表现为机构臃肿、决策缓慢、信息失真、责任推诿等。克服组织障碍的有效手段是：健全体制、明确责权、理顺关系、广集意见、加强交流、敢于创新、摆脱束缚、加快发展。

3. 突发事件障碍

对公共关系活动方案的实施干扰最大的莫过于重大的突发事件。这里说的重大突发事件包括两大类：一类是人为的纠纷危机，诸如公众投诉、新闻媒体的批评、不利舆论的冲击等事件；另一类是不以人的意志为转移的灾难危机，诸如地震、火灾、水灾、空难等。这些重大的突发事件对公共关系活动的实施干扰极大，一个社会组织如果不善于处理突发事件，那么不但会使整个公共关系活动策划方案难以实施，甚至会影响本组织的生死存亡。

| 案例 4 - 3 - 1 |

贵州平安酒巧妙推品牌

该酒属于小曲浓香型，酒体醇丰，回甜爽净。产品一出即赴世界名酒博览会，竟大受欢迎，荣获金奖。该产品拟于当年投放贵阳。然而由于厂里当时刚搞完技改，资金周转紧张，要靠做广告扬名，明显力不从心，硬性切入市场，批量很难上去。厂里便希望能通过搞公共关系活动来达到宣传产品的效应。

为了尽量少花钱而办成事，一开始就决定以借势和造势的方式来实现目标。而当时最易发挥"势"的效果活动，当首推有影响力的文体活动。策划者们注意到，贵州的体育运动虽然在航模、射击、体操等方面培养出一些全国性的优秀人才，但总体水平较为落后。不过，当时贵州在拳击的最轻量级别上，还颇有优势。只是新中国成立以来，省内尚未举办过此项比赛。

于是，策划者们产生了一个大胆的创意，由酒厂出资与省体委联合举办一次全省性的拳击赛，命名为全省首届"平安酒杯"拳击赛。为增加比赛的宣传效应，还请来了刚刚起步、也需大力宣传自我形象的贵州省保险公司，给每个运动员进行人身保险，并在赛场边设置宣传栏。

比赛时间定为当年"五一"劳动节，地点选在刚落成的省老干部活动中心。由于时间、地点选择得当，结果5天比赛，观众如潮，省内几乎所有新闻媒体均出动，从新闻报道到专题采访、述评等，天天都可看到"平安酒"出现在报纸、电视上和广播中。"平安酒"的知名度迅速提升，为后来的产品打进贵阳市场做出了有效铺垫，而厂家总共只花了 3 万余元。省体委多年愿望终于实现，保险公司也不失时机地向公众做了一次积极的保险宣传，省老干部活动中心的庆"五一"活动也大放异彩。

（资料来源：李道平，《公共关系学》，经济科学出版社 2011 年版）

案例评析：在贵州"平安酒"的这次公共关系活动中，策划者在分析众多因素之后，产生了大胆的创意，由酒厂出资与省体委联合举办一次全省性的拳击赛；同时，为了使公关活动顺利开展，策划者们通过一系列的传播沟通活动，构成了一个立体的传播模式，不仅"平安酒"的知名度迅速提升，而且与社会公众之间达到了有效沟通的目的。

二、公共关系评估

公共关系评估是对公共关系工作做全面深入的研究，是公共关系"四步工作法"中的最后一步。它是根据特定的标准，对公共关系策划、实施及效果进行衡量、评价和估计，即在肯定成绩的同时，发现新的问题，不断地调整组织的公共关系目标、公共关系政策和公共关系行为，使组织的公共关系成为有计划的持续性的工作。这在公共关系实践活动中起着不可低估的作用。

（一）公共关系的评估原则

1. 定性分析与定量分析相结合的原则

定性分析是从价值评判方面评估公共关系活动效果，而定量分析则从数据事实方面分析公共关系活动效果。公共关系活动的目的就是改变公众对社会组织的态度，激发公众的合作行为，因此，有些客观效果就不能通过数量体现出来，如公众对产品的态度及改变情况、推销工作的顺利与否等，这些只能进行定性分析。但仅有定性分析还不能确切地反映出公共关系活动效果，还需要定量分析，如产品的销售情况、公众参与人数等。

2. 长远效益分析与近期效益分析相结合的原则

公共关系活动的实际效果不可能马上全部得到体现，这是公共关系活动效益的特殊性。因此，评估公共关系活动效果时，除了考察近期效益外，还要分析长远效益。有些活动近期效益明显，但没有长远效益；有些活动虽然没有近期效益，但长远效益明显，能够为社会组织的未来发展创造有利条件。只有既考察近期效益，又考察长远效益，评估的结论才能做到科学公正。

3. 标准性与变化性相统一的原则

标准性与变化性的统一，就是一方面要有标准化的考评内容和考评项目，另一方面也要根据特定的公共关系活动、适当变通其中的部分测评项目，以保证测评结论的科学性。公共关系效果评估，不仅为了证实公共关系工作的成绩，更重要的是不断地发现存在的问题，为制订新的公共关系计划提供真实的依据，以便不断地进行组织形象的调查和改进，这一重要的信息反馈环节，保证公共关系工作进入一个良性循环。因此，社会组织公共关系调查、策划、实施、评估这四步工作法是一个循环往复的工作流程，遵循这一工作流程法，使社会组织始终处于良好的公共关系状态之中，始终保持良好的组织形象。

(二) 公关评估的内容

公共关系评估是一个连续不断的活动，一旦进入公共关系的工作过程，评估活动就开始了。因此，从理论上讲，公共关系评估的内容应该包括公共关系活动的方方面面。但在具体操作中，评估的内容可以根据要求有所侧重。一般来讲，其评估的内容有：

(1) 公共关系工作程序评估。是对公共关系工作的各个步骤、各个环节的工作进行评估、估计或研究，其内容和要点主要有：调查过程评估、计划过程评估、计划实施过程评估。

(2) 专项公共关系活动评估。主要包括：日常公共关系活动成效评估、单项公共关系效果评估、年度公共关系活动效果评估和长期公共关系活动效果评估。

(三) 公共关系评估的程序

1. 设立统一的评估目标

评估研究的目的是通过评估判断其公共关系工作的优劣，以便吸取经验和教训，指导以后的公关工作。因此评估研究必须设立统一的目标，即统一的参照物，才能对公共关系活动各阶段进行等质量的比较判断。如果评估标准不统一，不仅会影响效率，造成浪费（进行不必要的调查，收集无用的资料），甚至会使评估工作偏离方向，脱离轨道。

2. 从可观察与测量的角度将目标具体化

要使评估研究更加科学和准确，应该以"可观察"和"可测量"为前提，将评估目标分解为具体的、操作性强的分目标。比如有效听觉空间应该有多大范围，完成公众与组织的双向沟通的标志是什么等。目标具体化不仅能促进公共关系评估研究顺利进行，并且能使公共关系计划实施过程更加明确。

3. 选择恰当的评估标准

对人和事进行评估，判断其优劣，必须有个准绳，有个尺度，即标准。没有恰当的标准，就会出现良莠不辨、是非难分的混乱局面。

评估标准的选择取决于组织公共关系活动的总体目标。比如一家企业举办一次记者招待会，其目的是消除公众对自己的误解，重新恢复自身在公众中的良好声誉。评估的标准就应该根据组织公关目标来确定，即评估这次记者招待会如何应该以公众对组织态度变化的程度、与组织认同的程度、误解消除的程度等作为评估的标准，而不是看参加会议的人数多少、档次高低、新闻报道的数量和规格等。

相关链接

对公关活动实施效果的评估标准

美国著名的公共关系专家斯科特·卡特利普和阿伦·森特等总结多年公共关系实践经验，提出了公关活动效果的评估标准。

(1) 了解信息内容的公众数量。公关活动的目的之一就是要提高组织的知名度，加强目标公众对组织的了解与理解。

(2) 改变观点、态度的公众数量。组织的公关活动是否引起公众对组织的看法和态度的转变，支持组织的公众是否有所增加，增加多少。

（3）发生期望行为与重复期望行为的公众数量。衡量公关活动效果的最高层次，是否引起公众行为。在实施公共关系活动之后，有多少公众按照导向采取或重复采取了组织期望的有利于组织的行为，从而实现了组织的目标，达到了事业的成功。这是衡量公关活动效果的重要标准。

（资料来源：17PR.com 中国公关门户）

4. 确定搜集证据的最佳途径

搜集证据的途径很多，要提高效率、节约经费，则需要选择最佳途径。调查是取证的途径之一，但有经验的公共关系活动家，在公共关系实物的每一步都注意为后期的评估研究准备资料。比如一份完整的公共关系活动计划的实施记录，这是评估工作最系统、最完整、最准确的证据。它全面反映了计划的可行性程度，策略的有效程度，各个环节衔接的紧密程度，以及公共关系人员的工作方式和工作效果等。还有搜集小范围的实验结果，某一具体项目的活动记录等都是可取证的最佳途径。

5. 及时、有效的使用评估结果

公共关系活动的每一周期都要比前一个周期表现出更大影响力，这是因为运用了前一周期评估的结果对后面一周期进行了调整的缘故。由于对评估结果的运用，公共关系的目标将会更加符合组织发展的要求，公关活动的每一和步骤将会更加明确和高效。

（四）公共关系评估的方法

公共关系的效果除可直接用文字形式来进行总结外，还可以通过某种更为精确的方法来加以衡量和评估。这些方法主要有：

（1）直接观察法。包括组织的领导人、公共关系人员、特邀的组织外部人士，直接进入公共关系活动和一般社会环境来观察活动的情况和效果。这种方法简单易行，费用低廉，故也最常被使用。但由于这种方法只靠一般观察、感觉来判断，缺乏精确的量化分析，个人主观感情成分较多。

（2）公众意见征询法。公共关系人员通过与公众代表的对话，征询广大公众的意见。又可分为"公众代表座谈会"和"公众询问法"。前者可以制度化，并有效地控制与会者的代表性；后者则是以口头、电话等方式，就固定问题随机向被询问者提问，然后将公众意见汇集、整理，形成综合意见。

（3）实验法。此法是利用事物、现象间客观存在的相互关系，通过调节某个变量（如公共关系活动前后，某个企业的声誉），测定另一些量（如产品销售量、订货量）的增减。实验法可以在经历和未经历公共关系活动的两组公众之间展开。

（4）组织活动记录法。在组织实施公共关系活动前后，坚持在组织的日常活动中，记录有关标志和指标的变化。全面、准确的活动记录是重要的效果评估资料，如学校的报考人数、企业的产品销售额、宾馆的投宿人数。进行评估时，要依据记录的资料，选择一定的标准进行比较，然后得出评判结论。

（5）传播统计法。对通过大众传播媒介发布的本组织的信息进行统计分析，来评估组织公共关系信息传播情况。通过这个方法，我们可以概略地了解公共关系信息传播的效果。

| 案例 4-3-2 |

坏天气下的内部公关
——阿斯利康企业并购内部公关案例

一、项目背景

进入 20 世纪 90 年代末期以来，跨国大企业间的并购似乎成了一股不可逆转的潮流。这些昔日的敌家对手为了占尽技术、资金、市场等方面的先机，或娶或嫁，以各种形式实施强强联合。1998 年 12 月 9 日，世界两大制药公司阿斯特拉和捷利康宣布合并，成立阿斯利康公司，合并后的公司成为世界上第三大制药公司。这两大药业巨子之间的合并步伐异常迅速，仅仅用了 80 个工作日新公司便告诞生，打破了船大调头难的传说。与平日按部就班的传播工作相比，将企业合并期间的内部沟通比作"坏天气下"的内部公关可能并不为过。阿斯特利康（中国）有限公司公关部在此期间承担了中国区的内部传播重任。

二、项目调查

合并后的企业并非总是皆大欢喜，据统计，75% 的企业在合并后的前 4~8 个月中生产全面下滑。那么出现这种问题的症结在哪呢？对财富 500 强中 45 家近期进行过并购的公司的 CEO 的调查表明，"人的问题"是致使企业陷入困境的最关键因素。企业的分分合合给员工带来的冲击是可想而知的，这些有着不同背景的人带着疑惑和忧虑走到了一起，如果不能让他们同心同德、齐心协力，企业发展势必受到影响。由此可见，如何在企业合并的关键时期建立员工之间的信任感，使他们尽快了解新企业、熟悉新环境、投入新工作成了企业传播部门的当务之急。

合并期间存在着诸多不确定因素，上至总经理、下至普通员工所关注的是与自己切身利益息息相关的"涉我事宜（Me issues）"，如：我是否失业，我的薪金是否受影响，我的新老板是谁等一系列问题，这些问题天天萦绕他们的脑际，容易动摇军心，从而影响整个公司的生产效率。另外，他们还急切地想了解新公司生产、营销、管理、财务等方面的策略和信息。这类信息的匮乏会使员工感到组织缺乏管理和方向，影响着员工对新公司未来的信心。

为减少合并对两公司日常业务的干扰，合并速度是另外一个挑战，这就要求内部公关的工作不仅要准确详尽，还要速度及效率。

虽然两公司产品非常互补，公司文化也有很多相似之处。但作为两家在国际制药行业均颇有建树的巨子又分别有自己独特的工作方式和文化。正如公司文化的整合成为很多合并案例的"瓶颈"那样，如何整合阿斯特拉和捷利康两公司的公司文化又是摆在企业公关人员面前的一个严峻课题！

阿斯利康公司制定了严密的内部传播计划，保证了公司合并的顺利进行。

三、项目策划

1. 公关目标

- 确保合并期间内部沟通的一致性和连续性；

- 争取沟通工作对合并进程的最大贡献；
- 在员工心目中建立起新公司的公司形象；
- 为新公司的内部沟通工作打下坚实基础。

2. 公关策略
- 迅速成立传播工作组，小组成员由两公司的相关员工共同组成，确保正式沟通渠道的建立；
- 确立各合并阶段（前期、中期、后期）的沟通主信息，并依据员工反馈及时作出调整；
- 争取管理层对内部沟通的最大支持，明确传播小组和其他行动小组间的协作关系；
- 根据各阶段不同的沟通需求，确定最有效、迅速的沟通渠道和工具，如 Email、致员工信、录像、快递、员工活动及通信等；
- 评估两公司之间文化相似及差异，传播新公司文化。

四、项目实施

（1）迅速成立传播工作组，任命传播小组负责人，在两公司中任命了五名工作组成员。传播工作组组长和其他小组，如销售、市场、人力资源等一同向中国区各合并办公室负责人汇报。因工作组成员来自两公司不同的业务部门，首先确保工作组成员内部的良好沟通和合作精神。

（2）传播工作组制定了合并期间的对内、对外沟通计划书。内部传播计划书中包括：沟通使命、小组成员结构、对内对外沟通主信息及工具、"最终产品"和期限，对每个"产品"是否成功的定义以及可能出现的主要问题与挑战。

（3）为充分取得管理层对沟通工作的支持，传播小组组长争取到中国区第一次合并会议上第一个发言的机会。在会上组长将沟通计划书发送到其他小组组长手中，争求他们的反馈。

（4）合并会议后，根据各小组反馈意见设计了"沟通责权表"，明确每个小组在沟通方面的职责和相互依赖关系，使沟通成为每个经理人的重要职责。

（5）除了配合其他沟通工具，如 Email、定期沟通公告外，传播小组编制《快递》，每两周一期，用这一透明的传播手段遏制了不确定消息的产生。随着合并的深入，传播小组更加丰富了《快递》的内容，出版了《阿斯利康通讯》。各个小组组长参加《阿斯利康通讯》编辑委员会，即表示了他们对内部沟通的支持，又为他们亲自投入这一重要工作创造了机会。不论是快递还是通信，传播小组做到了信息发布的准确及时，在关键的时刻发挥了关键作用。

（6）建立内部沟通日志。为确保公司合并在中国的顺利进行，阿斯利康采取了与世界其他地方不同的做法，就是建立双重领导机制，分别保留了双方公司总经理的职务，两位总经理的背景和阅历对公司的成功运作都是很有价值的。但也提出了一个挑战：两个总经理间的有效沟通，以确保他们的意图得到贯彻。建立内部沟通日志的目的即是明确两位总经理在内部沟通中的角色和主要任务。

（7）积极进行员工反馈活动。途径之一：随各期《阿斯利康通讯》附上反馈条，并针对员工的反馈，设立"问与答"专栏；之二：鼓励传播小组成员和不同部门员工接近，面对面地了解他们合并期间的切身感受；之三：调动各小组的积极性，让他们收集和反馈本部门员工的意见，预见本部门传播方面遇到的问题；之四：组织对员工的采访，将采访结果发表在阿斯特拉通讯上。

（8）策划并组织新公司内部"上市"活动——阿斯利康生日活动。利用两公司员工第一次面对面的机会有效地传播新公司的企业文化。具体活动如下：选择6月1日作为新公司的生日（"六一"象征蓬勃、朝气、活力和光明的前途）。生日活动在公司三大主要业务城市：无锡、北京、上海举行。该活动邀请了公司亚洲地区合并办公室负责人参加，以表明中国市场在亚洲的强有力地位。生日活动会上，两公司的员工首次坐到了一起，并穿上了印有新公司标识的T恤，并且两公司员工交叉入座，使大家有机会与新同事交流。我们还特意为两位总经理定做了特别的T恤衫，在他们T恤的胸前绣上了中国国旗和1999年6月1日的字样，以表彰他们为公司发展创下的辉煌业绩。两位总经理非常感动，表示非常珍惜这件T恤，将留作永久纪念。生日活动会上，员工们聚集一起观看了全球总裁讲话的录像；在中国区合并办公室负责人悠扬的小提琴伴奏下（因工作繁忙已有25年没有拉小提琴），在现场全体员工齐声高唱的"生日快乐"歌声中，两位总经理共同切开了印有阿斯利康新标识的硕大生日蛋糕，生日活动推向了高潮；两公司员工举杯庆祝这一具有里程碑意义的庆典，并通过这一严肃又活泼的庆典深刻地感觉到新公司的企业文化。生日活动后，现场录像带寄到全国各办事处，使那因工作而无法到现场的员工也感受到了生日活动的气氛。

（9）在阿斯利康生日活动会上，还宣布了新公司中文名称征集竞赛活动，使员工们通过参与竞赛活动增强对新公司文化的理解。传播小组负责人还将此项活动推广到亚太区所有用中文名称的国家，使这一活动在广度和深度上都得以加强。为了鼓励反馈，给了每个参与者一份鼓励奖，这份奖品是将他们的生活照印在公司的杯子上，每次倒入热水时照片便会显现出来，这给大家的工作增添了情趣。最终获奖的两位员工得到了特别的奖品——形如公司标识的纯金链坠及胸针。这一活动非常具有感情色彩，使大家感受到新公司如大家庭般的温暖。

（10）高层管理层任命后，传播小组立即组织了对他们的采访。新管理层针对员工反馈和提出的问题做出了相应回答，并展望了上任后本部门的发展策略等。

五、项目评估

沟通工作只是整个合并进程的一部分，但是发挥了至关重要的作用。没有良好的沟通，员工就像是生活在黑暗中；没有有效的沟通，员工士气势必会受挫伤；没有充分的沟通，员工会始终被"涉我事宜"所困扰。

通过沟通小组严密的计划和迅速有效的实施，这一艰巨的内部沟通任务取得了良好的效果。

合并后新上任的中国总裁艾瑞森说："我们的员工有着很高的素质，对合并及新公司的未来充满了信心。虽然阿斯利康是一家刚融合的新公司，员工们的合作精神给我留下了深刻印象。这一切都使我个人对阿斯利康在中国的发展信心十足。"

亚洲地区合并办公室负责人评价说："中国的沟通计划是所有阿斯利康亚洲国家中

最严密、实施最有效的一个！"

各个反馈渠道收集的反馈信息表明：员工对有幸经历世界制药史上最大合并案之一，并成为世界著名制药公司中的一员而感到骄傲。

中国合并办公室负责人说，"有效的内部沟通是加快两公司融合最好的催化剂，我们很幸运在中国做到了这一点。"

合并期间的沟通工作为新公司的内部沟通系统建立打下了良好的基础，保证了沟通工作在合并前后的一致性。由于沟通小组的出色表现，新公司成立后又被赋予了更重要的工作职责如电子商务等。

（资料来源：中华广告网）

案例评析： 在本案例中，阿斯利康公司在合并过程中，能根据内部员工的特点，采取一系列积极有效的沟通措施，使用针对性强的有效传播渠道对内部公众进行教育沟通，强化了内部协调，达到了非常良好的效益，加快了两公司融合。

案例讨论与项目实训

一、案例讨论

讨论材料一：
（一）案例描述

"步行者"的成功

20世纪70年代索尼公司开发了一种新产品——带立体声的超小型放音机。这种放音机具有体积小、分量轻的优点，但没有录音功能，使人感到美中不足。

当时日本崇尚健身、健美，正推行散步或穿旱冰鞋滑行的体育锻炼运动。超小型放音机恰能满足户外活动者的需要，索尼公司以此为主，将放音机定名为"步行者"牌并展开了公共攻势。

首先，公司为新产品诞生举行了大型记者招待会。招待会的会址既不选宾馆，也不选记者招待部，别出心裁地选中了位于东京闹市区的代代木公园。

其次，公司雇佣大批模特儿，让他们戴上立体声耳机，在公园中一边欣赏音乐一边散步或穿着旱冰鞋往来穿梭，给人们留下了深刻的印象。

最后，公司把产品说明书录制成磁带，赠给新闻界，同时还请记者、特别是体育记者试用放音机，并把产品分赠给文艺界、体育界知名人士，聘请他们当评议员，评论体育锻炼使用放音机的优点；公司还在银座、原宿、横滨等闹市区，在年轻人经常光顾的地方进行产品宣传。

通过有计划的公共活动，产品在投入市场后的几年间，销量成倍增长，"步行者"取得了意想不到的畅销。

（资料来源：纪曙春，《索尼与模特》，《中日科技信息》1992年第8期，有删改）

(二) 提出问题

1. 在"步行者"的公共关系策划中,索尼公司选择的是哪些目标公众?
2. 公司是如何进行公众背景调查,并根据此进行公共关系策划的?
3. 在这次公共关系活动中,索尼公司所进行的公关策划的公关目标是什么?

(三) 讨论步骤

1. 分组讨论,时间约5分钟。
2. 选出持有不同意见的小组代表在班级交流,发言时间10分钟。
3. 教师根据学生讨论发言情况总结5分钟。

讨论材料二:

(一) 案例描述

"潘婷——爱上你的秀发"中国美发百年回顾展
——潘婷润发精华素市场推广公关案例

一、项目背景

创始于1837年的宝洁公司是世界最大的日用消费品公司之一。自1988年宝洁公司在广州成立其在中国的第一家合资企业——广州宝洁有限公司起,宝洁在中国已有20多年的投资历程。20多年来宝洁属下的一些著名品牌可谓家喻户晓,如潘婷、飘柔、玉兰油、佳洁士、碧浪等。

1999年5月,宝洁旗下的著名洗发水品牌潘婷打算于1999年8月在上海及浙江市场全面推出其最新的护发产品——潘婷润发精华素,从而带动一种全新的护发新理念,即从简单护发到深层润发的重大改变。为配合该产品的发布需要公共关系部策划及展开一系列既新颖又有力度的公关活动。

二、项目调查

在策划活动之前,公关部进行了详尽的市场调查。由于潘婷润发精华素产品是美发领域的一项新突破,且其上市的时间1999年又正是新旧世纪交替的特殊时间段,再加上10月1日又是新中国成立50周年的大日子,考虑到这一特殊阶段正是对文化、历史等领域进行回顾展望的好时机,而此类活动又比较容易引起媒介及大众的兴趣,公关部最后决定举办一个名为"潘婷——爱上你的秀发"中国美发百年回顾展活动。该活动将是中国首次举办的有关美发技术及美发历史的回顾展,在吸引大众关注的同时,也能缔造潘婷品牌在美发界的先驱地位。

潘婷在与大家一起回顾百年间三千发丝的时代变迁的同时,也能帮助消费者更好地了解不同时代的美发、护发产品及技术,并展望21世纪美发、护发的最新潮流及产品。

三、项目策划

1. 公关目标:在上海及浙江地区的媒体中提高潘婷润发精华素的知名度,并通过举办中国美发百年回顾展树立潘婷业界护发先驱的形象。

2. 关键信息:

- 潘婷润发精华素倡导护发新习惯;
- 潘婷润发精华素由内而外彻底改善发质,使用一次就有明显效果;

● 潘婷润发精华素是新一代护发产品

在制定了以上的关键信息后，公关部策划将整个项目分三大部分完成：前期宣传、活动本身及后期善后工作。

前期宣传将侧重于争取各领域权威人士的支持并为产品发布活动作好铺垫工作。公关部策划将潘婷润发精华素产品礼盒及使用反馈表发给上海及浙江地区的媒体及美发界、演艺界等领域的社会知名人士，首先争取他们对产品的认同和支持。

在对产品有了一定认识的基础上再邀请各主要媒体召开一次媒介研讨会，为将来的正式活动埋下伏笔。与此同时，一些前期活动的宣传工作也是必不可少的，如在报纸上刊登一系列软性宣传文章及电台节目宣传等。

活动部分的重点将是展览会的组织，其中展览会开幕式活动又是重头戏，内容包括潘婷润发精华素产品上市记者招待会、纪录片播映、不同时代发型表演及有奖问答等。后期工作将集中在与媒体的联络、文章剪报的落实及整个活动的总结分析报告。

四、项目实施

1. 前期活动

为了争取各领域权威人士的支持并为产品发布活动做好铺垫工作，装有潘婷润发精华素产品及使用反馈表的礼盒发给上海及浙江地区的媒体及美发界、演艺界等领域的社会知名人士共330人，其中包括上海东方电视台著名主持人袁鸣、曹可凡及在华东地区小有名气的发型师王磊等，首先争取他们对产品的认同和支持。在这三百多位产品试用者中有超过一百多位回复了使用意见反馈表，所有人都给予潘婷润发精华素很高的评价，其中大部分试用者还表示在使用了该产品一次后，头发在柔顺度、光亮度方面就有明显的改善。

在对产品有了一定认识的基础上，再邀请各主要媒体于8月5日在上海召开了一次媒介研讨会，为将来的正式活动埋下伏笔。将近20位来自上海及浙江地区的记者参加了研讨会。为了增加信服力，潘婷还特别从日本邀请了研究发展部的潘婷护发专家为大家介绍护发的基本知识，并向大家当场演示了使用润发精华素产品的即时效果。为了活跃现场气氛并增加记者们的兴趣，护发专家还特别为每个人都做了头发测试，记者们透过头发测试仪了解了自己的发质并对怎样保养头发有了心得，可谓收获不小。

2. 前期宣传

为了加强宣传的覆盖面及影响力，并直接影响到产品的目标消费群18～35岁女性，公关部特别选择与在华东地区非常热销的生活类报刊及拥有一大批年轻听众的上海东方广播电台合作，进行了一系列宣传活动，如：在《上海时装报》上连续六周刊登了"潘婷——爱上你的秀发"中国美发百年回顾展系列关于头发故事的软性文章，与读者一起回顾百年来的美发变迁、分享护发小秘诀并对潘婷润发精华素及展览会情况作了介绍，以提升展览会的吸引力。

另外，公关部还与上海东方广播电台的音乐节目"3-5流行世界"合作，参与制作了为期一周（共6期）名为"潘婷音乐时间"的小栏目，除了对美发历史、护发知识及展览会情况的介绍外，还由支持人现场接听听众朋友的有奖竞猜电话，答对题目的听众获得了潘婷润发精华素礼盒一个作为奖励。活动结束后，据节目主持人介绍，听众们的反应非常热烈，每天拨打答题热线的听众不计其数。

3. 活动部分

"潘婷——爱上你的秀发"中国美发百年回顾展于8月25日在上海图书馆一楼展厅举行。当时在选址问题上的确让人绞尽脑汁，由于展览会的地点既要外观有气派，又要交通方便，更要与展览会主题相符而具文化气息，几经周折最后终于选定了既具文化底蕴又地处闹市区的淮海路上新建的上海图书馆。

展览会的开幕式暨潘婷润发精华素上市会非常隆重，公关部安排在展厅外悬挂了巨幅的宣传横幅以提高影响力及吸引力。来自上海、杭州、温州及宁波的80多位媒体代表参加了活动，其中包括大众媒体、商业/消费类媒体、生活及美容美发等不同类型的媒体，更囊括了上海所有6家电视台及浙江省各城市的4家电视台，真可谓盛况空前。

另外，由于潘婷品牌的形象以非常鲜明，为了辅助及加强潘婷润发精华素产品的信服力，还特别邀请了在"99'中国服装表演艺术大赛"系列活动中荣获潘婷优雅气质奖及最佳秀发奖的戴洁小姐及梁馨小姐共同出席开幕式活动，并邀请她们参与了不同时代发型与服饰的表演。

本次展览会内容相当丰富，不但向参观者展示了从明末清初到现代社会的发型变化及美发、护发技术，还特别制作了一部反映我国各个时代不同发型及美发技术变迁的纪录片，该片是我国首部全面展示中国近代美发史的片子，具极高的观赏性和教育性。为了增加展览会的生动感，更在展览会现场还原了20世纪三四十年代的旧上海美发厅场景，吸引了成千上万的观众驻足观赏。据统计，为期三天的展览会共吸引了近三万人次的观众到场参观，可谓数据惊人。

4. 后期工作

活动结束后，公关部分别致电与所有与会媒体进行交流，以不断改进今后的工作。更有其他省市的媒体在观看了有关报道后对该选题发生了浓厚的兴趣，并致电公关部索取详细资料和图片供发稿之用。其中中央电视台2套的生活栏目还特别选用了潘婷的素材，在庆祝新中国成立50周年的一系列回顾报道节目中，特别制作了一档长达15分钟的有关美发、护发专题的节目，造成了相当大的社会影响。

五、项目评估

1. 综合评估

据统计，在全国范围内共收到相关报道64篇，其中包括4家电台及8家电视台，其中中央电视台2套的生活栏目还特别选用了潘婷的素材，制作了专题节目，确实造成了相当大的社会影响。所有这些报道折合广告价格高达人民币230多万元。活动结束后仅三个月，潘婷润发精华素就荣登上海最大的连锁店——华联集团的护发产品销售额榜首。该活动在造成一定社会影响的同时也提升了产品的销售表现。

2. 新闻报道分析

基本上所有媒体都提到了关键信息，占报道总数的95%，有3篇报道只介绍了百年回顾展本身，但没有提到潘婷润发精华素产品。然而，这些报道都使用了潘婷润发精华素上市会的有关照片，读者很容易从照片上及其他媒体的报道上意识到潘婷是该活动的主办者，从而提高潘婷的知名度。

3. 报道性质分析

较积极的正面报道数量占总数的95%，客观的中性报道数占5%，负面报道为0，这样的结果是令人满意的。

（资料来源：吕维霞，《案说公共关系》，对外经济贸易大学出版社2002年版）

（二）提出问题

1. 为什么要进行公关活动的前期调查？调查的重点是什么？
2. 为什么要确定公共关系活动的目标和主题？
3. 为什么要进行公共关系活动的效果评估？
4. 结合案例分析说明：公共关系活动目标定位的精确程度，是否直接影响公共关系活动的效果？
5. 试评述"潘婷润发精华素市场推广公关案"的全套操作程序。

（三）讨论步骤

1. 针对上述两则案例材料分组讨论，每一问题均有一名学生进行主题发言；
2. 每一小组组长总结小组讨论情况，并选出自己小组讨论最充分的问题在班级交流；
3. 教师根据学生讨论发言情况点评总结。

二、项目实训

项目一：选择当地一些具有代表性的企业进行公共关系形象建设方面的调查，写出调查报告，就企业存在的问题，为该企业提供较为恰当的策划，并做该方案的计划书

（一）实训目标

1. 培养学生运用公共关系工作程序开展公共关系活动的能力，深化对知识的理解，提高学生学习的兴趣。
2. 掌握公共关系调查的方法和程序，学会制作调查报告。

（二）实训设计

1. 全班学生分成10组，每组5~8人，以小组为单位做调查。
2. 调查对象是学生所在市区的某组织，例如超市、学校（或某系）、酒店、某集团驻本地区办事处等。
3. 就企业公关形象建设方面存在的问题进行分析，设计1~2份30题左右的调查问卷（针对消费者或内部员工）。
4. 为该企业形象塑造设计公关活动方案，制定较为详细的公关策划书。
5. 完成一份不少于3000字的调查报告。
6. 每班选择2~3份优秀的调查报告。
7. 全班本次公关调查交流，针对调查过程中采取的方法及遇到临时问题的应对策略展开讨论；各组展示调查过程中搜集的书面材料、录音材料，以及调查结果统计的方法及发现的问题。

8. 评分标准：方案设计可行，格式符合标准；选择搜集资料的方法得当，信息资料搜集翔实；调查报告符合要求。小组自评占 20%，学生互评占 20%，教师评分占 60%。

项目二：根据不同节日活动的特点，策划一次提高企业声誉，促进产品销售的公关活动

（一）实训目的

通过方案策划和情景模拟，掌握公关活动的策划和实施的方法和技巧，熟练运用公关策划技巧形成公关工作的基本思路，开展公共关系活动，增强学生公关意识，提高学生的公关技能和交际能力。

（二）实训设计

1. 全班学生分组，每组 5~8 人，拟订活动方案并选好自己扮演的角色。
2. 以小组为单位撰写本次活动的策划书，要求包括以下部分：公关活动目标、公关活动目标公众、公关活动主题、公关活动传播渠道、公关活动具体安排（时间、场地、人员、事件、设备）、公关活动经费预算、公关活动评估。
3. 班级交流。每组采用多媒体展示自己的公关活动策划书，并接受答辩。
4. 通过模拟实训，当场表演的形式掌握公关程序，并注意技巧。
5. 评分标准如下表：

学生姓名	活动项目	评价内容					
		方案项目齐全（20分）	工作程序熟悉（20分）	具有可实施性（25分）	表演态度认真（25分）	设计富有创意（10分）

课后思考

1. 简述公共关系"四步工作法"的基本内容。
2. 如何设计公共关系活动的主题?
3. 怎样在公共关系计划实施的不同阶段进行评估?
4. 结合实例谈一谈如何策划新奇的公共关系活动。

第五章 公共关系专题活动

> 公共关系具有专业性强、操作方法具体、细致、实用等特点。因此，本章着重介绍庆典、赞助、展览会、对外开放参观等公共关系专题活动、媒体宣传活动、公共关系广告、公共关系谈判等实务操作的方法和技巧。引导学生全面系统地掌握公共关系实务活动的基本理论，了解各类不同公共关系实务活动策划的特点，把握方法和技巧，并能对实际的公共关系活动进行策划。

学习目标

知识目标
- 了解各种公共关系专题活动的定义和目的
- 掌握策划各种公共关系专题活动、媒体宣传活动的具体操作步骤及要求
- 掌握公共关系广告的原则和技巧
- 掌握公共关系谈判的原则、程序和技巧

能力目标
- 培养公共关系专题活动实施的应变技能、传播与沟通技能
- 掌握公共关系广告策划
- 运用公共关系谈判技巧，模拟公共关系谈判
- 能够运用现代公共关系观念解决公共关系问题的能力

先导案例

新疆环球大酒店由于经营酒店有方，生意火红，他们致富不忘回报社会，希望企业能更多地关心社会老、弱、残、贫群体。这一想法得到了自治区、市两级政府的赞赏和支持，通过与新疆乌鲁木齐市养老院和街道办事处的联系与合作，当年12月30日，在环球大酒店举行了一场"尊敬老人，服务社会，创建和谐生活"为主题的活动。100名孤寡老人欢聚在富丽堂皇、装饰典雅的多功能厅，自治区有关领导、市委领导也参加了活动，对老人们进行了亲切的慰问，酒店还邀请市歌舞团的演员，为老人奉献了一台精彩的节目。新疆电视台对此次活动进行了直播，在社会上引起了巨大的影响，受到了社会各界的广泛赞誉。

事实上，新疆环球大酒店每年都组织关怀慰问残疾人、扶贫助学、慰问鳏寡老人的活动，酒店各个部门与养老院、福利院以及街道特困户搭班配对，经常送米送面，上门

服务，义务理发、洗头、刮脸，做家务活，使这些老、弱、残、贫群体体会到和谐社会的温暖。据统计，仅当年承办的社会公益活动，环球大酒店款捐物折合人民币就达10万多元。

(资料来源：《酒店公关专题活动》，第8章，中华广告网)

思考：公共关系专题活动是酒店与广大公众进行沟通，塑造自身良好形象的有效途径。社会公益活动是一种重要的公共关系专题活动。从短期来看不会给酒店带来直接的经济效益。但从长远来看，却为酒店创造了一个良好的发展环境。

第一节 公共关系专题活动策划

公共关系专题活动是一种常见的公关活动。它是组织以公共关系为主题，有计划、有步骤地开展的各种有特定目的和内容的社会活动。几乎所有的社会组织在建立、发展和壮大过程中，都要定期或不定期地举办一些专题活动来宣传自己、协调关系、塑造形象、争取公众。

社会组织在开展这些公共关系实务专题时，必须根据公共关系专题活动的基本特点和要求，采取恰当的工作方法，确保公共关系专题活动取得良好效果。

一、公共关系专题活动概述

(一) 专题活动的概念及其特点

1. 专题活动的概念

公共关系的专题活动是以公共关系传播为目的，有计划、有步骤地组织众多人参与的协调的社会活动。在大型活动的定义里，我们必须掌握：

第一，专题活动以社会传播为目的。例如，中国银行斥巨资赞助香港"97回归"在香港维多利亚港的烟花大会演，目的就是传播中国银行是香港发钞银行的良好形象。

第二，众多人参与的社会活动是专题活动定义的基本条件。要算得上是大型，要有两个基本条件：一是活动社会化，二是活动参加人数量多。香港烟花汇演覆盖香港，参加活动的人有上百万，加上电视的转播，影响的人就更多了。

第三，活动是有组织、有计划、有步骤的社会协调行动。假如不是协调的行动，再多人参与也不能算是专题活动。

2. 专题活动的特点

(1) 鲜明的目的性。

专题活动首先强调的是目的性，是在于专题活动要投入更大量的人力物力，所以更讲究投入的效益。专题活动社会影响面大，如果目的性不强，反而会造成负面影响，不利于组织形象建设。所以，专题活动更强调鲜明的目的性。

(2) 广泛的社会传播性。

专题活动要耗费大量的人力、物力，为什么一些组织机构愿意去承担这样一些巨额开支也作为主办单位呢？原因就是专题活动有许多的公众参与，一个有影响的活动一开展起来，一下子就产生了强烈的社会震撼性，加上大众传播媒介的宣传，其影响力就更大。这就是专题活动广泛的社会传播性的特点，健力宝是在不太知名的情况下，赞助了中国女排，随着中国女排夺得了世界冠军，女排队员手中的健力宝也成了中国魔水，一下子扬名世界。

（3）严密的操作性。

正是专题活动具有大型的概念，牵涉的人很多，牵涉社会因素很多。可以想象在一个人口、建筑都是高密度的大城市放烟花，不要说放烟花的各项准备工作，就是安排几十万人观看及交通的管理、治安的管理、防火措施的管理，每一样都要极其严格，可见其操作管理的严密性，稍有疏忽，都会导致难以预料的后果。这样的事例也是有过的。

《中国青年报》就报道过某市举办的元宵灯会，由于忽略了安全措施，结果人流过于拥挤，令不少人跌倒，造成了 18 人死亡，109 人受伤的惨剧。即使不一定是出现惨剧，由于操作管理的疏忽，造成一些事故也是令人遗憾的。所以大型活动严密的操作性，可以用一句通俗的话来诠释：机会只有一次，无论是成功与失败，机会只有一次。

（二）公共关系专题活动策划的目的

1. 制造新闻

是指在坚持真实性的前提下，举办具有新闻价值的活动，吸引新闻界和社会公众的注意，争取被报道的机会。吸引新闻媒体和社会公众的注意，以扩大企业的社会影响，提高企业的知名度。

2. 为促销服务

通过公共关系专题活动，淡化推销的色彩，使社会公众从感情上接受一种新产品、新服务，制造有利的营销气氛，从而为进一步的销售活动开拓道路。

3. 增强好感

利用社会传统的重大节日或企业自身富有意义的纪念日，举办公关专题活动，可以表达企业对社会公众的善意，改变企业的社会舆论和关系环境，改善企业内部的人际关系。

4. 联络感情

通过策划和举办公关专题活动，与社会各界广泛联络交往，为企业广结善缘。

5. 挽回影响

当企业形象受到损害时，需要运用多种手段加以纠正，通过巧妙的设计和有效的工作，改善公众原有的印象，使受到损害的企业形象得以恢复。

（三）公共关系专题活动策划的内容

公关专题活动策划是对公关专题活动的 5W 进行策划。5W 即何事（what）、何时（when）、何地（where）、何人（who）以及为什么（why）五个方面。

"what" 即公关专题活动的各种表现形式。根据其活动内容的不同，大致可以分为：庆典活动、赞助活动、展览会、对外开放参观、宴请、联谊活动等。

"when" 即公关专题活动策划的时机。应善于分析，抓住"准时"、"准点"地掌握好专题活动开展时机。

"where"即公关专题活动的举办地点。选取事件发生地,目标公众所有地,公交便利、人口流动较多的地点,以地利为佳。

"who"即参与公关主体活动的人员及规模大小的策划。以扩大影响为最终目的,以经济成效为原则,根据专题活动的需要来确定人员及规模。

"why"即创造良好的策划氛围。为专题活动的展开进行必要的预告、铺垫、宣传、广告,使活动能形成良好的氛围。

(四)公共关系专题活动策划的要求

(1)诚信可靠。公关专题活动策划要保证举办者的动机单纯、可靠,而不带商业欺诈成分,不设圈套,不隐瞒事实真相,不引人误入歧途。

(2)引人注意。公关专题活动策划应富有文化内涵,抓住大众心理,同时具有启发性和趣味性,能引人注意,撩起人的心理共鸣。

(3)新颖别致。公关专题活动策划切忌步人后尘、一味模仿,而要独辟蹊径,花样更新,以形式上的多样和内容上的奇特显示其特色。

(4)影响力大。所策划的活动要有一定的影响力,影响力越大,活动就越成功。

(5)切实可行。不搞花架子,从实际出发,充分体现可行性。在活动经费的消耗上要保证举办单位的承受能力和投入产出比。

除了满足以上要求外,还要注意明确策划专题活动的目的,制订详细、可行的策划方案;要设计新颖的活动形式;组织精明能干的活动团队;编制预算,控制经费开支;注意好时间的安排;加强活动前期宣传等。

二、典型公共关系专题活动策划

(一)庆典活动

庆典活动是社会组织为庆祝某一重大的、值得纪念的事件而举行的一种公共关系专题活动。对于一个组织来说,有许多值得纪念的日子,如周年纪念、开业典礼、奠基典礼、剪彩与揭幕仪式等。凡是遇到了这些日子,都是组织在公众面前亮相从而扩大组织声誉和影响的极好机会。因此,现在越来越多的组织,都非常重视这些纪念日,并利用这些日子展开一系列的公关宣传攻势。

1. 庆典活动的类型

(1)开幕(开业)典礼。指组织与公众的第一次见面。

(2)周年纪念日庆典。指组织成立多少周年时所开展的庆祝活动。

(3)其他纪念日特别庆典。指组织遇到某一具有"里程碑"性质的事件而举行的活动。

(4)节庆活动。组织在社会公众重要节日时举行或参与的庆典活动。

无论是哪种类型的庆典活动,其主旨都是一样的,即要做到气氛喜庆,场面隆重,参与者情绪热烈,活动形式灵活,并符合较高的礼仪水准。只有这样的庆典活动,才能给公众留下深刻的印象,因为它们向公众展示了组织的综合能力、社交水平以及文化素养，有助于塑造良好的组织形象。

2. 庆典活动的操作

(1) 庆典活动的准备工作。

① 确定庆典形式。既可以是比较正规的大会形式，如新闻发布会形式、宴会形式，也可以是比较随意的联欢会形式、座谈会形式等。

② 拟定邀请的宾客名单并发出请柬。一般包括：政府部门负责人、社区负责人、社会各界知名人士、同行业代表、新闻记者、公众代表等。名单拟定后，要经领导审定后，印制成请柬。请柬的文字应郑重其事，印刷准确无误，并提前2周左右寄送给宾客。活动前3天再电话核实有无变动，对贵宾在活动前一天再核实一次。

③ 确定主持人。一般为本组织的领导，还可以是有一定影响的媒体主持人。一般主持人要求仪态大方、口才良好、反应敏捷等。

④ 拟定庆典活动程序。程序的安排要求紧凑、连贯而细致周密，程序的安排将直接关系到活动的成败。

⑤ 布置场地、调试音响。场地的布置可充分利用气球、彩虹门、布道旗、花篮及花卉植物、红地毯等。还要提前准备好音响、照明设备，并进行调试。总之要使整个会场营造出一种喜庆、隆重、热烈的气氛。

⑥ 安排接待、剪彩工作。派专人负责，事先安排好接待的服务人员，并对其进行培训。要事先订购嘉宾佩戴的胸花。庆典活动主办方还要准备好剪彩用的彩绸或彩带、剪刀、托盘、托布等。培训礼仪小姐，人数应比剪彩领导人数多1人。最好穿红色旗袍，身披绶带，戴上要有开业或庆典标志及组织名称等；发式一般以盘发为好，要穿高跟鞋、连裤袜，一般情况下，要化淡妆。

⑦ 准备来宾签到处和贵宾留言册。贵宾留言册应用红色或金色锦缎面高级留言册，应准备好留言用笔，还要准备好来宾签到处。此外，还可以准备两个盒子或碟子，一个装单位领导或公关经理的名片，另一个装来宾的名片，这样便于今后联系或制作通讯录。

⑧ 准备相关文字材料。准备的文字材料主要包括拟写本组织负责人的致辞，印制本组织的宣传册、庆典活动程序表、来宾名单等。

⑨ 准备馈赠礼品。在选择赠送的礼品时，要注意象征性、纪念性和宣传性。

⑩ 准备配套节目。如安排一些敲锣打鼓、舞狮、礼花鞭炮等传统节目，也可以安排现代歌舞表演、军乐队演奏等。

(2) 庆典活动的仪式程序。

① 签到。有专人负责来宾的签到。并将相关的组织宣传材料和本次庆典的相关材料分发给来宾，扩大组织的知名度。

② 接待。宾客签到后，礼仪小姐为其佩戴胸花，并由接待人员引到备有茶水、饮料的接待室，让他们稍事休息，本组织人员应陪同交流。

③ 主持人宣布庆典活动开始。

④ 升国旗、奏国歌（有的活动还要升公司旗、奏公司歌）。

⑤ 主持人介绍领导和嘉宾，领导和嘉宾致辞。无论是开幕词、贺词，还是答谢词，

均应简明扼要、热烈庄重,切忌长篇大论。现在一些组织还往往利用庆典的机会宣布一项赞助或公益活动,例如捐助绿色工程、希望工程等。

⑥ 剪彩。

⑦ 安排助兴节目。

⑧ 参观、座谈或聚会。这一举措能让上级、同行和社会公众更好地了解组织,也是自我展示、传递信息的一条可行途径。

⑨ 赠送纪念品。礼品可以起到重复宣传的作用,从而保证庆典活动产生持久的效果,成为组织有效的传播手段。

案例 5-1-1

四川饭店庆典酬宾　经典老川菜重回餐桌

千龙网北京 12 月 8 日讯(记者　安力　郑涛)今天上午,一场精彩的"家庭厨艺 PK 秀"在四川饭店展开了角逐,为这家久负盛名的川菜老字号重张庆典增添了喜庆色彩。说到四川饭店的历史渊源,京城恐怕没有第二家川菜馆可以企及。正如"四川饭店记"中所记载的那样:"适逢建国,十年大庆,朱总提议,小平运筹,周公首肯,沫若题匾建四川饭店于京华三百年王府之内。"52 年来,四川饭店以其精湛的技艺、别致的风味和优良的服务,接待了无数国家领导人及中外嘉宾,享有了"京城川菜第一家"的美誉。记者了解到,在迁址重张一周年庆典之际,四川饭店让"干煸牛肉丝""干煸冬笋""大蒜豆瓣鱼""冬菜大酿鸭"等早已在市场上绝迹多年的经典老川菜重新出现在了菜单上。这些经典老菜是川菜、四川饭店文化的象征和代表,它承载着人文情怀,传承着传统文化。这其中的"翘楚"当属干煸牛肉丝。在当天的"家庭厨艺 PK 秀"上,四川饭店的行政总厨、烹饪大师于建民、郝振江为几位老顾客现场教授如何做好这道干煸牛肉丝,再由顾客当场制作,最终评选出一、二、三等奖。

迁址一年来,四川饭店已成为名副其实的"社区餐饮旗舰",不少附近社区的居民把四川饭店当成了自家的"食堂"。参加今天厨艺 PK 的一对老夫妇就是四川饭店的忠实拥趸,每周都要来三四回。四川饭店总经理郭顺利告诉记者,"店庆期间我们推出了家庭厨艺 PK 以及经典老川菜的半价酬宾活动,既是回馈老顾客,也是让更多的顾客了解、品尝到正宗川菜。"

(资料来源:千龙网,2011 年 12 月 8 日)

案例评析:四川饭店利用"家庭厨艺 PK 秀",开展了全方位的公关庆典活动,为这家久负盛名的川菜老字号重张庆典增添了喜庆色彩。通过家庭厨艺 PK 以及经典老川菜的半价酬宾等活动,四川饭店在附近社区的居民中造成了良好的社会影响,成为名副其实的"社区餐饮旗舰"。

(二) 赞助活动

赞助活动是社会组织通过提供资金、物质、人员来支持某项社会福利、公益和慈善事业或社会活动,以赢得政府、社区及相关公众的支持,创造组织生存和发展的良好环境,获得一定形象传播效应的公共关系专题活动。

近几年来，随着人们对公关理念的正确认识与把握，赞助活动受到了越来越多的社会组织的重视。李宁集团赞助中国奥委会、联想集团赞助 2008 北京奥运会、蒙牛集团赞助 2005 年超级女声总决赛，这些都是非常成功的赞助活动。

组织通过赞助活动，一方面是为了表达爱心，承担社会责任，关心社会公益事业，树立起良好的组织形象；另一方面也是一次十分有效的宣传机会，而且这比之商业广告更具说服力，是种种广告形式所无可比拟的。搞好赞助活动，对于组织而言，能进一步扩大知名度、增强信任度、提高美誉度。

1. 赞助活动的类型

（1）赞助体育活动。这是组织赞助活动最常见的一种形式。赞助体育活动的优势在于吸引力大，影响面广，感染力强，因此，许多组织赞助体育活动较为常见，被称为"体育公关"。赞助体育活动形式很多，主要以捐赠、组建俱乐部、以组织名义举办体育比赛等。比如奥运会赞助商仅中国企业就有统一、伊利、恒源祥、搜狐、联想、海尔等。国外的企业有三星、可口可乐等。长虹赞助中国乒乓球队，联邦快递赞助中国羽毛球队。还有一些企业赞助中国的一些联赛，CBA 联赛、乒乓联赛、中超等，并组建了以赞助商冠名的俱乐部。

（2）赞助文化艺术活动。近几年由组织赞助电影、电视、戏剧、音乐会、展览、知识竞赛等文化活动越来越多见，这也是提高组织知名度和美誉度的有效公关策略和途径。比如奥迪赞助朗朗的"最美的华人之声"大型公益交响音乐会。

（3）赞助教育事业。赞助教育事业主要是赞助学校教学设施、设定奖学金、帮困基金、捐赠图书资料、投资办学、合作进行产学研研究等。比如香港"船王"包玉刚、"传媒大王"邵逸夫等都在内地高校投资设立了以其名字命名的图书馆、科学馆，提供奖学金等。宁波的大红鹰集团、华茂集团都投入巨资赞助甚至组建学校，这里追求的首先不是利益的回报，而是支持教育事业的发展。

（4）赞助社会公益事业。赞助社会的各种公益事业主要包括社会公共设施的投入建设，如出资修建马路、天桥、公园、路标等。这一方面可以为政府减轻建设压力，赢得政府公众的信赖；另一方面又能为广告市民公众带来方便，赢得市民的好感。

（5）赞助社会福利事业。赞助社会福利事业主要包括为社会上各种需要社会照料与温暖的人如革命军属、残疾病人、孤寡老人，社会福利机关如敬老院、儿童福利院提供物资经费帮助，并开展各项服务活动。此外，还包括赈灾救济活动等。这类赞助活动是组织塑造爱心形象的重要而有效的途径。

2. 赞助活动的操作

（1）赞助活动应遵循的原则。

① 合法原则。合法原则是开展赞助活动的基本要求。组织开展赞助活动必须遵守国家的政策法规。

② 社会效益原则。组织所赞助的活动必须有积极的社会进步意义和广泛的社会影响力，所赞助的对象必须有可靠及良好的社会背景和社会信誉。

③ 传播效果原则。赞助本身是一种直接提供金钱或物质来进行的传播活动，因此必须讲究传播效果。所赞助的项目应有利于扩大本组织的知名度和美誉度，同时还要分

析公众及新闻界对有关赞助项目的关注程度。

④ 量力而行原则。参与赞助活动必须考虑所赞助项目的费用是否合理，本组织的经济承受能力能否接受，切忌"打肿脸充胖子"。

⑤ 自愿原则。赞助必须是一种自觉的主动的行为，以赞助方愿意提供赞助为前提。

（2）赞助活动的程序。

① 赞助研究。了解赞助对象的基本情况，确定组织赞助的方向和政策，分析赞助的成本，可能获得的效果。

② 制订计划。在赞助研究的基础上，组织应制订出相应的赞助计划，包括赞助的目的、赞助对象的范围、赞助费用的预算、赞助形式、赞助实施的具体步骤和时机等内容。赞助应控制范围，防止赞助规模超过组织的承受能力，做到有的放矢。

③ 审核和评定。确定可行性，赞助的具体方式、款项、时机等，从而制订出此项赞助活动的具体实施方案。

④ 具体实施。对赞助计划的具体项目，应指定专人负责，充分运用各种公共关系技巧，尽量扩大组织的社会影响。

⑤ 检验效果。赞助活动完成后，应对赞助的效果进行调查测定，并对照计划检查完成情况，写出报告存档，为以后的赞助研究提供参考资料。

（3）赞助活动的注意事项。

赞助活动的策划是一门艺术，并不是组织的任何赞助活动都会取得预期的效果，因此，在策划赞助活动时要注意以下需要几点：

① 赞助要符合本组织的特点。一般来讲，组织应有针对性地选择赞助内容。

② 赞助活动要适时。比如，根据不同的节庆日来选择赞助活动的对象。此外，结合组织的开业、周年庆、新年节庆等日子进行公益赞助活动，也更能引起公众的注意。

③ 要优先对各种慈善事业、社会福利事业和活动、公共设施、教育事业进行赞助。

④ 要注意留存一部分机动款项，作为遇到临时、重大活动时的备用款。

⑤ 特别行业的赞助活动要注意赞助的特殊性。例如深圳市某宾馆在市场竞争中也是以"体育公关"而赢得美誉。该宾馆先后赞助了"全国保龄球精英赛""第六届全运会""第八届亚乒赛""全国健美精英赛""太平洋国家协会联盟锦标赛"等比赛，并接待了赛事的相关人员，使宾馆成了"体育之家"，从而引起了新闻界、体育界广大公众的关注与好评。

| 案例 5-1-2 |

酒店服务献爱心

广州流花阁酒店自开业以来一直以服务残疾人士为宗旨，率先出资铺砌残疾人士专用的轮椅通道，为他们设置专用洗手间、推出价廉物美的残疾人套餐、设计盲文菜谱等，被称为"残疾人之家"。又如中国大酒店，曾以"四季厅"一天的营业收入全部捐赠给残疾人福利基金会、给孤儿院贻送汉堡包等。这些赞助活动，都为酒店增强了美誉,均在公众心目中留下了良好而深刻的印象。

(资料来源:郭惠民,《中国优秀公关案例选评(之五)》,复旦大学出版社2003年版)

案例评析:从本案例可以看出,为残疾人投入爱心,既有利于塑造自身形象,又能为社会带来效益。作为成功的社会赞助活动,它使众多残疾人感受到了酒店带来的温暖,使社会公众看到了酒店爱心的奉献,它营造了良好的有利于企业发展的人文环境。

| 课堂讨论 |

从上面案例两家酒店本次为残疾人出资开展赞助捐赠活动的组织实施中,你能得到哪些启示?

(三)展览会

展览会是通过实物的展示和示范表演来展示社会组织的成果和风貌的公共关系专题活动。展览会以极强的直观性和真实感,不仅会加深参观者的印象,大大提高组织和产品在参观者心目中的可信度,而且还可以吸引众多的新闻媒介的关注,取得更大的宣传效果。

1. 展览会的类型

展览会的类型很多,组织要根据自己的情况和目标,恰当地选择展览会的类型,以收到更好的效果。根据不同的角度,展览会可以划分为以下不同的类型(见表5-1)。

表5-1　　　　　　　　　　展览会分类

分类标准	类别	特点	展览会实例
展览的性质	展销会	既"展"且"销",目的是做实物广告,促进商品销售。	"迎春节吃穿用商品大展销"
	宣传展览会	只"展"不"销"目的是宣传一种观念、思想、成就等。	"国际图书博览会"
展览的内容范围	综合性展览会(横向展览会)	全面介绍一个国家、地区或组织的情况,要求内容全面。	"广州中国出口商品交易会"(广交会)
	专题性展览会(纵向展览会)	围绕某一专题、专业或产品举办的展览会,要求主题突出,内容集中,有一定的深度。	"苏杭丝绸服饰展销会"
展览举办场地	室内展览会	显得较为隆重,且不受天气影响,举办时间灵活,长短皆宜。但设计布置复杂,花费较大。	"浙江投资贸易洽谈会"
	露天展览会	布置工作简单,花费较少。但受天气影响大,从而影响展览效果。	"国际狩猎和运动武器露天展览会"

续表

分类标准	类别	特点	展览会实例
展览的规模	大型展览会	通常由专门的单位举办,规模大,参展项目多,举办技术较高。	"世界博览会"
	小型展览会	一般由组织自己举办,展出自己的商品。	组织最新成就的各项产品、技术和专利
	微型展览会	小型展览会的进一步微缩,一般不在社会上进行商业性展示。	商店的橱窗展览、流动的展览车等

2. 展览会的操作

（1）分析参展的必要性和可行性。展览会需要投入较多的人力、物力和财力，因此在举办展览会之前，首先要分析其必要性和可行性。如果不进行科学的分析论证，就有可能造成两个不良后果：一是费用开支过大而得不偿失；二是盲目举办而起不到应有的作用。

（2）确定主题。每次展览会都应有一个明确的主题，并将主题用各种形式反映出来，如主题性口号、主题歌曲、徽标、纪念品等，必须弄清楚是要宣传产品的质、品种，还是要宣传组织形象；是要提高组织的知名度，还是要消除公众的误解。

（3）选择地点和时机。地点的选择要考虑三个因素：交通是否便利，周围环境是否有利，辅助系统如灯光系统、音响系统、安全系统、卫生系统等是否健全。如果自己组织的展览会，宜选在交通方便，环境适宜，设施齐全的地方。

（4）准备资料，制定预算。准备资料是指准备宣传资料，如设计与制作展览会的会徽、会标及纪念品、说明书、宣传小册子、幻灯片、录像带等音像资料，包括展览会的背景资料、前言及结束语、参展品名目录、参展单位目录以及展览会平面图等资料的撰写与制作。举办展览会要花费一定的资金，如场地和设备租金、运输费、设计布置费、材料费、传播媒介费、劳务费、宣传资料制作费、通讯费等，在做这些经费预算时，一般应留出5%~10%做准备金，以作调剂之用。

（5）培训工作人员。展览会工作人员素质的好坏，掌握展览的技能是否达到标准，对整个展览效果起着关键作用。因此，必须对展览会的工作人员，如讲解员、接待员、服务员、业务洽谈人员等进行培训。培训内容包括公关技能、展览专业知识和专门技能、营销技能，社交礼仪等。

（6）做好展销会的效果测定。为了组织有更好的发展，每举办一次活动都应做事后效果测定工作，可采取问卷调查、统计参观人数、销售利润、有奖问答等多种方式来进行该项工作。

案例 5-1-3

展览中的精品：乐高国际大展

如今，在香港，乐高国际大展已经成为每年举办的大型玩具展览活动。这一展览活动都在每年的复活节与儿童节举行，每次都能吸引成千上万的小朋友和他们的父母们前来参观。然而，1982年，乐高玩具积木的总代理在香港举办第一次展览活动时，却遇到了问题。举办展览活动的场地——香港展览中心，地理位置偏僻，交通不便，而且过路天桥少，小朋友们过马路非常不方便。主办方认为，要吸引人前来参观，首先就要解决好这样两个难题：一是使不便陪同孩子前来的父母，能放心地让他们前来；二是带着孩子前来的父母，则不用为寻找场地或交通上的烦恼而操心。

乐高玩具积木的总代理将此事全权委托给了公关顾问公司。该公关顾问公司在接受了委托以后，首先对乐高总代理需要他们做的事情做了详细的分析，得到的结论是：①展览场地香港展览中心的正确位置必须加以宣传，以便市民前往参观；②由于交通不便，必须为参观者设想，提供改善方法，才会吸引更多的人前去参观；③必须使不便陪同孩子前去参观的父母们放心，让他们的孩子们自己前来参观；④展览现场必须提供一些可供参与性的活动，如有奖游戏等。根据这些结论，公关顾问公司分别采取措施，策划实施了一系列公关活动。

公关顾问公司把这次公关活动的目标对象除了定位于父母及子女外，更重要的是照顾到了各种机构的参与者，尤其是学校、慈善团体、儿童活动中心及青少年活动中心等。

目标对象定位之后，公关顾问公司开始着手宣传方面的工作。他们详细拟定了会前、会中、会后分别要播出的新闻稿件。并利用所有可资利用的材料制成"新闻资料套"，准备在开幕典礼上派发。接下来为开幕典礼做了充分的准备，打印出了被邀请的新闻界嘉宾的名单，设计并发出了请柬。为了加强宣传，又联络了两家电视台，为他们安排了事前的录像并要求他们到时加上展览现场盛况的报道，在儿童节那一天播出。

为了帮助想参观的人能找到展览中心的正确位置及交通情况，公关顾问公司在所有请柬上都附有特别设计印制的一张简单的地图，以供参观者备查。

为了方便参观者前来，公关顾问公司建议租用大轿车向参观者提供免费接待服务，以解决一部分参观者的困难，而且也表现了主办者的诚意。

为了使不便陪同孩子前来，而又担心孩子自己前来不安全的父母们放心，公关顾问公司建议乐高总代理加强对学校及社会服务机构的宣传，并特别设计印制了海报、请柬和位置简图等，大量寄给有关学校和机构，邀请他们组成参观团，集体参观。

一切方便参观者的措施落实之后，展览现场的宣传活动就变得极为关键。为了搞活展览现场的气氛，提高参观者的兴趣，展览现场主要搞了四项公关活动。一是除了以乐高玩具为主题的展览外，增设与乐高玩具有关的有奖竞赛活动。二是设每日抽奖，在当日的入场券存根中抽出10名幸运奖，各奖乐高的积木玩具一份。三是建议乐高总代理免费接待社会福利机构的儿童，除了不收入场券以外，还送给每位儿童一份礼物，并提议把开幕日当天上午定为"儿童嘉宾时间",特别开放给上述儿童参观。四是为便于记者在现场采访,公关顾问公司提议在开幕典礼前两个小时特设"新闻界预展",招待新闻界的代表参观,给他们最大的摄影方便,安排他们访问主办者等。

以上所有这些措施都实行得非常顺利,加上天公作美,这次展览获得了空前的成功。5天内,参观者超过12万人次,这在当时的香港展览中心是一个空前的记录。各大报刊或在展前或在展后都有报道,事后汇集有剪报计有60多份,大大提高了乐高的知名度。

(资料来源:周群,《商战公关36计》,河北人民出版社1996年版)

案例评析: 要搞好展览活动,除了要有一个良好的客观基础,即企业的优秀成果、优质产品及良好的服务素质,还要注意把握展览会的目标公众,分析目标公众的特点和需求,有针对性地设计布展,加强展会的宣传,乐高国际大展的成功正是一个极好的说明。

课堂讨论

重读上面的案例,谈谈举办展览会的成功秘诀。

(四)对外开放参观

对外开放参观是社会组织通过组织和邀请员工家属、媒体机构及其他相关公众到本组织参观,以此来传递组织信息,让公众更好地了解自己或消除对本组织的某些误解,谋求公众的理解、信任与好感的公共关系专题活动。

俗话说"百闻不如一见"。对外开放参观活动,可以让公众亲眼看见组织的整洁环境,先进的工艺,现代化的厂房设备,科学的管理制度,高素质的人员以及给社区和社会所做的贡献,还可以通过组织历史等资料向公众立体、全面地展示组织的过去、现在和未来前景。通过这种直接地向来访者展开宣传攻势,以证实组织存在的价值。同时能最直接地了解到公众的看法,做到组织与公众之间的双向沟通,是提高组织知名度和美誉度的最好契机。

1. 对外开放参观的类型

(1)组织按照一定的目的选择一定的时间和参观范围对社会公众进行开放,这种开放有时候限制公众类型,有时候不加限制。公众较为松散。

(2)组织对一定的参观访问代表团开放,这主要是接待性的,公众较为集聚,具有一定的组织性和可控性。

2. 对外开放参观的操作

(1)确定主题。任何一次对外开放参观活动都要首先应确定一个明确的主题,即通过这次活动希望达到什么样的效果,给参观者留下什么印象。

(2)选择开放时机。组织对外开放时机的选择应以不影响组织的正常工作为标准,同时要考虑选择公众方便的时候开放。另外,要为对外开放参观活动的准备工作留有充足的时间。

(3)安排参观路线。要提前划分好参观线路,制作向导图及标志,表明办公室、餐厅、休息室、医务室、厕所等相关地方。如有保密和安全需要,应注意防止参观者越过所限范围。

（4）做好宣传工作。要想使对外开放参观活动获得成功，最重要的是做好各种宣传工作。应准备一份简单易懂的说明书，发给参观者。参观之前可先放电影、录像或幻灯进行介绍，帮助参观者了解主要概况。然后再由向导陪同参观者沿参观线路做进一步解释和答疑。要搞好环境卫生和参观地点的装饰，场景的布置，实物的陈列等。

（5）搞好接待工作。应有专门的接待人员负责登记、讲解、向导等工作。安排合适的休息场所和茶水饮食，赠送有意义的纪念品。有关部门负责人或组织负责人必要时要亲自出场热忱地迎送参观者，介绍本组织的发展情况，感谢来宾光临。

（6）收集公众意见。参观活动结束后，除了做好欢送工作外，最为重要的是要竭诚征求大家的意见，收集参观者的建议，整理分析后提交相关部门，有些意见还应在组织予以采纳并确定相应措施后给予答复。

案例 5-1-4

全英化工企业"开放日"

化学工业是英国最成功的产业之一。1986年是国际工业年，这为化工企业宣传自己，赢得所在社区对自己的支持，提供了一个很好的机会。为此，代表全英化工企业的行业协会——英国化工企业联合会（以下简称联合会），策划和组织了一系列公关活动，其中之一是全英化工企业"开放日"。

"开放日"这种活动，过去曾有少数化工厂单独搞过，但全国范围内的化工厂在同一天向公众开放，这在英国还是第一次。联合会策划这一活动的指导思想是：这一活动会促进社区公众对化工企业的熟悉和好感，认识到化学工业造福人类。而其"共时"的安排则会使活动有一种全国性的气势。

"开放日"的前一个月，有关活动的新闻发布会分别在格拉斯哥、利物浦和伦敦等城市举行，通过新闻媒介的报道，社会公众对这个活动产生了很大的兴趣。

联合会通过电视台，播出了14个宣传这个活动的节目，地方电台和报纸的报道则更多。总的来说，媒体的反应很好。

在"开放日"活动准备和举行的整个过程中，联合会和各企业特别注意和强调以坦诚和公开的态度与公众进行交流。各开放点企业使用的宣传品，力求用朴实的语言探讨化工产品安全生产和运输、环境保护等公众普遍关心的问题，陪同来访者参观的企业管理人员则热情地向大家介绍各种情况，联合会制作的录像片《社区中的化工产品》也被许多开放点企业所采用。

联合会的精心策划和组织，企业以主人翁姿态积极参与，使"开放日"活动取得了很大的成功。事后，一位原先对化工企业持批评态度的人士也不由得在一家当地报纸上评论说："这是一次令人很感兴趣的企业参观活动，有关人员用了许多时间和精力来答复来访者提出的各种问题。"

（资料来源：赵文明，《公关智慧168》，机械工业出版社2006年版，有删减）

案例评析：组织开放活动有利于让社会公众全面了解一个组织，也是消除公众与组织之间误解的绝好办法。常言道：耳听为虚，眼见为实。开放活动就是以实说服公众的。因此，它往往比任何强大的宣传手段都更具说服力量。全英化工企业的"开放日"活动，极大地拉近了公众与组织之间的距离。

> **课堂讨论**
>
> 结合上面案例，谈谈组织策划对外开放活动的关键在哪些方面？

三、公共关系媒体宣传策划

现代社会，由于大众传播媒体具有公开、快速、社会权威性大、容易形成轰动性效应等特点，成为公共关系实务活动的主要宣传手段。因此，公关媒体宣传策划对于组织赢得公众，广泛宣传组织，在同行业竞争中率先产生对社会的吸引力无疑是重要的工具。

公共关系利用大众传播媒体进行宣传策划，常用的方式主要有两种：一是召开新闻发布会，向媒体公布有关情况；二是策划新闻事件，吸引媒体进行报道。

（一）召开新闻发布会

新闻发布会是社会组织为公布重大新闻或解释重要方针政策而邀请新闻记者以及相关公众等参加的一种公共关系媒体宣传活动。它是组织与媒体建立和保持联系的一种较正规的形式，是组织让公众了解有关信息的最简洁、最有效的途径之一。

1. 会前准备工作

（1）确定举行发布会的必要性。根据新闻发布会的特点，在发布会举行之前必须对所要发布的消息的重要性、新闻价值及新闻发布的紧迫性与最佳时机进行分析和研究。

（2）选择主持人和发言人。新闻发布会中唱主角的除了举行发布会的组织，还有新闻媒体的记者。由于记者的职业要求和习惯，提问大都尖锐深刻，有时甚至很棘手，这就对主持人和发言人提出很高的要求。要求主持人思维敏捷，反应机敏，口齿伶俐，有较高的文化修养和专业水平。会议的发言人应由组织或部门的主管领导来担任，这样有利于回答问题的权威性。为了在发布会上能自如地应对记者，主持人和发言人需要在发布会之前进行必要的训练和准备。

（3）确定邀请记者的范围。邀请的记者范围应根据问题涉及的范围或事件发生的地点而定。所邀请的记者的覆盖面可广一些。

（4）准备发布会资料。新闻发布会需用的资料主要有两个方面：一是组织领导的发言稿；二是新闻媒体的报道提纲。发言稿内容要求全面、准确、简明扼要，主题突出。报道提纲是事先发给记者作为采访报道的参考，又称"通稿"。要注意发言提纲和报道提纲的内容要统一口径，以免引起记者猜疑。

（5）选择地点和时间。发布会的地点可以选择某一饭店或会议室等，主要考虑要给记者创造各种方便采访的条件。要重点注意会场的照明设备、视听设备和通信设备等。发布会的时间要注意：一要及时，不要拖；二要注意避开重大节日和社会活动。

(6) 准备参观和宴请。在发布会前后,可以配合主题组织记者进行实地参观、采访,并派专人接待,介绍情况。为了使新闻发布会收到最大的实效,在财力允许的情况下,可在会后安排宴会或工作餐。这有助于与新闻媒体进一步联络感情,及时获得反馈信息。

(7) 制定费用预算。应根据会议的规模和规格做出费用预算。发布会费用项目一般包括：场地租用费、会场布置费、印刷品、礼品、文书用具、音像器材、邮费、电话费、交通费、餐饮费、住宿费等。注意在制定费用预算时,要留有余地,以备急用。

2. 会中注意事项

(1) 做好来宾的接待工作。在新闻发布会召开之前要来宾的签到、引导来宾就座、分发资料、倒茶水等相关接待工作。

(2) 发挥主持人的主持和组织作用。引导记者踊跃提问,控制整个会场的气氛、节奏。如当记者的提问离开主题太远时,主持人要能巧妙地将话题引向主题,发言人通过回答问题将话题引到会议的主题上来。如对于不愿发表和透露的内容,应委婉地向记者做出解释。如遇到回答不了的问题时,应告诉记者如何去获得圆满答案的途径。切忌随便打断或阻止记者的发言和提问。

(3) 程序安排要紧凑、详细。发布会时间一般宜控制在一小时以内。

(4) 对待记者的态度要真诚、主动。

3. 会后总结工作

(1) 搜集新闻稿件。对与会记者报道的新闻稿件的内容及倾向性进行归类分析,检查是否达到了举办新闻发布会的预定目标。

(2) 了解与会者反应。找出工作中的欠妥之处,改进今后工作。

(3) 整理会议记录材料。对发布会的组织、布置、主持和回答问题等方面的工作做一总结,从中认真汲取教训,并将总结材料归档备查。

| 案例 5-1-5 |

一言之差　满盘皆输

几年前,中央电视台举行奥运金牌拍卖仪式,准备将拍卖所得捐献给希望工程。T市某一外资企业也进京参与了这场拍卖,公关人员事先进行了精心的策划:他们并非真的想要拍得这块金牌,而是想要借拍卖之机,让他们的总经理在中央电视台上亮相,以增加企业的知名度,并赢得社会的好评。他们根据拍卖的规则,让总经理拍到第二高的价位便停止,以便拍卖结束后,接受中央电视台的采访。整个采访的过程中,两家企业的老总按照记者的提问作了回答,相比之下,T市这家外资企业总经理的亮相,按照公关人员的设计,显得更加精彩。

采访即将结束,原以为大功告成,不料中央电视台记者的最后一个问题,使这位总经理"麒麟皮下露出马脚"。记者问,你们花了这么大的人力、物力、财力来参加拍卖,最后没有获得成功,你们亏不亏?这位总经理脱口答道,我们花了几百元,在你们中央电视台黄金时段亮相了二十多分钟,大大地宣传了我们的企业,提高了我们的知名度,请问在你们中央电视台黄金时段做一分钟广告没有几十万行吗?可见,我们大大地赚了一把!

这位经理充满"铜臭"的回答,弄得记者啼笑皆非、气得策划者们垂头丧气、引得电视机前的观众嗤之以鼻。

这次"赔了夫人,又折兵"的失败充分说明,举办新闻发布会千万马虎不得,小小的一个纰漏,有可能铸成大错!

(资料来源:赵文明,《公关智慧168》,机械工业出版社2006年版)

案例评析:T市外资企业利用公众的焦点、热点来提高企业的知名度,树立企业形象,本无可厚非。但是对待公众一定要真诚,不能欺骗公众的情感,否则会适得其反。在与媒体交往,接受采访时言谈尤其要注意分寸,不能过于随意。

| 课堂讨论 |

上面的案例中如果你是这位总经理,你会怎样回答呢?

四、策划新闻事件

策划新闻事件,又称"制造新闻",是组织围绕某个公共关系目标,通过有计划的、巧妙的策划与安排,有意引起新闻媒体关注和报道的一种公共关系媒体宣传方式。

1. 策划新闻事件的关键

策划新闻事件是一种无偿利用大众传播媒体进行组织的宣传,其成功的关键在于所策划的事件一定要具有新闻价值。

2. 策划新闻事件的操作

(1)"制造新闻"是要策划一个确有新闻报道价值的活动来吸引新闻界的关注,而不是凭空捏造。

(2)"制造新闻"应抓住本时期内公众或社会最关注的话题来策划。

(3)"制造新闻"时要突出创新性。策划的新闻事件本身要鲜有发生,创造吸引公众注意的超常规做法,使之更能迎合新闻媒体及公众的兴趣,激发公众的好奇心。增加新闻发布的概率,更大限度地提高和发挥新闻的价值。

(4)"制造新闻"应首先注重社会效益,要围绕有利于塑造组织形象和声誉,远播知名度和美誉度的方向策划新闻事件,不要片面地追求轰动效应。

(5)"制造新闻"时要充分利用"名人效应",有意识地把组织和某些权威人士或社会名流联系在一起,增加报道的含金量,以引起媒体的关注并使得他们愿意主动报道。

| 案例 5-1-6 |

牛仔裤上的公关意识

上海蓓英百货服装店,是一家特约经销牛仔裤的个体集体联营商店。前几年,在服装业日趋萧条的情况下,店主想出了颇具公关意识的一招:定做了一条近2米长,腰围1.3米宽的特大牛仔裤悬挂在店堂,上面别着一张纸条,纸上写着"合适者赠送留念",以此招揽顾客。

  这一别出心裁的做法,引来了不少高个子和大块头,他们苦于无处购买合适的牛仔裤而到此处碰碰运气,然而,这条牛仔裤实在太肥大了,他们只能望"裤"兴叹,但小店的名气却由此而大振:这种奇妙宣传逐渐引起了新闻媒介的注意。《新民晚报》、《解放日报》等纷纷对此做了报道,使这家原本淹没在个体市场的小店,竟一下变得家喻户晓。人们普遍关心的是:"牛仔裤被穿走了吗?"

  不久,第一个幸运者出现了,上海浦东陆行镇腰围1.30米的退休工人陆阿照穿走了第一条超大型牛仔裤,人们的情绪陡然高涨了,《解放日报》以"腰围1.3米的牛仔裤被穿走了"为题报道了这一新闻。蓓英百货服装店又一次名声大振。在此期间,国家女篮的郑海霞曾到店里来试试,但因裤腰太肥而不无遗憾地走了,店里特意到广州重新定做一条,赶到北京去送给郑海霞。这样,蓓英服装店的名声从上海传到了北京。中国"巨人"穆铁柱是慕名而来的第三位幸运者,他光顾"蓓英"的这一天,这间只有一间门面的小店顿时热闹非凡,很多人围拢在此,争相观看穆铁柱穿牛仔裤的场面,在这位2米多高的巨人面前,一旁的售货员和观众简直成了小娃娃,在那些好奇的观众看来,这本身就是一大"奇观"。店主把穆铁柱送出店门之后,"穆铁柱穿上了牛仔裤"的消息不胫而走,各大小报刊纷纷报道,上海电视台、中央电视台也相继播放这条新闻。就这样,蓓英百货服装店没花一分钱广告费,仅用三条超大型牛仔裤就轻而易举地名扬全国,营业额翻了几番。

(资料来源:网络资料《公共关系学案例分析》)

案例评析:蓓英服装店原本是一个鲜为人知的小店铺,但店主十分精明,且深谙新闻媒介的特点和作用。她一方面通过悬挂超肥超大牛仔裤的手段,另一方面借助名人效应,通过吸引公众注意,制造了一个具有价值的新闻热点并大获成功,使得这家个体集体联营的小店名扬全国。

课堂讨论

  请举例说明组织是如何策划新闻事件来吸引媒体和公众的关注?

第二节 公共关系广告

案例5-2-1

《华尔街日报》上的一则奇特广告

  1986年6月,在美国最重要的商业报纸《华尔街日报》上,反复出现了一则广告——一张占据整版篇幅的中国领导人邓小平的特写照片。不过,出钱登广告的人,并非中国的任何组织,而是美国太平洋电话公司。细看之下,广告上有几行文字,其内容也确实紧扣画面,主要是宣传邓小平业绩。它写道:"邓小平是一位成功的改革家,他的主要法宝就是鼓励分权,实行多种经营。在农村,搞承包责任制和包产到户,在城市则给企业下放自主权"。在最后,该广告才寥寥数语地提到自己的主人,说:"美国太平洋电话公司是从美国电报电话公司独立出来的新公司,望各位新老顾主给予充分的信任和合作。"其弦外之音是:本公司的成立及经营的宗旨,与邓小平的改革方针是如出一辙的,而邓小平的巨大成功,可以说就是本公司具有光辉前景的有力证明。

(资料来源:丫丫,《利用伟人的巨大号召力——太平洋电话公司的
形象广告策略》,《华商》2002年第Z2期,有删减)

案例评析:《华尔街日报》上刊登的这则广告,以邓小平这一显赫的人物,突出地宣传了美国太平洋电话公司多样化的经营方针。这是则典型的公关广告,其构思角度卓尔不群,匠心独运,给人们留下了深刻的印象。

课堂讨论

列举你所看到的一些广告,并将其归类,试着总结它们之间存在的区别?

一、公共关系广告概述

(一) 公共关系广告的含义

现代社会,日常生活中到处弥漫着广告的气息。作为一种特殊的传播形式,它不仅贯穿于人们的生活,而且很大程度地支配着人们的消费观念、消费方式,影响着人们的价值观。广告也因此被人们称为"第八艺术"。

广告是公共关系中的重要传播媒介,把广告意识引入公共关系,则形成公共关系广告。公共关系广告又称"形象塑造广告",它通过花钱购买大众媒介或公众传播机会,传播产品之外的各种与公众有关的组织信息来扩大组织的影响,提高组织的知名度、美誉度、和谐度,以期树立一个良好的组织形象。公关广告的目的并不是在于直接宣传、推销某种产品,而是希望人们接受他们的观点。

(二) 公共关系广告的特点

现代广告主要可以分为三种:商品广告、公益广告和形象广告。其中公益广告和形象广告都可归为公共关系广告。在日常生活中,我们接触到的最多的广告类型是商品广告,这是一种宣传某种具体商品或服务以促进销售的广告。

尽管公共关系广告和商品广告都是广告,但公共关系广告作为一种特殊形态的广告,与一般的商品广告相比,具有不同的特征。公共关系广告传播的中心是组织的总体形象和战略目标,或者说是组织的声誉。而商品广告传播的中心只是某种具体的商品或服务项目,要公众"爱我"或是要公众"买我"是公共关系广告与商品广告的本质区别。比如,对一个汽车制造厂来说,商业广告的重点是宣传汽车的质量、性能、价格等,而公共关系广告则要宣传企业的技术水平和企业应尽的义务职责,以此获得良好的声誉。

（三）公共关系广告的作用

公关广告在表达方式上一扫商品广告的商品味，而显得超脱、含蓄、一往情深，且具有艺术魅力。因此，一些聪明的企业家往往更喜欢做公共关系广告。公共关系广告的作用主要有以下三点：

首先，塑造形象。这是最根本的作用。通过公共关系广告，使公众对组织有一个良好的印象，或建立起某一方面的良好印象。美国《时代周刊》曾对64家企业进行有关公共关系广告的研究发现：做公共关系广告的企业，普遍具有高记忆度、高熟悉度、良好印象度和行为支持度。参加调查的企业一致同意这样一个观点：公共关系广告可以影响公众对组织的信心和信赖。

其次，体现宗旨。公关广告通过宣传组织精神、组织文化、组织的服务宗旨和对公众的态度，以及对于生活的一贯立场等，可使公众加深对组织的了解和认识，加深对组织行为的理解和支持。

最后，改变观念。许多公共关系广告往往将一些新的观念引入人们的日常生活，以自信的语言加以肯定。

（四）公共关系广告的类型

公共关系广告的主题是组织的观念、实力、善意、声誉和形象。其具体形式非常多样，如企业广告、观念广告、公益广告、赞助广告、响应广告、祝贺广告等。我们将这些公共关系广告分为三种类型。

1. 企业广告

"企业广告"也可称为"企业形象广告"，是以提高组织知名度，树立组织良好形象为主要目标的公共关系广告形式。主要是介绍企业各方面的情况，目的在于树立良好的企业形象。这类广告在宣传形式上主要表现为以下三个方面：

（1）宣传企业的价值观念。对内产生凝聚力，对外产生感召力，使企业的形象连同它的观念和口号深入千家万户。如飞利浦的广告口号是"让我们做得更好"，IBM的广告口号是"IBM意味着最佳服务"，海尔的广告口号是"真诚到永远"。这些口号都从为公众的需求出发，表达了企业的经营理念，使它们成为顾客心目中"信得过"的企业，在市场占有率上有着极大的优势。

（2）介绍企业的状况，包括企业的生产和技术以及企业的规模、历史、货源、服务、人员素质等情况。如美国西尾电气公司曾在《时代周刊》上刊登岁末广告，把本年有关该公司的各种新闻和报道汇集在一起，并以"一年来本公司的一切好消息"为总标题。这则广告发出后，极富成效，使广大读者对美国著名的西尾公司有了形象的认识。

（3）解释生产目的和消除误解。当公众对企业的有关情况因不了解而产生误解时，刊登解释性、纠正性的广告可以帮助企业消除一定的误解，保护已建立起来的声誉免遭破坏。

| 案例5-2-2 |

加拿大多伦多木材公司每年采伐的木材量很大，因而经常遭到有关生态平衡保护组

织的不满和抗议。该公司为了宣传自己既采伐又种植的保护森林绿化与生态平衡的经营宗旨，特别精心制作了几组风景照片广告，有的是该公司新栽培的大片绿油油的幼林，有的是堆放着齐刷刷的木料，旁边都有可爱的小动物在嬉戏玩乐，并且冠以"我们崇拜大自然"的醒目标题。这些广告张贴散发后，受到了有关森林绿化部门和生态平衡保护组织的欢迎，极为有效地改善了企业在公众心目中的形象。

案例评析：对于社会组织而言，收集信息固然重要，可以随时了解组织的外部舆论环境状况。但是当与公众出现不和谐的状况时，要及时分析原因，迅速处理。处理的方法之一就是对外进行信息传递，通过各种传播媒介将组织的真实正面的情况告知公众，从而改善企业在公众心目中的形象。

2. 公益广告

这类广告是以强调组织和社会生活各方面的关联性和公共性，争取社会各界公众的理解和支持，提高组织美誉度为主要目标的公共关系广告形式。比如，以环境保护、公共道德、禁毒戒烟、资助慈善机构、援助受灾的灾民为主题公关广告等。

如珠海特区塑胶工业有限公司痛感某些人的社会公德意识日益淡漠，觉得有必要参与到社会生活中去，便与珠海电视台合作拍摄了"九州快镜"公益广告专辑，每晚在黄金时间播出。该专辑以轻松、幽默、形象生动的艺术手法着重宣传了交通安全、卫生常识、环境保护等公众关心的问题，播出后引起了强烈的反响，珠海特区塑胶工业有限公司也由此受到了社会公众的一致好评。

3. 礼仪广告

这类广告以对组织内外的人事关系表达自己的态度、争取公众对组织的信任、理解和好感，以进一步加强和密切各种关系为主要目标的公共关系广告形式。包括祝贺广告、谢意广告、歉意广告。目前我国企业对祝贺广告运用得越来越多，比如当某家企业新开张或周年纪念，以同行的身份刊登广告以热烈祝贺等，经常可以在报刊上看到整版篇幅的此类广告。如上海电器总厂在步入千禧年时做过一条祝贺广告：

手挽手肩并肩心连心我们共同步入21世纪

值此步入21世纪之际，上海电器总厂的全体员工向关心扶植本厂成长的社会各界朋友致意！

二、公共关系广告策划的基本原则

公关广告策划——根据组织的整体战略，按照一定的程序对公关广告的总体战略进行运筹和规划。它以科学、客观的公关调查为基础，以富有创造性和效益性的定位策略、诉求策略、表现策略和媒介策略为核心内容，以公关广告的效果评估为终结。

影响公共关系广告效果的因素很多，任何组织要想制定出成功的公共关系广告，必须在策划公共关系广告时，既遵循公共关系广告策划的原则，又体现公共关系广告的个性特征。公共关系广告策划的原则主要体现在以下几个方面：

（1）合法性原则。这是公共关系广告最基本的原则。公关广告主要是侧重树立社会组织的形象，任何公众都不会对一个违反法律的组织产生好感。

（2）创新性原则。与所有的广告一样，公共关系广告追求的也是"创意至上"的原则。创造性是公共关系广告策划成功的关键和保证。随着市场的变化，组织在市场的竞争越来越激烈，而创造性的公关广告策划能够有效地吸引公众的"眼球"，从而提升企业的知名度、美誉度等。

（3）思想性原则。公共关系广告推销的是形象、观念而不是产品，因此，公共关系广告应以特定的思想选题，注意广告的社会性、公众性、文化性、思想性等，减少商业化的痕迹，把公众利益、社会进步当作组织的基本任务。同时，又要将艺术性融入思想性中，增强广告的可看性。如美国的戒烟广告告诫人们："为了使地毯没有洞，也为了使您的肺部没有洞——请不要吸烟。"

（4）情感性原则。公共关系广告应让人愉快接受，在晓之以理的同时，必须动之以情。观念本身较抽象，功利成分少，不易引起公众的注意。如能把观念依附在较易被人接受的情感成分上，则容易引起公众共鸣。

如美国 BBDD 广告公司支持发动了一个募捐广告运动，援助那些失去依靠的孤儿。它以报刊广告为主，最突出的一幅是两位依偎在一起的孤儿，用可怜的目光注视着读者，一只有力的大手伸向他们。标题是"GIVE"（给予）。主题鲜明，震撼力强。结果 2200 个社会福利团体得到充足经费，而且 BBDD 广告公司的业务量也骤然猛增，一直居全世界最大的广告公司前列。

（5）倡导性原则。公共关系广告应采取正面倡导为主、提醒规劝为辅的方式，与公众进行平等的交流。丰田汽车公司在中国台湾的代理——和泰汽车股份有限公司，曾发动过一个公共关系广告运动，宣传交通安全，并在报上刊登系列广告，主要用漫画形式提醒司机注意几种危险的广告。创意颇佳，画面活泼流畅，给人深刻印象。广告运动持续了一个半月，其后进行的市场调查表明，公众对和泰的认知率上升 23.2%，支持率上升 19.6%，营业额也有显著提高。

三、公共关系广告策划的技巧

公共关系广告的目的是树立组织的形象，取得公众的支持和谅解。但并非组织一做公共关系广告就能成功，而且往往与其目的相悖。因此，必须掌握一定的公共关系广告策划制胜的技巧，以达到最佳的广告效果，实现公共关系广告的目的。

（一）公共关系广告定位策划

公共关系广告定位，就是在广告信息传播过程中，组织通过突出符合公众需要的个性特点，确定组织的基本经营理念及其在竞争中的方位，并在公众心目中确定一个位置，或占有一席之地。

1. 组织理念定位

（1）经营宗旨定位。组织的经营宗旨是组织的经营哲学，主要包括组织的经济观、社会观、文化观。经营宗旨定位事实上是组织自我社会定位。汇丰银行企业的"环球金融，地方智慧"主题，是对其企业文化的阐释，表明自己全球视野和本土化的经营宗旨。SUN公司的宣传主题是"We make the net work.（我们做的是网络）"，明确了企业的宗旨，用来区别于微软公司，让人感觉到企业清晰的定位和过人的自信。

（2）经营方针定位。组织的经营方针是组织运行的基本准则，不同行业在经营方针的选择和确定上具有一定的倾向性，而这种倾向性往往是由组织生存发展环境所决定的。川池酒的经营方针定位于高品位，大品牌，大众潮流生活的缔造者。在这一方针指导下，广告口号为"品味人生，人生品位"。既起到取悦了消费者，满足了消费者的心理需求，又提升了川池酒的形象。

（3）经营价值观定位。

组织的经营价值观即经营理念，反映出组织的文化建设水准。组织的经营价值观定位，一旦经广告传播，会使组织的形象连同它的口号，深入到公众的心目中。宁波大红鹰的广告口号"大红鹰，胜利之鹰""大红鹰，新时代的精神"，给公众留下了深刻的印象，对内具有凝聚力，对外具有感召力。

2. 组织文化定位

组织的文化定位是使广告的内容能展示一种文化，标示一种期盼，表征一种精神，奉送一片温馨，提供一种满足。日本企业在中国销售中，更加追求中华民族文化的认同感，如三家汽车公司的广告口号分别是"车到山前必有路，有路必有丰田车""有朋自远方来，喜乘三菱牌""古有千里马，今有日产车"。三家汽车厂商都巧妙地引用了中国人非常熟悉的三句话，增强了广告的感染力和渗透力。

（二）公共关系广告诉求策划

由于受到某些限制，如电视广告受到时间的限制，平面广告受到版面的限制，因此如何对广告内容进行有效诉求，直接影响到公共关系广告的成功。因此，需要掌握一定的诉求策划方式和技巧。

公共关系广告诉求是让公众正确理解并接受广告所宣传的组织理念、文化等的一种说服策略。公关广告的诉求方式主要有三种，分别是理性诉求、感性诉求和道义诉求。其中理性诉求的总体的特点是"以理服人"，多用于商品广告中，内容往往侧重于商品的功能、价值等。而在公共关系广告中，运用比较多的是感兴诉求和道义诉求。

1. 感性诉求策略

感性诉求的特点是"以情动人"，它是以人性化的内涵接近公众的内心，让他们参与或者分享某种情感经历，从而建立与组织之间的情感关联，对组织产生情感化的偏爱。包括爱的诉求、生活情趣诉求、幽默诉求等。国外一个著名的交通安全广告："阁下驾驶汽车，时速不超过30公里，可以欣赏到本市的美丽景色；超过60公里，请到法庭做客；超过80公里，请光顾本市设备最新的医院；上了100公里，祝您安息吧！"通过一种幽默的情趣使公众在欢笑中自然而然地接受信息"控制车速"，从而增强广告的感染力。

| 案例5-2-3 |

堪称国内情感广告标板之一的"雕牌"洗衣粉电视广告在将企业欲诉求的情感结合社会事件的表达上拿捏得恰到好处：

年轻妈妈下岗了,为找工作而四处奔波。懂事的小女儿心疼妈妈,帮妈妈洗衣服,天真可爱的童音说出:"妈妈说,'雕牌'洗衣粉只要一点点就能洗好多好多的衣服,可省钱了。"门帘轻动,妈妈无果而回,正想亲吻熟睡中的女儿,看见女儿的留言——"妈妈。我能帮你干活了!",年轻妈妈的眼泪不禁随之滚落……这份母女相依为命的亲情与产品融合,成就了一个感人至深的故事,"雕牌"形象深入人心。

(资料来源:《浅谈情感广告》,锐思管理网)

案例评析: 纳爱斯集团在这个广告中首先抓住当时"下岗"这类普遍的社会现象,通过这个广告,表现出对下岗女工的关注,从而引起公众对企业的认可。其次在中国的传统道德文化里,百善孝为先,所以广告情节里安排稚嫩的女儿替妈妈分忧,更是赢得公众的好感。这个广告的成功关键在于切中公众的情感要害。

2. 道义诉求策略

道义诉求,又称为公益诉求,其主要用来指导公众有意识地分辨什么是正确的和什么是适宜的。在公益广告中运用较多。尤其是在特殊时期,在广告中采用道义诉求的方式确实对稳定社会民心,提高民众的某种意识具有强大的影响力。比如在2003年非典时期,章子怡在公益广告中现身说法,告诉公众要勤洗手,对"非典"不必害怕。这个广告采用的就是道义诉求方式。一个以《助残,从我做起》为标题的公益广告,广告文案为"因为有你,从此我们的生活充满希望!"这个广告是反映社会公德内容的公益广告。具有直截了当,直击公众心田的传播效果。

(三)公共关系广告文案表现策划

经过了公共关系广告定位、广告诉求策划之后,就进入了广告表现策划阶段。把广告创意具体化,使策划者的构想通过象征性的问句或映像、直率的视觉和听觉冲击力表现出来,变为现实,这就是公共关系广告表现策划的内涵和使命。根据实际操作,公共关系广告表现策划主要分为广告文案表现策划和广告视图表现策划两部分,其中视图表现策划主要是广告设计方面的内容。这里重点分析广告文案表现策划。

一个成功的公共关系广告文案表现策划应具备醒目鲜明、通俗易懂、创新变化等特点。那么在进行公关广告文案表现策划时,应掌握哪些技巧呢?

1. 策划具有震撼力的标题

据调查表明,读标题的人是读正文的人的五倍,一则广告的成败,在很大程度上取决于它的标题质量。广告标题的策划要具有震撼力,这样才能在第一时间吸引公众的眼球。

一要做到简单明了,引人入胜;二要做到突出组织特点;三要有独创性;四要附有趣味性;五要与广告中的其他内容协调一致。

案例 5-2-4

中国电信的"慰问电报(肩篇)"广告的标题是"寄不去一双可依靠的肩……",配合漂亮的图片,富有情感和视觉冲击力,吸引人去阅读广告正文的内容。它的正文内容是:

真情不论远近,真心没有距离

远方，有一个人已经很疲惫，可你寄不去一双可依靠的肩……

你的挚友是否不太顺心？你的驻外员工是否很辛苦？你的亲人是否需要您的问候？4月10日起，中国电信在原有礼仪电报、庆贺电报、请柬、吊唁三种业务之基础上，增开慰问礼仪电报新业务，如果您想表达一份关怀和鼓励，或是一份爱心与挚情，请使用慰问礼仪电报，详情可就近查询邮电部门。

关心的滋味？得到的人最为明了……真心的表达？中国电信想得最是周到。

（资料来源：道客巴巴）

案例评析：中国电信的"慰问电报（肩篇）"广告的标题"寄不去一双可依靠的肩……"这标题简洁、新颖，同时还有留白，不仅能够吸引公众的注意力，而且还能调动公众仔细品味字句中的意味。

2. 策划具有生命力的正文

公共关系广告正文可以使公众了解到各种希望了解到的信息，公众在正文的阅读中建立起对组织的了解、兴趣、信任。

案例 5-2-5

宁波大红鹰在的形象广告飞机篇的正文是：

标题：胜利是一种信念

正文：心比天高/从不接受命由他人定/呼啸的快感/胜过平静与沉寂/一生追求那种/非常态下的体验/且留下一条胜利的尾影/让人去崇尚仰息/回到天空 我的舞台/大红鹰 胜利之鹰

案例评析：这则广告文案的正文部分在突出宣传企业形象方面颇具魅力，文字简练、语言优美、情感浓郁、意境深远，突出了大红鹰集团"大红鹰 胜利之鹰"的企业理念。

3. 策划具有影响力的口号

广告口号是为了加强公众对组织的印象而在广告中长期、反复使用，旨在向公众传达一种长期不变的观念的语言或文字。广告口号的策划是现代广告中常用的重要形式。

广告口号要做到简洁易念、意境深远、个性鲜明、情感渗透、感召力强、相对稳定。

如某药厂的广告口号是"悠悠寸草心，报得三春晖"；中国网通的广告口号是"由我天地宽"；小天鹅的广告口号是"全心全意小天鹅"；飞利浦的广告口号是"让我们做得更好"等，这些广告口号由于经常使用，成为企业形象的一个部分，从而加深了广告宣传的效果。喜来登饭店集团的广告口号是"在喜来登，小事不小"。仔细品味，作为服务业的饭店，树立组织形象的往往就是一些小事，但如果都能当大事来处理，企业形象自然就得到了树立，其内涵很雅致。

（四）公共关系广告媒体策划

作为广告最终与公众接触的渠道和承载广告信息的载体，媒体已经成为组织每时每刻必须考虑和必须认真对待的问题。目前，对每个组织而言，可供发布公共关系广告的媒体很多，那么，该怎样来选择有效的负载广告信息媒体呢？

（1）媒体的传播面要广。衡量媒介传播面的大小，可从传播的数量和质量两方面进行分析。传播数量是指某种媒介所拥有的受众数量。传播质量，即某传播媒介已经建立起来的影响和声誉如何。

（2）媒体的传播速度要快。根据广告传播的公众对象、内容来考察媒体可提供的时段、版面、空间是否可满足组织公共关系广告发布的时间要求。

（3）媒体的针对性要强，根据广告传播的公众对象，有针对性地选择媒体。比如针对少年儿童的广告，最好发布在电视台的儿童节目时段或少年儿童报纸杂志上。针对年轻的白领女性的广告，最好发布在时尚类杂志或互联网的相关栏目中。

（4）媒体的价格要廉。进行公共关系广告的媒体策划时，还要根据组织的经济情况，分析媒体的相对价格，用尽可能少的钱办尽可能多的事。

（五）公共关系广告效果评估策划

19世纪美国著名的企业家约翰·瓦纳梅克曾经说过这样一句名言："我明白自己花在广告方面的钱有一半是浪费了，但我从来无法知道浪费的是哪一半。"而这个问题一直困扰着众多的企业管理者们。大多数组织都想衡量一个广告的传播效果，即广告发布后，对公众的知晓、认识和偏好的影响。这就需要对公共关系广告的效果进行评估。

公共关系广告效果评估的内容主要包括三项指标的测评：注意率、记忆率和经营效果。

（1）广告注意率的测评。广告注意率，是指一则公共关系广告刊播后，在公众中引起的注意的程度如何。对广告注意率的测评，可采用抽样调查和典型调查的方法。

（2）广告记忆率的测评。受众对公共关系广告的记忆程度是衡量公共关系广告策划、工作成败的重要因素。测评的方法主要有直接观察、面谈调查、电话调查及通过调查表格进行的书面调查等四种方法。

（3）广告经营效果的测评。这种方法是把公共关系广告的费用变化与经营效果联系起来对广告效果进行评估。

公共关系广告效果率可用以下公式求得：

$$公共关系广告效果比率 = \frac{所得到的效果（如市场占有率、知名度的增加）}{公共关系广告的费用} \times 100\%$$

通过以上方法，可以测评出本组织公共关系广告宣传的效果如何，也能进一步了解组织在公众心目中的地位。从而使组织在公共关系广告的策划上不断改进，不断提高广告效果。

组织要成功地策划一则公共关系广告，必须做大量的实际工作，对组织有个全面认识，对市场进行深入的调查与研究，并通过策划的定位、诉求、创意表现、媒体选择、效果评估等诸多方面来完成传播，从而达到即定的广告宣传目的。

第三节　公共关系谈判

案例 5-3-1

智与谋的较量

1987年9月30日，中日双方关于中国进口日本产FP—418型货车损坏赔偿谈判在北京正式举行。双方出席谈判的都是精兵强将，国家主管部门作为我方参加谈判的全权代表。中方在谈判前，进行了仔细的调查研究，并摸清了双方的各种有关情况，制订了数套谈判方案，做到了胸有成竹。双方代表步入豪华的谈判室，彼此见面时，都彬彬有礼、谈笑风生，气氛轻松、自然。然而，在这友好、自然的气氛背后，彼此都感觉到对方不凡，一根根心弦都绷得紧紧的。因为这是关键性的一搏，结局如何，可不是十万、八万的小数目，而是几亿、十几亿的得与失。人民在期待着，国际新闻界、贸易界在关注着，经济权益和政治声誉双重担子压在中方谈判人员的身上。气氛缓和既是战略上的需要，也表现着一个国家的外交礼貌。而在战术上，则来不得半点马虎和差错。此次谈判经过一次次激烈奋战，一次次沉默与冷战，一次次地重新打破僵局，出现新的转机。最终，一起罕见的特大索赔案通过中方谈判人员艰苦的谈判而获得了成功。

(资料来源：李嘉珊，《国际商务礼仪大讲堂》，中国海关出版社2009年版)

案例评析： 公关谈判是一件非常困难的事情，难就难在谈判双方有着利益冲突和需求差异需要沟通调和。在这种情况下，谈判双方的谈判策略、谈判技巧对谈判成功显得尤为重要。中日关于FP—418型货车损坏赔偿案是一则经典的公关谈判案例，它的成功就是中方代表在有理、有利、有节的谈判技巧下，获得了圆满解决。

课堂讨论

从上面案例中，你觉得公关谈判与其他谈判相比，具有哪些特点？

一、公共关系谈判概述

(一) 谈判及公共关系谈判

古往今来，谈判的种类很多，有军事谈判、政治谈判、经济谈判、外交谈判，也有日常谈判。从根本上来讲，谈判是人们为了改善相互关系而交换意见，为求得一致而相互磋商的一种社会行为。

公共关系谈判是指当社会组织的利益与公众利益发生冲突时，组织为了塑造良好形象，协调和改善社会组织之间、社会组织与公众之间关系，争取合作、支持与谅解而进行沟通的过程。它是组织与公众之间的一种特殊的双向沟通方式，是组织在生存和发展过程中不可缺少的一项经常性的公共关系活动。

开展公关谈判的目的是使各方达成一项协议、解决一个问题或做出某种安排，从而消除和避免组织之间、组织与公众之间的纠纷与误解，促使参与谈判各方的共同利益得以实现，塑造和维护组织的良好形象。公关谈判已成为现代组织解决冲突和矛盾的主要手段。

（二）公共关系谈判的特征

1. 互利性

利益发生冲突的社会组织之间、组织与公众之间，之所以能平心静气地坐下来，以和平的方式就各自的利益进行友好、平等的协商，其根本原因是冲突背后隐藏着共同利益。通过公共关系谈判，各方获得满意的结果。

2. 组织性

组织性是公共关系谈判不同于一般谈判的一个显著特点。整个谈判从目的、过程到结果均是从组织角度出发，是一种有计划、有目的的组织行为。

3. 自愿性

公共关系谈判活动得以进行，总是以各方自愿参加为先决条件。一方强求另一方进行谈判，必然会导致中途夭折。只有彼此都抱有谈判的愿望，谈判才可能进行下去。

（三）公共关系谈判的原则

1. 真诚坦率原则

公共关系谈判中的真诚，是谈判各方要遵守的最重要的谈判原则。在谈判过程中，要做到态度诚恳，以诚待人。谈判内容真实，不弄虚作假，不口是心非。做到真诚坦率，有利于消除误会，化解矛盾，获得谅解，达成协议，收到化干戈为玉帛的效果。

2. 平等相待原则

公共关系谈判中参与谈判的各方，不论在实力和地位上有多大的差距，彼此在谈判中都享有同等的地位和权利，均应尽相同的责任和义务，谈判者之间的利益是互相依赖、互相促进和互相制约的。谈判各方要自始至终坚持平等相待的原则，切忌以强凌弱，以大压小。

3. 友好协商原则

公共关系谈判中，各方参加谈判的目的是达到利益的"双赢"，为了争取和维护自身的利益，在谈判中难免会发生争执，甚至是激烈地争论，如何才能做到消除矛盾和维护利益而两全其美呢？只有坚持友好协商的原则，这样才能在谈判中创造和谐的、宽松的氛围。

案例 5-3-2

保持温和的态度

在一次公关谈判上，与会诸君各自坚持自己的立场及主张，反复申辩他们的意见是有根据的。并且相互责难，随着又用尖锐、刻薄的语言刺激对方，一时火药味甚浓，使谈判无法正常进行。谈判负责人建议大家休息一下，以便使会场换换新鲜空气。

20分钟过后，人们激烈的情绪稍稍得以平息，绷紧的神经也稍有松弛，当大伙都回到会议室,那位负责人宣布:"在没有继续讨论前,让我们再听一遍刚才的争辩。"于是他很快打开了录音机。(刚才这架录音机是在人们没有察觉的情况下,录下了所有参加谈判者的辩论)。于是每个人都仔细地从嘈杂喧嚣的争辩中寻找自己的声音,人们似乎都难以相信自己竟会如此粗暴无礼、失去常态。一位颇具绅士风度的某广告公司经理居然从自己的吵骂中分明听出有一句不堪入耳的话,惊骇地摸了一下自己精心梳理过的头,连连摇头自叹。此时,负责人说道:"好了,让我们继续讨论吧!"谈判于是继续进行,并终于达成了共识,收到了预期的效果。

(资料来源:何思静,《公关谋略与技巧》,四川大学出版社1997年版)

案例评析: 这位负责人其实并没有做实质性的动作,他只是心平气和地让那些参与谈判的人自己领悟,却起到了奇佳的效果。保持温和的态度是谈判者应有的品格,泼妇骂街式的谈判绝不应出现在公关谈判桌上。创造友好协商的谈判氛围是谈判成功的关键所在。

4. 互惠互利原则

借助公共关系谈判旨在能够满足各方的需求,体现的各方利益。因此,在谈判过程中,必须坚持互惠互利的原则,任何一方不得损人利己,坑害对方利益,要尽可能地追求各方利益的最大化。

案例 5-3-3

一句话节省了 500 万美元

广东玻璃厂和美国欧文斯公司之间,曾就引进美国玻璃生产线进行了一场谈判。双方在全套引进和部分引进的问题上发生了分歧:美国方面坚持要求中国方面全部引进,而中国方面以外汇有限为理由坚持部分引进。谈判陷入了僵局。在这关键时刻,中方厂长对美方的首席代表说:"全世界都知道,美国欧文斯公司的设备是第一流的,技术是第一流的,产品是第一流。如果欧文斯公司帮助我们广东玻璃厂走在中国同类企业的前列,那么,全中国都将知道欧文斯公司。我们厂的确因外汇有限,不能全部引进,这一点务必请美国朋友们谅解。我们也相信美国方面在我们困难的时候会伸出友谊之手。"结果,美方代表接受了中方代表的意见,僵局迎刃而解,谈判顺利地按我方的愿望达成了协议,为国家节约了500万美元的外汇。

(资料来源:《市场导报》2006年11月16日)

案例评析: 一个优秀的谈判者,首先要有商人的精明,要意识到谈判并不是无休止地讨价还价,也不是要蛮横不讲理。谈判应是互惠互利的,没有胜败之定论。能把谈判对手变成为朋友,正是老练的谈判家的高招。广东玻璃厂在与美国欧文斯公司进行谈判时,摆事实,讲道理,由互相对立的局面,改变为同心协力的一体,在高效率,协调人际关系上达成协议。

5. 求同存异原则

公共关系谈判中,冲突、争论是不可避免的。当谈判各方存在意见分歧时,就要坚持求同存异原则,"求大同、存小异",保证双方的基本权利和要求实现。尤其是组织与公众的利益发生矛盾冲突时,组织在谈判的过程中,为了赢得公众的理解、同情和支持,组织在保证基本利益的基础上,可适当地做些不违背原则的让步。

公共关系谈判的核心问题是谈判各方在利益上发生了矛盾与冲突,为了维护各自的利益而达成彼此均可接受的协议,这是公共关系谈判的目的所在。高明的谈判家,总是把谈判的注意力放在利益上,而非矛盾冲突,总是力图透过矛盾的背后,寻找共同的利益。这既是维护自身利益,又是谋求谈判成功的明智之举。

二、公共关系谈判过程

公共关系谈判的过程就其一般而言,大致由准备、洽谈、公证三个阶段构成,其中洽谈阶段即正式谈判过程,是核心阶段。

(一)准备阶段

要使公共关系谈判顺利而有效地进行,谈判的任何一方都必须进行认真而充分的谈判准备。所谓"知己知彼,百战不殆",谈判的准备主要包括对方情况的了解和自我谈判设计两个方面。

1. 对方情况了解

在谈判前,首先要了解和分析即将面对的谈判对象。主要可以从三个方面去了解:

(1)了解对方谈判人员的构成和权限。一般而言,对方谈判人员的级别越高,表明对方对谈判越重视,谈判权限越大,谈判达成协议的可能性就越大。根据对方的谈判人员,来确定我方谈判人员和权限。

(2)了解对方谈判的真正目的。这有助于谈判双方事先做好应付的策略,打有准备之仗,取得谈判的主动权。

(3)了解对方谈判所持的立场、要求。只有这样,才能求同存异,确定己方的利益目标和对谈判应持的立场与态度。

2. 自我谈判设计

根据了解到的对方的情况,有的放矢,做好己方的谈判准备。主要可以从三个方面去设计:

(1)明确己方在谈判中的优势与不足,这是制定谈判目标和方案的前提。

(2)确定谈判的具体目标。主要可分为期望目标、一般目标、临界目标。期望目标也称理想目标,是指组织在谈判过程中所追求的最高目标,作为与对方讨价还价的筹码,一般实现的可能性不大。一般目标是组织在谈判过程中努力实现的目标。临界目标是组织在谈判过程中可以接受的最低目标,也就是谈判一定要实现的目标,否则宁可谈判破裂。

(3)制订谈判方案。根据谈判目标,制订最佳谈判方案和替代方案,使自己在谈判中能做到遇乱不惊,遇变不慌,始终把握谈判的主动权。在谈判方案的制订中,还要注意谈判时间、场地、谈判人员的选择。谈判时间的选择要考虑己方谈判准备的充分程度、谈判人员的情绪状况、谈判的紧迫程度、气候、季节等因素。谈判地点的选择则应尽可能地选择己方单位。谈判人员的选定则要根据谈判的性质、内容和对象来决定。

（二）洽谈阶段

洽谈阶段是公共关系谈判过程的核心阶段主要包括导入、概说、明示、交锋、妥协、协议六个阶段。

1. 导入阶段

谈判的导入阶段，标志着公共关系谈判活动的正式开始。这一阶段的目的主要是让谈判各方相互认识，彼此熟悉，以创造一个有利于谈判的良好氛围。同时，通过前期的接触，确定本次谈判的议程，找到各方关注的焦点，各自都做好相应的准备。

2. 概说阶段

谈判的概说阶段是谈判各方第一次正式的会谈，是真正认识谈判对手及其意图的投石问路时机。谈判各方应简要地亮出自己的基本想法、意图和目的，以求为对方所了解。一般来说，谈判各方此时都较为谨慎，也不会出示关键的资料，只是利用这段时间摸底。

3. 明示阶段

谈判的明示阶段，标志着公共关系谈判进入了实质性问题的洽谈磋商阶段。在这个阶段，谈判各方会根据前一阶段谈判各方表述的意见，尤其是双方意见存在分歧的地方，进一步明确各自的利益、立场和观点。

4. 交锋阶段

交锋阶段是谈判的必经阶段。谈判各方都会尽力争取自己所需的利益，自然这就会有矛盾，而矛盾的激化就会导致对立状态的出现。这时，谈判双方相互交锋，彼此争论，紧张交涉，讨价还价，各方列举事实和数据，希望对方了解并接受自己的条件。交锋阶段需要谈判各方具有坚强的毅力，付出较大的精力。要求谈判人员具有能言善辩和较强的应变能力。

5. 妥协阶段

交锋结束后，各方便会相互让步，寻求一致，达成妥协。妥协是谈判不可缺少的组成部分，交锋阶段不可能无休止。只要谈判双方有共同利益，有达成协议的意愿，谈判各方就一定会妥协。当然，妥协是有一定范围和限度的，妥协的原则就是既不放弃自己的立场和利益，又兼顾对方的利益。实践证明，向对方做出某种让步，这是最终获得谈判成功的重要一环。

6. 协议阶段

协议阶段就是把谈判各方经过交锋和妥协基础上形成的共识，用协议的形式予以认可。谈判进入协议短短，切不可掉以轻心，稍有不慎，谈判仍有可能破裂。尤其是在协议起草、签字时，一定要对协议上的文字做认真、细致、谨慎的斟酌和检查。

（三）公证阶段

公证阶段实际上是公共关系谈判的善后处理阶段，主要是协议公证。这一阶段虽然过程简单，但作用重大。谈判协议一般都要通过法律部门的公证，使协议的内容对谈判各方均具有法律的约束力。协议公证是减少纠纷、避免起诉、保证协议顺利实施的有效办法之一。

三、公共关系谈判策略和语言技巧

公共关系谈判是一场心理较量，也是一场集知识、智慧、口才、耐力和团队精神等诸多要素的综合考验。成功的谈判可以使组织受益匪浅，失败的谈判则可能使组织损失巨大。作为一项极具艺术性和技巧性的行为，公关人员必须掌握一定的公共关系谈判策略和技巧，在组织或参与谈判时，认真对待、精心设计、精心组织，以保证谈判的成功。

（一）公共关系谈判策略

1. 揣摩策略

公共关系谈判中，对谈判者来说，最重要的是要了解对方对谈判所抱的态度和所要达到的目的。在谈判前，可以通过搜集对方资料的方式，来揣测对方的目的。在谈判中，则可以通过各种发问的方式来了解对方的谈判目的和态度；也可以通过观察对方谈判人员的表情和动作来揣摩对方的态度、目的与心理活动。从而有效地制订己方的谈判策略。

| 案例 5-3-4 |

荷伯购矿

一次，美国谈判家荷伯受人之托，代表一家大公司到俄亥俄州去购买一座煤矿。矿主是一个强硬的谈判对手，在谈判桌上，他开出了煤矿的价格——2600万美元。荷伯还价是1500万美元。

"先生，你不会是在开玩笑吧？"矿主粗声粗气地说。

"绝对不是，但是请你把你的实际售价告诉我们，我们好进行考虑。"

"没有什么好说的，实际售价就是2600万美元。"矿主的立场毫不动摇。

谈判继续下去。荷伯出价逐渐升高，但是矿主依然是一副泰山压顶不变色的神态，拒绝作出让步。谈判陷入了僵局。为了查明原因，荷伯只得一顿接一顿地邀请矿主吃饭。一天晚上，矿主终于对荷伯说出了他的真实想法："我兄弟的煤矿卖了2550万美元，还有一些附加利益。"荷伯心中顿时豁然开朗："这就是他固守那个价钱的理由。他有别的需要，原来是我们的疏忽。"

掌握了这一个重要的信息，荷伯立即向公司请示，他说："我们首先得搞清楚他兄弟的公司究竟确切得到多少，然后我们才能商量我们的报价。"公司同意了荷伯的意见。不久，谈判顺利达成了协议，最后的价格并没有超过公司的预算，但是付款的方式和附加条件使矿主感到自己干得远比他的兄弟强。

（资料来源：谢承志，《公关谈判艺术》，同济大学出版社2001年版）

案例评析： 荷伯购矿经过了漫长而艰巨的谈判，在一无所获的前提之下，面对谈判过程中出现的僵局，他并不气馁，而是反复思考，找出问题的突破口，从而使困难迎刃而解。因此，在谈判过程中，作为一个理智而冷静的谈判家，应该揣摩对方的真实心理，只有这样才能一矢中的,顺利实现自己的谈判目标。

2. 沉默策略

公共关系谈判是一种双向的交流活动,各方都在认真地捕捉对手的反应,以便于随时调整自己的既定方案。适当地运用沉默策略,常常令对方难以摸清自己的底细而做出有利于己方的承诺。在谈判桌上保持沉默,目的是要给对手施压,因此需要耐心等待,这样才能在长久的沉默中使对手失去冷静。

当然,在运用沉默的谋略的时候,要注意时机的选择、时间的长短等都是有讲究的。例如在还价中保持沉默,对手会误以为你默认了价格;又如沉默的时间较短,对手会认为你慑服于他的恐吓,反而增加了他的谈判力量。

| 案例 5 - 3 - 5 |

刻遵 VS 伊斯美:沉默的胜利

第一次世界大战之后,土耳其与希腊发生了外交冲突。希腊的盟国英国准备教训土耳其,纠集盟国,派出代表前往洛桑与土耳其谈判,企图胁迫土耳其签订不平等条约。英国派出的谈判代表是当时名震四方的外交家刻遵,而土耳其的谈判代表却是其貌不扬的伊斯美。

刻遵并不把伊斯美放在眼里,在谈判伊始就表现出不可一世的嚣张气焰。在他的影响下,其他国家的谈判代表也表现出盛气凌人、以势压人的态度。谈判形势对土耳其非常不利。然而,伊斯美却表现得不卑不亢,从容镇静。每当刻遵在谈判桌上大发雷霆,声色俱厉的时候,伊斯美总是若无其事地坐在那里,静静地听着,保持沉默。而等到刻遵脾气发完了之后,伊斯美就不慌不忙地张开右手,靠在耳边,把身体移近刻遵,温和地说道:"阁下您刚才说了什么?我还没明白呢。"意思是请刻遵再重复一遍。

伊斯美就这样以静制动,以柔克刚,在谈判桌上与各国代表苦苦周旋了3个月,最后在不伤大英帝国的面子的同时,取得了谈判桌上的胜利,维护了土耳其的合法权益。

(资料来源:林逸仙,《商务谈判》,上海财经大学出版社2004年版)

案例评析:沉默是话语中短暂的间隙,是一种超越语言力量的高超的传播方式,恰到好处的沉默常常能收到"此时无声胜有声"的谈判效果。

3. 主动策略

公共关系谈判中,谈判双方都高度紧张,若能在双方辩论谈判议题的过程中,趁对方不留心,迅速出击,控制谈判的议程,那么就会在心理上抢占优势,然后迫使对方按照自己的意图行事。

| 案例 5 - 3 - 6 |

主动出击

A 市的一家服务公司苦于没有业务,通过熟人的关系找到了 B 市的一家企业,愿意对该服务公司进行投资,联合建立一个加工分厂。在这个谈判中,B 市的这家企业作为投资方理应占有绝对的优势,服务公司对谈判的态度十分积极。

但是到了谈判的日期,服务公司却临时通知对方,请他们派出代表前往 A 市洽谈。本来,投资方是可以拒绝的,但他们已经在全厂开过会,对资金、技术、管理方面作了人员安排,所以他们不愿轻易放弃这场谈判,于是投资方如期派出代表到达该市。一连几天,服务公司或不见踪影,或以各种理由推托,使得谈判不能顺利进行。

投资方代表住在宾馆,开支增大,正焦虑时,谈判对手出现在谈判桌前,但此时的服务公司却没有表现出那副求助于人的面孔。他们找出种种理由,说明该项联营,己方劳民伤财,获益不大,因而没有多大的谈判兴趣。投资方因为远道而来,投入较多,不想空手而归,因此变主动为被动,失去了优越的谈判形势,不得不向对方做出让步。

双方原先协商的意见是:双方各投资50%,因投资方还有技术和管理方面的投入,因此利润分成比例为3:7;投资方占七成,服务公司占三成。但谈判的最后结果是双方各占一半。这是个出人意料的谈判结果。

(资料来源:中国公关网)

案例评析:服务公司之所以能扭转己方的劣势,变被动为主动,正是因为他们成功地运用了主动出击的谈判谋略,改变了对方对谈判的需求和依赖程度的局面,进而为己方获得了最大的利益。

4. 让步策略

在公共关系谈判中,当在遇到一些棘手的利益冲突问题,而又不能采取其他方式协调时,采用让步策略能够起到非常重要的作用。让步的谈判并不等于是失败的谈判。有经验的谈判者会用对自己不重要的条件去向对方交换对方无所谓,但是对于自己很在意的一些条件。这样的谈判才能是一个双赢的谈判。在使用让步策略时,要把握时机和一定的技巧。一是采用链条式让步法,即避免大起大落,或作一次性巨大让步。二是切忌作无谓的让步。三是对重大问题的让步要慎之又慎,切忌后悔。四是谈判最后一定要作一点让步,既可促使对方的让步,也可表示对对方的友好。

| 课堂讨论 |

你代表一家医疗器械销售公司向某家大型医院洽谈业务,其中一款设备报价是800元,你可以将价格降到720元成交,因此你谈判的空间是80元。如果是你,你会怎样让出这80元?

(二)公共关系谈判的语言技巧

公共关系谈判的过程是双方运用语言进行协商的过程。在这个过程中,彼此的心理活动、策略应对、观点的接近与疏远等,都是通过语言反映出来的。因此,语言运用的效果决定着谈判的成败。语言的运用成为实施公关谈判策略的重要手段。

1. 针锋相对的技巧

在公关谈判中,双方各自的语言,都是表达自己的愿望和要求的,因此谈判语言的针对性要强,做到有的放矢。要针对不同的谈判内容、谈判场合、谈判对手,有针对性地使用语言,才能保证谈判的成功。

2. 表达婉转的技巧

公关谈判中应当尽量使用委婉语言,这样易于被对方接受。比如,在否决对方要求时,可以这样说:"您说的有一定道理,但实际情况稍微有些出入",然后再不露痕迹地提出自己的观点。这样做既不会有损了对方的面子,又可以让对方心平气和地认真倾听自己的意见。

3. 灵活应变的技巧

谈判形势的变化是难以预料的,往往会遇到一些意想不到的尴尬事情,要求谈判者具有灵活的语言应变能力,与应急手段相联系,巧妙地摆脱困境。当遇到对手逼你立即做出选择时,你若是说:"让我想一想","暂时很难决定之类的语言",便会被对方认为缺乏主见,从而在心理上处于劣势。此时你可以看看表,然后有礼貌地告诉对方:"真对不起,9点钟了,我得出去一下,与一个约定的朋友通电话,请稍等五分钟。"于是,你便很得体地赢得了五分钟的思考时间。

4. 肢体语言的技巧

公关谈判中,谈判者通过姿势、手势、眼神、表情等非发音器官来表达的无声语言,往往在谈判过程中发挥重要的作用,有时可取得意想不到的良好效果。

总之,公共关系谈判是一项具有很强艺术性的工作,它牵涉的内容和能力都极为广泛,需要公关人员通过实践,积累经验,才能真正做好有关谈判的工作。

案例讨论与项目实训

一、案例讨论

(一)案例描述

整合公关活动:传承一脉,人文关怀

海南养生堂药业有限公司成立于1993年,总部设在浙江省杭州市,有员工1700多人,是一家生产和经营药品和保健品的现代化高科技公司。公司的目标是确立在药品和保健品领域的领先地位,创造优异的经济效益和社会效益,并在此基础上,创建一个"平等、友善、富裕的养生堂乐园"。它以"诚信、高效、务实、奋进"的精神训导员工,以市场为导向,以消费者为中心,为人类的健康事业造福。

项目实施

公益活动塑造形象:养生堂公司对自己的品牌有深刻的理解,并赋予了它独特的内涵。他们以消费者的需求为导向,非常注重公司在公众心目中的形象。公司自创办以来,发动和开展了一系列具有社会公益性的活动,以期营造企业良好的公众形象。例如:

(1)赞助中央电视台"98法国世界杯足球赛"演播。

(2)设立"谈家桢生命科学养生堂奖学金"。

(3)"助考大行动"和"雄鹰计划"。
(4)千岛湖大自然观光夏令营。
(5)农夫山泉千岛湖"寻源"活动。
(6)"100%野生龟鳖丸海南寻真"大行动。
(7)朵而杯"我心目中的好妻子"征文大赛。
(8)"女人什么时候最美"朵而设问征答活动。
(9)"健康中年"体质检测活动。
(10)炎热的夏季为高考考场外守候的家长们撑遮阳伞。
(11)关爱知识分子健康,关注健康人生的媒介策划。

以消费者为中心:九年来,养生堂为病友提供了赠药、优惠、义诊和上门服务等多种形式的活动,让众多的消费者真正感受到养生堂带来的实惠。"关心最需要关心的人,帮助最需要帮助的人"、"像对待自己家人一样对待消费者",养生堂把它的以消费者为中心的思想落到了实处。

以人情味、文化味的广告感染人。人们不会忘记养生堂龟鳖丸的那个广告作品:画面上一位略显憔悴的父亲,画外音是一个孩子稚嫩的声音:"这是我生平挣得的第一份工资,就去给爸爸买了几盒龟鳖丸……"广告以一句意味深长的"养育之恩,无以为报"结束,留给人们无限的回味和警醒——人世间的孝心善意也许就是这样一代代地感染着,延续着。

一则短短的广告,让我们在几秒钟内就领略到了一种浓浓地暖人心的温情,在中国这个传统环境的大背景下,这个广告可以说是极其成功的。养生堂充分地利用了电视广告这样一个大众传播手段,来为其树立企业形象服务。

项目评估

养生堂做的都是"美好"的事情:朵而是女人更美丽,龟鳖丸使亲情、人情更浓郁,农夫山泉使日常生活更纯净,清嘴含片使年轻女子更可爱,还有成长快乐使儿童更健康……这一切都是因为有了公关上的正确策划和组织,而使企业有了良好的形象。

(资料来源:何春晖,《中外公关案例宝典》,浙江大学出版社2011年版,内容有删减)

(二)提出问题
1. 海南养生堂公司是怎样把一系列公关活动整合在一起并不断推向高潮的?
2. 从现代企业的公共关系活动的策划与创意要考虑因素分析,海南养生堂这一系列活动的成功之处主要体现在哪些方面?
3. 开展公共关系活动应如何"运势"?

(三)讨论步骤
1. 针对本案例材料进行分组讨论。
2. 每个小组组长总结小组讨论情况,并选出自己小组讨论最充分的问题在班级交流。
3. 教师根据学生讨论发言情况点评总结。

二、项目实训

项目一：某公司拟借北京奥运会召开这一时机，策划一个公共关系活动，旨在传播该公司形象，请为该公司策划这一公关活动

（一）实训目的

掌握公共关系专题活动策划的方法和实施技巧，并有针对性地选择适合该公司形象宣传的公共关系专题活动形式。

（二）背景材料

北京奥运　商机无限

2008年，有着百年历史的奥运会，第一次来到有近13亿人口和五千年悠久历史的中国。北京奥运会的举办将进一步加深中国与世界的联系，为中国的经济发展提供巨大的推力。

一个为众多媒体曝光最多、一个为企业界研究最火、一个为广大老百姓谈论最多的词——"奥运经济"，一夜之间渗透到我们生活的每一个角落。

北京奥运，商机无限，但想分吃这块大蛋糕的人又何止千万。他们来自不同的国家、不同的民族、不同的行业，具有不同的肤色、不同的文化背景，他们磨刀霍霍，武器精良，准备在中国、北京这场"奥运经济"大战中，拼个你死我活。常言说得好：机会总是留给有准备的人。因此，无论各行各业，都必须在奥运到来前运筹帷幄，卧薪尝胆，苦练内功，方能赢得这场战争的胜利。北京奥运会提出了三大理念：绿色奥运、科技奥运、人文奥运。

（资料来源：杨艳，《以奥运的名义》，《经理日报》2008年8月3日）

（三）实训设计

1. 全班同学分成若干小组，每组5人左右并选出组长。小组成员共同协作，通过互联网、报纸、杂志等途径搜集相关资料（包括所选定的企业资料、北京奥运会资料等）。
2. 小组讨论，确定公关活动形式、活动目标、活动范围和拟投入经费等。
3. 小组撰写本次公共关系活动策划方案，并由一名成员准备班级的主题发言。
4. 全班举行本次公共关系活动策划方案交流会，小组之间就活动方案展开讨论。
5. 教师总结、指导。
6. 评分标准：小组自我评分占30%，学生互评占30%，教师评分占40%。

项目二：某家房产公司计划于2016年1月推出一个新楼盘，为了更好地宣传企业形象，增加楼盘的销量，公司老总要求公关企划部策划一则本公司的形象广告

（一）实训目的

掌握公共关系广告策划的技巧和实施。

(二) 背景材料

房地产行业呼唤企业形象广告

随着我国城镇新建住宅面积的不断增加，房地产销售日益重要，房产广告就成为每家发展商盘活存量，搞活流通的重要手段。纵观我国房产广告不难发现，楼盘广告多，开发商形象广告少，这种情况不能适应市场竞争的需要。如果说几年前人们买房产还仅仅局限于房屋本身的话，如今，房屋建造者的名字已从一种没有多少实际意义的符号，变成了消费者选择的依据。企业形象广告运用于房产销售，是现实的需要，可以增强所售楼盘的竞争实力。房地产市场呼唤大量企业形象广告的出现。

在消费者的心目中，好企业开发的楼盘质量是免检的，而且购买之后无后顾之忧。所以，作为房地产发展商，要想成为楼市的主宰，在抓房屋质量的前提下，应该不遗余力地进行企业形象的宣传，争夺潜在消费者，进而增强销售实力。

比如台湾华美联合建设公司兴建九龙大厦的广告。当这座大厦将公开销售时，华美联合建设公司刊出第一则报纸广告，大标题是《又要开会了》，标题下是一幅会议室的图片，图片下面是说明性的文字，主要内容是："我们为了最近即将销售的新厦，不知已经开过多少次会议，对于顾客的任何微小问题，都拿来当大问题……我们都是以最慎重的态度来进行。"紧接着，刊出第二则广告，大标题是《精心出细货》。标题下是几位专家在工作的照片，再下面是几段说明性文字，内容是："这一座新厦，99位专家历经240天的精心设计，将在最近与大家见面了。"

上面两则广告不同于一般的楼盘介绍，而是企业形象的宣传，是在建立华美联合建设公司的权威性，目的是让消费者了解到建筑这座大厦的建设公司是一家有组织、有规模、有良好经营方针的公司。它不是那种仅仅为了买卖房屋图利的公司。当这些住宅广告刊出一星期后，华美的全部房屋销售一空。

具有良好信誉的企业，加上过硬的楼盘质量，不断创新的广告宣传策略，必然会成为竞争激烈的房地产市场中的成功者。

(资料来源：《销售与市场》2006年3月19日)

(三) 实训设计

1. 全班同学分成若干小组，每组5人左右并选出组长。小组成员共同协作，通过互联网、报纸、杂志等途径搜集相关资料（包括所选定的房产商的资料、房地产行业形象广告资料等）。

2. 小组讨论，确定公关广告的主题（要求在广告中除了表现公司的实力、规模、技术、设备、管理等方面，还要力图给人以"可靠""稳固""先进"的企业形象）。确定广告媒介策略，选择针对目标公众的媒体。确定广告传播的时机。在公关广告的制作中，一要充分发挥创造性思维能力，广告的形式要新颖，小组成员间应集思广益，通过集体的智慧设计出优秀的广告；二要借用名人效应，借助社会名流、权威人士的声誉和信誉来制作公关广告。

3. 小组策划和制作这一形象广告。

4. 全班举行"某公司企业形象广告策划评比会"，各小组分别展示广告，师生共同评选出最佳活动方案。

5. 教师总结、指导。

6. 评分标准：小组自我评分占20%，学生互评占50%，教师评分占30%。

项目三：*假设你是济南市第一机床厂公关部的一名职员，厂长要求你代表本公司与美国卡尔曼公司就推销机床项目进行一次公关谈判*

（一）实训目的

通过模拟公关谈判，掌握公关谈判的策略和语言技巧。

（二）背景材料

济南市第一机床厂厂长在美国洛杉矶同美国卡尔曼公司进行推销机床的谈判。双方在价格问题的协商上陷入了僵持的状态。这时我方获得情报：卡尔曼公司原与台商签订的合同不能实现，因为美国对日、韩国和我国台湾地区提高了关税的政策使得台商迟迟不肯发货。而卡尔曼公司又与自己的客户签订了供货合同，对方要货甚急，卡尔曼公司陷入了被动的境地。我方根据这个情报，在接下来的谈判中沉着应对，卡尔曼公司终于沉不住气，在订货合同上购买了150台中国机床。

（资料来源：豆丁网）

（三）实训设计

1. 根据班级人数，进行分组，一般6~8人一组，两组一场，模拟公关谈判中的甲方和乙方；

2. 布置谈判场地，营造出谈判所需要的现场气氛；

3. 谈判中，要严格遵守谈判原则、围绕指定主题进行谈判（导入—概说—明示—交锋—妥协—协议）；

4. 教师评点学生的模拟谈判，对相关的基本技能操练进行指导；

5. 评分标准：小组自我评分占20%，学生互评占20%，教师评分占60%。

课后思考

1. 公共关系专题活动应遵循的基本原则是什么？
2. 如何做好举办记者招待会前的准备工作？
3. 展览活动的特征？
4. 进行赞助应遵循什么原则？
5. 公共关系广告策划的基本原则有哪些？
6. 公共关系谈判与一般商务谈判有什么相同点和不同点？
7. 公共关系谈判的程序一般有哪几个环节？

第六章 公共关系沟通与协调

> 组织开展公共关系工作的目的是通过管理活动和传播沟通活动，提高组织内部凝聚力，创造良好的、宽松的外部环境。通过本章学习，理解协调内部公共关系和外部公共关系协调的重要性，掌握组织公共关系中内部公众和外部公众的关系沟通协调的原理、方法和技巧，培养与人沟通合作精神。

学习目标

知识目标
- 掌握组织内外公众协调的原则、内容与形式
- 掌握内部正式组织、非正式组织以及员工关系协调的方法、技巧
- 掌握顾客关系协调的途径；掌握协调社区关系的方法
- 熟悉协调与政府、新闻媒体的关系，熟悉利用新闻媒体的时机选择

能力目标
- 培养开展和实施对内及对外公众关系协调的公关能力
- 掌握组织内部与外部公共关系协调中平衡、沟通的技能

先导案例

惠普的成功之道

美国惠普公司创建于1939年，1997年销售额为429亿美元，利润额为31亿美元，雇员近12万人，在全球500家最大的工业公司中排名第47位。惠普公司不但以其卓越的业绩跨入全球百家大公司行列，更以其对人的重视、尊重与信任的组织精神闻名于世。

作为大公司，惠普对员工有着极强的凝聚力。到惠普的任何机构，你都能感觉到惠普人对他们的工作是如何满足。这是一种友善、随和而很少压力的气氛。在挤满各阶层员工的自助餐厅中，用不了三美元，你就可以享受丰盛的午餐，笑声洋溢仿佛置身在大学校园的餐厅中。惠普公司的成功，靠的正是"重视人"的宗旨，惠普重视人的宗旨源远流长，目前还在不断自我更新。公司的目标总是一再重新修订，又重新印发给每位职工。每次都重申公司的宗旨："组织之成就乃系每位同仁共同努力之结果。"然后，就要强调惠普对有创新精神的人所承担的责任，这一直是驱使公司获得成功的动力。正

如公司目标的引言部分说："惠普不应采用严密之军事组织方式，而应赋予全体员工以充分的自由，使每个人按其本人认为最有利于完成本职工作的方式，使之为公司的目标做出各自的贡献。"

因此，惠普的创建人比尔·休利特说："惠普的这些政策和措施都是来自一种信念，就是相信惠普员工想把工作干好，有所创造。只要给他们提供适当的环境，他们就能做得更好"。这就是惠普之道。惠普之道就是尊重每个人和承认他们每个人的成就，个人的尊严和价值是惠普之道的一个重要因素。

惠普公司对职工的信任表现得最为清楚，实验室备品库就是存放电气和机械零件的地方。开放政策就是说工程师们不但在工作中可以随意取用，而且实际上还鼓励他们拿回自己家里去供个人使用！这是因为惠普公司认为，不管工程师用这些设备所做的事是不是跟他们手头从事的工作项目有关，反正他们无论是在工作岗位上还是在家摆弄这些玩意儿能学到一些东西。它是一种精神，一种理念，员工感到自己是整个集体中的一部分，而这个集体就是惠普。

公司采用的雇用制是日本大组织的典型做法，在欧美组织中形成鲜明的对照：重视个人，关心职工利益，与员工们同甘共苦。

惠普公司的用人政策是：给你提供永久的工作，只要员工表现良好，公司就永远雇用你。早在40年代，公司的总裁就决定，该公司不能办成"要用人时就雇，不用时就辞"的组织。在那个时候，这可是一项要颇具胆识的决策，因为当时电子业几乎是全靠政府订货的。后来，惠普集团的勇气又在1970年的经济衰退中经受到了一次严峻考验。他们一个人没裁，而是全体人员，包括公司领导在内，一律都减薪20%，每人的工作时数也减少了20%。结果，惠普保持了全员就业，顺利地熬过了衰退期。

（资料来源：哈文，《尊重每一个人》，《人民文摘》2005年第7期；网易社区；有删改）

思考：一个组织的成功究竟靠什么？分析讨论惠普公司成功最根本的原因是什么？

第一节 组织内部公共关系协调

组织内部公共关系协调是指一个社会组织与其内部公众之间的关系，以及组织为协调改善内部公共关系所进行的公共关系工作。通过管理活动和传播沟通活动构建良好的内部公众关系不仅有利于树立以社会组织为中心的群体意识，形成共同的价值观念，使个人的目标与组织目标达到高度一致，更有利于形成良性循环的激励机制，提高组织内部凝聚力，求得内部公众的和谐团结，取得内部公众的理解、信任和支持，充分展示社会组织的良好形象。

一、组织内部公共关系的构成

组织内部公共关系主要包括员工关系、部门关系和股东关系三部分。内部公众是直接隶属于某个社会组织体的，是该组织成员的一部分。

（一）员工关系

员工关系是指在企业内部管理过程中形成的组织管理者与员工之间双方良好沟通协调的关系，主要包括组织与员工、组织与团体、员工与员工、组织与员工家属等各种关系。组织与员工的关系是个体与集体的关系。组织内部公共关系并不完全等同于组织中的人事、劳工关系。在一个组织中，人事关系和劳工关系主要是以行政管理的物质手段来协调处理组织与员工的关系。组织内部的员工关系主要是采用信息传播的手段来协调处理组织与员工的关系，其目的是要实现一种介于组织管理者与员工之间的双方的思想沟通，促使组织的各项政策既能代表组织又能代表员工的利益，同时反映双方的愿望和要求，争取组织与员工公众间的相互信任与和谐的合作。

由于员工直接归属组织，依赖组织而生存，其个人目标和行为受到组织目标和行为的影响和制约，在组织内部公共关系中，必须正确处理好以下三种员工关系：

1. 管理人员关系

组织的管理人员是指组织内部各级业务部门主管人员和各个职能部门的主管人员。他们是组织的骨干，组织的生产经营计划以及所有的规章制度都要依靠管理人员去制定和实施。同时，管理人员还是组织内部正式信息渠道上的关键人物，承担着上情下达、下情上达传播沟通的重任，是组织的中坚力量。为此，企业应开展公关活动来协调与管理人员的关系，了解管理人员的个性、兴趣和要求等，并采取相应的措施来激发管理人员的热情。

2. 技术人员关系

组织目标的实现离不开科学技术，组织的技术水平和新产品的开发能力已经成为在市场竞争中制胜的关键因素之一。所以，专业技术人员是组织赖以生存和发展的主力军，是组织的宝贵财富。因而，在处理组织与技术人员的关系时，也要根据具体情况，采用灵活多样的方法，不仅要在生活上对他们多多关心，更为重要的是要为组织的各类技术人才提供施展其才智的广阔空间。

3. 操作人员关系

操作人员处于组织业务活动和日常工作的第一线，是产品或服务的直接创造者，他们的工作态度、工作热情、工作质量怎样，直接关系到组织的声誉和形象。此外，由于操作人员处在组织的基层，数量众多、情况复杂，因而在内部公共关系工作中，处理好组织领导和操作人员的关系，是组织公共关系最基础的工作，应着重在他们之间加强信息沟通和感性沟通。

（二）部门关系

部门关系是指组织内部各个职能部门之间的关系，这种关系可以分为两类，即上下级职能部门关系和平行职能部门关系。组织的上下级关系直接关系到组织的凝聚力与向心力。要建立良好的上下级关系，需要建立健全管理制度，加强与员工的沟通协调。平行职能部门关系指各职能部门之间、各生产车间等正式团体之间和兴趣小组、业余爱好者聚会、群众结社等非正式团体之间，存在的相互协作的关系，这些团体成员往往具有相同或相近的行为规范和工作目标。因此，发挥组织内正式团体与非正式团体的积极作用，协调组织内部员工之间的关系，具有相当重要的意义。

(三) 股东关系

股东关系是指企业与投资者，包括董事会、董事局、广大股东、金融舆论专家等的种种关系。从本质上说，这种关系属于内部关系。但从形式上看，由于存在公众多的、分散的股东，它又似外部关系。实际上，这是一种分散于外部的内部关系。良好的股东关系可以为组织赢得更多的投资者，保持公司股价的稳定和上升，还可以通过广大股东的"口碑"作用，扩大组织的知名度和信誉度，在更大范围内树立良好的组织形象。组织要及时向股东传播信息，及时沟通，重视了解来自股东对组织的意见和建议，要做好双向沟通。

| 案例 6-1-1 |

员工第一，客户第二

美国著名旅游公司罗森布鲁斯公司提出"员工第一，客户第二"的经营理念。他们认为只有公司把员工当"上帝"，员工才能把客户当"上帝"。该公司在这样的经营理念指导下，形成了一套独特的企业文化，即公司为员工营造一个"快乐的工作环境"，员工为公司创造"令人震惊的工作成果"。二者有机地融于一体。在罗森布鲁斯公司，员工被称为"朋友""伙伴"，绝对没有"雇员"之谓，无论是勤杂工还是高层管理者，大家都是平等的。公司推出了"迎新人方案"，设定了"热线电话""热线电子信箱"，因为管理层始终认为"沟通是最重要的"。公司推出了"影子方案"，即员工和管理者每月共同工作一天，以便双方更好地了解彼此的工作。每年8月则是公司的"感谢员工月"。届时大家身着盛装，欢聚一堂，举办开奖、化装舞会等活动，其乐融融。该公司蒸蒸日上，成为全球最大的旅游公司之一。

(资料来源：沈永祥，《公共关系学》，化学工业出版社2009年版)

案例评析：组织内部公共关系工作就是要考察不同员工的不同层次的需要结构，有针对性地引导员工的行为，最大限度地调动每个员工的积极性、主动性和创造性，使所有员工同舟共济，齐心协力，实现组织目标。

二、内部公共关系的必要性

(一) 协调各方利益的润滑剂

组织形象是由许多因素构成的，在构成组织形象的这些因素中，都离不开组织和内部员工关系的处理，通过组织内部良好的信息沟通，使各方在互利互惠原则下寻求并达成利益均衡、和谐、一致，消除内耗，齐心协力达成共同的奋斗目标。由于各方当事人在企业中有着不同的利益要求，且这种要求在一定范围内又是冲突的，内部公共关系对于规避这些风险的独特作用就在于它使各利益主体能够从全局考虑，加强内部团结，维护整体利益，并最终保障各方的利益。

(二) 形成独特的企业文化

企业文化是企业在长期的实践活动中所形成的并且为企业成员普遍认可和遵循的具

有本企业特色的价值观念、团体意识、工作作风、行为规范和思维方式的总和。组织要提高产品质量，提供一流服务离不开内部员工认真、严谨、负责的工作态度，在企业内部开展公关活动，逐渐形成本企业独特的文化，一旦这种文化为大家所认同并以之来规范自己的行为，那么它对于处理各方矛盾，促进企业的发展，帮助企业获取更多的发展机会都有着重要的意义。

（三）增强企业的凝聚力

每个组织内部成员都是企业用以生存的细胞和发展壮大的基础，组织的知名度、声誉更是离不开内部成员的齐心协力，而组织的经济效益同样是依靠员工双手创造的。但在一个竞争的社会环境中，企业的发展壮大绝不能依靠个人英雄主义，而应依靠有着强大战斗力的团队。面向组织成员开展公关活动，可以加强各方面的沟通，打破各方的心理隔阂，增强企业内部的凝聚力。因此，处理好员工关系是公共关系主体所要完成的一项重要工作。

因此，如果一个社会组织不注意处理内部公共关系，缺乏轻松、愉快、心情舒畅的工作环境，缺乏民主、和谐的领导与员工的上下级关系，不尊重员工的正当权利，不满足员工的合理要求，甚至压制不同意见，打击报复，破坏民主，人心涣散，这样的内部公共关系也就缺乏形成组织良好形象的基础和条件，也必然大大影响组织的形象。

| 案例 6-1-2 |

松下电器的人才观

日本松下电器公司是一个非常重视员工成长环境培养的典范。据说，有一次该公司的创始人松下幸之助召见他的销售经理，问他："松下公司是生产什么产品的公司？"销售经理顺口答道："电器。"松下大怒，训斥道："松下公司是培养人才的公司，并兼做电器商品的生意。"松下先生常常教诲公司的各级干部说："经营始于人，也终于人……人才培养成功，事业才会成功；人才培养失败，事业也将随着失败。"为了培养人才，松下先生不惜拨出巨款创办松下政任塾、松下工学院，建立各种培训中心，建造松下电器的历史馆、柔道馆等。有人说，松下公司是一所德、智、体三结合的人才学校。

（资料来源：中国企业培训网，http：//www.chinacpx.com/zixun/80895.html）

案例评析：协调和改善组织内部的各种关系，创造组织内部良好的员工成长环境，关系到企业的生存与发展。松下电器的人才观，其实就是松下电器的经营思想的具体体现，也成为松下电器提高工作效率，推动组织发展的强大动力。

三、组织内部公共关系的目标

社会组织内部公共关系目标是指开展公共关系活动所要达到的目的。具体来说就是团结内部公众、维护组织利益、激励员工进取、创造一个相互信任、团结协调、和谐统一、士气高昂的良好内部环境。其基本内容包括以下几点：

（一）树立组织信念，培养员工良好的价值观念

价值观念是社会组织全体成员所拥有的共同信念和判断是非的标准，是调节组织成员行为和人际关系的导向体系。员工的价值观念是决定组织兴衰成败的一个根本问题，对于塑造组织形象和组织生存发展具有重要作用。社会组织在协调内部公共关系过程中，首先要遵循员工心理活动规律，正确处理组织内部因素与外部环境，组织整体与员工个人，组织与社会，传统文化与时代精神，现实与未来等一系列关系，逐步地精心培育全体职工认同的价值观念，使其既有坚实的现实基础，又具有一定的超前性，成为职工共同的行动指南，这样就等于有了内求团结的思想基础。

案例6-1-3

青岛海尔集团的经营管理理念

我国家电行业中率先通过ISO9001国际认证的青岛海尔集团，形成了一整套的经营管理的观念。例如：

价值观：创海尔最佳信誉，挑战国际名牌；

组织精神：不干则已，要干就要争第一；

人才观：人人是人才；

组织作风：精细化、零缺陷；

用户观：用户永远是对的；

组织口号：一流产品、一流管理、一流员工。

案例评析： 正是在精心培育全体职工认同的价值观念的过程中，海尔集团将企业的价值观融入经营管理的实践，注重对"最佳"、"一流"境界的锲而不舍的追求，并使之成为职工共同的行动指南，为海尔集团开创我国民族工业的新局面奠定了扎实的思想基础。

（二）维护员工利益，创造良好的员工成长环境

社会组织的总目标能否实现，关键在于组织与个人目标是否一致，组织内部各类员工的关系是否融洽。每个员工都希望自己的事业有希望有奔头，如果组织能很好地满足他们的这种愿望，那么他们就会把组织的事业当成自己的事业，从而表现出极大的工作热情。组织内部公共关系协调的坚实基础是员工从组织中得到合法、合理的物质利益，各项权益得到保证，物质需求和精神需求得到最大限度的满足，否则，就不可能有良好的内部公共关系状态。组织内部的公共关系就是据此协助领导者维护员工的合法的经济及其他方面的权益，培养员工参与组织行政管理决策的能力，开拓员工参与民主管理渠道，创造良好的员工成长环境，以此培养员工的合作精神和自豪感，增强员工的向心力和凝聚力。

（三）培养组织内部融合的"大家庭氛围"

对于组织内部的成员而言，除了自己从事的工作有意义，事业有发展，而且希望自己的组织是一个充满人情味和温馨感的"大家庭"。因为只有生活工作在家庭式的氛围里，才会感到轻松愉快。创造组织的家庭式氛围，除了通过福利保障等制度之外，最重要的是情感的培养。例如，组织领导通过祝贺员工生日、婚礼，通过交际活动，如职工联欢会、舞会、电影招待会、体育比赛等娱乐活动，通过家访和交朋友等方式创造家庭氛围。在这方面，日本企业具有独到之处。在日本企业里，"人和"是人们向往并努力争取达到的一种公关目标。社会组织本身是一个系统，不管该组织是由多少名员工、多少个部门、多少个层次构成，但最终体现组织功能作用的是组织的整体，特别是那些规模庞大、人员众多、分工细密、技术性复杂的现代化企业组织，更要通过公共关系去实现步调一致，消除内耗，形成具有统一目标的整体行动。这是一切经营成功组织的实践所反复证明了的。

案例 6-1-4

通用电器公司的"门户开放"政策

通用电器公司从公司的最高领导到各级领导都实行"门户开放"政策，欢迎员工随时进入他们的办公室反映情况，对于员工的来信来访妥善处理。

公司的最高首脑和公司的全体员工每年至少举办一次生动活泼的"自由讨论"。通用公司努力使自己更像一个和睦、奋进的大家庭，从上到下直呼其名，无尊卑之分，相互尊重，彼此信赖，使人与人之间的关系非常融洽。

（资料来源：中国教育在线，节选，有删改）

案例评析：培养内部公众的主人翁意识，建立良好的组织内部的沟通系统，可以增强员工对组织的参与意识，促进上下级之间的意见交流，这样，不仅增强组织内部的凝聚力，保证了工作任务更有效地传达，而且，增进了员工之间的相互信赖、相互支持和相互友谊，使全体内部公众同心协力，为组织的兴旺发达贡献自己的力量。

四、内部公共关系的功能

内部公共关系是传递信息、促进沟通、增进员工凝聚力和协作精神的桥梁，在组织中发挥着重要的能动作用，具有导向、凝聚、激励、辐射、规范五大主要功能。

（一）导向功能

通过内部公共关系活动，把广大内部员工的思想和言行引导到组织的既定目标体系之中，才能使组织与员工之间的共同价值、共同利益和共同目标能达成真正意义上的一致。为此，组织要确立统一的价值观念和行为规范，正确地引导员工的思想、行为，充分发挥公共关系的感召力，使员工的一言一行都尽可能同组织的目标、利益联系起来。

（二）凝聚功能

内部公共关系活动能通过正确的引导和宣传，使员工个人目标与组织目标保持高度一致，建立一种以组织为中心的群体意识，从而增强员工的集体观念，积聚组织的向心力，使组织在和谐、紧密的团体中，创造绩优的经济效益和社会效益。

（三）激励功能

通过了解员工需求状况，采取各种灵活的、有针对性的激励措施，使员工认同组织及组织目标,从而产生荣誉和进取精神的行为。例如,采取表彰会、庆功会等形式,表彰先进,鼓励开拓,使员工始终保持高昂的斗志。为此,组织需要通过公共关系活动,建立激励机制,让每个员工、每个团体的进步、成绩都能受到肯定和奖赏,以诱导、激发员工启动潜在的工作热忱和动力,培养员工热爱集体、争创佳绩的开拓精神。

(四) 辐射功能

通过内部公共关系活动,树立良好的员工精神面貌、管理风格、经营思想、价值观念和行为准则,可以营造组织与员工之间相互信赖、精诚合作、亲密融洽、积极进取的人文精神,提升组织形象,提高组织效益。良好的内部公共关系,不仅能对组织中各个员工产生感应,起到积极的带动作用,还能对社会公众产生影响,提高组织在社会中的知名度和美誉度。

(五) 规范功能

在组织内部,为使员工的价值观念、言语行为同组织目标实现的要求趋于一致,需要通过一些无形的非正式性的、非强制性的和不成文的行为准则宣传和引导,让员工能自觉的、主动的参与组织的各项活动,在彼此了解、相互融洽的公共关系环境中工作,减少摩擦、发挥潜能、提高效率,从而对组织中每一位员工的思想观念及举止行为起到规范约束作用。管理的最终目标是无为而治,有时自觉的行为所能达到的效果会远远大于被动的执行。正如有人讲,管理制度是"要我做",内部员工则是"我要做"。

案例 6-1-5

"麦当劳"的内部公关

美国的麦当劳公司现在是世界快餐业中最大的公司之一。自1955年创立以来,麦当劳苦心经营,不断发展,目前在全世界建有20000多家快餐店。现在的麦当劳在美国汉堡系列食品市场上有42%的份额,品牌价值超过了200亿美元。麦当劳公司一直非常重视内部公共关系,在企业内部创造一种积极向上、开拓进取的精神风尚,麦当劳不看重学历、资历,重在表现。麦当劳连锁分店每年举办岗位明星大赛,全世界举行各地岗位明星比赛,经理必须从普通员工做起,一方面增长了管理人员的真才实干,另一方面又给了最基层员工实现自身价值的机会。表现好的管理人员被送到芝加哥汉堡包大学,系统地学习作为一个经销商或餐厅经理经营餐厅的专门技术知识。现在的竞争,说到底是人才的竞争。员工素质的不断提高、才干的不断增长是组织的巨大财富,它保证了组织的生机与活力。麦当劳除了给员工创造更多深造、晋升的机会外,还很重视在内部建立"麦当劳"大家庭的观念,创造和睦的大家庭气氛。在麦当劳无长幼尊卑之分,所有员工都互称名字;记住每个员工的生日,并根据员工的情况给予一定形式的祝贺。另外,麦当劳很重视员工外观形象的塑造。为了吸引顾客,麦当劳让每一位员工都穿上有明显花纹的制服。员工的服务态度也是一流的,只要你推开麦当劳的大门,就会听到亲切的"欢迎光临麦当劳"的问候,笑容始终在员工的脸上,让你总有宾至如归的感觉。

(资料来源:中国营销管理网)

案例评析：通过内部公共关系活动，麦当劳把广大内部员工的思想和言行引导到组织的既定目标体系之中，员工在麦当劳有一种不是家庭胜似家庭的归属感，其强大的凝聚力不言自明。

五、内部公共关系的主要方式

内部公共关系工作的目的在于沟通组织与员工、组织与股东之间的联系，增进双方的了解和信任；创造良好的合作环境、激发内部公众的积极性和创造性。

（一）处理好员工关系的主要方式

员工是组织最重要、关系最密切的公众，他们是组织赖以生存发展的基础。组织的一切决策、计划、行动都必须通过内部员工付诸实施。只有组织的全体员工同心协力、努力奋斗，才能在"内求团结"的基础上做到"外求发展"。有的公关学者提出，公关活动如果得不到员工的信任和了解，便不能获得真正的成功。著名的 IBM 公司的创始人、美国公认的组织管理天才沃特森曾说过："你可以接收我的工厂，烧掉我的房子，但只要留下这些人，我就可以重建 IBM。"

1. 要造就员工良好的价值观念

根据中外企业组织成功的经验分析，组织成功应具备七个基本要素，即"7S"：组织结构（structure）、经营战略（strategy）、组织系统（system）、组织班子（staff）、组织作风（style）、实务技能（skills）与员工的价值观念（shared value）。其中，员工的价值观念是核心要素，是企业成功的法宝，也是组织内部公共关系的一个主要目标。组织要保持长期的和谐和成功，使整个组织充满活力，一个首要任务就是造就和培养一个共同的员工价值观念，以达到团结广大内部员工、使内部公众协调一致的目的。没有良好的员工价值观念就没有协调统一的组织。因此，应在组织中提倡一种相互理解、相互信任的组织文化，提倡一种通过协商、合作来解决问题的价值观念。

| 案例 6-1-6 |

松下公司的价值观念

日本松下公司在内部公共关系实践活动中，就明确地向全体员工传递这样一种信条："唯有本公司每一位成齐心协力，才能促成进步与发展，因此，我们每一个人都要时时刻刻记住这一信条，努力促使本公司的不断进步。"为此，他们在内部公共关系活动中制定了"松下精神"，即产业报国的精神、光明正大的精神、和亲一致的精神、力争向上的精神、礼节谦让的精神、顺应同化的精神、感谢报恩的精神。同时，松下公司还向员工明确这一信条的沟通方法：进行独特的"松下精神"的学习教育。每隔一个月，员工们至少要在他所属的群体中进行 10 分钟的演讲，说明本公司的精神价值观念，以及公司与社会、个人之间的相互关系。日本松下公司的内部沟通最终使其内部形成一种良好的公共关系，成为松下公司腾飞的重要动力。

（资料来源：丁军强，《公共关系原理与实务》，北京交通大学出版社 2003 年版）

案例评析：通过组织内部的沟通，把员工的日常生活与组织的价值目标联系起来，致力于培养企业内部和谐、融洽的人际关系和"家庭式氛围"，促使广大员工形成强大的工作动力和为事业献身的奋斗精神，从而把松下公司塑造成一个坚强、团结的集体，是松下公司腾飞的重要动力。

2. 要重视员工的物质需求

古人云："衣食足而知荣辱。"物质条件是人类生存最基本的条件。员工在付出劳动之后，能否拿到合理的收入，享受到应有的福利待遇，是绝大多数员工首先关心的问题，也是能否维持员工劳动热情的基本保证。良好的员工关系的重要标志就是员工具有较强的忠诚于本组织的精神，愿意为本组织努力工作，而要做到这一点，组织就必须关心员工的物质利益。

这是处理领导与员工的关系基础。只有在物质需求得到适当的满足的情况下，员工才有可能无后顾之忧，"安居乐业"，"以厂为家、以店为家"。当然，人的需求是无止境的，企业不可能让每位员工得到充分的满足。关键是要协调好组织财力的有限性、制度的规定性与员工需求无限性之间的矛盾。

因此，组织领导和公关人员必须懂得，要调节好组织领导和员工关系，必须以保护员工的利益，改善员工的物质条件为出发点。员工的物质利益，总起来说有工资和福利待遇两大类。

首先，要重视组织内部员工的工资收入，一方面，组织应尽量提高员工的工资收入，保证员工的物质利益不断增加；另一方面，为了更好地发挥工资收入对员工的激励作用，企业应该重视员工日常生活中的各种要求，从细微处关心员工，严格遵守"各尽所能，按劳分配"的原则。

其次，要重视组织内部员工的福利待遇。尽可能地解决员工的工作、学习、生活诸方面的实际问题，改善员工的福利待遇，免除员工的后顾之忧，使员工感到处处受到关心和尊重，培养员工以厂为家的观念，并使之转化为持久的工作热情。

最后，组织还应该不断改善内部劳动条件、劳动环境和劳动保护措施。不断改善劳动条件、劳动环境，认真做好劳动保护和安全工作，是组织应尽的义务，也是员工应享受到的合法权益，而且对提高劳动生产率、调动工作积极性、协调企业与员工的关系也具有十分重要的意义。

3. 要重视员工的精神需求

公平合理的薪金和福利是员工关系的基础，但发展到更高层次，员工们更需要心理上和精神上的满足。精神需求既包括人们自由地发挥自己的创造性的需要，又包括人们对各种精神产品的需要。不同的员工因其文化素养、工作性质、个人经历和志趣爱好的不同，其精神需要也存在明显的差异。因此，实行民主管理，确立员工的主人翁地位是充分调动员工积极性的重要途径。只有实行民主管理，重视员工的精神需要，把他们的潜力挖掘出来，增强组织活力，才能获得内在的动力。

一般来说，员工的精神需求主要包括赞扬、尊重、情感交流、晋升及参与决策管理等精神鼓励的方法。据国外的一些研究资料表明，依靠物质利益的严格管理制度，只能发挥出员工工作能力的60%，而剩下的40%，是潜在的工作能力，只能依靠精神鼓励的方法才能充分激发出来。精冲鼓励的目的在于引导员工通过工作本身寻求生活的乐趣和意义，培养员工对工作和组织的责任心、自信心和自豪感，使员工直接从工作中得到精神满足。

为了尽量满足组织内部员工的精神需求，公共关系部门要注意以下两点：

首先，要在组织内部建立畅通的沟通交流与合作渠道，让员工分享足够的组织信息。组织内部公共关系工作的一个重要任务，就是畅通组织内部的信息交流，做到"上情下达"和"下情上达"。所谓"上情下达"，是指组织领导决策层通过情况简报、信息发布、传达文件、内部刊物、广播、布告栏等方式，把企业内部的重要信息告诉广大员工。所谓"下情上达"，是指员工通过建议箱、上访会、黑板报、民意测验和意见征询表等方式，把他们的建议、意见等告诉组织管理决策者与领导层。

其次，要倡导民主管理，鼓励每一位员工参与经营决策，在组织内部形成一种良好的民主气氛。每个员工都是各自领域内最熟悉情况、最有发言权的人，完善合理化建议制度，就是广泛征集员工对改进经营管理、工作程序、操作技术的意见和有效手段。它一方面使员工的创造能力和工作潜能得到开发利用；另一方面又使员工的精神需要得到满足，个人价值得以实现，从而产生自豪感和强烈的进取心。

| 案例 6-1-7 |

海尔公司的"云燕镜子"

海尔公司在组织内部公共关系的实践中，不仅坚持严格管理，用物质利益激发员工行为，还倡导员工自主管理，在精神激励上下功夫。海尔公司一个女工叫高云燕，是总装车间的一名普通操作工。她看到放置门体的工作台影响操作时的观察，影响了加工的质量和效率，便琢磨利用折射原理，在钻眼机前放面镜子，一试，效果绝佳。公司立即支持其立起一面1平方米的镜子，还为镜子命名为"云燕镜子"。这一举措不但激励了高云燕，还激励了全体员工主人翁的创造精神。集团总裁张瑞敏说："我们追求的是全员自主管理，追求一种自觉状态。"

（资料来源：丁军强，《公共关系原理与实务》，北京交通大学出版社 2003 年版）

案例评析："云燕镜子"的命名，有助于形成良好的"团队精神"，促使员工个个关心组织的集体形象，出色地完成本职工作。向组织提出合理化建议，可以提高员工的自信心和自豪感、责任感，如果其建议被采纳实行，更会使员工感到自己在企业中受到重视，从而又更大地调动起员工的主动精神，形成一种良性循环，促使组织不断发展。海尔公司之所以能取得巨大的成就，是与其良好的民主管理气氛和员工极大的参与意识分不开的。

4. 建立畅通的内部沟通渠道

加强沟通、增进联络、促进理解、相互配合，是解决组织内部关系中摩擦和冲突的有效办法之一。为此，组织首先应健全内部沟通机制，完善内部沟通渠道，做到上情下达、下情上呈；重视员工的合理化建议，发挥组织内部自控传播媒介的作用，使员工能及时获悉和掌握组织相关信息。"上情下达"是指企业的领导决策层通过情况简报、传达文件、内部刊物等方式把企业内部的重要信息,如企业的经营状况、领导的升迁罢免、市场供求、新技术新工艺、违纪处理、立功奖赏等情况告诉广大员工。"下情上呈"是指企业的职工群众通过建议箱、上访会、黑板报、民意测验和意见征询表等方式把他们的建议、意见等告诉企业管理决策者与领导层。

组织的管理者应与员工适当交往,平易近人,主动与下属友好相处,善于体察和驾驭职工的情感和发挥中层管理者在沟通上下级之间情感的桥梁和纽带作用。如果组织领导者孤陋寡闻或不善交往,使职工敬而远之,什么事情都不敢惊动领导大人,必然加剧彼此间的感情鸿沟。当然,交往应该亲疏有度,交往面要广,亲一部分人而疏远另一部分人对领导者有害无益,应当加以摒弃。

| 案例 6-1-8 |

长城饭店和谐的内部关系

北京长城饭店是 1984 年 6 月 20 日正式营业的豪华饭店,有员工 1500 名,员工家属 4000 多人。饭店董事会为了调动员工的积极性和工作热情,获得员工家属的支持和合作,决定在开业典礼半个月内,组织员工家属来饭店参观,并对这次参观活动做了精心安排。首先由饭店总经理和副总经理致欢迎词,介绍饭店情况;然后,由部门经理及各组主管与员工家属见面、交谈;最后,由两名导游带领员工家属以 50 人为一组,按事先计划好的路线和时间进行参观,气氛热烈,秩序井然。这次参观活动,使员工家属亲眼看到了饭店豪华的设施、高雅的气质、一流的服务、严格的要求,在饭店内外建立了一种和谐的人际关系和生活氛围,产生了强烈的向心力。同时,这种活动受到社会各界的好评,新闻媒介也进行来访报道,为长城饭店增添了良好的声誉。

(资料来源:刘厚钧,《公共关系理论与实务》,电子工业出版社 2005 年版)

案例评析: 为了调动员工的积极性和工作热情,获得员工家属的支持与合作,北京长城饭店组织家属参观饭店,向员工家属介绍饭店的情况,目的在于在饭店内部建立一种和谐的人际关系和生活氛围,增强企业的向心力、聚合力。同时也受到社会各界、新闻媒体的一致好评,可谓一举两得。

| 案例 6-1-9 |

"李家大军"的内部沟通

成功的企业家往往是处理上下级关系的高手。有个叫李贵辉的企业家就善于处理与下属的关系。他对待下属首先是信任,其次是爱护。在企业生产与经营管理方面,他只负责"宏观调控",而具体的经营管理,则充分交由下属承担,充分放权,使下属们能放开手脚,干劲倍增。同时,李贵辉还十分体贴爱护员工,他曾定下这样的规定:员工一律只领取 50% 的工资,余下的 50% 由公司负责寄给员工家中,这一措施在防止有些员工乱花钱而影响家庭生活方面取得了成功。一次,他雇用的一个工人的母亲病重,他知道后立即给所在医院的院长挂长途电话,要求千方百计组织抢救。李贵辉对下属与员工的关心,换来的是他们任劳任怨的工作与良好的企业内部关系。员工们尊重他、支持他，竭力维护李家企业的声誉。由于员工们纪律严明，工作作风严谨，不聚赌、不闹事，甚至不逛夜市，所以人称"李家大军"。

(资料来源：丁军强，《公共关系原理与实务》，北京交通大学出版社2003年版)

案例评析：从"李家军"的上下级关系的处理技巧中不难发现，上级与下级关系的建设实际上就是一种互动行为，不能完全依赖于上级或领导，还需要下级能做出相应的反应。下属在与上级沟通过程中既要克服畏惧的心理，同时也要力诫"拍马屁"的心理。在与上级沟通的过程中，要唯实、唯真，顺其自然。只有上级与下属的紧密配合，才能真正建立一种良好的组织内部公共关系。

一位日本的经理说过这样一句话："……一群人在一起工作，其效果并不像数学公式一加一等于二那样简单。两人协力的结果，可能是三倍，甚至五倍于一个人的力量。相反，如果不互相协力，效果可能是零。"由此可见组织员工的团结、合作精神的重要。员工关系的作用，就在于把组织每一个成员纳入组织整体中，在团结、协作的气氛中，充分激发每一个人的潜在能力。

(二) 处理好部门关系的主要方式

任何单位都是由各个部门组成，各部门虽然承担的具体职能不同，但又都存在一定的联系。这不仅因为处理好与内部组织公众关系是公共关系部门的重要职责，而且因为公共关系部门的工作离不开组织公众的支持。那么，如何处理好与内部其他部门的关系呢？

(1) 要明确各部门的职权范围，协调好各部门的关系。组织内部平行机构的交往，最忌讳的是相互之间的干涉和越权。针对各职能部门，组织内部各部门要牢记自己的责权范围，界定好各部门责、权、利关系，依据责权范围积极协助其他部门开展工作，规范作业操作流程，加强部门之间的信息传递和沟通，不断强化团队意识，提高工作的衔接和配合效力。要提高部门工作的标准化程度，防止因内部职责界限不清，部门间所需信息提供不及时而出现摩擦和工作失误。在围绕其他部门开展公关工作的时候，准确地把握自己所扮演的角色，千万不能把其他部门的成员当作本部门的成员一样去调度指挥。

(2) 要树立全局观念，加强各部门间的协作。通过内部公共关系，使内部成员同心协力、团结一致地对待本部门的工作；同时，与其他组织公众同心协力，团结一致地工作是组织内部各部门之间凝聚力的具体体现。各工作部门应该树立"一盘棋"的观念，要及时调解部门之间的矛盾争议，减少相互间的误解和偏见，正确引导非正式团体的观点、兴趣、交往，极力抵制流言蜚语及团体小帮派，兼顾各团体的整体利益。并可开展健康、丰富的联谊活动，增进彼此的信任和了解，增强部门的协同、互助能力。为此，各部门及成员必须在组织内部与各方面建立一种牢固的联系，形成沟通上下左右关系的桥梁和纽带，不断地开发新的工作方法，切实完成好任务，解决好问题。

(3) 要保持感情联系，加强情感沟通。各部门负责人之间保持情感交融，能够带动和促进各自所代表的部门间的合作，否则，感情上不相容，气氛上别扭紧张，就不可能协调一致地工作。因此，各部门要在工作中与其他部门负责人建立亲密的感情联系，善于发现彼此的共同点，共同目标，共同事业，坚持与人为善，平等尊重，保持创造一种和谐的气氛，加深理解，以真诚合作的愿望，求得对方的支持和配合，达到通力配合，相互协作的目的。

课堂讨论

如果你是一个组织的公关部经理，你认为如何才能处理好与其他部门的关系？

（三）协调好组织与股东关系的方式

1. 尊重股东的权益

协调企业与股东的关系中的一个非常重要的内容是维护和确保股东的正常权益。股东的利益主要表现在三个方面：一是知晓权；二是参与管理权；三是保证股东应有的经济权益，做到及时地发放股金红利，确保股东有要求退股或转让股金的权利。股东的各方面权益得到充分的保证，必然能成为企业命运的共同体。因此，尊重和保证股东的权益，需要与股东保持全方位的信息畅通，定期召开股东大会，按照《中华人民共和国公司法》的规定，向股东大会汇报组织的有关重大问题，让每一个股东充分享受他应有的权利。如对组织特定时期的战略决策、发展目标和计划、经营情况、资金流动情况、利润分配情况、面临的困难和承担的风险等的预测和对策，适时向股东通报组织的信息，对于股东提出的质询，要充分重视，配合有关部门给予圆满的答复，消除股东的误解。组织有了新情况，如对社会的重大贡献、新技术的开发、新产品的问世、管理人员的变更等，应以最快的速度首先向本组织的股东通报。

2. 收集来自股东的信息

股东既然购买了组织的股票，与组织连在了一起，他们十分关心组织的生产经营情况；同时，出于自身利益的考虑，也愿意把社会公众对组织的反映向组织传递，并提出自己的意见。因此，公共关系人员应重视收集来自股东的信息，这些信息主要包括：股东本人状况；股东本人对企业的意见和建议；他对企业产品和服务的感想；他所知道的社会上对本企业的各种反映；他所收到的来自各企业方面的信息是否充分；以及他对这些信息的看法和反映等等。对这些意见要请有关部门认真处理，并将处理结果告诉股东。

3. 满足股东参与经营的要求

股东投资于企业的最直接的目的是获得相应的收益，他们认为自己有权利知道企业的发展动向和经营成果，对有关企业的各种消息表示特别关切，关心组织的发展，关心组织的产品和服务，他们享有法律规定的权利，同时也承担着一定的义务。股东组织不能将股东只看作投资者和分利者，将股东关系仅作为财务关系来处理，还应将股东视为重要的顾客和义务推销员。这是因为股东与组织有着切身的利害关系，因而一般愿意购买持股组织的产品，并愿意做本组织的产品宣传员。如果我们经常将组织的产品性能、品种、市场占有率等情况通报给股东，或不断提供样品给股东，就可以促使股东关心本组织的产品或服务，促进产品销售额的扩大。一般来说，组织通常采用以下的沟通方式：

（1）召开股东会议。股东会议既是股东行使权力的机会，也是股东了解组织情况、组织收集股东意见和建议的极好时机。

(2) 编发年度（半年、季度）报告。这是组织和股东交流的主要方式，也是股东最关心的问题，其内容应尽量让股东相信组织经营有术、前程远大，让股东感到组织管理层的种种努力，坚定他们的信心，以获得他们强有力的支持。

(3) 编辑组织内部刊物。编辑组织内部刊物，并及时寄往股东，也是组织和股东交流的有效手段。

(4) 发放调查问卷或意见征集表。专门就某些问题，设计调查问卷或意见征集表，收集股东对这些问题的意见和建议。

(5) 建立常设的专门机构，负责处理股东关系，随时回答股东提出的各种问题。

正如美国公共关系学家 F. P. 塞特尔所说："股东年会像其他的沟通工具一样，要在股东中间活用，来促进股东对公司的好感和提升公司的正面形象。"可以说，协调股东关系最关键的方法是尊重、维护股东合法权益，制定积极的股利分红政策，规范经营行为，按期完成计划目标，不断创造有利的投资环境，推动企业快速发展，实现股东队伍的长期稳定。并需定期向股东汇报经营状况（比如：召开股东大会、报送财务年度报表等），增加股东对组织的了解和信任，争取获得股东的大力支持。

案例 6-1-10

美国通用的股东优惠政策

美国通用汽车公司是拥有 140 万名股东的巨型公司。每位新股东都会收到董事长的欢迎信，信中列举公司的主要产品，并写道："通用是您的公司——请购买并推荐通用的产品。"在寄给股东的年、季度报告中，也印有产品的照片和说明。凡出席股东年会者，均能享有试用新车的优惠。

（资料来源：袁祥华，《现代公共关系学》，南京大学出版社1992年版）

案例评析：通用汽车公司的做法，鼓励了股东积极关心和参与企业的事务，增进了企业与股东的相互了解、信任和支持，通过与股东间的相互沟通，使股东们获得优惠政策的支持，并乐于参与公司的产品的宣传和推广，"通用"的做法也又一次证明了企业必须重视与股东关系的重要性。

案例 6-1-11

金杯汽车与股东关系

金杯汽车股份有限公司是全国大型企业中第一家规范化的股份制企业。公司于1984年成立，现有职工51000人，各类管理人员9224人，其中专业工程技术人员408人。公司一直非常重视与股东关系的处理。尊重股东，倾听他们对公司发展的意见是公司始终坚持的原则和做法。如公司成立的2年内，先后召开了3次股东大会和董事会，把股东代表请到公司来，由总经理向他们汇报公司的生产和财务状况，请他们参观公司下属工厂。平时，为了让股东及时了解公司的经营状况，定期给每位股东赠送一份《金杯汽车报》。

一系列的信息沟通和情感联络工作，赢得了股东们对公司的理解和信任，不少股东表示:"金杯汽车有干头,有发展,股票买对了,下次我还买。"

1991年下半年,当金杯汽车公司面临市场疲软、销售困难时,很多股东来信,表示愿和"金杯"同舟共济,共渡难关。

(资料来源:刘厚钧,《公共关系理论与实务》,电子工业出版社2005年版)

案例评析:正是金杯汽车股份有限公司一系列的信息沟通和情感联络工作的做法,鼓励了股东积极关心和参与企业事务,增进了企业与股东之间的相互了解、信任和支持,也正因为如此,当金杯汽车公司面临困难时,"金杯"的股东们才会做出与"金杯"同舟共济、共渡难关的决策。"金杯"的做法也又一次证明了企业必须重视与股东关系的重要性。

第二节 组织外部公共关系协调

组织的外部公众是指与组织发生往来关系的所有外部公众,具体包括:顾客公众、社区公众、媒介公众、政府公众、竞争者公众、渠道公众、国际公众等。组织外部公共关系工作的目的就是要妥善处理组织与外部公众之间的关系,加强组织与社会各界的交往与联系,谋求支持与合作。处理好外部公众的关系问题,实质上就是理顺与周边和上级与下级之间的公众关系,创造有利于组织发展的良好的外部条件。

一、顾客关系

顾客公众也称消费者公众或用户公众,是组织生产的产品或服务的使用者。消费者公众是组织经营活动中最重要的公众之一。组织与顾客之间存在着相互依存的关系。组织为顾客提供所需的物质产品、精神产品或服务,而组织的生存和发展离不开顾客的信赖和支持,良好的顾客关系是组织发展的"原动力"。

20世纪60年代日立公司的广告课长和田可一说过一段著名的话:"在现代社会里,消费者就是至高无上的王,没有一个厂商胆敢蔑视消费者的意志,蔑视了消费者,一切产品就会卖不出去。"美国公共关系专家加瑞特也说:"无论大小企业都永远必须按照下述信念来计划自己的方向。这个信念就是:企业要为消费者所有,为消费者所治,为消费者所亲。随着市场经济的发展,组织间竞争的加剧,对每一个现代组织来讲,"好好留住每一位顾客",其重要意义比过去任何时候都显得更为突出。

(一)建立良好顾客关系的意义

1. 良好的顾客关系能够为企业带来直接的利益

一个组织的存在价值,很大程度上在于其产品或服务能够得到顾客的接受和欢迎。组织的经济效益需要在市场上实现,而顾客就是市场,有了顾客才有市场。虽然与顾客的沟通并不等同于市场经营中的销售关系、直接的买卖关系,但良好的顾客公共关系的确有利于组织组织的市场销售关系,能够给组织带来直接的利益。

案例 6-2-1

　　日本有一家著名的衣料店叫"越后屋"。每逢下雨时许多没有带伞的顾客或路人，纷纷聚集在屋檐下或店堂里避雨。此时，店员便拿出一把把雨伞"借"给他们使用。这些雨伞上都印有醒目的"越后屋"三个大字。顾客们打着伞走了，"越后屋"的名字随之到了各处，即便有人"忘"了归还也无妨，借伞的人，常怀有感激之情，一买衣料就免不了想到"越后屋"。"越后屋"的名字随着一把把伞传到了各处，"越后屋"的情义和美誉也传到了各处。

（资料来源：高国政，《卡耐基经商之道》，北京燕山出版社 2007 年版）

案例评析：企业认真做好消费者的公共关系工作，就是要树立"消费者就是朋友"的思想，不仅要满足消费者物质消费的需求，还要满足消费者信息知晓的需求、情感的需求、选择的需求、表达和参与等精神方面的需求，从而达到经济效益和社会效益的统一。"越后屋"能从顾客或路人的角度考虑问题，为顾客所想，为顾客提供方便，培育了良好的顾客关系，培育成熟的消费者群体和市场。同时也提升了组织的美誉度和知名度。

2. 良好的顾客关系能够帮助企业树立正确的经营思想

　　良好的顾客关系能够对顾客实行科学管理，帮助组织树立"顾客至上"的经营理念，使消费者形成对组织及其产品的良好印象和评价，提高组织及其产品的知名度和美誉度，增加对市场的影响力和吸引力，为实现组织和消费者公众的共同利益服务。在激烈的市场竞争中，只有把顾客真正视为企业利润的来源，生存的主宰，真正以顾客的利益和需求为导向来制定企业的政策，规范员工的行为，才能建立起良好的顾客关系。

3. 良好的顾客能够培育成熟的现代消费公众

　　成熟的现代消费公众，是指那些具有现代合理的消费需求、健康的消费心理、自觉的消费行为、把握一定的商品信息和知识，能够选购自己所需要而且质量好的商品，明确自己作为顾客所享有的权利，并且能够用合法手段有效维护自身权益的公众。认真做好消费者公关工作能够培养具有现代消费意识、自觉维护消费者权利的消费者公众，形成特定的消费者系列顾客关系的公共关系目标，能为现代社会营造一个健康、良好、稳定的消费公众环境，即培养消费者的需求意识。只有这样的消费者日渐增多，市场环境和企业竞争才可能变得更加有序。

案例 6-2-2

　　最早在日本实行消费者系列化的资生堂，是一家经营化妆品的企业。它以《花椿》为名出版对顾客教育的分类杂志，成立消费者俱乐部——花椿会。凡购买该企业化妆品的人，均可领到一个会员证，每购一次盖一个章，年终以购买的多少分赠纪念品。结果，会员发展至几百万人之众。它保证资生堂的产品取得了最高的市场占有率。

（资料来源：百度资料《顾客关系》）

案例评析：日本资生堂的经验告诉我们，处理好顾客关系不仅要适应顾客的要求和愿望，顺从民意，在更高层次上组织也应该加强消费管理，引导民意。即组织通过消费调查、消费教育、消费引导等方法,实行消费者的系列化,为组织创造稳定的顾客队伍。

(二) 顾客关系协调的方法与技巧

1. 了解顾客的心理和需求

顾客关系的形成是由于顾客对产品的消费欲望和消费行为而产生的,没有适应顾客需要的优质商品就不可能有稳固的顾客关系。因此,企业在做产品之前,首先必须了解市场,了解市场需要什么,树立"顾客永远是对的"的思想,把握消费者的心理和需求,为顾客提供满意的产品。这就要求企业需要在技术、产品上不断推陈出新,满足顾客不断变化的需要,以优质的产品来赢得顾客的信任与好感。企业没有顾客满意的产品,无论企业花多大代价去做广告、搞促销,最终都不会赢得顾客。"经营之神"松下幸之助认为,强烈的顾客导向是组织成功的关键。他比较形象地说:"我们每天都要测量顾客的体温"。总之,满足消费者需求是一切社会组织赖以生存和发展的基础。

案例 6-2-3

美国航空公司的便民政策

1995年,美国航空公司在调查中发现,近九成的乘客在办公室里使用电脑,近七成的乘客家中有电脑。于是公司成立了由公关部门、技术部门和销售部门组成的专门工作小组,改造了公司的网站,在网上提供航班资讯、飞机起降、航班行程变更、登机门等诸多资讯,甚至连可不可以带狗上机这样的问题,也可以上网查到。他们提供的资讯准确、快捷,有些更是每隔30秒更新一次,极大地方便了乘客。到了1998年,美国航空公司又发布了新网站,新网站改善了浏览界面,功能更加强大,乘客甚至可以提出"从我住处所在机场到有海滩的地方票价低于500美元的班次有哪些"这样的查询条件。新网站最大的改善是依靠会员资料库中会员的个人资料,向会员提供更加个人化的服务,如果乘客将自己对于座位位置的偏好和餐饮习惯等列入个人基本资料,就可享受到公司提供的各种体贴入微的服务。美国航空公司甚至还记录下乘客的各张信用卡,乘客下次使用信用卡时,将不用再麻烦地输入卡号。美国航空公司的这种畅通的双向信息沟通渠道成功地满足了顾客的需要,为顾客关系的建立打下了良好的基础。

(资料来源:浙江省公关协会网)

案例评析: 加强与顾客的双向沟通,这是美国航空公司牢牢占据着美国航空业界领先者的位置的原因之一。美国航空公司在通过成功的信息沟通,树立"企业就是为满足顾客需求而经营"的观点,了解顾客的各种不同需求,开展广泛的信息交流、情感沟通,加深了双方的了解、理解和增进感情、融洽关系,为良好关系的建立提供一个合适的气氛和环境。

2. 向顾客提供优质的产品

产品质量是企业生存与发展的根本,顾客关系的形成是由于顾客对产品的消费欲望和消费行为而产生的,没有适应顾客需要的优质商品就不可能有稳固的顾客关系。因此,为顾客提供满意的产品,是建立良好的顾客关系的物质基础。这就要求企业需要在技术、产品上不断推陈出新,满足顾客不断变化的需要,以优质的产品来赢得顾客的信任与好感。企业没有顾客满意的产品，无论企业花多大代价去做广告、搞促销，最终都不会赢得顾客。

案例 6-2-4

杭州某万向节厂素以严抓质量而闻名。这是个农民办的企业，建厂之初，工人的质量意识并不强。为了使全厂员工重视企业的生命，厂长召开全厂大会，会上将从各地退回的质次产品（其中有许多经维修还可以使用）全部用大锤砸烂。然后由出次品最多车间作为废钢烂铁背给废品收购站。眼看价值几十万元的产品在一锤一锤中被毁掉，淳朴的农民被震动了，仿佛重锤同样砸在他们的心上……正是这重锤敲响了万向节厂严格质量管理的警钟，此后，企业产品的质量管理进入轨道，该厂也以其优质的产品声闻遐迩，产品远销海外，供不应求。作为相反的例证，广州万宝电冰箱曾以其产品的优质而畅销全国。然而在供不应求的大好形势下，厂家一度放松了质量管理，使一批质次产品走向社会。结果，在社会上引起纷纷议论，形成"万宝"风波，"万宝"声誉大跌。最后，该厂不得不停业一年，从严整顿，重新从产品质量抓起。此类例证举不胜举。

（资料来源：百度百科《顾客关系》）

案例评析：以上两则案例说明了产品的质量在根本上决定组织和顾客的关系。现在有句流行的话叫"以产品求生存，以质量求发展"，总体来说，就是要针对不同顾客的具体要求提供优质合格的产品。组织必须以质量求发展，没有顾客满意的优质产品，绝对不可能有良好的顾客关系。

3. 为顾客提供完善的服务

自始至终向顾客提供完善的服务。这是形成良好顾客关系的重要保证。为此，要求组织的每一名员工在与顾客打交道时必须彬彬有礼，热情周到，努力实现服务的系列化、规范化、制度化，以优质服务增强企业对顾客的吸引力。因为顾客往往是从组织员工的言谈举止来评价该组织的社会形象的。组织向顾客提供完善的服务还包括优良的售后服务。全美销量第一的汽车经销商吉拉德总结他成功的经营之道，重要之处就在于坚持认为销售真正始于售后。他的顾客还没有走出店门，他的商店已经写好了"鸣谢惠顾"的短笺。买车的是顾客，但是却由他代表顾客与服务修理部门打交道。逢年过节，他的商店给顾客寄上各式精美的贺卡。正是通过这种优良的售后服务，使吉拉德经营十几年来始终保持了稳定的发展。

4. 尊重消费者权利，保护消费者利益

对于顾客来说，希望企业能尊重和维护自身的权益。20世纪60年代初，美国总统肯尼迪在给国会的一份报告中提出了4项消费者权利，现在这4项权利已被世界各国所认可。这4项权限是：索赔权（当使用与其陈述不符产品而受到损害时，有权要求得到补偿）；知晓权（消费者有权了解商品制造、使用和维护方面的信息和知识）；陈述权（有权对商品的质量、款式、性能、价格等提出意见，并有权要求有关方面听取）；选择权（消费者有权挑选商品的式样、种类，有权不买不喜欢的商品和服务）。企业应听取顾客意见，从顾客意见、建议中了解顾客需要和期望，想顾客之想，急顾客之急。尊重顾客的权益，保护消费者利益，这本身也是一种信誉、一种形象。

案例 6-2-5

一天，某家宾馆来了几位特别挑剔的美国客人，他们无论是对宾馆的客房设备，还是对宾馆的饭菜质量，都加以抱怨。他们在宾馆居住的几天里，几乎每天都要打电话给宾馆的公关部，反映各种各样的问题。开始，宾馆公关部的接待人员，还能够对他们反映的问题做出回答和解释，并如实汇报。可是，客人以后接二连三的电话，以及几近毫不客气的指责，终于使这位公关部的接待员耐不住性子了。当这几位美国客人就要离开酒店回国时，他们又打了一个电话给公关部："我们这几天要求您解决的问题，您一件都没能解决，真是太遗憾了！"听了这句话，那位公关部的接待员也反唇相讥："倘若你们以后再来中国，就请到别的宾馆去体验一下吧！"于是，一场舌战在电话里爆发了。

当那些美国客人离开酒店时，客房服务员在房间里发现了一张纸条，上面用英语写着："世界第一差"。

（资料来源：中国公关网）

案例评析：以上案例说明，顾客就是上帝，是组织生命的本源。组织是不可以得罪公众的。只有充分尊重并维护顾客的合法权益，以优质的服务树立组织的良好形象，才能真正地建立融洽的顾客关系，在竞争中立于不败之地。正如世界最伟大的推销员乔·吉德拉的"250人法则"中所说："只要你气走一位顾客，你将会失去250位或更多的顾客。"

5. 合理解决与消费者的纠纷

正如同组织与其他公众的关系一样，顾客关系的处理总会有不尽如人意之处，出现差错或纠纷是在所难免的。纠纷的产生，往往是由于消费者对产品质量、服务等不满而引起的。因此，对于顾客的各种投诉也应正确对待，及时处理好顾客的投诉、质询、批评和纠纷，做好善后工作同样也是组织经营管理中的重要环节，不少企业在销售时热情接待，而遇到投诉或要求退货时往往不冷静、不热情，争吵成了家常便饭。在这种情况下，组织应及时、积极、慎重、耐心和诚恳地处理与消费者的纠纷，不可不闻不问，任事态扩大。要直接与消费者进行对话，协商处理问题，公关人员要诚恳、耐心、及时、认真。只有这样，才能使消费者满意，并能重新挽回组织的形象。

处理好顾客投诉应注意以下几方面问题：

第一，化解矛盾，保护顾客的合法权益。顾客投诉种类很多，有电话投诉、信件投诉、当面投诉，有的甚至借助媒介或法律。不管怎样，问题一出现，企业组织都应本着"顾客是正确的"原则，尊重和维护顾客的合法权益，淡化矛盾，妥善处理，使顾客满意。只有切实地处理好顾客的投诉，才能使顾客消除心中不平，化干戈为玉帛。

第二，及时处理，迅速解决顾客提出的实际问题。对消费者的投诉能及时着手解决，顾客就会觉得组织重视他们的意见，会比较快地恢复平静。如果拖延几天，那么在这段时间内顾客就总觉得不痛快，负面影响就会随之扩大，对企业不信任的人也会随之增多。在解决顾客投诉的过程中，还应把握时机，迅速解决顾客提出的实际问题，让因顾客投诉造成的公众对企业的信任危机的负面影响降到最低限度，因势利导，变坏事为好事。

第三，态度诚恳，给顾客明确而清楚的信息反馈。遇到消费者投诉，不管对方是否有理，企业公关人员都应心平气和，婉转地加以引导，耐心地问明情况，抱着诚恳的态度设身处地为顾客着想，理解顾客心情，与人为善，宽以待人。同时，对消费者投诉的问题，在比较全面地分析之后，认真研究解决处理的对策，给顾客明确而清楚的信息反馈，以最好的服务解决实际问题。

案例6-2-6

杭州有家商店，明确要求无论出现什么情况，售货员都必须尊重顾客。一次，一位年老顾客来买鞋，当时柜台业务很忙，女售货员拿出鞋对老者说："请你去试。"老者不由怒火中烧，抓起鞋子就扔向售货员。原来，他听成了"请你去死"。售货员感到很委屈，但还是强忍委屈，在众目睽睽下微笑着向老者解释。商店经理将老者请进接待室，耐心地将事情解释清楚。结果，老年顾客深感歉意，以后他逢人便夸该店的优良服务，成了商店的义务宣传员。商店以自己对顾客的热情周到服务，赢得了社会的赞誉。

（资料来源：百度百科《顾客关系》）

案例评析： 以上案例证明，顾客是一个庞大的群落，他们的构成是极其复杂的。企业从业人员在工作中与各种类型的顾客打交道，是被动的、不能选择的，但是能否处理好与顾客的关系，避免冲突，形成融洽和谐、愉快的气氛，企业从业人员比顾客有更大的主动权。企业员工只要十分清楚地把握这个前提条件，就不难主动地处理好与顾客的关系，"热情"、"微笑"就成为自觉的行动。

二、社区关系协调

社区公众是指该区域内与组织具有左邻右舍关系的各种社会组织和群体。任何组织都是处在一定的社区中，并同社区的公众发生种种关系。社区关系就是指组织与周围同处于这个区域的其他组织、群体的相互的关系。如组织所在的工商企业、各种社会团体、居民及家庭、街道组织、政府部门、学校的图书馆、卫生保健机构、文化娱乐场所，等等。

（一）建立良好社区关系的意义

（1）社区关系是组织赖以生存的必要条件。社区关系犹如邻居关系，追求的是和谐、协调、互相理解、互相支持，组织与社区公众的利益是息息相关的。一个社会如果没有良好的社区关系，就会失去立足之地。社区公众是由特定的活动空间所确定的，区域性、空间性很强。地方性组织或企业的活动直接受社区的制约，社区关系直接影响着组织或企业其他各方面的关系，如员工家属关系、本地顾客关系、地方的政府关系和媒介关系等。跨区域性经营的组织或企业也不能脱离特定的社区，甚至要善于同各种不同背景的社区公众打交道，以争取社区提供各种地方性的服务和支持，使组织能够在各种完全不同的社区环境下获得生存和发展。因此，组织或企业需要将社区关系作为自身发展的一个重要组成部分来认真对待。

(2) 社区关系是组织得以发展的有利环境。社区是社会大环境的一个缩影，社区公众涉及当地社会政治、经济、文化、教育等各个方面，类型繁多，涉及面较广，对组织客观上存在着各种不同的感受、要求和评价。由于处在同一社区，对组织的某一种评价和看法就容易相互传播，形成区域性的影响，从而形成组织的某一种公众形象。因此，搞好社区关系，在社区中树立了组织自身的良好形象，有利于提高组织在整个社区中的地位和声誉，从而获得组织发展的更为有利的环境。为此，组织要主动承担必要的社会责任和义务，像爱护自己的家业一样爱护社区，在公众中树立起热爱公众事业，维护公众利益的组织形象，为社区的物质文明和精神文明建设发挥中坚作用，为社区造福，为社区公众多做贡献。

案例6-2-7

美国俄亥俄州某陶瓷厂，一夜之间被大火吞没，该厂没有买任何保险，看来似乎注定要从俄亥俄州永远消失了。然而，就在失火的第二天清晨，竟出现了颇为壮观的场面：工厂的员工、镇上的家庭主妇、茶馆酒店的老板、小商贩以及教堂的牧师，都不约而同地聚集到废墟上，清扫残砖碎瓦。在短短的几个月里，大家有钱的出钱，有力的出力，竟在废墟上重新建立起一座三万平方米的新厂房，陶器厂很快就恢复了生产。

（资料来源：有效营销网）

案例评析：这家陶器厂为什么有这么好的"人缘"呢？其中的原因就在于该厂长期重视与社区公众的关系，俗话说"远亲不如近邻"。可见，良好的社区关系对组织的生存发展有非同寻常的意义。

(二) 社区关系协调的方法与技巧

1. 满足社区公众心理需求

社区是人们生存和生活的主要环境和场所，因而，社区公众的一般心理主要表现为：要求生活配套、设施完备、服务质量高、有亲切感、生活方便、自由、舒心，能享受与社区外相同的生活水准和条件等。尽管组织要满足社区公众的所有要求是极其困难的，但组织要力所能及地为社区公众着想，以获得社区公众的支持，因为做到这一点对扩大组织的影响、树立良好的组织形象是十分必要的。只有满足了社区公众的愿望和要求，才能建立良好的公共关系意义上的"睦邻友好"关系和有利于组织的生存与发展社区环境。

2. 努力为社区公众服务

社区公众涉及当地社会政治、经济、文化、教育等各个方面和阶层，类型繁多，涉及面广，对组织客观上存在着各种不同的感受、要求和评价；由于处在同一社区，对组织的某一种评价和看法又极容易相互传播，形成区域性的影响，从而形成组织的某一种公众形象。很显然，社区组织关系的好坏，直接影响到组织的社会公众形象，因此，要提高自身在社区中的地位，就要树立一个"为社区公众服务"的形象，主动承担必要的社会责任和义务，为社区公众多做贡献。在为社区公众服务方面，韩国三星公司是个运作社区的高手。"作为一个以仁慈和道德为基本准则的好的、团结的公民，建立我们更好的共同生活的社团。"基于这个原则，早在1994年，三星就成立了专门的社团关系项目办公室，致力于通过实际行动支持和参与解决当地的问题。每年，三星为公益活动的支出都高达数千万甚至上亿美元。而在自己营造出来的良好社区关系中，三星公司也实现了自己做大做强的梦想。

3. 加强与社区公众的沟通

组织在社区除了尽量做一个好"公民"外，还需要与社区公众保持良好的信息沟通，主动向社区公众宣传、介绍本组织情况，广泛了解社区公众的对组织的评价，积极参加社区的各种社会活动，以加强组织与社区之间的相互了解。万一和社区公众发生纠纷，组织要勇于面对问题，采取积极措施解决问题，及时平息社区公众对组织的批评和不满，尽力消除冲突和矛盾，化干戈为玉帛。例如，在美国市场日趋饱和的情况下，可口可乐公司的第二任董事长伍德鲁夫提出了一个惊人的设想，就是"要让全世界的人都喝上可口可乐"。为了打开国外市场，赢得各国民众的认可。伍德鲁夫制定了"当地主义"战略。他积极与当地有关部门沟通，在当地投资建厂，招收当地的工人，在缓解当地就业压力和推动当地经济发展的同时，也轻松赢得了当地人的认可和接受。当地人也给予了可口可乐公司极大的支持和协助，为其创造了良好的发展环境。可口可乐就这样在攻下了一个个社区堡垒之后，完成了全球可乐王国的组建。

4. 维护社区环境

有许多社会组织在其运作过程中，存在着环保与效益的矛盾，即在生产效益提高的同时，也在污染着周边社区的环境，尤其在一些不发达地区，许多地下造纸厂、化肥厂、农药厂等大量的排放有毒污染物，使居民苦不堪言。因此，组织应当树立公众利益优先的思想，组织应尽可能避免或减少自身活动对社区其他公众正常活动的影响，在生产经营过程中应树立环保的新形象。为此，组织应花大力气改革传统的工艺流程，减少各种污染，包括水污染、空气污染、恶臭、噪声等，并积极参加绿化工程，开发绿色（环保）产品，适应绿色消费，通过各种活动来保护环境。同时，在保护社区环境时还应积极美化社区环境，尤其是自身生产与经营环境的美化，为社区成为一个良好的活动区域负起应负之责。

5. 支持社区公益活动

社区关系不能仅停留在社会组织自身行为约束上，而应积极承担社区内的公共事务或公益活动，组织利用自身的经济实力，大力支持社区公益事业的发展，不但可以表示组织的社会责任感，同时也能为组织赢得较好的声誉。比如可以尽可能地将组织内部非生产性、专业性的文化、福利设施向社区开放；捐助或修建公共设施（如公园、道路、风雨亭、图书馆等）、维护社区治安、出资组织或赞助文艺表演或体育竞赛、提供义务性的专业服务、兴办第三产业等。支持社区公益活动，便于维护社区公众的长期和谐的关系，得到公众的理解与支持，这不但有惠于当地，而且更有助于提高本组织的形象。

所以，社区关系实质上就是组织与所在地区各类公众的关系，也是组织外部环境的重要组成部分，对组织的生存、发展依然有着一定的影响。建立良好的社区关系是为了争取社区公众对组织的了解、理解和支持，为组织创造一个稳固的生存环境；同时体现组织对社区的责任和义务，通过社区关系扩大组织在本区域的影响。

案例6-2-8

坐落在广州市北郊白云山下的白云山制药厂,在完善企业自身内部机制的同时,很注重和周围乡镇建立良好的社区关系。在公关策划中,厂方制定了让利于农民、把风险留给自己的措施,帮助周围发展乡镇企业。在办厂期间,不论盈亏,厂方每年都拨款20万元给这些乡镇企业用于经营、发展。随着药厂生产规模的不断扩大,它又有计划地把农村剩余劳动力吸收到现代企业中来。其中有一个村,45岁以下的劳动力都被吸收入厂加以培养和训练,45岁以上的劳动力则给予生活补贴,符合退休年龄的老人给"养老金",男性每月120元,女性每月100元。至于帮助周围农村修桥铺路,发展文教事业,那更是常事了。正因为这样,药厂在一定程度上达到了与周围农村的"一体化",形成了"人和"的社区环境,实现了工农亲如一家的良好公关状态,树立起了"在自身发展的同时,带动周围农村一道前进"的良好形象。

(资料来源:周安华,《公共关系:理论、实务与技巧》,中国人民大学出版社2010年版)

案例评析: 白云山制药厂正是由于热心社区的公益事业,密切与社区公众的往来,加强双方的沟通和了解,才能在当地建立如此良好的社区关系。

三、媒介关系协调

媒介关系又叫作新闻媒介公众关系,是指组织与新闻传播机构(包括报社、杂志社、广播电台、电视台及各种网站)以及新闻界人士(包括记者、编辑)等等的关系。在信息化社会,人们对任何组织及产品的了解,已不再停留在亲眼看见的直接接触阶段,更多的是通过传媒宣传对组织及产品"留下印象"。一方面,新闻媒介是组织与公众实现广泛、有效沟通的必经渠道,具有工具性;另一方面,新闻媒介人员又是组织必须特别重视的公众,具有对象性。因此,从对外公共关系实务工作和层次来看,新闻媒介公众往往被摆在显著的位置,或被称为对外传播的首要公众,大众传播是社会组织与其他公众信息沟通的"中介"环节。

(一) 与媒介公众建立良好关系的意义

1. 良好的媒介关系有利于提高组织的知名度和美誉度

媒介关系是社会组织与公众之间信息交流的中介和桥梁。作为社会组织应该充分发挥新闻媒介公众的这种作用,提高自己的知名度、美誉度。为此,每个组织首先必须十分认真地对待这类公众,及时地让他们了解事实真相,主动地、准确地提供最新的信息资料,有利于新闻媒介公众对本组织的情况有及时和现实的了解,以利于正确地进行报道。

2. 保持与媒体的良好关系为公共关系的重要内容

大众传播本身也是社会组织的目标公众。建立良好的媒介关系的目的,就是掌握新闻媒介报道的动向,使组织提供的信息与新闻媒介报道的重点和主题相一致,争取新闻传播媒介对组织的了解、理解和支持,以便形成对本组织生存与发展有利的舆论气氛,并通过新闻媒介实现与大众的广泛沟通,密切组织与社会公众之间的联系。

3. 建立良好的媒介关系是形成良好的舆论氛围的前提

在现代信息社会里，大众传媒传递信息迅速，影响力大、威望度高，无论是对政治、经济、文化等均有巨大的影响力，它是社会信息流通过程的"把关人"。公众每天所接触到的信息，大部分是经过层层"把关人"的精心筛选后报道出来的。一个企业、一个人物、一件产品，一旦被新闻界选中，成为集中报道的热点，会立即成为广大公众议论的中心，成为具有公众影响力的话题，所以西方有些国家把新闻媒介看成是立法、司法和行政三大权力以外的"第四权力"，或称为"无冕之王"。对于企业来说，如果离开大众媒介的支持，就无法争取广大公众的了解和赞誉。反之，企业如有失误，如经媒介的披露则会火上加油，严重的还会危及企业的生存。因而，公共关系工作为了达到为组织创造良好的公众舆论，争取公众舆论的理解和支持的目的，就必须与新闻媒介建立良好的关系，使组织信息能够容易通过传播渠道传播出去，从而引起公众的注意。

（二）媒介关系协调的方法与技巧

社会组织利用新闻媒介做公共关系工作，一方面要通过广泛宣传，扩大组织的影响；另一方面可在不必支付费用的情况下借助新闻媒介的优势来塑造组织形象，而后者更具有公共关系意义。社会组织的公共关系部门或人员应尽可能提供新闻信息，使得新闻媒介的朋友乐意成为组织的义务宣传员。为此，在与新闻媒介交往中坚持以下几项原则：

1. 以诚相待，提供真实材料

社会组织要为新闻媒介提供实事求是的材料，向记者提供夸张、虚假的材料会扭曲组织本身的形象，一旦揭露出来，不但失信于社会公众，而且也失去了大众传媒这一特殊公众的信任。因为真实的新闻是媒介的生命。一些企业从自身利益出发，倾向于提供好消息，掩饰坏消息，这就容易造成企业和新闻界的矛盾和摩擦。因此，对于企业中的家丑绝不可掩盖起来，而应该讲真话，如实反映，并提出解决问题的措施，从而取得新闻界及广大公众的谅解和支持，使坏事变成好事。

2. 以礼相待，及时提供有价值的信息

对待记者要一视同仁、友好热情、以礼相待。不管记者对组织所发生的事件是褒是贬，都要为他们的工作提供必要的帮助、支持和服务。同时，由于新闻信息具有很强的时效性，由此，组织在要及时接待、邀请记者采访，争取在最短的时间内向新闻界提供有价值的信息。据美国新闻界统计，美国各大众传媒上的新闻、消息，一半以上是由各类社会组织提供的。因此，企业在与新闻界交往时，除适时召开记者招待会、组织记者参观访问外，还应及时、经常、客观地向新闻界提供具有新闻价值的、符合新闻传播规律的新闻稿，这是新闻界欢迎的举措。

3. 制造新闻，与新闻界建立良好关系

制造新闻就是社会组织为吸引新闻媒介报道而精心策划的公关活动。在大众传媒面前企业是被动的，它没有准予报道的决定权，但企业仍可以通过自身努力，通过制造新闻，争取大众传媒的注意和报道。新闻媒体是最后的"把关人"。所以在某种程度上，新闻策划"谋事在组织，成事在媒介"，这就要求组织与新闻界建立良好的关系。为此，一方面组织的公共关系人员要了解新闻界的经营宗旨、经营风格、报道重点和工作方式，以便有的放矢地策划新闻；另一方面，组织要注意与新闻机构联合举办活动，在活动中增进与新闻媒体的关系，从而增加被新闻媒体报道的机会。因为有新闻机构参加的活动更容易上报、上镜、上视，这也是新闻记者及新闻从业人员比别的行业人员获得更多联谊活动机会的秘密所在。此外，组织还可以主动地向媒体提供新闻稿件来增加亮相机会。据有关资料统计，在国外的媒体上，超过1/4的新闻是由工商企业公关人员直接提供的。

4. 淡化矛盾，妥善处理与媒介的冲突

企业与媒介之间由于立场、角度等不同，不可避免地会产生一些分歧。对此，企业应采取"淡化矛盾"原则，不可激化矛盾。因为企业只有依靠媒介公众，并与之建立良好关系，才能为自己开创一个良好的舆论环境。因此，当组织与媒体发生纠纷时，应虚心让人，而不是抓住枝节不放，把自己放在媒介的对立面。当企业确有失误时，应敢于承认错误，而不能与媒介作恶。即使出现了失实报道，也应侧重于沟通情况，促进相互了解，消除沟通中的障碍。

案例 6-2-9

日本电通公司在公司成立66周年纪念日这一天，电通公司由银座的旧址迁入筑地的新楼。当天清晨，2000多名员工在公司总经理的带领下，高举"谢谢银座各界人士过去的照顾"、"欢迎筑地各界人士以后多多赐教"的旗帜，浩浩荡荡地由银座向驻地行进。沿街公众目睹了这一盛况，日本各大报纸和电视台也纷纷报道这一周年纪念庆典和乔迁之喜，使电通公司闻名遐迩，给广大公众留下了美好记忆。

（资料来源：居延安，《公共关系学》，复旦大学出版社2008年版）

案例评析：电通公司在公司成立66周年纪念日及乔迁之际，通过富有创造性的策划，抓住了利用新闻媒体的时机，再辅之以其他手段，取得了良好的成效，给广大公众留下了美好记忆。

案例 6-2-10

企业家亚科卡的经验

美国著名企业家亚科卡善于处理与新闻界的关系，他说："当某一个人因某事受到谴责时，新闻界马上给予公布，而当事实证明他无辜时，新闻界的报道则很迟缓；要跨越这一差距，靠的就是和新闻界人士的良好关系。"亚科卡的经验是："善于与新闻界人士接触，无论是在顺境中还是逆境中。""坚持每季召开记者招待会，不论是好结果，还是坏结果。""讲真话，坦率诚实地对待新闻界人士。""当记者陷入困境，给他们提供真心实意的帮助。""对故意刁难的记者不必恼怒和发火，故意不理睬他就可以了。"亚科卡的忠告是："一个得不到新闻界信任和好感的企业，是不可能有大发展的。能得到新闻界的信赖，是一个企业最重要的财富。"

（资料来源：冯云廷、李怀斌，《现代营销管理教程》，东北财经大学出版社2004年版）

案例评析：企业家亚科卡的经验告诉我们：以诚相待、及时沟通、尊重媒体，争取建立超过一般工作关系的人际关系，才能获得新闻界的支持与信赖，才会在必要时助企业一臂之力。

四、政府关系协调

政府关系指社会组织与政府之间的沟通关系，其对象包括政府的各级官员、行政助理、各职能部门的工作人员。社会组织必须与政府各职能部门建立和保持良好的沟通，这是组织生存与发展的重要保障和条件。建立良好的政府关系的目的就是争取政府对组织或企业的了解、信任与支持，为组织的生存和发展争取良好的政策环境、法律环境、行政支持和社会政治支持。

（一）与政府建立良好关系的意义

良好的政府关系可使组织获得权威性和影响力的支持，为组织赢得好的发展环境。一个组织的政策、行为和产品如果能够得到政府官方的认可和支持，无疑将对社会各个方面产生重大影响，甚至使组织的各种渠道畅通无阻。因此，组织除了保持自身的一切行为都在政策、法规许可的范围内之外，组织还要把握一切有利时机，扩大组织在政府部门中的信誉和影响，使政府了解本组织或企业对社会、国家的贡献和成就，以建立良好关系。

通过良好的政府关系，能够及时了解到有关政策的变动，能够较方便地争取到政策性的优惠和支持，能够在政府采购中争得较大份额，能够对有关本组织的问题在进入法律程序或管理程序之前参与意见，使之对组织的发展有利。因此，组织应该主动建立和加强自己与政府有关部门之间的双向沟通。

（二）与政府公众建立良好关系的措施

1. 充分认识政府职能，扩大组织影响

政府掌握着制定政策、执行法律、管理社会的权利职能，具有强大的宏观调控力量，代表着公众的意志来协调各种社会关系。因此，使政府了解本组织或企业对社会、国家的贡献和成就便显得十分必要。比如，企业热心公益事业，积极参与社区事务，以企业利益服从国家利益等，均有助于政府对其产生良好的印象。

2. 主动提供组织信息，建立良好的政府关系

建立良好的政府关系能够为组织形成有利的政策、法律和社会管理环境。政府的政策、法律和管理条例是一个组织决策和活动的依据和基本规范，组织的一切行为都必须保持在政策法令许可的范围之内。政府作为行政管理机构，对企业一般不实行直接管理，但也需要掌握各企业的动态，以便归纳出带有普遍倾向性问题，为宏观调控打下基础。通过良好的政府关系，组织能够及时了解到有关政策的变动，能够较方便地争取到政策性的优惠和支持，能够在政府采购中争得较大份额，能够对有关本组织的问题在进入法律程序或管理程序之前参与意见，使之对组织的发展有利。因而，企业在举行庆典、产品投产、联谊活动、周年庆祝等活动时，应邀请政府有关方面官员参加，加强企业与政府公众在感情上的沟通，并经常上门汇报企业动态，主动建立和加强自己与政府有关部门之间的双向沟通。

3. 严格遵纪守法，正确处理国家与组织之间的利益关系

社会组织要寻求政府公众的理解与支持，就必须充分认识到公众利益对于组织利益、社会责任对于组织责任的重要性。作为立法和执法的各级政府，当然信任、赞赏遵

纪守法的企业，任何偷税漏税、违章作业、假冒伪劣、行贿受贿的企业，理所当然地不受政府欢迎。因此，组织既要有报效国家之心，又要将其在行为上、决策过程中充分体现出来，做一个社会公益事业的热心倡导者和积极拥护者，以此作为对政府工作的一种支持，以行动赢得政府公众的高度认同与厚爱。

政府是国家权力的执行机关，是对社会公共事务进行管理的机构。政府依据统一的法律、法规和政策，对社会活动进行管理指导；组织作为社会的一分子，必须对政府的依法管理予以服从。政府和社会其他组织相比，在拥有权力、掌握资金、了解信息、控制舆论上拥有较大的优势。因此，组织应处理好与政府的关系，争取政府对组织的了解、信任和支持，从而扩大组织影响。

案例 6-2-11

位居美国汽车业第三把交椅的克莱斯勒公司曾经创下了亏损116亿美元的纪录，并且濒临破产的边缘。临危受命的亚柯卡在其他方案都行不通的情况下，决定以公司全部资产做抵押向美国联邦政府申请贷款。消息传开，举国大哗，反对声鹊起，联邦政府一时拿不定主意。为了争取到全国公众和政府的理解支持，亚柯卡发起了强大的舆论攻势。媒介发表了一系列阐述公司主张的有亚柯卡亲笔签名的社论。这些社论的标题和内容是公众最为关心的问题：失去了克莱斯勒，美国的境况会更好吗？克莱斯勒有前途吗？克莱斯勒的领导部门是否有足够的力量扭转公司的局面？卡特政府的官员和国会的议员们每天都拿着这些广告和社论边看边议，同时，亚柯卡还派出专人到国会和联邦政府进行游说活动。这些公关活动的开展，逐渐恢复了各界公众对公司的信任，国会也终于在圣诞节前夕通过了贷款法案。有了这笔巨资的支持，克莱斯勒最终起死回生，并在20世纪80年代东山再起。

（资料来源：周安华，《公共关系：理论、实务与技巧》，中国人民大学出版社2010年版）

案例评析：政府之所以重要，一言以蔽之，就是因为它是拥有权力的公众，是综合协调、宏观调节的权力机构。通过与政府的公关协调，克莱斯勒公司最终起死回生，我们认为，协调好组织与政府的关系应注意和政府的信息沟通，多与政府进行感情交流，加强双方的联系，使政府对组织的方针政策和行为有全面的了解与支持。

案例讨论与项目实训

一、案例讨论

讨论材料一：
（一）案例描述

员工是酒店最宝贵的财富

美国酒店管理业的六大明星之一袁伟明的经营哲学是"员工第一"。他认为，优质服务和产品是酒店成功之要素,而服务和产品则是由员工提供的,所以员工就是酒店最宝贵的财富。只有把员工放在第一位,尊重他们的劳动和尊严,让他们处处感受到自己的"主人翁"价值,认识到酒店的荣辱与他们的工作形象和经济效益息息相关,这样的酒店才能成为成功的酒店。根据这一思想,他们制定出一系列协调职工关系,激励职工士气的措施,如每月固定一天为员工日,届时高层管理人员一起下厨房为员工炒几道拿手菜;酒店公关都定期召开员工家属亲善会,征询员工家属的意见,争取"后院"的支持;哪位员工工作有成绩,总经理会签发嘉奖信;每位员工生日的当天,都会收到总经理赠送的生日贺卡;酒店设立意见奖,最高管理者对于建议性意见保证在3天内答复,并给予奖励,等等。这位总经理走马上任刚刚半年,就使他主管的酒店形象和经济效益得到很大提高。

(资料来源:《组织内部外部公共关系》,http://www.doc88.com/p-0032070597810.html)

(二)提出问题

1. 袁伟明的经营哲学"员工第一"说明了什么?
2. 作为企业高层管理者,如何处理好与员工之间的关系?

(三)讨论步骤

1. 针对本案例材料进行分组讨论。
2. 每个小组组长总结小组讨论情况,并选出自己小组讨论最充分的问题在班级交流。
3. 教师根据学生讨论发言情况点评总结。

讨论材料二:

(一)案例描述

麦肯锡公司的人才激励机制

历经70余载的发展,麦肯锡公司已成为真正意义上的国际型管理咨询公司,在41个国家拥有80家分公司,近9000名员工。截至1999年底,公司六成以上业务在美国以外的国家和地区展开。

麦肯锡公司专业为企业总裁、部长、高级主管、大公司的管理委员会、非营利性机构以及政府高层领导,就其关注的管理议题提供咨询服务。麦肯锡公司咨询服务的最大价值在于从企业最高管理层的角度出发,将发展战略与实际情况有机结合,制定建议方案,协助客户实施,从而成功地提高经营绩效。

分布在世界各地的每家麦肯锡公司,都由资深的麦肯锡咨询董事(Partner,即合伙人)和专业咨询顾问组成。他们在当地聘用、培养优秀的本地人才,使之能够逐步担当公司的业务重任。目前,这支全球合作与本地特色并举的麦肯锡团队拥有来自70多个国家的5200多名咨询顾问。他们均毕业于国际著名学府,绝大多数人同时拥有知名学院的工商管理硕士和博士学位,具有理工学科和其他学科专长的人员比例也正在增长。

麦肯锡人力管理制度十分独特，比如每年招聘人员的数额一般保持在20～30名。全球各分公司每年可以收到几十或上百封个人简历，这是人选来源之一。最主要的是，麦肯锡公司每年从美国著名的几所大学录取名列前茅的高才生，同时接受其他学校推荐的优秀学生。

麦肯锡的人员70%来自具有MBA学历的人选，30%来自具有高级专业职位（法学博士、医学博士等）的人选，除了挑选应聘人员的工作经历和商业背景外，主要看中的是他们解决问题的能力。麦肯锡对初选人员要经过六轮面试，面试中通过提出商业案例来考查其实际分析和解决问题的能力和素质。所以，那些局限于象牙塔中、没有实际经验的人获选机会不大。

一旦进入麦肯锡公司，人员的晋升与出局（up or out）有严格的规定：从一般分析员做起，经过2年左右考核合格升为高级咨询员，再经过2年左右考核升至资深项目经理，这是晋升董事的前身。此后，通过业绩审核可升为董事。所以，一个勤奋、有业绩的人在6～7年里可以做到麦肯锡董事，但是在他每一个晋升的阶段，如果业绩考核并未达到要求，就要被out（离开麦肯锡）。

在晋升考核中不仅要看业绩，而且要看他对所在团队的引导，即他的潜力能否得到同事的认可。因此，在麦肯锡，所有员工获得同等公平的机会，但必须勤奋。每年麦肯锡的人员流动达25%～30%，这个比率相对于其他企业来说是比较高的，但对麦肯锡而言，处于合理的范围内。离开麦肯锡董事的人一般有两种情况：一种是机会非常好主动离开的，比如许多人离开麦肯锡后去一些大公司做经理，如美国运通、IBM，也有一些优秀人员离开后自己当了老板；另外一种是被请出局。

麦肯锡的员工培训过程核心是"导师制"，即他们非常注重内部的人员"金字塔"结构。麦肯锡每年之所以仅招聘20多人，是要保证每一个项目上有足够的资深员工承担。对于新来的员工，招聘过程已经验证了他们具备基础素质，进入公司后，麦肯锡进行基本培训，灌输公司的基本理念与价值观，更重要的是，在实际工作中对新员工进行一对一训练。

比如在每个项目小组中，一般有2～3人，不会全部是新的成员，项目经理是比较有经验的，在麦肯锡被称为"灵魂"。他会把一些大的问题分解成多个小问题，分配至其他成员。同时，项目小组要与客户保持紧密合作，不能自己躲在象牙塔里解决问题。所以新员工在有经验的人的引导下，同时又发挥个人解决问题的能力，对于分配给他的工作都能做出杰出的成绩，在解决他承担的那个问题同时也掌握了公司解决问题的办法。有一些新兴的咨询公司，由一个或几个非常聪明的人建立一套体系后，让其他人遵照执行，公司不再继续进行培训。麦肯锡与他们是不同的，麦肯锡的雇员在公司培训中得到飞快的成长。

（资料来源：宋锡红，《与老板对话》，《中国经营报》2000年7月18日）

（二）提出问题

1. 麦肯锡公司的人员流动率达25%～30%，这是一个比较高的比例，麦肯锡公司为什么要这样做？

2. 日本的松下公司爱用中等才能的人，但麦肯锡公司招聘的都是才干、经验俱佳的精英。你倾向于哪种用人观呢?为什么?

(三)讨论步骤

1. 针对本案例材料进行分组讨论。

2. 每个小组组长总结小组讨论情况,并选出自己小组讨论最充分的问题在班级交流。

3. 教师根据学生讨论发言情况点评总结。

讨论材料三:

(一)案例描述

美国航空公司的 AYP 计划

美国航空公司为给未来的顾客——青年人留下一个良好的形象,每年都举办音乐大赛,提供优胜者奖金,并辅助高中学校的音乐教育。每年 5 月,该公司在纽约市卡内基纪念馆举办音乐大赛的颁奖典礼,并邀请世界著名的首席指挥为受奖人指挥。此外,还将音乐大赛的门票收入作为高中学校基金。这项活动在全美影响很大,由此更加深了美国航空公司在青年人心目中的"光辉形象"。

(资料来源:人人网,公共关系锦集)

(二)提出问题

试分析如何将企业良好的形象信息渗透给未来的消费者?

(三)讨论步骤

1. 针对本案例材料进行分组讨论;

2. 每个小组组长总结小组讨论情况,并选出自己小组讨论最充分的问题在班级交流;

3. 教师根据学生讨论发言情况点评总结。

二、项目实训

项目一:*模拟处理投诉顾客*

(一)实训目的

通过模拟处理投诉顾客,初步掌握协调顾客关系的原则,并能在熟练运用协调顾客关系的方法。

(二)实训设计

1. 教师提供实训背景及问题:一次,一位顾客在某饭店吃菜时发现一根头发,他怒气冲冲地找到了服务员,恰逢服务员情绪不佳又冲撞了顾客,顾客于是找经理投诉。假如你是经理,你将怎样平息这场风波,消除顾客的火气并仍使他再次惠顾?你是否能从中发现你们饭店的管理尚需加强?服务质量还要完善?事后你将怎样对待那位服务员?

2. 选取若干学生，分别扮演顾客、服务员。
3. 其他学生观看后展开讨论。

项目二：内外沟通技巧训练

（一）实训目标

通过情景模拟活动，要求学生能够正确运用公关协调的基本原则，基本程序及方法，提高公共关系沟通协调能力。

（二）背景资料

1. 刘秘书做过多年的秘书工作，积累了不少经验，领导让他向新来的秘书介绍接待咨询工作，刘秘书应怎样与新来的秘书沟通？

2. 小王是科剑贸易公司的一名公关人员，这天当她正在接听电话时，正好伟达电子科技有限公司的张副经理来访，要求与总经理会面，不巧小王公司的总经理又让她马上去他办公室处理一份急件，这种情况下，小王该怎么办？

（三）实训设计

1. 根据以上材料，针对案例中的矛盾，学生分小组讨论；
2. 小组成员拿出有效的协调方案，设计情景模拟内容，表演问题解决的过程；
3. 互相评比。每组派一个代表发言，学生互评。

课后思考

1. 内部公共关系的目的是什么？为什么说内部公共关系是外部公共关系的基础？
2. 试举例说明如何协调好员工关系？
3. 处理组织内部领导之间关系的艺术有哪些？学习了以后对你有什么启发？
4. 为什么要协调好股东关系？如何争取股东的支持与合作？
5. 外部公共关系的特点和目的是什么？
6. 组织在处理外部公共关系时应遵循的原则是什么？作为一名公关人员，你如何有效地加以把握？
7. 组织如何处理好同政府部门和新闻媒介的关系？
8. 搞好顾客关系的关键是什么？有哪些技巧？

第七章 组织形象塑造与 CIS 战略

组织形象是公共关系的灵魂，良好的组织形象是组织核心竞争力的重要组成部分，是企业抢占市场制高点的利器。通过对本章的学习，使学生明确良好的组织形象是组织核心竞争力的重要组成部分，是企业抢占市场制高点的利器。全面系统地掌握组织形象塑造的方法，了解理念识别系统（MI）、行为识别系统（BI）和视觉识别系统（VI）的相互关系，理解组织形象塑造的具体表现形式——CIS 战略，掌握进行 CIS 系统设计的原则和方法，根据各类组织的不同特点，有针对性地进行形象塑造工程。

学习目标

知识目标
- 了解组织形象的内涵、基本特征
- 熟悉组织形象塑造的基本原则与组织形象分析的内容
- 学会阐述组织形象设计的内涵与设计的步骤
- 理解组织形象塑造的具体表现形式——CIS 战略

能力目标
- 掌握 CIS 组织形象塑造的具体表现形式——MIS 的设计方法和技巧
- 掌握 CIS 组织形象塑造的具体表现形式——BIS 的设计方法和技巧
- 掌握 CIS 组织形象塑造的具体表现形式——VIS 的设计方法和技巧

先导案例

太湖宝岛花园导入 CIS

太湖宝岛花园由一家五星级酒店和百幢别墅构成。五星级酒店设计的会所，提供客房、餐饮、会议、商务等服务。太湖宝岛花园虽然是一处具有良好自然生态环境、高尚浓郁文化气息、高质高效圆满生活设施的美丽园区，但也存在地理位置离苏州较远，人流量较少，对外认知度较差等缺点。因此，在太湖宝岛花园建设过程中，就有必要通过导入 CIS，来传播企业形象信息，扩大认知度，吸引消费者和游客，提高企业的文化品位，增添企业的无形资产。1998 年 4 月至 1998 年 9 月，太湖宝岛花园全面地导入 CIS，迅速提升了企业形象。本案例介绍太湖宝岛花园导入 CIS 的做法。

一、VI 设计

苏州太湖宝岛花园依山傍水，一年四季，好景不绝。动人的湖滨金色沙滩，营造了自然畅意的空间，嬉戏碧波清水，享受日光月华，能充分体味人生的美好趣味。太湖宝岛花园绿化率超过45%，桃林、梅园落英缤纷；桂花、茶花香气袭人。太湖物产丰富，银鱼、虾蟹堪称一绝；莼菜、珍珠中外驰名；碧螺春茶享誉世界。通过反复总结提炼太湖宝岛花园的个性特征，设计出了如下的标志：采用绿、蓝两种主色，在椭圆形的空间展示出绿水蓝天相互连接，一轮明月悬于水面，将人们带到了诗情画意般的境地：碧波荡漾的太湖水秀丽多姿，瑶海上月，星河倒映，山影荡漾，涛声如诉。给人们以强烈的视觉冲击力和广阔的想象空间。

二、BI 设计

太湖宝岛花园的 BI 系统分为内部系统和外部系统两个方面。结合酒店和高档住宅小区的特色，内部系统围绕干部教育、员工教育、敬业精神、礼仪规范、企业环境、职业道德、企业文化、环保对策等八个方面展开。外部系统围绕市场调查、公共关系、广告宣传、促销活动、公益活动、项目开发等六个方面进行。以基本规则和规章制度来规范员工的行为，并进而塑造太湖宝岛花园良好的动态形象。

三、MI 设计

（一）经营理念

提出了"营造诗意的居住意境，倡导全新的生活理性"的经营理念。

这一意境深远、令人回味的经营理念，向各界公众昭示：

高品质的生活环境是人们梦寐以求的追求；科学的消费方式是时代发展的要求；使人获得全身心的发展，是社会进步的目的。宝岛花园以造福于人类、服务于公众为己任，刻意为人们创造一个远离都市喧嚣，回归大自然怀抱，能够充分地品味人生，诗意般地栖居的美好生活意境，使古人"结庐在人境，而无车马喧"，"采菊东篱下，悠然见南山"的企盼成为现实。

宝岛花园充分利用美丽的太湖山水这一得天独厚的空间环境，通过国内外著名的建筑学家、美学家、文化专家和企业形象设计专家等各路高手独具匠心的规划和设计，推出一处以吴文化为特色，荟萃中西建筑文化精华，具有理想的自然生态环境和人文环境，能使人们充分品味现代生活内涵的美丽园区，使它成为苏州这一"人间天堂"中的一颗熠熠生辉、璀璨夺目的明珠，成为太湖中令人神往的蓬莱仙境。

（二）经营哲学

总结出了"以诚创造价值，以美装点生活"的经营哲学。这一经营哲学对外展示：宝岛花园企业的旗帜上始终铭刻着两个闪光的大字："诚""美"。诚实守信是中华民族代代相传的祖训，也是现代企业必须信守的基本职业道德准则。宝岛花园以一颗诚实、诚挚、诚恳、诚信的赤子之心服务于公众，奉献于社会，并从中获得价值回报。崇尚美、向往美和追求美是当今时代的主旋律，是人们参与社会实践活动的强烈精神需求。宝岛花园决心以给人类带来火种的普罗米修斯为楷模，当美的使者，通过美的创造，为人们的生活奉献束束五彩缤纷的鲜美花朵，让人们在美好的生活中陶冶性情，奋发向上。诚实即美，美即诚实。生活需要诚实，生活需要美。

写着"诚""美"大字的旗帜，永远激励着宝岛花园的全体员工开拓进取，推动事业的腾飞。

（三）企业精神

"刚柔相济，百折不挠。"

"柔似太湖水，刚如太湖石。"

宝岛花园企业精神可以简括为"水石精神"。这一精神的文化意蕴在于：

首先，将宝岛花园的精神和中华民族精神融为一体。中华民族历经磨难、生生不息的力量源泉在于刚柔相济。宝岛花园继承和弘扬这一民族精神，以刚柔相济的韧性、弹性和张力，百折不挠地朝既定目标挺进。

其次，将宝岛花园的企业精神和儒家文化传统紧密结合。《周易》云："天行健，君子以自强不息；地势坤，君子以厚德载物。"号召人们要有博大的胸怀，刚柔相济，自强不息。

最后，将宝岛花园的企业精神和吴文化主线贯穿起来。吴文化的鲜明个性是水文化。浩瀚的太湖水，碧波万顷，奔流不息。水是柔和的，但能克刚。一切源于水，一切又复归于水，可见水的力量。柔和的太湖水拍击和砥砺太湖石，使太湖石坚硬如铁，坚不可摧。宝岛花园诞生在吴文化的腹地，要继承和发扬吴文化的精粹。

刚柔相济，百折不挠。柔似太湖水，刚如太湖石。宝岛花园奉行这一企业精神表明：对公众和社会，宝岛花园有博大的胸怀和满腔柔情；对事业，宝岛花园有顽强而执着的追求精神，不达目的，死不瞑目。

水天一色之间一轮明月的企业标志，通过太湖宝岛花园的事用品设计、广告媒体设计、交通运输工具设计、制服设计、室内计、建筑设计、展示设计、包装设计等，全面表达了企业识别的精神文化和独特个性，起到了十分巨大的传播力量和感染力量。太湖宝岛花园 MI 使企业理念从抽象和间接的层面转化为直接的员工行为，又通过员工行为反映其形象和企业整体形象。BI 在企业实施后，对企业员工的行为起了十分强烈的规范作用，规范他们应该怎样干和如何干。而企业员工良好的行为，企业精神和为顾客提供的优质服务等，对外都产生了一种强烈的亲和力，引起外界公众由衷的信赖和好感，成为塑造企业形象的有效方法。

太湖宝岛花园的 MI，由于是一个包含了企业的目标、宗旨、使命、价值观、经营思想等内容的一整套的理念体系，可以在企业具体的活动过程中，起到整体统一的指导作用，使员工在思想情感和言行举止等多方面与企业保持协调，做到与企业同呼吸、共运，把企业员工组织成了一个团结、自立的整体，显示出共同的志、品格和精神追求，使员工个体对企业整体产生了归属感和凝聚力。VI 则对外传播散发了太湖宝岛花园高品位的精神文化和价值追求，使各界公众对太湖宝岛花园有了全方位的了解，并从中产生好感和爱戴。

太湖宝岛花园导入 CIS 后不到半年，慕名而去的人络绎不绝，百幢别墅已销售一空，在观赏太湖时，又把这一美丽的生活园区作为一个漂亮景点观赏。

（资料来源：方世南，《公共关系案例分析》，中国商业出版社 1999 年版，内容有删改）

思考：太湖宝岛花园如何实现知名度与美誉度的双赢？在实施组织形象塑造工作中，

太湖宝岛花园做了哪些工作？CIS战略在现代企业的地位越来越高、作用越来越大，它是现代企业竞争的一个有效手段。从这个案例学习中，你对CIS战略有了哪些新的认识？

第一节 组织形象的内涵与特征

公共关系是社会组织与相关公众双向沟通的关系。社会组织与公众之间，通过整合组织资源，寻求真诚与沟通，信任与合作，系统与协调地展开公关职能，建立社会与组织的和谐关系。良好的组织形象是社会组织与相关公众合作的基础。可以说，组织形象，是公共关系的核心，全部公共关系的活动都是为了一个目标，即树立一个完美的组织形象。

一、组织形象的内涵

组织形象是社会公众对于组织的总体认识和综合评价，是主客观的统一。其含义包括三个方面：第一，组织形象是在特定的环境背景下，公众对其的总体评价，这种评价是组织内在精神的外在表现。第二，组织形象的确定者是公众，社会公众是组织形象的评定者。第三，组织形象的好坏源于组织的表现。社会公众对组织的印象和评价不是凭空产生的，也不是公众强加给组织的，而是组织的特征和表现在社会公众心目中的印象。为此，组织在塑造形象时往往会借助于一定的主题背景，向公众传播组织管理理念、企业精神等组织文化。在组织树立良好形象的过程中，知名度和美誉度是不可缺少的两个重要因素。

有人曾这么说过，如果可口可乐公司遍及世界的工厂在一夜之间被大火烧光，那么第二天的头条新闻是：各国银行巨头争先恐后地向它贷款。因为人们相信可口可乐公司不会轻易放弃它"世界第一饮料"的地位，这个在红色背景前简简单单写上八个英文字母（Cocacola）的标记，通过长期的努力已经被世界所接纳。由此，我们可以看到，组织在公众中的良好形象是由知名度和美誉度构成的，缺一不可。但实际上二者并不一定能够同一时间形成，有知名度不一定有美誉度，没有知名度也不意味着没有美誉度；反之，美誉度高不一定知名度高，美誉度低也不意味着知名度低。总之，知名度需要以美誉度为客观基础，才能产生正面的效果；美誉度需要一定的知名度为前提条件，才能充分显示其社会价值。

|案例 7-1-1|

海尔集团经营管理理念形象

海尔定律（即斜坡球体论），企业如同爬坡的一个球，受到来自市场竞争和内部职工惰性而形成的压力，如果没有一个止动力它就会下滑，这个止动力就是基础管理。以这一理念为依据，海尔集团创造了"OEC管理"，即海尔模式。在此基础上，海尔倡导"敬业报国，追求卓越"的企业精神和"迅速反映，马上行动"的工作作风，坚持"用户永远是对的"服务理念，并把"创中国的世界名牌"作为海尔发展目标，矢志不渝，这些理念使海尔逐渐形成了个性鲜明的组织形象。

（资料来源：王成荣，《从"海尔"定律论文化与制度的关系》，《企业文化》2002年第4期）

二、组织形象的分类

组织形象是多层次、多维度的，因此可以从不同的角度对组织形象进行分类。

（一）按照组织形象的现实性可以分为自我期望形象和社会实际形象

组织形象的自我期望形象是指一个组织希望在社会公众中的形象。它往往是理想化的，但它是组织发展不可缺少的内在动力。因为这种理想往往驱动组织规范自己的行为，并促使组织开展各种有效的公共关系活动。一个组织的自我期望形象越高，自觉做出努力的可能性就越大。

实际社会形象是指社会公众对一个组织的真实看法和评价，是组织形象的客观存在。了解组织的实际形象是制订公共关系目标的基本依据。

（二）按照组织形象的内容可以分为整体形象和特殊形象

组织的整体形象是指社会公众心目中对组织的全部看法和评价。

组织的特殊形象是指与组织有特殊利益关系和对组织有特殊要求的公众对组织的看法和评价。这是特殊公众从特定的角度对组织形成特定的看法和评价。如企业的良好服务使某些顾客形成了组织"优质服务企业"的形象，企业的某一次慈善捐款给公众留下了乐善好施、热衷公益事业的形象。对一个组织而言，就应该努力追求总体形象和特殊形象的统一和谐。组织必须善于处理好特殊公众和其他公众的关系，使特殊形象和"整体形象"达到平衡统一，以保证组织形成良好的生存和发展环境。

（三）按照组织形象形成的过程可以分为外观形象和内在形象

组织的外观形象是指社会公众对组织的名称、标记、环境、建筑、设备、设施、组织行为等方面的看法和评价。这些外观形象因素是可以通过公众的感官直接感受到的组织有关实体形象。组织的内在形象是指通过组织的外观形象表现出的内在品质给公众留下的印象。如组织的信誉、职工的精神风貌、企业的特征与风格等。组织的外在形象和内在形象是统一的。组织的内在形象必然反映到组织的外在形象上，而组织的外在形象是组织内在形象的客观反映。

（四）按照组织形象的真实程度可分为真实形象和虚拟形象

真实形象是指组织留给公众的符合组织实际情况的形象，虚拟形象则是组织留给公众的不符合企业实际情况的形象。虚拟形象形成的原因是多方面的，既有传播信息过程中的失真，也可能有公众评价的主观性、偏向性原因。需要说明的是，真实形象不一定就是好形象，而虚拟形象也未必等于坏形象，如企业经营伪劣产品被曝光在公众中形成的一个不好形象是真实形象，而一个骗子在被揭穿之前的公众楷模形象往往是虚拟形象。一些企业也通过虚假统计数据而在上级部门（官员）那里形成了一种好形象，但这肯定是虚拟的。对企业来说，当然应追求真实的良好形象，而避免虚假的、不好的形象。

（五）按照组织形象的可见性可分为有形形象和无形形象

有形形象是指那些可以通过公众的感觉器官直接感觉到的组织对象，包括产品形象（如产品质量性能、外观、包装、商标、价格等）、建筑物形象、员工精神面貌、实体形象（如市场形象、技术形象、社会形象等），它是通过组织的经营作风、经营成果、经济效益和社会贡献等形象因素体现出来的。无形形象则是通过公众的抽象思维和逻辑思维而形成的观念形象，这些形象虽然看不见，但可能更接近企业形象的本质，是企业形象的最高层次。对企业而言，这种无形形象包括企业经营宗旨、经营方针、企业经营哲学、企业价值观、企业精神，企业信誉、企业风格、企业文化等。这些无形形象往往比有形形象有价值，如对麦当劳、可口可乐、索尼、劳斯莱斯等企业而言，他们的企业信誉等无形资产比那些机器设备和厂房要重要得多。

三、组织形象的基本特征

组织形象的特性，即组织形象的性质。只有了解它的性质，才能更好地塑造企业良好形象。

（一）组织形象具有独特性

世界万物都有自己的形象。千人一面的形象很快就会被人遗忘；风格各异的形象，就会深刻留在人们的脑海之中而经久不衰。良好的组织形象应该具有区别于其他企业的特性，也只有组织形象的个性化、独特性，才使人们产生强烈的印象，从而提高竞争能力。现代企业随着技术的不断进步，彼此之间在竞争"硬件"，包括财力、人力、技术、产品等方面的差别越来越小，从这方面寻找突破口和竞争优势的难度越来越大。组织要想脱颖而出，就必须依靠塑造与众不同的良好企业形象来实现。因此，凡是良好的企业形象都有鲜明的独特性。组织形象的差别不但有利于消费者的识别，也有利于表现企业的产品服务的差别，有利于企业赢得顾客，保持信誉，击败或避开竞争对手，也只有具有独特个性的组织形象才价值无量。

（二）组织形象具有整体性

良好的组织是一笔无形资产，它的树立与传播必将为企业带来巨大的效益。但是，树立一个完美的让人难以忘却的良好形象，必须付出艰苦不懈的努力。这种努力应该是全方位的，因为组织形象具有整体性特点。

组织形象的整体性包括三个方面的含义：

第一，组织形象是由组织的全部活动决定的；

第二，组织形象是由组织的全部管理过程决定的；

第三，组织形象是由组织的全部成员共同塑造的。

组织形象是指企业素质、宗旨和行为在社会公众心目中的感受、印象和地位。如一个企业，其企业形象的树立体现在每一个员工的行为上，贯串于企业的每一项活动之中。在塑造企业形象过程中，必须贯彻人人关心、人人参与的方针，要求每个员工时刻都要有维护自己企业形象的进取精神。一位售货员对顾客态度恶劣，整个商场的形象在顾客心目中就被破坏了。很清楚，人们总是从一滴水看大海，从一个人的精神面貌和行为可以透视企业的精神、理念。一位住在上海新锦江大酒店的日本旅客在深夜一点钟悄悄走出客房观察，发现前厅服务员个个精神抖擞独自站在服务台，大为感动，钦佩地说："这种敬业精神不是靠金钱能买来的。"这家酒店依靠每一位员工的努力，建立了闻名全国的服务行业形象的"锦江模式。"

企业形象是由企业精神、企业文化、经营哲学、员工形象、产品形象、服务形象等多种要素组成，或说是各种形象要素的综合，体现了它的整体性。这些形象要素无论哪个失误都会对企业形象的整体性产生影响。

（三）组织形象具有识别性

企业形象既是公众对企业的总体的、抽象的、概括的认识和评价，又是组织现实的再现。由于组织形象的整体性和独特性，包含了形形色色的具体内容，因此组织形象必定会被公众所认识，所识别。这就形成了组织形象的识别性。无论人、事、物有多么深刻的内涵，有多么独有的特征，都可能从言、行、举、止、形、姿中被他人感受、识别。良好的组织形象必定具有可识性和易识性。尤其组织形象若被公众迅速接受，易识性则至关重要。北京世界公园每一个景点都是选自世界各地最鲜明、最突出、最有代表性的建筑和景观。因此，你走进公园无须多问，便知道是哪国的景观和建筑，这就是易识性强的缘故。

（四）组织形象具有深刻性

良好的组织形象实际包含了组织内在特征与风格和外在特征与风格。外在特征与风格是内在特征与风格的直接表现。塑造组织形象是一项创造美的事业。评价任何事物的美都从两个方面进行，一是外在美，二是内在美。对于组织来说，真正的美在于组织的精神和文化。

良好的组织形象实际包含了很深刻的东西，其向外展示的似乎仅仅是经营状况，销售的市场占有率等等。其实，任何一家企业通过自身的行为或可识别的标志都在展示了企业的经营作风和精神风貌及企业风尚。良好的企业形象必然反映了其企业文化是善良高尚的，体现先进的思想、健康的感情、优秀的品德、开拓进取的精神。因此，企业形象必然是真善美的结晶，具有外美而内慧的特征。健康的企业文化是深层次的企业形象。企业文化涉及企业的各个部门，渗透在各项工作之中，它包括企业哲学、企业精神、企业民主、企业道德、企业风尚、企业目标、企业制度，以及全体员工对企业的责任感和荣誉感等。企业形象的深刻性，决定了企业形象塑造的艰巨性和长期性。建设企业文化是树立企业形象的百年大计。

第二节　组织形象的分析与设计

实施公共关系活动的目的是在社会上树立组织的良好形象，而在进行组织形象设计和传播之前，必须对组织形象进行全面深入的调查、了解和分析，这样在组织形象设计和传播中才能做到心中有数、有的放矢，以便采取相应的措施与对策。组织形象的设计首先从组织内在的基础开始，这是组织形象相互有所区别的根本。

一、组织形象分析

（一）自我形象分析

自我形象分析即一个组织自己希望在社会公众心目中所建立的社会形象。自我形象分析是对组织自身形象认识的基础和前提。主要包括：

1. 组织内部状态与条件的调查分析

自我形象的分析离不开组织存在的客观条件和实际状态。因此，首先需要明确：组织正在做什么？能够做什么？做得怎么样？具备哪些有利的条件和不利的条件？比如说：一个组织，它能生产什么产品，提供什么服务，现有的生产技术、生产能力、财务状况、营销状况、人才情况、产值和利润等，都需要进行客观、准确的分析。

2. 员工阶层的调查研究

通过调查研究，了解一线员工对自己组织的看法和评价。组织目标的实现，需要广大基层和一线员工的支持与认同，才能使员工转化为积极的实际行动。因此可以展开内部调查，比如：召开员工座谈会、茶话会、年会或者问卷调查等，来了解员工对于组织的信任感和满足感，以及对组织发展的合理建议和意见。

3. 管理阶层的调查分析

一个组织的行政和技术业务管理阶层是一个组织的核心力量，他们对组织的看法和评价不仅对基层员工产生影响，也对决策层产生影响。因此，需要重点了解和分析管理阶层的想法、意见和态度，从中分析本组织的优势和劣势。

4. 决策阶层的调查分析

一个组织形象的建立取决于决策阶层。决策阶层决定着组织的总体目标，决定了组织形象的个性、特点与风格，因此在进行形象定位与设计之前，要充分的了解、领会和分析决策阶层的观点、意见、态度，作为组织自我形象定位与设计的主要依据。

（二）实际形象分析

实际形象即组织的实际行为和表现在公众舆论中的投射和反映，是社会公众和社会舆论对组织的认识和评价。这种认知和评价就是一个组织在社会公众中的知名度、美誉度和和谐度。实际形象分析就是通过对社会公众和社会舆论的调查和民意测验，来了解这个组织的知名度、美誉度和和谐度。具体有以下步骤：

1. 了解和确定公众对象、制作调查表

对于一个组织来说，首先是要知道本组织的公众对象是谁？他们在哪里？通过对公众对象的调查研究，来确定公众对象的范围和对象。并将代表作织形象的要素，比如：企业规模、经营方针、企业宗旨、宣传口号、办事效率、服务态度、创新意识、业务水平等分别以正相反相的形容词表示"好"与"坏"两个极端，在这两个极端中间设置若干程度有所差别的不同档次，以便社会公众对每一个调查项目均可以作出不同的评价。例如，对"企业规模"，可以用"大"和"小"来表示两个极端，而中间，则可以用"非常""相当""中""稍微""一点"等不同程度的评价档次，以便公众根据自己的看法进行选择。

2. 进行公众意见调查，测量组织形象地位

请公众根据自己的看法，在能代表自己意见的档次上打钩或根据自己对组织形象的认识打分，及时掌握组织形象状况。一般而言，公众对于一个组织的评价来自不同的角度、不同的侧面。但总的来说主要取决于一个组织的知名度、美誉度和和谐度。知名度是归于一个组织名气大小的评价，侧重于"量"的评价，即组织对社会公众影响的广度和深度；美誉度是评价一个组织声誉好坏的社会标准，侧重于"质"的评价，即组织社会的美丑、好坏；和谐度是评价一个组织整体各个方面的和谐，它既是一个"量"的评价，也是一个"质"的评价；良好的组织形象是由知名度、美誉度和和谐度构成的，缺一不可。

3. 统计调查表，进行组织形象的要素分析

公共关系人员对所有调查表格进行统计，计算每一个调查项目中不同程度的评价所占的百分比。实际形象分析具体来讲，主要是分析构成某一种形象状态的实际因素，以及形成某种形象地位的具体原因。

分析调查表，可以发现，这个组织的企业规模、经营方针、企业宗旨、宣传口号、办事效率、服务态度、创新水平、业务素质等。

（三）形象差距分析

将组织的实际形象与组织的自我形象作出比较后，但没有回答：为什么组织会产生这样的形象？因此，我们要找出组织形象存在的差距，而弥补或缩小这种差距就是下一步进行组织形象设计或构建的工作目标。

通过自我形象分析、实际形象分析、形象差距分析，根据组织的性质、特点、作用以及所具备的条件和特殊要求，找出共同点，兼顾主要公众与非主要公众的利益，才能正确选择既符合社会公众的要求，又有利于组织的发展的组织的有效形象。

二、组织形象设计的步骤

组织形象的设计是一项周密、复杂、系统的长期工作，必须按照一定的规则，循序渐进地开展工作，才能达到预期的目标。主要包括调研、分析、定位、策划、实施、评估六个步骤。

（一）调研阶段

进行组织形象调研目的在于确定组织形象现状及存在的问题，确定组织所追求的形象目标，使组织的形象设计具有明确的目的性。主要调研的内容有：

（1）社会公众对公司的印象如何？

（2）社会公众对公司形象的评估，是否与公司的市场占有率相符合？

（3）和其他企业活动比较起来，公司的企业形象中最重要的项目是什么？

（4）哪些地区对公司的评价好？哪些地区的评价较不好？理由为何？
（5）和公司保持往来的相关企业，最希望公司提供的服务为何？
（6）对公司的活动有何意见？
（7）公司的企业形象有何缺点？未来应塑造出何种形象？
（8）公司目前的市场竞争力如何？
（9）公司对外界发送的情报项目中，在信息传递方面最有利的是什么？
（10）公司的高级主管对公司未来的发展有何计划？目的为何？

（二）分析阶段

成立组织形象设计委员会，对所调查的内容进行咨询参谋、分析研究、设计论证、创意策划。

（三）定位阶段

形象定位是指以前一阶段调查的内容为依据，分析企业的内部情况、外在形象、市场环境与各个设计系统的表现形式，本组织的实力和竞争对手的实力，选择自己的经营目标及领域、经营理念，为自己设计出一个理想、独具个性的形象地位。其核心在于找出本组织形象与其他组织形象的差异性。

主要定位的方法有：

（1）实体定位。这类定位主要是针对组织的有形资产与正面价值的肯定来进行定位。比如：组织规模、组织资产、经济效益、社会效益等。具体的运用有品质定位、精神定位、宗旨定位等。

（2）观念定位。突出一个组织的新意义，改变社会公众的认知习惯，树立新的观念的定位方法。具体的运用有流行观念定位、成功观念定位、逆向观念定位、是非观念定位等。

（3）社会定位。根据社会组织在社会上的美誉度、知名度来进行定位。

（4）市场定位。将组织定位在最有利的目标市场上，也就是选择准确的社会公众或阶层来进行定位。

（四）策划阶段

组织形象的策划主要围绕组织形象的定位，来决定采用什么具体的战略。包括组织形象的表现战略的选择、组织形象的管理办法。

（五）实施阶段

进行塑造组织形象的内外传播，将企业的统一行为、统一形象展示给社会公众，以期在社会公众心目中产生良好的影响。组织形象设计的实施与传播过程是企业的一项长期性任务，没有长期的传播力度支撑，很难保证企业的受益生命周期会延长。

（六）评估阶段

要使组织形象设计的计划真正得到落实，还必须对设计活动的实施与传播进行监督、评估与反馈，以确保其符合组织形象塑造的方向与目标，借以让社会公众达成识别、认同的效果。

| 案例 7-2-1 |

公关部的点子

四通集团有限公司是我国第一家民办高科技企业，保持科技优势是它始终追求的企业定位。

科技的发展，说穿了就是人才的充分发展。在四通的历史上，为国家的人才培养出过不少力，如捐赠希望工程，每年资助一所学校改善其办学条件，资助北京中学生计算机大赛等，这些都给人们留下了四通热心助教的印象。

四通这些工作成效，应归功于该公司较早设立的公关部。在20世纪80年代中后期，国内公关理论尚处于初级阶段，专业人才极度缺乏，四通公司的公关部是国内较早的企业公关机构。

当时，作为高科技公司，四通公司公关部参加了我国学科奥林匹克归国汇报会。选手们的优秀成绩和经费的极度缺乏，引起了四通公关部门的注意。

转眼之间，又一届学科奥林匹克竞赛结束了，我国小选手们这次取得了极好的成绩，载誉回国。然而，和体育运动员从奥运捧回金杯那种热闹、火爆的场面相比，学科奥林匹克竞赛的归国不免显得过分冷清，这种状况，使得参加学科奥林匹克归国汇报会的四通公司公关人员决心做些什么。

公关部想了个"点子"：独家赞助中国学科奥林匹克代表队颁奖大会。

公关部把建议传真给正在香港处理业务的公司领导，他们经过简单讨论后决定同意。

公关部的计划被批准后，做了以下工作：

首先是举办通报会，把信息通报给国家科委、国家教委、中国科协及各学科协会和学科奥林匹克竞赛的领队、教练。

成立"为学科奥林匹克智力竞赛捐资委员会"，成员由四通公司领导成员担任。

其次，向全体员工发出自动捐资号召并得到30余万元的捐款。

最后，在人民大会堂云南厅。四通公司独家发起并资助的中国学科奥林匹克代表队颁奖大会顺利举行。4个学科代表队的19名选手得到大学助学金每人每月200元；每个代表队得到1万元奖金用以奖励教练员，还得到2万元培训费及一套四通微机。

中央电视台在新闻联播节目里报道了这天的颁奖仪式，对"四通"的举措表示赞赏，各大报也纷纷报道了这一消息。四通的公关活动取得了极大的成功。

（资料来源：刘厚钧，《公共关系理论与实务》，电子工业出版社2007年版）

案例评析：四通集团有限公司是我国第一家民办高科技企业，"致力于发展民族科技事业"是四通集团的形象特征，通过独家资助中国学科奥林匹克代表队颁奖大会强化了公司的形象。这一举措的创意在于公司的公关人员敏锐地注意到体育奥林匹克的"热"与学科奥林匹克的"冷"之间的反差。四通公司从此处入手，不仅能吸引舆论的注意，也极易引起公众的赞许，说明了四通集团公关人员具有良好的公共关系素质。四通公司独家发起并资助的中国学科奥林匹克代表队颁奖大会，弘扬了四通公司重视教育、重视科技发展的良好形象，达到了公共关系活动的目的。

课堂讨论

上面的案例中，四通集团有限公司的公共关系部门采取了哪些公共关系活动？四通公司公关部的"点子"对塑造四通形象起到了怎样的作用？

三、组织形象的设计原则

形象设计在公关工作中占有重要的位置。在协调组织与公众的关系时，常常进行形象塑造。组织形象的设计是公共关系核心的工作内容和方法，它在协调目的和方法统驭下，发挥其在主体建设方面的独特作用，并为社会组织与公众合作打下良好基础。组织形象设计的原则是组织制定、实施组织形象战略必须遵循和贯彻的指导思想，是塑造组织形象的行为准则。

1. 以质量为本的原则

企业组织的产品形象是树立企业良好形象的关键。除了形象独特的产品商标外，还必须靠产品过硬的质量，合理的价格，周到的服务取信于公众。当代企业之间的竞争是产品质量、价格、服务和信誉的全方位竞争。德国大众汽车公司通过调查后发现：一个企业变动的顾客中，1/3 是由于产品的质量或价格问题，60% 的顾客转向其他产品是由于服务或售后服务不好。顾客的愿望在一家公司没有得到满足，那么，他将不会再去购买这家公司的其他产品。根据这个调查结论证明，形象策划应从品牌的实体产品质量和服务方面入手，塑造良好企业形象和品牌形象。企业如果不注重产品开发，不注重产品的质量管理，不注重优质服务，即使是名牌、老牌子也会倒掉。经营者永恒的主题就是以质量取胜，以质悦人。如可口可乐的质量宣言，海尔的老总张瑞敏当着全厂职工的面，用大锤将不合格的冰箱砸毁等。

案例 7-2-2

质量至上——新加坡东方大酒店的经营之道

新加坡东方大酒店就利用"顾客至上、以人为本"的企业形象，为顾客在力所能及的范围内提供"超级服务"。一次，4 位来东方大酒店咖啡厅的客人，因人多嘈杂，随口说了声"吵死了，听不清"。这话让一位服务小姐听到了，她马上为他们联系了一间免费客房供他们讨论问题。对此，4 位客人十分吃惊、感动。两天后，4 位客人给酒店送来了感谢信："感谢贵大酒店前日所提供的服务，我们受宠受惊，并体会到什么是世界上最好的服务。我们4人将是贵酒店的常客，从此，我们除了永远成为您的忠实顾客外，我们所属的公司以及海外来宾，亦将永远为您广为宣传。"

(资料来源：中国国际文化产业网)

案例评析：在这则案例中，我们了解到，正是周到的服务和工作人员的质量意识，使得新加坡东方大酒店在当今市场竞争日益激烈的环境中，获得广大顾客的认可和好评。可见，良好的企业形象可以赢得社会舆论，铺垫潜在市场。社会各界的了解、信任、好感和合作，有利于改善企业的生存发展环境，服务质量就是树立企业形象的关键。

2. 视信誉为生命的原则

良好组织形象核心指标是信誉，欲塑造良好形象的企业必须视信誉为生命。人留名，树留影，信誉比金子还宝贵。信誉好的企业和名牌商品在消费者心目中树立了牢固的形象基础。比如金利来集团公司，在它的经营理念里，秉承了"勤、俭、诚、信"的传统民族文化和处世哲学。因此它在公司形象塑造中，不断地捐助国内的教育、体育等社会文化，表现出一个"尽社会责任的现代企业形象"和"经营利润回馈社会的价值观"。另外，金利来作为一个外资企业，它要求自己的财务部门从来不做两本账，多年来一直保持着全国十大高利税外资企业称号，实质上这是曾宪梓先生爱国思想折射出来的"热爱国家，热爱民族"的公司形象。由此可见，准确的公司形象定位，决定着公司形象塑造的方向和结果。真正的企业家宁可承受经济上的损失，也不会放弃信誉。

| 案例 7-2-3 |

只有一名乘客的国际航班

英国航空公司所属波音747客机008航班，准备从伦敦飞往日本东京时，因故障推迟起飞20小时。为了不使在东京候此班机回伦敦的乘客耽误行程，英国航空公司及时帮助这些乘客换乘其他公司的飞机。共190名乘客欣然接受了英航公司的安排，分别改乘其他公司的飞机飞往伦敦。但其中有一位日本老太太叫大竹秀子，说什么也不肯换乘其他班机，坚决要乘008号班机。出于信誉，原拟另有飞行安排的008号只好照旧到达东京后再飞回伦敦。这样东京至伦敦008号航班只载一名乘客，航程达13000公里。大竹秀子一人独享该机的353个座位以及6位机组人员和15名服务员的周到服务。有人估计说，这次飞行使英航至少损失10万美元。

(资料来源：《世界营销绝妙点子800例》)

案例评析：信誉，是企业的生命，是无可替代的财富。企业及一切组织塑造形象，首先要坚持"信誉高于一切"的原则。在这次只有一名乘客的飞行中，表面看英航的确是受到了不小的损失，但从深层来看却换取了一个用金钱也难以买到的良好企业形象。当然，企业要取得信誉绝非一日之功，需要长时期地重视质量。既要有优质产品，又要有优质服务；唯此，才能塑造良好的企业形象。

3. 注重全局的原则

对于一个组织来说，建立良好的组织形象是一项全方位的工作，这是由组织形象整体性特点决定的。它主要包括四个方面：

一是组织形象的目标具有全面性的特点；二是组织形象涉及各方面；三是组织形象的塑造需要全体人员共同努力；四是塑造良好形象应运用多种方法。

正因为塑造良好的组织形象涉及组织的许多方面,所以要求组织必须注重全局,切忌各自为政,一定要从全局出发,制定统一的公共关系政策来协调组织内部的公共关系活动;若需要对外开展公共关系活动,组织公关部门应事先争取各有关部门的支持、配合,求得协调一致,以防止出现相互重复,甚至自相矛盾的做法,导致不良后果,甚至毁坏组织的整体形象。

4. 注重传播的原则

一个良好的组织形象,首先来源于这个组织的行为,来源它的实力和努力。但是,仅靠这一点是不够的。良好的公共关系活动必须有有效的传播。也就是说,必须通过适当的渠道宣传自己,使本组织的形象尽可能在更多的公众心目中留下好的影响。因此,可借助于必要的传播渠道,把真实、美好的自己介绍给公众,留下的印象。那种不注意传播的组织根本谈不上公共关系。

| 案例 7-2-4 |

想乘客之所想,急乘客之所急

美国纽约长岛铁路公司准备展开一项新的业务——向乘客出租雨伞。这项业务的准备工作早已就绪,只等开张,也不向乘客透露消息,他们是在等待有利时机的到来。雨季到来前夕,公关人员立即将这一便民措施张榜公布,并把早已写好的新闻稿投向报社、电台,通过各种新闻媒介将这一措施通告于广大公众,当这一些乘客望着车窗外的风雨,正愁无伞挡雨的时候,听到可以租借雨伞的广播,真是喜出望外,从心底感激铁路公司处处为乘客着想的美好风范和得力措施,新闻机构也为公司"想乘客之所想,急乘客之所急"的善行义举所感动,各方都为之宣传,铁路公司通过各种媒介的广泛传播,不仅提高了经济效益,而且美誉度也大大增加了。

案例评析:如果铁路公司的公关人员将租借雨伞这一项传播活动放在晴朗的日子里,公众就会因不需要而表现出与己无关,没兴趣等。传播效果可能是事倍功半,甚至是毫无效果。可见抓住时机,主动出击,这是公关传播的一大窍门。

| 相关链接 |

《商业周刊》杂志刊登 Interbrand 评选的全球 2004 年最有价值的 100 个品牌排行榜。这已是品牌咨询领域权威的 Interbrand 公司与《商业周刊》合作,连续第四年公布100 家全球最有价值的品牌(品牌价值以美元计算)。此次共有 58 个美国品牌荣登全球最有价值的 100 个品牌排行榜,但已较去年的 64 个减少了 6 个。而在前 10 名当中,美国企业仍是当之无愧的王者,共有 8 个美国品牌上榜,而其余 2 个席位则分别被日本和芬兰所占据。

以下是排行榜排名前十位的详细情况(价值单位均为美元):

第一名:可口可乐　　　品牌价值:673.9 亿
第二名:微软　　　　　品牌价值:613.7 亿
第三名:IBM　　　　　 品牌价值:537.9 亿

第四名：通用电器　　品牌价值：441.1亿
第五名：英特尔　　　品牌价值：335.0亿
第六名：迪斯尼　　　品牌价值：271.1亿
第七名：麦当劳　　　品牌价值：250.0亿
第八名：诺基亚　　　品牌价值：240.4亿
第九名：日本丰田　　品牌价值：226.7亿
第十名：万宝路　　　品牌价值：221.3亿

（资料来源：《〈商业周刊〉推出2004年全球品牌价值排行榜》，新浪科技，2004年7月23日，内容有删改）

第三节　CIS战略与设计途径

　　CIS是英文Corporate Identity System的简称或缩写，即企业识别系统，简称CI。CIS发源于欧美，深化于日本，在韩国等国家和我国台湾等地区得到进一步推广之后，逐渐形成世界潮流。20世纪80年代中期，CIS传入我国，由于CIS在塑造企业形象方面发挥的巨大作用，CIS战略已逐渐为业内人士所重视，它通过汲取先进管理经验，变革旧机制与观念，整合组织资源，寻求真诚与沟通，系统与协调地展开公关职能，为企业在市场竞争中，全面塑造良好的企业形象。实施CIS战略，塑造企业形象虽然不一定能马上给企业带来经济效益，但它能创造良好的社会效益，提高企业的知名度、美誉度和信任度，获得社会的认同感，最终会获得由社会效益转化来的经济效益，为企业的未来发展创造整体的竞争优势。因此，塑造企业形象便成为现代市场经济发展的必然趋势，也是企业在日趋激烈的市场竞争中成功与制胜的重要法宝。

一、CIS的概念及功能

（一）CIS的概念

　　CIS即企业识别系统，也叫"企业形象设计系统"，是指一个企业为了塑造企业的整体形象，通过统一的视觉设计，运用整体传达沟通系统，将企业经营理念与精神文化传递给企业内部与社会大众，并使其对企业产生一致的认同感或价值观，从而达到形成良好的企业形象和促销产品的设计系统。

| 案例7-3-1 |

美国花旗银行的形象

　　美国花旗银行是世界最大的银行之一，每天的营业额高达数亿美元，业务十分繁忙。一天，一位陌生的顾客走进豪华的银行营业大厅，只是要求换一张崭新的100美元钞票，准备当天下午作为礼品用。但接待这位陌生顾客的银行职员微笑着听完这位顾客的要求后,请他稍候,立即先在一沓沓钞票中寻找,又拨了两次电话,15分钟后终于找到了一张这样的钞票,并把它放进一个小盒子递给了这位陌生顾客,同时附上一张名片,上面写着:"谢谢您想到了我们银行。"事隔不久,这位偶然光顾的陌生顾客又鬼使神差地回来了,这次来是在这家银行开立账户。在以后的几个月中,这位顾客所在的那个律师事务在花旗银行存款25万美元。花旗银行的职员通过情感服务,塑造了服务顾客细致周到的组织形象,取得了客户的好感和信任。

(资料来源:贾凯军,《花旗银行:服务营销的创始者》,《西部论丛》2005第10期)

案例评析: 从这则案例材料中,我们可以清晰地了解到,良好的组织形象能深得社会公众认同、好感和信任,通过银行员工细致周到的服务,赢得了客户的充分认同,塑造了花旗银行的组织形象,可以说,赢得公众的信任是组织开创事业、持续发展的基石。

(二) CIS 的功能

在当前国内外市场竞争日益激烈的形势下,企业形象已经成为企业生存和发展的重要因素。CIS 的主要功能就是通过传播媒介,整体性传达企业应有的态度,以表达出企业本身和外界所共同承认的存在意义,进而树立良好的企业形象,最终目的则是为企业带来更好的经营效果。CIS 的具体功能,主要体现在以下几个方面:

1. 增强企业市场开拓力

在某种意义上讲市场的竞争就是 CIS 的竞争。导入 CIS 以后,通过企业理念、行为、视觉和听觉四个识别系统的策划,能够区分出企业形象,展现企业间形象的差异、企业内部形象的统一,才能创造企业产品、服务、环境、职工等良好的形象,才能提高产品的非品质的竞争力,才能使企业与其他同类产品区别开来,才能通过"形象竞争"赢得广大客户和消费者的信赖,保证销售渠道畅通,并使企业不断顺利地开拓新的市场。

日本家用电器在市场之所以占有很大份额,靠的就是松下、索尼、三洋、日立几个品牌产品。由于他们一开始进入中国就树立了良好的形象,所以消费者爱屋及乌,信任他们生产销售的任何一种产品。他们出了新产品,公众会很快地接纳。因为消费者信赖的不是新产品,而是生产这种产品的企业。

案例 7-3-2

驰名世界的万宝路香烟,原来是专供女士所用,有一种说法是它的名字取自"Man always remember lovely because of romantic only"这句话的每个单词第一个字母的组合。可由于女性香烟市场小,而且真正抽烟的女士并不抽女士烟,而是抽普通烟,为了改变形象,万宝路采取了一个崭新大胆改造万宝路香烟形象的计划:推行 CI 战略,产品保持不变,主要改变色彩、包装。他们以红色为包装,以西部牛仔硬汉为形象,一个脂粉气十足的女性专用烟成了显示男性气概的香烟。结果,万宝路很快占领了市场,成为世界上价值最高的名牌之一。

(资料来源:《CI 的两大功能》,圆点视线 http://www.apoints.com/ci/cizs/cign.htm)

案例评析：由上述案例可见，CI 通过统一视觉设计，通过对产品包装、广告等的一致性设计，能赋予产品各种形象，如高级的、罗曼蒂克的、跳跃活泼的、强健的，等等，能紧紧抓住消费者的心，使产品增强在市场上的竞争力。

2. 强化企业信息的传播效果

导入 CIS 战略能够保证企业信息传播的同一性和一致性，展现企业的特征、差异，并使传播更经济。例如，视觉识别系统的建立使关系企业和企业各部门可遵循统一的传达方式，应用在企业所有的媒体或项目上，一方面可以收到统一的视觉识别效果；另一方面可以节约制作成本，减少设计时无谓的浪费。在 CIS 战略系统操作过程中，统一性与系统化的视觉要素可加强信息传播的频率和强度，产生倍增的传播效果。

3. 创造和提升企业文化

企业运用 CIS 战略，使员工的思想、意识、价值观念等统一于企业的目标之下。通过培训、对内传播等方式，强化员工的群体意识，增强企业的向心力和凝聚力。在开发导入 CIS 过程中，要做出理念的确定、行为活动的规范、视觉的设计，相应需要配合企业战略管理开展企业形象调研及其定位与策划，总结企业历史，做广告、公共关系，进行市场开拓，统一全体员工的思想和行动，保证企业自觉朝着正确的方向发展等，这一切都使企业文化得以更加丰富和系统化，从而增强企业的综合竞争实力，提高企业的经济效益和社会效益。

案例 7-3-3

1966 年，拥有巨额资金的意大利最大的电力公司——爱迪生（Edison）公司和意大利化学人造纤维权威公司——曼特卡吉尼（Montectini）公司合并，成为意大利最大的企业组织——曼特迪生（Montedison）公司。以后又陆续收买或合并了上百家企业，成为一个巨大的企业集团，经营范围涉及化学制品、药品、纤维、矿业、冶金、不动产、建筑、银行、超市、证券及食品等数十种行业。虽是最具规模，却在不长的时期里陷入困境：企业内部经营权严重纷争，公司员工士气低落，缺乏安全感，人才大量外流，离心力的过于强大和向心力的削弱难以协调。1971 年，杰菲斯任董事长，毅然决定导入 CIS 战略，统一整合企业的价值系统和行为规范，重建企业文化，曼特迪生由此获得"第二次生命"。CIS 策划由著名的浪涛公司承担。浪涛公司经调查后将集团中 145 家企业分成四大产业部门：纤维部门；食品流通部门；药品部门；石油化学部门。这四大部门，17 万名员工形成以曼特迪生为中心的整体，订立共同的目标。浪涛公司为此设计出新的企业标志。该图案象征以曼特迪生为中心（中心白色箭头标志），四大产业部门团结在周围（四个彩色箭头标志），整体向同一方向飞翔。这一标志于 1973 年 1 月在集团工作服、胸章、制服和招牌等 VI 系统上使用，接着在广告、包装等上开始应用，前后经历 5 年时间，CIS 得以确立，整个集团焕然一新，员工重振工作热情，各大产业部门相互支持发挥协同优势。

（资料来源：关建华，《CI 的两大功能和方法》，中华企业文化网，2005 年 10 月 17 日）

案例评析：曼特迪生公司之所以能够获得"第二次生命"，导入 CIS 策划功不可没。企业文化是企业成员所追求的固有价值、思维方式、行为方式和信念的综合。在企业导入

CIS，统一整合企业的价值系统和行为规范，重建企业文化，突出企业目标和企业成员工作目标的一致性，强调群体成员的信念、价值观念的共同性，因此，加强了企业对成员的吸引力和成员对企业的向心力，最终使整个集团焕然一新，员工重振工作热情，各大产业部门相互支持发挥协同优势。

4. 有利于高素质人才的吸收

市场经济的竞争性、多元化，企业的国际化、多角化，导致了企业人才争夺的白炽化，员工流动的扩大化。在企业员工的意识和价值观变化加快又复杂多元的形势下，能不能吸引高素质人才，对内有强大的凝聚力，是现代组织竞争的法宝。CIS战略的重要内容是建立企业的理念识别系统，明确企业独特的指导思想、经营哲学和经营宗旨，统合全体员工的价值观、道德规范、生活信念等，在企业中形成共同的目标感、方向感、责任感、荣誉感，从而达到重建或优化企业文化的目的。开发和导入CIS战略，对于大企业、集团公司而言，通过运用CIS对内可以加强各环节的归属感和向心力，使其齐心协力为整个企业美好未来而效力，从而形成强大的竞争群体，发挥群体效应；对外能突出企业鲜明的个性，树立起良好的形象，使企业具有独特的魅力，吸引和招揽众多人才加入企业，确保企业生产力的提升和持续发展。

5. 优化企业内部和外部的生存环境

在瞬息万变的市场环境中，企业正面临着全方位的挑战。在现实生活中，一些知名度、美誉度甚高的企业，其社会地位都比较高，政府和主管部门器重，同行们信赖，金融企业支持，往往振臂一呼，同行响应，有关单位纷纷向它靠拢，心悦诚服地拥戴它。那些有很高信誉的企业，各种投资团体也对之充满信心，愿意慷慨解囊，客户愿意预先付款，社会大众也愿意踊跃掏钱买它的股票。这种社会的理解、信赖和支持，使企业增加了价值和分量，成了企业无形的资产和财富，为解决企业各类难题，争取更有利的外部条件提供了极大的便利。

6. 具有文化教育功能

CIS战略具有很强的文化教育功能。因为导入CIS战略的企业能够进一步建立起先进的企业文化，将理念提升为一种文化氛围，产生口号、标语、座右铭等，用标准、规范指导人们的统一行为。通过实施CIS，企业员工能得到先进企业文化熏陶，培养自己正确的世界观、价值观、道德观和思维方式，使自己的言行举止符合企业的行为规范。同时，CIS战略导入过程中，把最新的科学技术、管理理论和管理方法吸收到企业中来，使企业员工能够学习和掌握新的科学技术和管理理论及方法，从而提高企业员工的科学文化水平和综合素质。

因此，CIS不是静止、固定不变的，在一定时期保持相对稳定的条件下，随着企业内部条件和外界环境的发展，CIS也允许做出一些相应的调整，它既可以改善企业内部的经营环境，也可以改善企业外部的经营环境，甚至可以全部改变，要以足够的应变能力优化组织的生存环境，塑造企业形象，以适应时代的变化要求。

二、CIS 的基本内容

以企业统一识别系统为核心的 CIS 战略，其基本内容从总体上看主要由以下三大部分构成：企业的理念识别系统，英文表述为 Mind Identity System，简称为 MIS、企业的行为识别系统，英文表述为 Behaviour Identity System，简称为 BIS；企业的视觉识别系统，英文表述为 Visual Identity System，简称为 VIS。三者既相互关联、统一，又各具特点，各有侧重，共同塑造企业的整体形象。

（一）企业理念识别系统（MIS）

它是 CIS 的思想和灵魂，是企业精神的原动力，是企业文化在意识形态领域中的再现，经营理念是由内向外扩散，经由这种内蕴动力的贯彻，最后达成认知识别的目的，塑造独特的企业形象。MIS 是企业经营战略、生产、市场等环节的总的原则、方针、制度、规划、法规的统一规范。在设计层面上，MIS 具体表现为企业的经营信条、精神标语、座右铭、经营策略等形式。企业的经营理念是无形的东西，但是却体现在企业一切有形的东西之中。企业理念就像一个人的灵魂，它支配着企业活动的各个方面。一个企业如果没有正确的经营理念，那么无论它花费多大的功夫，投入多少人财物，都不会获得成功；优秀的企业皆因有优秀的企业理念。优秀的企业理念能够在社会中树立起独特的、良好的形象。一提起"Q、S、C、V"，人们马上会想到麦当劳公司，想起麦当劳那香脆可口的薯条、快捷友善的服务，想起麦当劳干净清洁而又温暖的环境以及那物有所值、物超其值的种种东西。

| 案例 7-3-4 |

美国柯达公司的企业理念

美国柯达公司的企业理念"摄影的方便与普及"也是一个很好的例证。他不是把市场目标放在利润丰厚的高精尖产品上，而是把自己定位于"摄影的方便与普及"。"请你按一下按钮，其余的事由我来负责。"柯达公司就是以一切对顾客负责的美好心灵赢得了千千万万的顾客，它的方便与普及成为鲜明的企业形象。

（资料来源：浦玉生，《创名牌的 CI 策划》，《江苏乡镇企业》1997 年第 5 期）

案例评析：柯达公司通过"摄影的方便与普及"的企业理念，采用合理的产品定位，强化人本化经营管理与产品设计，使消费者产生了巨大的精神引力和企业品格的感召力。

（二）企业的行为识别系统（BIS）

企业行为识别是在企业理念识别指导下逐渐培育起来的、企业运行的规程和策略。它是企业所有工作者行为表现的综合，企业制度对所有员工的要求及各项生产经营活动的再现等。

从传播角度来看，CI 的行为识别可以根据传播性质与渠道划分为对内与对外的行为识别。

（1）对内行为识别。企业对内行为识别主要内容有：组织制度的构建、管理活动风格的形成、员工行为规范的培训、工作环境的设计、员工福利及研究发展项目的开发等。

（2）对外行为识别。企业对外行为识别主要包括：市场调查、产品开发、公共关系、促销活动、流通政策、竞争行为、公益文化活动、公众沟通方式等。

对内行为识别是对外行为识别的基础，对外行为识别则是对内行为识别的延伸和扩展。企业行为识别系统是通过一系列有目的的活动来表达理念，实现企业的使命和目标。

中国国际航空公司在实行 CIS 战略时，提出服务准则是实施 BIS 的具体表现：

国航的"五心服务"和顾客的"四心结果"。国航的"五心服务"是指"真心服务""诚心服务""热心服务""细心服务""耐心服务"；"四心结果"是指"放心""顺心""舒心""动心"。"真心服务"要求员工提高服务意识，主动向顾客提供真心的服务；"诚心服务"要求员工端正服务态度，以诚心换取顾客的满意；"热心服务"要让员工从意识上表现出行为，行为的结果是热心服务；细节决定成败，国航的"细心服务"成为一种风格，国航的"耐心服务"将是国航人的一种服务精神。由于国航的"五心服务"最终将让国航的顾客感觉到"放心""顺心""舒心""动心"。这就要求国航应该：安全飞行、航班正点、个性服务和关爱顾客。这些服务行为准则能体现国航"服务至高境界"的价值观和"爱心服务世界"的经营理念。

（三）企业视觉识别系统（VIS）

这是企业形象的静态表现，包括企业生产经营产品的品牌、商标、标识、广告等。它是通过一系列独特的色彩、图案以及声像文字来表达理念，使人们对企业能够印象深刻。VI 的应用要素包括：产品、包装、办公用品（如名片、信封、信纸等）、室内环境、陈列展示、建筑物、交通工具、员工制服等。VI 的传播与感染力量最为具体。通过 VI，能够充分地表现企业的基本精神及个性，使社会大众通过 VI 的基本要素和应用要素等一目了然地掌握企业所要传达的基本信息，达到识别的目的。

名牌领带"金利来"商标就具有很强的视觉识别功能（见图 7-1）。

有人把 MIS 比作企业的"心"，把 BIS 比作企业的"手"，把 VIS 比作企业的"脸"，这很形象地说明了这三者的关系；也有人把 CIS 战略比喻成一棵树，MIS 是根，BIS 是枝，VIS 是叶，这也是很有道理的。三者相互联系，相互作用，构成了一个密不可分的有机整体，成功的企业都有自己独特的 CIS。

三、CI 的设计途径

（一）理念识别系统（MI）的设计

MI 设计即组织理念识别系统的设计。组织理念识别系统是组织的文化精神层，是组织在长期的生产经营活动中形成的，并经过全体员工认同和信守的理想目标、价值准则、意志品质和组织风格等，这些要素尽管侧重点不同，内容上也有交叉，但他们在本质上也是和谐统一的。组织精神不仅是一种有个性的精神，还是一种团队精神，反映了

图 7-1　"金利来"商标

标示释义：金利来标志是公司创始人曾宪梓先生亲自设计的，它包括商标图案 ⊕，英文"GOLDLION"，中文"金利来"，三者构成了一个整体。英文"GOLDLION"的中文意为"金狮"，是喜庆吉祥的象征。狮为百兽之王，喻示在服饰行业里，独占"男人的世界"，具有王者的风采，但是，粤语"金狮"和"今输"谐音，为避免有的顾客认为犯忌，便把英文 GOLDLION 之 GOLD 意译为金。LION 音译为利来，再合二为一，便成了"金利来"，"金利来"既不失原来金狮的王者风采，又含有金利滔滔之意。牌名响亮，雅俗咸宜。

组织的凝聚力和活力强度。因此，理念识别系统（MI）的设计只有做到民族历史文化传统与现代化管理思想相结合，先进的社会文化与企业文化相结合，组织历史、现状与未来发展要求相结合，才可能提炼和设计出具有组织特色、立足时代又超越时代的组织理念。组织理念的来源主要有四个方面：

第一，民族文化精神。企业形象的塑造与传播应该依据不同的民族文化，美、日等许多企业的崛起和成功，民族文化是其根本的驱动力。塑造能跻身世界之林的中国企业形象，弘扬中华民族文化优势，灿烂的中华民族文化，是我们取之不尽，用之不竭的源泉，有许多我们值得吸收的精华，有助于我们创造中华民族特色的企业形象。

第二，先进的社会文化。企业文化是社会文化的具体反映，社会文化中的积极因素在企业文化中的具体体现同样是企业理念的重要来源。美国企业文化研究专家秋尔和肯尼迪指出："一个强大的文化几乎是美国企业持续成功的驱动力。"驰名于世的"麦当劳"和"肯德基"独具特色的企业形象，展现的就是美国生活方式的快餐文化。

第三，企业的优良传统。继承和发展企业的优良传统，借鉴其他企业的优良作风，能够使企业文化得以发扬光大。

第四，国外先进的企业理念。在当前社会发展的过程中，现代化大生产的许多基本规律都是带有共性的。一个国家一切先进的企业管理思想和管理经验，常常被其他国家的企业学习和借鉴，经过改造以后融入它们的企业文化，甚至直接成为它们的企业理念。

MI 的设计和塑造包括许多要素设计,这里仅论述几个主要要素设计。

1. 组织经营（服务）理念的确立

组织经营（服务）理念是组织理念的一个组成要素,组织价值观强化为一种信念的结果,它是企业精神的集中表现,它是为履行组织的社会职责而对全体员工做出的总动员,是引导和规范组织及员工行为的强大思想武器。可以说,经营（服务）理念是企业对外界的宣言,表明企业觉悟到应该如何去做,让外界真正了解经营者的价值观。同时也是对内的宣言,重点在于全体员工全力实行企业既定的经营方针。企业价值观与企业宗旨、企业使命、经营方向、企业道德、企业精神这些理念识别要素之间,都存在着一种决定与被决定、指导与被指导、支配与被支配的关系。因此,经营（服务）理念设计要突出行业特点和本组织的特点。正如 IBM 公司把"服务"作为自己追求的最终目标,它的一切方面都要从这一价值取向出发。小天鹅的质量观是"当别人不能将你打倒的时候,警惕自己打倒自己"。可见其对质量这一企业管理永恒主题的重视。蒙牛集团"百年蒙牛,强乳兴农"的经营理念,表明了企业的目的观、责任观和发展观。

2. 组织目标战略的制定

组织目标战略的制定必须做到：①确立组织共同价值观。如 IBM 公司倡导的三条群体价值观："第一,尊重个人；第二,顾客至上；第三,追求卓越"。②确立组织的多目标体系。③设定组织最高目标。海尔集团把"创造中国的世界名牌"定为企业最高目标。④完善组织的目标系统。

案例 7-3-5

小托马斯·沃森请世界著名设计师保罗·兰德设计了一个象征"前卫、科技、智慧"的 IBM 标志,围绕这一标志又设计了统一的标准字体、标准颜色、标准信纸和信封、标准员工制服、标准车辆装饰及系统的广告宣传计划等,加上"技术创新"、"产品设计、生产和销售世界一流"、"IBM 就意味着服务"等经营理念的树立,使 IBM 公司的企业形象迅速崛起,并得到了社会公众的认可,IBM 公司获得了直接而巨大的经济效益和良好的社会效益,从而一跃成为全球最著名的计算机公司。

（资料来源：《形象力》第 8 页,豆丁网,2010 年 8 月 29 日）

案例评析：从上述案例材料中我们可以得出：塑造优良的企业形象成为占领市场的关键。CIS 是顺应时代发展、适应日渐激烈的市场竞争而产生的企业形象战略。

3. 组织经营方针的设计

经营方针是企业运行的基本准则,形象地说,是企业经营的导向雷达,不同的企业有不同的经营方针。从社会的角度来看,不同的行业,在经营方针的选择、设计上有一定的倾向性。而这种倾向性往往是由企业关系者,或者说是由企业生存发展环境决定的。早在 1983 年,住友生命公司对日本的 3600 家公司就企业经营方针进行了调查,一般企业的方针见表 7-1。

表7-1　　　　　　　　　　　企业方针使用状况

使用企业＼企业方针	和谐	诚实	努力	信用	服务	责任	贡献	创造力	安全
企业数量	548	466	380	165	126	98	81	71	70
所占比重	15.2	12.9	10.6	4.6	3.5	2.7	2.3	2.0	1.9

4. 组织精神标语口号的形成

组织精神是随着组织的发展而逐步形成并固定下来的，是对组织现有观念意识、传统习惯、行为方式中积极因素的总结、提炼和倡导，是组织文化发展到一定阶段的必然产物。对于企业来说，主要是指企业经营管理的指导思想。在美国称为"企业哲学"，在日本称为"社风"。组织精神的内容具体表现在：坚定的追求目标、强烈的群体意识、正确的竞争原则、鲜明的社会责任和可靠的价值观念及方法论，等等。

案例 7-3-6

湖南步步高连锁超市有限责任公司的经营理念：
- 一个中心：保证顾客满意
- 两个理念：廉价省钱　以量求利
- 三大精神：敬业勤奋精神　团队协作精神　务实创新精神

案例评析：正是这种理念和精神，激励着步步高超市快速稳健地扩张和发展。1995年12月公司创立时只有资金几万元，短短的6年时间，公司在总裁王填的领导下，得到了迅猛发展，至2000年底公司销售额突破4亿元，2001年3月，公司凭借其较好的销售业绩、强大的规模实力入围"中国连锁业百强"，排名第56位，成为湖南省唯一一家入围的连锁企业。

设计组织精神标语口号主要包括三个部分：

一是把组织目标、组织哲学、组织宗旨、组织精神、组织道德、组织作风等理念要素，设计成最精练的语言表达或者描述出来。如澳柯玛集团的"没有最好，只有更好"；海尔集团的"真诚到永远"等。理念是一面旗帜，北京申请举办2008年奥运会的成功，很大程度上得益于其申奥理念"New Beijing, Great Olympic"即"新北京，新奥运"。这个理念包含三个层面："绿色奥运、科技奥运、人文奥运"。其中人文奥运表达了这样一个含义：北京举办2008年奥运会，要体现全人类的精神。

二是将组织理念对员工的要求用口号表达出来。如海尔的企业精神是："敬业报国，追求卓越。"这表现出海尔人为振兴中国民族工业而奋斗的决心和毅力，也表现出海尔人的远大胸怀。"要么不做，要做就要做第一"诸如此类的口号在海尔的生产经营场所中到处可见。首钢公司设计的"认真负责、紧张严肃、尊干爱群、活泼乐观、刻苦学习"的标语口号即是一例。

三是将组织理念不能完全涵盖，需要员工或公众了解的观念用标语口号形式表达出来。如美国的三角洲航空公司在广告中宣传其"三角洲公司大家庭感情"的经营哲学，美国国际商用机器公司"IBM 就是服务"的口号。再如，闻名于世界的美国麦当劳，以"与其背靠着墙休息，不如起身打扫"为员工行为规范。在一段时间里，麦当劳几乎没有什么事可做，只好靠墙待着。这一行为规范就是要求服务员利用这段无事可做的时间，迅速清扫内部卫生，维持整洁、优雅的环境，使顾客看得欢心，吃得开心。麦当劳之所以能在美国迅速发展，原因之一是员工们都能按照行为规范的要求，保持干净、整洁、优雅的环境等都是这一形式的运用。

总之，MIS 设计应以务实、集思广益的原则，组织理念体现民族化、个性化和概括化，具备导向力、凝聚力、辐射力、稳定力等基本功能。

（二）行为识别系统（BI）的设计

BIS 设计即组织行为识别系统的设计。组织行为识别系统是组织将企业理念诉诸组织的管理运营、行为规范、公共关系、营销活动、公益事业等具体活动中。通过 BIS 设计，形成科学合理的组织制度体系，是 MIS 设计得以实现的根本保证。行为识别系统的设计和塑造主要有以下几种方法：

1. 组织的科学管理设计

实施 CIS 战略，需要企业全体员工的协作，员工是将企业形象传递给外界的重要媒体，如果员工的素质不高，将损害企业形象。科学的组织管理的特点就是通过将组织的各项工作标准化、专业化和简单化，达到生产效率最大化的目的。具体做法是：①科学的组织管理制度的设计要充分传达组织理念，要能够将组织管理制度目标化，刚柔相济、宽严有度，并将总体目标层层分解为具体的细化目标。②实行科学的组织管理，要立足组织实际需要，按照目标要求设计，确立各个不同岗位的职责，规定每个工作岗位的工作原则、任务标准、工作程序和绩效考核标准。③企业员工的教育培训。员工教育培训的目的是使行为规范化，符合企业行为认识系统的整体性的要求。只有通过长期的培训和严格的管理，才能使企业在提供优质服务和优质产品上形成一种风气、形成一种习惯并且得到广大消费者的认可。一般员工教育主要是与日常工作相关的一些内容，如经营宗旨、企业精神、服务态度、服务水准、员工规范等。

企业培训教育的方式：制定 CIS 战略实施方案，包括企业导入 CIS 战略背景、发展目标定位、MI、BI 手册；编印说明企业标志、企业理念及员工行为规范的手册，让员工可以随身携带；举办培训班，促进自我启发；制作对员工教育使用的电教说明。

2. 员工行为规范设计

员工行为规范是在同一组织中，所有员工应该具有的一些共同的行为特点和工作习惯。这种行为规范和习惯的强制性虽然不如组织科学管理规范，但带有明显的导向性和约束性，通过组织的倡导和推行，容易在员工群体中形成共识和自觉意识，从而促使员工的言行举止和工作习惯向组织期望的方向和标准转化。员工的行为规范设计要注意：

（1）内容全面、客观，从仪表仪容、岗位纪律、工作程序、待人接物、环卫安全、素质修养多方面对员工行为进行规范。按 BIS 规范要求，全面教育、培训组织内部员工，达到员工能直观展示 MI 的精神内涵；特别是窗口行业，员工的行为举止、礼貌文明服务用语、诚恳热情的服务态度，将直接作用于公众，对组织形象的塑造具有特殊的意义。

（2）条理要清楚，表述准确，简明流畅。在设计员工行为规范时，必须使各种业务操作规范流程条分缕析，各项基本制度富有逻辑性，易于操作实施。在市场调研行为、产品研发行为、市场运作行为、市场营销行为、广告宣传行为和售后服务行为等方面，应该体现出组织"管理规范、质量最优、注重内涵、品牌制胜"的组织形象。

（3）针对性强。在企业的各个方面工作，如产品质量、工作态度、服务水平、关心社会发展、与公众的情感沟通、良好的协作关系等方面，都要注重设计的针对性，通过有效的传播沟通，将上述信息展示给社会公众，让公众了解企业的行为特征，进而对企业及企业形象形成正确的评价。这些行为主要有：关注环境污染、捐助希望工程、资助贫苦等社会问题，宣扬社会人文精神、推广社会文明等公益行为，集中体现组织"关怀社会为己任"的良好社会形象。

| 案例 7-3-7 |

日本日立制作所的员工很多，每到上班时，通往公司的路上轿车如蚁，汽车排放的大量废气加重了当地空气污染。在实施 BI 时，公司认真研究了这一情况，做出规定：居住地距公司三公里以内的人，经批准，才可以开车上班。公司的规定，得到广大员工的支持，不久三公里以内的员工不开车上班，连四公里远的员工也自觉地骑自行车上班。日立公司全体员工的环保诚意深深地感动了周围的住户，不仅得到普遍理解，而且使公司的形象在群众中得到了提升。加上口碑的传播，日立获得广泛的免费宣传，给日立带来了很好的社会效益和经济效益。BI 使企业以实际行动来向顾客表达尊重、体贴、关怀之情。

（资料来源：浦玉生，《创名牌的 CI 策划》，《江苏乡镇企业》1997 年第 5 期）

案例评析：日本日立制作所通过开展员工不开车上班活动向社会公众输入强烈的尊重、体贴、关怀之情和减少污染、维护环境的企业形象信息，从而提高了日立公司的知名度、信誉度，从整体上塑造了企业的形象。

（三）行为视觉系统（VI）的设计

行为视觉系统的设计就是指企业视觉信息传递的各种形式的统一，是一个企业区别于其他企业的独特的名称、标志、标准字、标准色等视觉要素。VI 的表达必须借助某种物质载体，如办公事物用品、公司大楼、办公环境、办公前台、广告牌等。人获取信息的最主要的途径是视觉，视觉接收的信息占全部信息的 83%，因此 VI 是整个企业形象识别系统中最形象直观、最具有冲击力的部分。如麦当劳公司选"McDonald's"的"M"为企业标志，设计为金黄色双拱门，象征着欢乐和美味，象征着麦当劳像磁石一样把顾客吸进这座欢乐友好之门，使人们无论走到哪里，见此标志就知附近有麦当劳分店。正是这种独特的、统一的、规范化了的色、形和字的统一，构成了麦当劳的视觉识别系统。

VIS 是 CIS 的视觉冲击力，VI 设计成功与否，关键在于 VI 设计是否全面体现组织形象的价值。企业视觉识别的主要内容包括基本要素和应用要素两大要素。一是基本要素设计，主要包括企业名称、企业及品牌标志、标准字、标准色和象征图案等；二是应用要素设计，主要包括产品造型、包装、办公事务用品、建筑物、标牌旗帜、服饰、交通工具、环境设计、包装用品等。

1. 组织名称设计

组织名称被人形象地称为"组织的名片",由于它是企业给予公众的"第一印象",因而在确立组织名称时,既要考虑准确而鲜明地反映企业和产品的特征,还要讲究与众不同,先声夺人,简短易记,易于传播,达到声名远扬的目的。确定组织名称,即是一门学问,又是一门艺术,在操作上应注意以下要求:

(1) 用意准确,适度暗示产品属性。所取的名称要与组织的事业领域、经营内容和产品特性有密切关系,以便公众看到、听到组织的名称时马上知道组织的概况和经营性质。同时,还应该暗示产品某种性能和用途。例如"国光瓷业",它暗示该企业产品以瓷器为主,类似的还有"青岛啤酒"等。

(2) 体现组织理念,使名称成为组织经营哲学意境的生动展示和表达。如海信(Hisense)集团,1996年,青岛电视机厂改组为海信集团,汉字品牌名称为"海信";同时,为了体现国际化策略,在它的基础上加了一个谐音的英文品牌——Hisense,来源于 High Sense(高灵敏、高清晰),符合产品特点。它又可引申为"卓越远见",体现企业的抱负。

(3) 易记易写,便于公众识别和记忆。首先名字应单纯、简洁明快,绝大多数知名度较高的企业名称都是非常简洁的,组织名称的字数对组织认知有一定的影响,企业名称越短越有利于传播。

(4) 注意名称的气势感和冲击力,给人以震撼。如珠海海蓉贸易公司为了使其生产的服装打入国际市场,参与世界竞争,公司决定改名。通过对几个方案的比较,最后决定用"卓夫"为公司和产品的名字,"卓夫"是英语"Chief"的音译,有首领、最高级之意,中文含义为"卓越的大丈夫"。中英文合二为一,演绎出一种高雅、俊逸、不同凡响的风格和意境。

(5) 名称要吉利、吉祥,防止出现负面影响。它是指企业名称要有一定的美好的寓意,让消费者从中得到愉快的联想。在中国市场,更有效的策略却是学习中国老字号的命名,塑造有中国文化含义的好联想。如:

"孔府家酒"——悠久的历史,灿烂的文化、中国的儒家文化,高品位。

"健力宝"——运动,强健的体魄,各种运动会。

(6) 国际化企业名称,应考虑海外市场的特点,符合所在地的民族文化传统和风俗习惯。如日本索尼公司(SONY),原名为"东京通信工业公司"。本想取原来名称的三个字的第一个字母组织的 TTK 作为名称。但产品将要打入美国,而美国的这类名称多如牛毛,如 ABC、NBC、RCA、AT&T 等。公司总裁盛田昭夫认为,为了企业的发展,企业的名称一定要风格独特、醒目、简洁,并能用罗马字母拼写。再有,这个名称无论在哪个国家,都必须保持相同的发音。遵循上述想法,盛田昭夫发现"SONNY"一词(有"精力旺盛的小伙子"、"可爱的小家伙"之意)正好有他所期待的乐观、开朗的意念。但是,他考虑到该词如果照罗马字母的拼法,发音正好与日文中的"损"字相同,这将引发不利的品牌联想。于是他将"SONNY"的一个字母去掉,变为"SO-NY"。"SONY"的出现,不仅使 SONY 公司财运亨通,而且也成为消费者爱不释手的名牌商标。

2. 标志设计

企业标志是企业的文字名称、图案记号或两者相结合的一种设计，用以表示组织的理念、经营内容、产品性质等因素，使公众从中体验到组织的整体特性和鲜明个性。标志设计不仅是实用物的设计，也是一种图形艺术设计。它与其他图形艺术表现手段既有相同之处，又有自己的艺术规律。标志设计除遵循组织名称设计时提到的个性、民族性、简易性等原则外，还应该坚持以下基本原则：

（1）标志设计应在详尽明了设计对象的使用目的、适用范畴及有关法规等有关情况和深刻领会其功能性要求的前提下进行。

（2）标志设计须充分考虑其实现的可行性，针对其应用形式、材料和制作条件采取相应的设计手段。同时还要顾及应用于其他视觉传播方式（如印刷、广告、映像等）或放大、缩小时的视觉效果。

（3）标志设计要符合作用对象的直观接受能力、审美意识、社会心理和禁忌，力求深刻、巧妙、新颖、独特，表意准确，能经受住时间的考验。

（4）图形、符号既要简练、概括，又要讲究艺术性，构图设计要凝练、美观、适形（适应其应用物的形态），色彩要单纯、强烈、醒目。

一般来说，凡经过设计的非自然标志都具有某种程度的艺术性。既符合实用要求，又符合美学原则，给予人以美感，是对其艺术性的基本要求。艺术性强的标志更能吸引和感染人，给人以强烈和深刻的印象。标志的高度艺术化是时代和文明进步的需要，是人们越来越高的文化素养的体现和审美心理的需要。

| 案例 7-3-8 |

"柯达"文字标志

案例评析：该图是美国柯达公司的企业标志。它是以企业、品牌名称与字首组合的文字标志。该企业标志，取字首"K"字母为基本形，将既是企业名称又是品牌名称的"Kodak"，嵌入其中，既求取了单纯字首的强烈的视觉冲击力，又兼顾了全名文字标志视听同步说明性的优点，即发挥了倍数相乘的诉求效果。

| 案例 7-3-9 |

康奈的图文标志

案例评析：图文相结合的组合标志是文字标志与图形标志优势互补的产物，集中了两者的长处，克服了两者的不足，因此具有可视性、可读性、视觉传播与听觉传播的综合优势，在现代企业标志设计中被广泛采用。

3. 标准字设计

VI 设计中对组织所用的标准字包括中文、英文或其他语种。标准字种类繁多，运用广泛，几乎涵盖了视觉识别符号中各种应用设计要素，出现的频率也几乎与图形符号相当，其重要性并不亚于图形符号。作为一种视觉符号，标准字和标志一样，也能表达丰富的内容，有些企业标志和标准字体组合使用，有些甚至干脆用字体标志。从组织形象设计的角度来讲，标准字的设计有其共性特征，在设计过程中应该遵循以下设计原则：

（1）艺术性原则。标准字是将企业或产品的名称加以熔铸提炼，组合成具有独特风格的统一字体，与普通铅字和书写体相比，标准字不仅造型外观不同，而且在文字的配置关系上也有很大差异。加之，标准字的设计是根据企业品牌名称、活动的主题而精心创作的，因此，无论是含意韵味丰富的拉丁字母各种字形，还是风格多样变化无穷的汉字书法或美术字，在标准字的设计中都要求精细独特，对于字间的宽幅、笔画的配置、线条的粗细、统一的造型要素等，都有细致的规划和严谨的制作要求，尤其讲究经视觉调整的修正来取得均衡的空间与和谐的文字配置结构，使之具有美感和平衡。

（2）传达性原则。由于文字具有明确的说明性，容易产生视听同步印象，因此具有强化企业形象、补充标志内涵、增强品牌诉求力的功效。组织的标准字是承载组织理念的载体，也是组织理念的外化，风格相一致，才能融为一个整体，标准字设计专家们发现："由细线构成的字体"易让人联想到纤维制品、香水、化妆品类；"圆滑的字体"让人联想到香皂、糕点和糖果等；"角形字体"让人联想到机械类、工业用品类的产品。可见，具有不同个性的字体，可以传达出不同的企业文化和经营理念，表现出独特的企业性质和产品特性。这就要求标准字的设计能够在一定程度上传达出企业的完整形象，标准字的设计应便于推广和应用，适用于各种媒体。

（3）易辨性原则。易辨性是指一个标志容易被人辨别认识，被人记忆的性质。要使标志设计有成效，只能在有限的空间内，传达出最能代表企业的并给人留下最深刻印象的信息。在现代社会中，人们的生活节奏加快，对于各种传播媒体传达出来的信息，或者是惊鸿一瞥，或者是走马观花似的浏览。企业标志只有简单易辨，并且具有明确而强力的表现力，才易使公众记牢。

4. 标准色设计

标准色是企业经过特别设计选定的代表企业形象的特殊颜色，广泛用于标志识别、广告、包装、服饰、建筑等应用项目中，它一经确定，将会应用在企业所有视觉传达的相关媒体上，与企业标志、标准字体等基本视觉要素相结合，形成完整的视觉系统，在企业情报所传达的整体视设计系统中具有强烈的识别效应，使消费者产生固定的意识，在纷杂的信息竞争中起到吸引消费者目光焦点的作用。一些色彩和企业形象紧密相连，在消费者心中已深深定位，如"可乐红""柯达黄""富士绿"等。标准色的设计应当特别注意以下问题：

企业 VIS 的各个要素设计都必须围绕企业理念这个核心来展开，标准色也不例外，要充分反映企业理念的内涵，传达企业理念、体现企业精神、展示企业形象。如美国航空公司，在其广告、公司员工服装、飞机内部以及机票上都使用红、白和蓝的公司标准色,这三种颜色正好是美国国旗所使用的颜色,这清楚地表明了公司作为美国运输者的地位。IBM 公司采用蓝色作为标准色,传达出 IBM 公司生产经营高科技产品的经营理念,体现 IBM "开拓、创造、顺应时代潮流"的精神,展出 IBM 高科技的"蓝色巨人"形象。

(1) 要制造差别,突出组织的独特个性。色彩无论怎样变化,人眼可视范围无非赤橙黄绿青蓝紫和黑白那么几种,而企业在设计标准色时,必须考虑如何体现企业的风格和个性。企业标准色反映企业理念、精神,又要突出企业风格、个性,还要尽量避免与同行业企业标准色的重复或混淆。为了达到上述要求,企业可以采用单色、双色和多色作为标准色,但一般不超过三种颜色。例如:麦当劳用红色与黄色组合成企业标准色,红色表示奋发向上的企业精神,金黄色体现出该企业经营汉堡包、薯条、麦乐鸡等食品的特色,具有鲜明的个性化。

(2) 符合社会公众的心理,促进产品销售。这主要是在企业标准色的选择与设计方面,充分考虑到色彩的感觉、心理效应、民族特性以及公众的习惯兴趣等。首先要避免采用禁忌色,使得公众能够普遍接受;其次是尽量选择公众比较喜爱的色彩。部分国家和地区对色彩的喜爱和禁忌。如美国 TCBY 连锁店,以经营各种酸奶为特色,所有连锁店的分店一律以绿色和灰黄相间搭配,象征天然与健康,与顾客中爱绿色环保食品情趣和追求健康的心理相吻合。又如,日本大阪煤气公司也选用蓝色为标准色,煤气是火的根源,是危险的,出售危险商品的企业都渴望安全,为人信任,蓝色是水色,有灭火的形象;同时蓝色的形象镇定、平静,这样大阪煤气公司以蓝色为标准色,显示着安全可靠,能博取人们的好感。

| 相关链接 |

部分国家和地区对色彩的喜爱和禁忌

国家(或地区)	喜 爱	禁 忌
德国	南部喜欢鲜艳的色彩	茶色、深蓝色、黑色的衬衫和红色的领带
爱尔兰	绿色及鲜明色彩	红、白、蓝色
西班牙	黑色	
意大利	绿色和黄、红砖色	
保加利亚	较沉着的绿色和茶色	鲜明色彩、鲜明绿
瑞士	彩色相间、浓淡相间色组	黑色
荷兰	橙色	
法国	东部男孩爱穿蓝色服装,少女爱穿粉红色服装	墨绿色

土耳其	绯红色、白色、绿色等鲜明色彩	
巴基斯坦	鲜明色、翠绿色	黄色
伊拉克	红色、蓝色	黑色、橄榄绿色
中国香港、澳门地区	红色、绿色	纯青、蓝色、白色
缅甸	鲜明色彩	
泰国	鲜明色彩	黑色（表示丧色）
日本	红色、绿色	
叙利亚	青蓝、绿、红色	黄色
埃及	绿色	蓝色
巴西		紫色、黄色、暗茶色
委内瑞拉	黄色	红、绿、茶、黑、白表示五大党，不宜用在包装上
古巴	鲜明色彩	
墨西哥	红、白、绿色组	
巴拉圭	明朗色彩	红、深蓝、绿等不宜用于包装
秘鲁		紫色（十月举行宗教仪式除外）

（资料来源：万力，《名牌 CI 策划》，中国人民大学出版社 1997 年版，有删改）

（3）适应国际化的潮流与时尚。随着全球经济一体化进程的加快，许多公司都已经走上国际化经营之路。因此，企业标准色的设计要适应国际潮流和时尚。现在世界上企业标准色正由红、黄系列渐渐转向蓝、绿系列，体现出一种理智、高科技、环保的色彩特征，并通过文字的可读性和说明性，可以将企业的规模、特征与经营理念传达给社会公众。日本设计界认为："日本企业正一步步向国际化前进着，不仅以红色的热情而且以蓝色的理智作为目标的现象正明显地出现。"

综上所述，随着"印象时代"的到来，日益激烈的竞争环境迫使企业用战略的眼光来审视自己的经营策略，学会用各种手段来吸引公众注意，引起公众兴趣，企业形象识别战略便是明智的选择。

案例讨论与项目实训

一、案例讨论

(一) 案例描述

IBM 的 "最佳服务" 精神

美国国际商用机器公司（简称"IBM公司"）是西方世界利润最高的公司之一。在80年代，多次被评为全美最杰出的企业。与此同时，IBM公司的创始人沃特森也被评为近代美国企业界的十大名人之一。

沃特森在他自己所著的《企业与精神》一书中指出，IBM之所以不断发展，就在于提倡和发扬了"最佳服务"精神，这正如公司的一则广告所言：IBM就是最佳服务的体现。为了真正做到顾客需求第一，他们要求每个职工都要不断思考，以便制造出来的产品能够百分之百地考虑到顾客的需要。设计人员经常了解市场变化，推销人员时刻了解客户的改进意见，并及时反映给开发部门，基于顾客需求第一的原则，公司常常是以改装IBM设备来适合客户需求，而不是要求客户修改业务以适应IBM公司的机器。同时，公司制定了一整套推销和服务的具体方法，它设有咨询服务中心，替顾客当参谋。分析在企业活动中，哪些方面可以采用电子计算机，并推荐具体的机器，派哪些人到现场指导编制程序，并代用户训练使用、维修机器的技术人员，对售出的机器提供检修服务。

为了使用户避免一次投入巨额的设备购置费用，IBM从用户的立场出发，首创了租赁办法。同时很早就向销售人员提供了销售佣金、贷款分配额及保证推销领域等优待。这套灵活的办法使公司招揽了更多的顾客。1984年IBM服务性收入约达88亿美元，租赁收入为67亿美元。

为了保持优异服务的信誉，公司制定了售货员的严格标准，平均约有25名应征者才选出一名合格的人选，还规定销售人员上班时，必须着深蓝色上装、白衬衫、系条纹领带，中午不许喝酒。谁一旦违章，将不准他参加下午、晚上的任何谈判，以使销售人员在客户前始终热情周到、彬彬有礼，赢得良好印象。

海尔集团 CIS 战略评析

海尔集团的迅速发展与企业实施名牌战略，通过导入CIS，借以提高企业形象是分不开的。海尔集团原来是由两家小厂组合而成，10年后这家厂已成为全球著名的企业，员工近万人，业务涉及家电、电脑、小家电、通信等行业。

海尔集团很实在、很现实，他们并没有把CIS装扮的花里胡哨，而是实实在在地看到CIS是一项投资。这场投资是明智的、有巨大成效的，它实际上是在营造企业"自身营销"的氛围，在一个有益的可信赖环境之中。

海尔抓住了CIS的实质，CIS本身并不是仙药，一吃企业形象就上升，CIS必须与产品质量相依存。形象的关键在于产品质量。产品质量过硬，再加之CIS的宣传、系统化、一体化，那么企业形象就可以真正提升，如果光是CIS，光是作视觉形象识别，究其实质，产品仍不过关，那是徒劳而不能长久的。

面对众多的领域，复杂、庞大的产品家族，没有完整、系统的品牌定位战略，无疑会导致品牌及企业形象上的混乱。海尔的做法是首先将集团品牌划分为企业牌（产品总商标）、产品牌（产品类别名称）、行销牌（产品销售识别名）三个层次。从家电的长线产品考虑，将各类家电产品统一到"Haier 海尔"总商标，最大限度地发挥了"Haier 海尔"名牌的连带影响力，大大降低了广告宣传中的传播成本。

海尔将英文"Haier"作为主识别文字标志，集商标标志、企业简称于一身，信息更加简洁直接，在设计上追求简洁、稳重、大气、信赖感和国际化。为推广"Haier"，以中文"海尔"及两儿童吉祥物"Haier"组合设计辅助推广，力求建立长期稳固的视觉符号形象。这种抛开抽象、具象图形符号标志，追求高度简洁的超前做法，顺应了世界设计趋势，为企业国际化奠定了形象基础。在此基础上，我们把企业识别系统看作一个过程，而非一种固定的表现形式。在企业发展中，以务实的态度不断完善企业视觉识别各要素，经过了改进、否定、再改进的不断反复过程，以求完美的表达。

（资料来源：《上海微型计算机》2000年第32期）

（二）提出问题

1. 试从IBM公司的案例分析组织形象塑造的基本特点和树立良好组织形象应遵循的原则。

2. 分析这两则案例中，组织形象设计在组织形象塑造中所起的作用？

3. 从IBM的"最佳服务"精神和海尔集团的CIS战略评析中，你能得到什么启示？

（三）讨论步骤

1. 针对上述两则案例材料进行分组讨论。

2. 每个小组组长总结小组讨论情况，并选出自己小组讨论最充分的问题在班级交流。

3. 教师根据学生讨论发言情况点评总结。

二、项目实训

项目一：请根据所提供的简单背景情况，按照企业形象设计的步骤为选定的相关组织拟写一份CIS设计方案

（一）实训目标

1. 通过实训，达到了解企业识别系统（CIS）的构成要素及设计流程的目的；

2. 通过企业调查分析，学会CIS的初步设计方法。

（二）背景材料

本地区有一家厨房家具生产厂家——××集团，设备条件在本地区是一流的，全部采用国外进口的流水线和国外进口的板材材料，专门生产和销售高档的厨房家具。目前，本地区另有五六家同类生产企业。另外，周边地区以及国外同类生产厂家也不同程度地涌入本地区的厨房家具市场。因而，产品市场竞争比较激烈，当然，由于受到国际金融动荡和国外市场竞争大气候的影响，本地区消费购买能力也不同程度地出现了下降趋势。同时，由于国家各方面政策的影响，本地区房地产业的发展处于一个比较好的发展阶段。该企业为了提高自己在市场中的竞争能力并抓住房地产发展所带来的契机，急需进行企业形象的全面设计，期望能以一种差异化的明确的形象定位在公众心目中，树立良好的品牌形象，扩大生产和销售能力，占有更多的市场份额，并使自己的经营获得一个较大的发展。

（三）实训设计

1. 采取课堂分组的形式，拟定所要调查分析的企业名称及经营范围、企业地址；
2. 分组通过企业调查、学院图书资料室和互联网等途径了解活动材料提供的该类企业品牌的名称、标志和品牌口号；
3. 分析所收集的相关材料。教师课堂讲解 CIS 系统构成及设计流程；
4. 老师提供系列品牌企业理念及企业标志实例以供学生学习揣摩；
5. 学生为小组拟定的调查企业设计 CIS。围绕 CIS 战略主题，写出详细方案。（设计中注意 MI 是否健康积极、凝练概括、有哲理性；注意 VI 设计是否体现 MI 内蕴，是否提供意蕴解说）；
6. 每组选派一个代表上台宣读方案，并进行模拟演示。教师、学生代表组成专家委员会对方案进行评议，评出最佳方案。
7. 要求小组的每位同学都必须参加方案中的某一部分的设计，掌握 CIS 的要素与设计及整体的 CIS 导入；
8. 评分标准：小组自评占 20%，学生互评占 40%，教师评分占 40%。

项目二：拓展活动设计——为自己所在的学院或专业、班级设计 CIS（实训设计同项目一）

项目三：CIS 设计

（一）实训目的

通过本项目实训，初步掌握 CIS 设计的程序和方法。

（二）实训设计

1. 每班分成 4~5 人为一个小组的若干小组，小组成员合作完成。
2. 小组自行选择设计对象：比如班级、学院、企业、政府，等等。
3. 设计要求：
（1）分析选择 CIS 导入的时机；

（2）设计导入提案；
（3）成立 CI 组织机构；
（4）进行 CI 设计流程。
4. 班级 CIS 设计展示，交流。
5. 评分标准：小组自评占 20%，学生互评占 50%，教师评分占 30%。

课后思考

1. 试分析组织形象的内涵与特征。
2. 请谈谈组织形象设计在组织形象塑造中所起的作用？
3. 组织形象设计的基本步骤有哪些？
4. CIS 战略包括哪些内容，设计理念是怎样的？

第八章 公共关系危机管理

> 本章的阐述主要围绕"如何应对社会组织在发展过程中所遭遇的危机事件"展开。通过学习,引导学生树立科学的危机价值观,掌握处理公共关系危机的基本程序和基本策略,掌握公共关系危机预防策略,从而消除危机的消极影响,并能利用危机资源,有效地塑造社会组织的良好形象。

学习目标

知识目标
- 了解公共关系危机的类型和特点
- 熟悉公关危机管理的基本概念和基本原则
- 掌握危机处理的程序及技巧

能力目标
- 能开展危机预防工作
- 能有效地进行公关危机处理

先导案例

圣元乳业"致死门"

2012年1月11日,媒体报道江西都昌县一对龙凤胎一死一伤,怀疑因食用圣元优博奶粉造成,消息一出,一石激起千层浪,将圣元乳业推向了舆论的风口浪尖。

2012年1月10日前死者去世后,家属找家家福超市和圣元奶粉经销商,事件开启。

2012年1月10日死者家属将江健尸体摆放在超市门前停尸问责,圣元江西分公司主动向当地工商和公安部门报案,事件升级。

2012年1月11日圣元营养食品有限公司、客服部人员、生产总监表态积极配合相关部门调查,公司统一向外界发布信息。

2012年1月12日圣元发布《20111112BI1批次出厂检验报告》,所有检验项目检测结果均为"合格",国际董事长兼CEO张亮表示,非常同情遭受了这一悲剧的家庭,与此同时,坚信这是与圣元产品无关的孤立事件,已决定不召回其任何产品。

2012年1月13日第三方检测结果出炉,九江都昌县人民政府也对该事件发布公告,江西二套《都市现场》就事件采访了都昌县工商局秦局长,事情得以澄清。

(资料来源:赵春燕,《卷入"婴儿死亡"疑云圣元坚称同批次出厂奶粉合格》,《每日经济新闻》2012年1月13日,中国公共关系协会网)

思考: 危机事件出现了,如何澄清事实,还原事件的本相,对于圣元乳业来讲是一个不可回避的也无法回避的问题……最终事情的结果如圣元所愿,圣元乳业得以沉冤昭雪,成功化解了此次危机,但是透过圣元乳业的此次危机事件处置过程的解读,也可以给我们很多企业一定的提示。当危机来临时我们是否已做好准备了,我们该如何去做,这就是公共关系危机管理的内容所在。知名危机管理学家史蒂文·芬克曾说过:"危机就像死亡和纳税一样难以避免,必须为危机做好计划,充分准备,才能与命运周旋。"

第一节 公关危机与危机管理

在现代社会残酷的市场竞争环境中,企业无疾而终者几乎没有。疾者,危机也。正如一位公共关系专家所说:"在充满传奇的世界上,我们面临着无法预见的恐怖,这些恐怖事件能够破坏绝大多数灵敏而有名气的公司的声誉和销售额。"公共关系危机给社会组织造成危害,给组织的正常运行形成阻碍,甚至危及组织的生存和发展,给相关公众带来损失,给社会环境带来破坏。因此,现代组织的公共关系人员必须树立公关危机意识,了解公关危机的产生原因,做好公关危机的预防工作,并能根据公关危机管理的原则、程序、策略妥善处理各种危机事件,使组织转危为安。

一、公关危机概述

(一) 危机的界定

在人类社会中,冲突无处不在,所谓"天有不测风云,人有旦夕祸福"。作为个体会面对突发的疾病、交通意外和自然灾害;作为企业组织,也难免遇上意外事件、蓄意破坏、股市震荡、人员变动等;作为政府,在组织抗击火灾、风暴、地震、洪水等自然灾害的同时,还要面对恐怖活动的袭击、疾病的传播、社会环境的恶化等社会事件。人们用很多词汇来描述上述种种情境:突发事件、紧急事故、事故、冲突、战争、社会动乱等。

总结大多数学者的观点可以看出,危机至少包含以下七大特征:①客观性;②复杂性;③双重性;④随机性;⑤连带性;⑥动态性;⑦可管理性。

依据不同的判断标准可以对危机进行不同类别的划分方法。根据动因,危机可分为自然危机和人为危机;根据影响时空范围,危机可分为国际危机、国内危机等;根据主要成因及涉及范围,危机可分为政治危机、经济危机、社会危机、价值危机等;根据采取手段,危机可分为和平方式的冲突和暴力性的流血冲突;根据特殊情况,危机可分为核危机和非核危机。

(二) 公关危机的界定

公关危机是指社会组织因组织内部或外部的某种非正常因素引发的、严重危害组织正常运作的、对组织形象造成重大损害的、具有比较大的公众影响的突发性事件。这些危机事件的突发会使组织的公共关系状态严重失常,如果不及时妥善地处理解决,会直接威胁到组织的生死存亡。如企业因产品质量给消费者造成伤害的就可能引发成为公共关系危机事件,2008年牛奶行业的三聚氰胺事件,就是典型的例子。

公关危机具有如下一些特征:

(1) 普遍性。危机的发生带有普遍性。任何组织大到一个政府,小到一个企业,都有可能陷入公共关系危机。如1999年的美国"9·11"事件、2010年3月的韩国军舰爆炸沉船事件,以及世界上许多知名的跨国公司,诸如奔驰、可口可乐、三星等企业都在其发展的过程中遇到过不同性质、形式各异的公共关系危机。

(2) 突发性。突发性是公共关系危机事件最基本的特征。公共关系危机事件,通常是在组织没有准备的情况下突然发生的,往往使人措手不及,因而极易给组织成员和公众造成精神上的压力和心理上的恐慌,同时也常常会使组织蒙受重大损失。如2009年11月24日,海口市工商局发布商品消费警示,称农夫山泉、统一等品牌9种饮料、食品总砷或二氧化硫超标,不能食用。两大知名饮料企业陷于危机之中,事件引发媒体报道与消费者高度关注,农夫、统一突然遭遇"砒霜门"事件,尽管12月1日海口市工商局发布复检结果,称经权威部门复检,农夫山泉、统一企业3种抽检产品全部合格。海口市工商局以自我否定的方式,还原了事实真相,为两品牌涉案产品平反。虽然事件已得到平息,但却因此使农夫山泉蒙受了巨额的销售损失。

(3) 危害性。无论是哪种类型的公共关系危机一旦发生,都有可能会导致组织的工作秩序发生混乱,严重的会导致财产损失乃至人员伤亡,使组织的信誉一落千丈,导致组织在公众中产生信任危机,其结果很可能给社会造成混乱,组织的形象受到很大的影响,甚至直接威胁到组织的生存。如2001年南京冠生园由于使用陈馅做月饼,被媒体曝光,几乎使全国的冠生园濒临倒闭,使当年的月饼销量下降了40%多,最终于次年3月,南京冠生园宣告破产,被称为国内"失信破产第一案"。总之,危机事件造成的后果是非常严重的,必须引起高度重视。

(4) 关注性。无论是哪个组织,一旦发生公共关系危机,都会造成相当大的社会影响。因为现代社会大众传媒的传播速度是相当快的。不仅社会成员之间的信息传播非常迅速,而且危机事件一旦发生,各个媒体会马上给予高度关注,甚至全程跟踪报道,形成强大的社会舆论。很短的时间,危机事件就会成为社会舆论和新闻媒体密切关注的焦点和热点,成为媒介捕捉的最佳新闻素材和报道线索。有时会在一定的范围,有时则可能波及社会各个阶层甚至更为广泛的范围。2008年的汶川"5·12"大地震、2009年底的疑似注射甲流疫苗导致死亡事件的报告,都是在非常短的时间内成为全世界各大媒体广泛报道的焦点。

案例8-1-1

家乐福"价格欺诈"

家乐福集团,欧洲第一大零售商,世界第二大国际化零售连锁集团。2011年1月中旬，据经济之声"天天3·15"节目连续报道家乐福玩价签戏法，价签上标低价，结账时却收高价；明明是打折，促销价却和原价相同。家乐福超市虚假促销，被消费者质问却百般狡辩。此次家乐福欺诈消费者的事件，引起国家发改委的高度重视，经查实，家乐福在一些城市的部分超市确实存在多种价格欺诈行为。虽然家乐福多次发表声明，但难以挽回消费者的信心，仍有多家店关闭。

（资料来源：中国广播网，2011年1月26日）

案例评析： 欺诈消费者时屡教不改，被迫道歉时缺乏诚意，是家乐福应对此次危机事件的两大硬伤。家乐福的道歉中表现出企业的傲慢。缺乏真诚和诚意的反应，使得家乐福并未能在危机发生后的道歉中重新获得消费者的支持和信任，公众对企业和品牌的好感尽失。

（三）公关危机的成因

"每一次危机既包含导致失败的根源，又孕育着成功的种子。发现培育以便收获这个潜在的成功机会，就是危机管理的精髓。"因此对危机的成因做深层的探析也就显得非常重要。企业危机产生的原因很多，一般来说，大致可以分为企业内部环境原因和企业外部环境原因。

在组织内部，往往是因为内部的管理体制或人员素质导致问题演化成危机，具体有以下几方面：

（1）管理者公关理念淡薄，缺乏危机管理意识。在现代组织中，还有相当一部分管理者没有正确的公共关系理念，对社会利益、社会责任的认识仍停留在口头上，在组织利益与社会利益相矛盾时，首先想到的是如何维护组织自身利益，忘却了皮之不存、毛将焉附的道理，以致危机发生之前，不知道"患忧"，发生之后，想方设法要"置身事外"，使问题演变成一场危机。

（2）组织自身决策违背公关基本原则要求。在现代社会，组织的决策与行为应自觉考虑到社会的利益，"与公众共同发展"。如决策背离公众和社会环境的利益与要求，就有可能使组织利益目标与社会利益目标相对立，从而引发公众对组织的抵触、排斥和对抗，使企业陷入危机之中。

（3）组织人员素质低下，行为严重违背组织宗旨。组织人员包括管理人员和员工两类，现在仍有不少组织内部管理者纯粹靠经验、习惯甚至关系行使其管理职能。对内缺乏感召力和凝聚力，不能激发员工工作潜能；对外缺乏组织形象意识与公众权益意识，对公众的正当权益要求置若罔闻，甚至粗暴对待公众，以致引发组织形象危机。许多公众是通过与组织一线员工的直接"对话"才对组织有了总体印象。但组织中不乏服务素质差、服务能力弱的员工，这将直接关系到公众对企业的认同程度，往往个别员工的粗暴行为就会给组织形象带来恶劣后果。如北京的国贸中心惠康超市员工强行对两名顾客搜身；沈阳商业城店员手持电风扇殴打顾客等一系列恶性事件的发生，轻则使组织陷入民众谴责、舆论曝光的困境；重则影响组织的生存。

企业外部环境原因主要有这几个方面：自然环境突变；企业恶性竞争；政策体制不利；科技负影响；社会公众误解；公众自我保护等。

组织只有在广泛收集有关信息的基础上，对造成企业危机的公共关系危机的原因进行深入分析，才能拿出充分的依据，为公共关系危机的管理奠定坚实的基础。

（四）公关危机的类型

公共关系危机的种类繁多，要成功而有效地处理公共关系危机，就必须准确认识和判断公共关系危机的类型。按照不同的分类标准，可以将公共关系危机分成以下几种：

1. 人为危机和非人为危机

根据危机产生的主客观原因，公共关系危机可分为人为危机和非人为危机。

（1）人为公共关系危机。主要是指由人的某种行为引起的公共关系危机。如生产工艺欠科学或原材料质量不佳、组织内部员工的行为损害公众利益（如2010年江苏常州曝疫苗造假大案就是组织自身在疫苗生产过程中掺入一种不易发觉的添加物，可以令出厂疫苗在一般检测时达标，但实际效用却大大降低），竞争对手或个别敌对公众的故意破坏等造成的危机，就属于此类，人为公关危机会造成人员伤亡或财产的重大损失。这类危机具有可预见性和可控性的特点。如果平时采取相应有效的措施，有些危机是可以避免或减轻损失的，在一定程度上也是可以控制的。

（2）非人为公共关系危机。主要是指不是由人的行为直接造成的某种危机。包括各种自然灾害、飞机失事以及社会大动荡等。相比较人为公共关系危机，这类危机具有无法预见和不可控的特点。通常造成的损失是有形的，容易得到社会各界和内部公众的同情、理解与支持。

2. 一般性危机和重大危机

根据危机发生的程度，公共关系危机可划分为重大危机和一般危机。

（1）重大危机。主要是指组织所面临的事关全局，危机组织存亡的公共关系危机。如组织的重大工伤事故、重大生产失误、火灾造成的严重损失、突发性的商业危机、重大的劳资纠纷等。强生集团生产的"泰诺"止痛药在芝加哥发生7人中毒死亡事件、安达信事务所信誉危机事件、巴林银行财务危机事件等都属于重大危机。对于上述这些会对组织产生致命影响的公共关系危机，公关人员必须马上应对处理，最好在平时就有所准备。

（2）一般性危机。主要是指常见的公共关系纠纷。从某种意义上说，公共关系纠纷还算不上真正的危机，它只是公共关系危机的一种信号、暗示和征兆。只要及时处理，做好工作，公共关系纠纷就不会向公共关系危机发展。但它带来的危害是不可忽视的，轻则降低企业的声誉，影响产品销售，造成形象损失；重则可能危及企业的生存和发展。

对一个组织而言，常见的公共关系纠纷主要有：内部关系纠纷、消费者关系纠纷、同行业关系纠纷、政府关系纠纷、社区关系纠纷等。组织的内部纠纷不利于团结，会挫伤组织成员的积极性，降低管理人员的威信。组织与外部的纠纷，可能会损害相关公众的物质利益和身心健康，不利于组织良好形象的塑造。

3. 内部危机和外部危机

根据危机与组织利益的关系程度以及危机归咎的对象，公共关系危机可分为内部危机和外部危机。

（1）内部危机。主要是指发生在组织内部的公共关系危机。可以是危机事件发生地在组织内部，或者是造成危机的责任在于组织的内部成员的过失。此类危机的特点是波及范围小，主要影响本组织的利益。危机的主体主要以本企业的领导和职工为重点，因而相对来说容易处理。

（2）外部危机。主要是指发生在组织外部，影响多数公众利益的一种公共关系危机。相对于内部危机而言，外部危机的特点是波及的范围较广，不可控因素较多，较难处理，需要有关危机的各方面密切配合行动。

从这一角度具体划分公共关系危机的类型时，内部和外部是相对的。因为有些公共关系危机的发生，内部和外部原因都有，所承担的责任大小也相差不多。故对具体公关危机的划分与处理必须具体分析，恰当处理。

4. 显在危机和内隐危机

根据危机的外显形态，公共关系危机可分为显在危机和内隐危机。

（1）显在危机。又称显性危机，是指已发生的危机或危机趋势非常明朗，爆发只是个时间问题。如组织经营决策失误造成的产品积压、市场缩小的危机等。

（2）内隐危机。又称隐性危机或潜伏危机，是指危机的因素已经存在，但没有被人们意识到的危机。如安全防火设施遭到破坏、缺乏防火意识等。与显在危机相比，内隐危机具有更大的危险性。犹如一座冰山，显在危机是浮在水面，所占比重小，容易被人发现，并加以重视，而内隐危机犹如藏于水下的冰山本体，不容易被发现且危险性极大。

在现代社会严酷复杂的市场竞争环境中，社会组织随时都有可能面临危机。学会识别公共关系危机的类型，掌握不同公共关系危机的特征，对认识和理解危机公关具有非常重要的意义。

二、危机管理的界定

1997年，由联合响应公司（The Corporate Response Group）对《财富》杂志评选出的全球1000家公司所做的调查发现，在受访的经理人员中，有54%的人认为他们所在的公司的最高管理层对如何处理潜在危机日益重视。本次调查确认的潜在危机依次是：工作中的暴力事件（55%）、绑架（53%）、恐怖活动（51%）、诈骗（35%）、产品损坏与索赔（34%）、道德规范问题（30%）、CEO的接任更替（28%）。受访者还指出，在企业中需要加以改善的地方：内部认知（50%）、交流沟通（45%）、实习培训（37%）、风险分析（35%）、信息技术（32%）和企业规划（31%）。从中不难发现，"在商业活动中，衡量一位首席执行官的影响力的重要方面，就是危机管理"。

所谓危机管理是指通过科学预测与决策，修订合理的危机应急计划，并在危机发生过程中充分运用科学的手段，减少危机给组织给公众带来的影响，进而寻求公众对组织的谅解，以重新树立和维护组织形象的一种管理职能。

第二节 公共关系危机的预防

公关危机事件虽然因其突发性而很难预测,但是若是以积极的态度防范的话,是可以把损失减到最低,甚至可能从根本上杜绝某些危机事件的发生。

一、树立危机意识

组织的全体成员在日常工作中都应该有危机意识,尤其是组织的领导者、高层管理人员和公关人员更应该树立这种危机意识。组织应该"居安思危",防患于未然。在思想上树立危机意识,就会使许多矛盾及时化解而避免其引发危机事件。尤其是组织的领导者和公关人员更应该有危机意识。这样可以把工作做在前头,把矛盾消灭在萌芽状态。特别是公关人员,日常工作应保持与内部公众和外部公众的协调和沟通,在公众中树立组织的良好形象,某些原本可能发生的危机事件就可化解于无形之中,这需要公关人员具有高度责任感和爱岗敬业精神。有了积极的工作态度,还要有敏锐的洞察力和分析力,要化解危机就要预先对可能发生的危机做出分析预测,哪些因素有可能引发危机,危机可能具备的性质、可能涉及的范围,以及可能对哪些方面造成影响。并能根据具体情况,对可能发生的危机进行分类后积极制定相应对策。这样,就有可能及时察觉潜在的危机因素并设法化解它。即使有意外的危机事件发生,也会采取积极有效的方法应对。

二、建立专门机构

组织在机构设置时,有必要组建一个有权威性的、有效率的公共关系危机处理专门机构,或为常设的公共关系危机处理小组,由组织的领导人担任组长,公关人员和部门经理作为小组成员。这些成员分工明确、责任分明,一旦发生危机事件,小组立即投入工作。只要各司其职,很快就能摸清危机事件的实质,工作也能井然有序,必然会呈现虽紧张但不慌乱的局面。危机处理小组除负责日常危机预警、预控和员工的危机应对培训等工作外,在危机发生时的主要任务是:第一时间收集全面信息,确定危机性质、影响范围、严重程度等;针对危机事件的具体情况制订应对计划;建立信息传播中心,统一信息传播口径;指定新闻发言人,召开新闻发布会;与媒体及时沟通,启动危机处理网络;落实危机应对计划,做好善后处理工作,直至危机完全解除。危机解除后,还必须认真总结经验教训。

三、强化危机预警

强化危机预警,首先要组织的领导者重视这项工作,要有备才能无患,就必须使危机管理制度化、规范化，这就有赖于建立健全系统的危机管理机制和防范预警系统。预警系统的主要任务是：加强信息的搜集、分析、整理工作，随时把有价值的信息提供给危机事件处理小组。加强与组织内部成员和组织外部公众的沟通，以便获得更多更有价值的信息，及时掌握情况、发现问题，把矛盾力争消灭在萌芽状态。有重点、有目的地选择社会公众作为沟通对象，扩大企业的正面影响。要经常性地进行市场调查和预测，分析自己的市场竞争力，了解同行业竞争对手的情况，以便调整自己的经营管理，不断预测市场前景，寻找可能产生危机的因素，尽量把这些可能引发危机事件的因素事先化解掉。

四、制订危机预警方案

公共关系危机预警方案是组织在全面分析预测的基础上，针对危机事件出现的概率而制订的有关工作程序、施救方法、应对策略措施等的方案。

预警方案的制订能使组织在危机来临时目标集中、决策迅速、反应快捷、掌握主动，能使各方面都有心理准备，从容面对，能保障紧急状态中的资源供应，降低成本、减少损失。一份完整的公共关系预警方案一般包括危机处理的对策、具体运作方式和注意事项等，并以书面的形式表现。其侧重点在于具体危机出现后如何施救处理。

五、组织危机预演

为了强化全体工作人员的危机意识，提高危机期间的危机实战能力，检测危机处理协调程度，完善并修正危机应急预案，组织有必要定期对危机应急方案进行模拟演练。让有关人员对危机爆发后的应对措施有一个大体的了解。积累一定的危机处理经验。

危机预演的形式很多，可采用录像观摩、案例学习、危机模拟演习等。

六、做好危机预控

在日常工作中，作为社会组织已意识到危机事件的发生有其难以预测的特征，且一旦发生又极易造成人员生命或财产的重大损失，那么就应尽可能做到未雨绸缪，把危机意识转化为组织的自觉行动。也就是说，当公关部门在日常管理中搜集到相关信息，预感到可能有危机事件发生时，就应立即启动危机预警机制，积极做好防范。包括舆论宣传、信息沟通、内部动员、全面部署，力争在危机发生后把损失降到最小。同时，还应该认识到，由于危机事件有其突发性的特征，在平时就应该强化对可能发生危机的预测，并且与处理危机的相关单位建立良好的合作关系，一旦危机发生，能够立即启动这个合作网络。平时加强沟通、增进了解，建立起相互信赖、相互支持的友好合作关系，危机发生时，就会相互支援、并肩战斗，有利于危机的解决。

| 案例 8-2-1 |

危机意识：海尔的生存理念

"永远战战兢兢，永远如履薄冰"，更是给人一种强烈的忧患意识和危机意识，这成为海尔集团打开成功之门的钥匙。想到了有可能做不到，但想不到绝对做不到，意识决定方法。没有危机管理的意识，当然就不可能有危机管理的方法，因此说，没有想法就没有方法。古人讲"居安思危"，"防患于未然"。

1985年，海尔集团总裁张瑞敏，当着全体员工的面，将76台带有轻微质量问题的电冰箱当众砸毁，使员工产生了一种危机感与责任感，由此创造出了一套独具特色的海尔式产品质量和服务，譬如"用户永远是对的""海尔卖的不是产品，而是信誉""真诚到永远"等。海尔的危机意识，已经用一种企业文化固定下来了，融入企业领导和每个员工的血液里面了，即便是再大危机，也难以动摇。张瑞敏的"大鱼吃小鱼，快鱼吃慢鱼，慢鱼吃休克鱼"既体现了一种经营思想，同时也是一种危机意识。

（资料来源：www.177liuxue.cn）

案例评析：企业发生危机前必然会隐约显现出许多预兆，决策者与管理者如果早就把危机意识纳入企业战略决策中，早就具备了危机管理的一些基本知识，就不难从平时的蛛丝马迹中透视到企业的生存危机。企业只有预先制定科学、周密的危机应变策略，针对危机可能发生的性质、概率、时间、方式等来决定处置危机所需的人力、物力、财力，才能使企业处变不惊，掌握控制危机的主动权。

第三节　公共关系危机的处理

一、公关危机处理的原则

公共关系部门在处理危机事件、实施危机公关时，绝不是随心所欲，跟着感觉走的行为。必须按照一定的处理原则，妥善加以处理，用稳妥的方法赢得公众的谅解和信任，尽快恢复组织的信誉和形象。所以在危机公关中应当遵循的基本原则有下面几项。

1. 积极主动原则

一旦遇到危机出现，就要有负责的积极的态度，主动投入调查、了解、分析、判断、决策的工作当中去，寻求最佳的解决方案，争取专家的帮助和公众的支持与谅解，这是危机公关的起码态度。

2. 快速有效原则

危机公关的目的在于处理突发性事件，尽最大可能地控制事态的恶化和蔓延，把因危机造成的损失减少到最低限度，在最短的时间内换回组织的损失，维护组织的形象。因此，事件发生后，公关人员要迅速做出反应，果断进行处理，赢得了时间就等于赢得了形象。

3. 坦诚透明原则

危机爆发后，必须主动向公众讲明事实的全部真相，遮遮掩掩反会增加公众的好奇、猜测乃至反感，延长危机影响的时间，增强危机的伤害力，不利于控制危机局面。

4. 公众优先原则

无论事件的危害有多么严重，首先要顾及公众的利益，作为组织要勇于承担责任，做到不推卸，不埋怨，不寻找客观理由，这样才能赢得社会的谅解和好感。

5. 统一处理原则

危机处理必须冷静、有序、果断、指挥协调统一、宣传解释统一、行动步骤统一，"一个声音，一个观点"，而不可失控、失序、失真，掌握危机的处理权，否则只能造成更大的混乱，使局势恶化。

二、公关危机处理的程序

公关危机事件一旦发生，如何处理就成为最首要的任务。各种类型的公共关系危机事件在规模、性质、表现形式、涉及的公众等方面虽有不同，但在处理程序上有其共同点。这个基本程序应该与应急方案相衔接，同时根据当时情况予以调整。一般来说，其基本程序是：

1. 成立公关危机事件处理小组

公共关系危机发生后，应立即启动常规的危机处理机制，并针对本次危机事件的特点成立危机事件应急处理小组，组长由组织的主要领导担任，公关部成员和部门负责人参加，明确分工、迅速到位、应立即奔赴现场，各司其职开展工作。小组主要任务是：制订应急计划，明确具体任务，让内部员工了解事情真像，统一口径，以利协调工作，与媒体取得联系并为其准备好相关资料，成立公共信息中心，及时向外界公众发布有关信息，保持传播沟通的畅通等。

2. 迅速到达现场，掌握全面情况

组织负责人、相关部门负责人、危机处理的专家，必须在第一时间到达危机现场，掌握第一手情况，弄清事件发生的时间、地点、原因和已出现的后果，如人员伤亡和财产损失等情况，了解公众的情绪和舆论的反应，要尽可能多地、全面地掌握有关信息。并掌握事态的发展和控制情况，为危机对策的制定奠定基础。

3. 分析信息，确定对策，控制险情

在掌握危机事件第一手情况，了解公众的情绪和舆论的反应的基础上，深入研究，迅速确定应采取的对策和措施，及时控制危机险境，力争把组织和公众的生命财产损失降到最低点，这是在危机发生地要果断处理的。在这个过程中，尤其要把公众的利益放在第一位，这是在危机处理完毕后使组织形象得以尽快恢复的基础。接着要尽量控制危机态势的蔓延，使影响不再扩大。危机处理小组成员要按照分工积极妥善做好分管的工作，发挥团队合作精神，齐心协力为共同的目标而努力。

4. 抓紧时机，组织力量，落实措施

这是危机处理的中心环节，公众和舆论不仅要看组织的宣言，更要看组织的行动。

组织对危机事件的受害者要诚恳地听取他们的意见，实事求是地承担责任，坚决避免在事故现场与受害者或其家属发生争执。向媒体传递的信息要统一口径，由组织负责人公布事件真相。在实际操作中，当对危机事件的处理意见统一以后，各方面负责人既同时开展工作，按照职责做到各司其职、步调统一、及时交流、保持协调，齐心协力处理危机、使局面向着利于维护组织形象方面发展。

在处理整个事件过程中，组织要始终把公众利益放在第一位。同时，组织还要随时向上级领导汇报情况，使上级领导随时掌握事态发展，以便及时给予指导。

5. 及时评估，总结检查，公之于众

危机事件处理工作结束后，要及时对事件处理情况进行全面检查、评估，并将检查结果向董事会和股东公布。有些重大事故也可采取致歉广告的形式在报刊上刊登，表明企业敢于承担责任，一切从公众利益出发，认真做好善后处理工作。在检查、评估中，要实事求是、一丝不苟，重点放在社会效应和形象效应方面，力争把成功的经验和遇到的困难以及失败的教训尽可能总结得全面些，为以后处理危机事件积累经验和教训，争取减少和更有效地防范危机事件的发生。

案例讨论与项目实训

一、案例讨论

讨论材料：

（一）案例描述

一个据称产自意大利，叫作"卡尔丹顿"的服饰品牌，据说是欧洲顶级男装品牌，设计主要以意大利风格为主。由于其是高端品牌，因此价格比一般品牌要高出不少。卡尔丹顿从1993年被引入中国，至今已有18年，目前在全国已有数百家分店，仅机场店就有30余家。

2011年3月16日，央视节目曝光了国内著名的所谓意大利品牌的"卡尔丹顿"，其实是纯正国产品牌，打着假洋牌的幌子，要价动辄几千元乃至上万元，坑害了中国广大消费者的合法权益。据报道，目前在国内众多机场、高档商场里设立专柜的"欧洲顶级男装品牌"卡尔丹顿，其实只是在意大利注册商标。卡尔丹顿仅仅只是一个个人注册的空壳的意大利商标，在海外注册历史最长也不过13年。在国外并没店，意大利只是品牌注册地。

然而，从3月18日起，在互联网上可以发现与卡尔丹顿有关的多篇正面报道。从这些报道，我们可以读到的是卡尔丹顿品牌的高端品味和优良品质，聚焦品牌在行业里面的声誉和影响力。

（资料来源：央视新闻频道，2011年3月16日；中国营销传播网）

（二）提出问题

1. 以上材料中卡尔丹顿是如何进行危机处理的？

2. 你认为危机处理的效果怎么？
3. 如果你是卡尔丹顿公关经理，你将如何处理这次事件？
（三）讨论步骤
1. 分组课前讨论，各组整理讨论意见。
2. 选出不同的小组代表在班级交流，发言时间 10 分钟。
3. 教师根据学生讨论发言情况总结 5 分钟。

二、项目实训

项目：公关危机处理模拟演练
（一）实训目的
1. 能妥善处理企业公共关系危机事件。
2. 能有效控制危机事件过程中的信息传播。
（二）实训内容
模拟演练背景：2008 年 3 月 31 日，东航云南分公司 14 个航班飞达目的地后，不降落就直接返航，造成大批乘客滞留在云南机场；4 月 1 日又有 3 架飞机采用同样方式返航。东方航空公司称返航是因为天气原因。而有飞行员私下向记者透露，返航是为了向公司争取待遇。4 月 3 日，东方航空云南分公司调拨了一批现金，发放之前拖欠的住房补贴等各项经费。4 月 5 日，中国民用航空局 5 日派出工作组，对东航航班不正常原因进行详细调查。

至此，东航危机全面爆发……

分组讨论：给出危机公关的策略、措施和解决办法，并选出新闻发言人应对媒体采访。
（三）实训设计
1. 全班 5~6 人一组，分成若干小组。
2. 以小组为单位，每人分别模拟不同的角色，现场进行公关危机处理。
3. 评分标准：小组自我评分占 20%，学生互评占 50%，教师评分占 30%。

公关危机处理小组成员	主要职责	小组自评	学生互评	教师评分
关键管理者				
沟通专家				
律师				
公关人员				
新闻发言人				

? 课后思考

1. 公关危机的类型和特点？
2. 怎样预防危机的发生？
3. 公关危机处理的原则？
4. 公关危机处理的程序？

第九章 公共关系礼仪

通过本章内容的学习，使学生能够较系统地了解礼仪的基本要素，掌握公关礼仪的基本类型和特点，从而提高学生的组织领导能力、社交能力、表达能力、控制能力、应变能力和实际操作能力，培养并强化学生的礼仪规范意识，使学生能够从个人形象做起，努力提高自身的礼仪素养，塑造良好的自我形象，进而树立和维护良好的组织形象。

学习目标

知识目标

- 掌握公关礼仪的概念、特点和作用
- 了解公共关系与礼仪的相互关系，了解人际沟通中沟通技巧的运用
- 掌握个人形象塑造的内容和组织的社交方式
- 掌握公关的日常礼仪、校园礼仪、聚会礼仪和求职礼仪

能力目标

- 运用人际沟通的策略，提高个人有效沟通的能力
- 能够在日常交往中正确使用相关的礼仪知识，提升个人形象

先导案例

一口痰的代价

国内某城市有一生产医疗设备的厂家，准备与国外的一家公司建立长期合作关系。经过多次洽谈协商，厂长通晓生产线行情，考虑问题缜密的管理风格，给外商留下了精明能干的好印象。双方决定正式签约。当外商再一次来到该厂，准备在第二天签约的当天，厂长热情地请外商到车间参观。车间秩序井然，外商也感到满意。不料，就在这时厂长突然感到喉咙不适，本能地咳了一声，到车间的墙角吐了一口痰，然后连忙用鞋擦去，地上留下一片痰迹。第二天一早，翻译带来了外商写来的一封信，信中写道："尊敬的厂长先生，我十分佩服您的才智和精明，但是您在车间里吐痰的一幕使我彻夜难眠。恕我直言，一个厂长的卫生习惯可以反映一个工厂的管理素质。况且，我们今后将生产的是用于治病的液管。贵国的成语说得好：人命关天！请原谅我的不辞而别。否则，上帝会惩罚我的……"

（资料来源：《河北日报》2003年6月3日）

启示："教养体现于细节，细节展现素质。"这个真实的案例再次证明：良好的组织形象是由千千万万桩小事、千千万万个员工个体行为体现出来的，在人们社会交往的举手投足之间，是否拥有礼仪，能否讲文明、懂礼貌，已成为衡量人们文明修养水平的尺度。一个组织的文明水准程度是与组织内员工的文明水准程度密切相关的，它依赖于每个员工的学习和修养。组织员工通过公关礼仪的学习，用礼仪观念滋润心灵，用礼仪准则规范言行，可以提高个体的素质水平，进而提高组织整体的文明水准。

第一节 公关礼仪概述

礼仪是人类文化的结晶，社会文明的标志，人类交往的行为规范。中华民族具有五千年文明史，礼仪文明作为中华民族传统文化的一个重要组成部分，对中国社会历史发展起了广泛深远的影响，其内容十分丰富。如今，随着改革开放的深入发展和国际交流的增加，礼仪已成为人们社会生活和工作中不可或缺的内容。

一、礼仪与公关礼仪

"礼仪"一词最早源于法语"etiquette"，意即"法庭上的通行证"，表示持证者人法庭必须遵从相应的规矩或准则。后被英语吸收后，其含义有所变化，有了"礼仪"之意，即指"人际交往的通行证"。随着社会生活的发展，该词逐渐专指礼仪、礼节规范。

中国素有"礼仪之邦"的美誉，对"礼"的讲究历史悠久，很早即把"礼仪"一词提升为一种社会典章制度和道德教化要求，仁、义、礼、智、信被称为"五常"。最早记载中国古代礼制的著名典籍有三部：《周礼》《仪礼》《礼记》，统称"三礼"。其中《周礼》主要记载典章制度，《仪礼》偏重于规定人们的行为规范，《礼记》则是对古代礼仪的阐释性说明。中国古代礼制不断发展和完善，使其成为中国古代文化的核心内容之一。

所谓礼仪就是人们在各种社会生活交往中为了互相尊重，在言谈举止等各方面形成的、约定俗成的、共同认可的行为准则或规范程式的总和。简而言之，礼仪就是人们在社会交往活动中应共同遵守的行为规范和准则。而公共关系礼仪，简称公关礼仪，就是在开展公共关系活动中，为了树立和维护组织的良好形象，在开展公共关系活动时所必须遵循的尊重公众、讲究礼貌、礼节、注重仪表、仪态、仪式等礼仪程式或规范。

公关礼仪对于当今的公关人员来说，无疑是一种"通行证"。公共关系礼仪是组织风貌、员工精神状态、公关人员工作水平和专业技能的最集中体现，也是公关沟通和社会交往的方法及处理公关事务所必须遵从的行为准则。

二、公关礼仪的原则

(一) 尊敬原则

古人云:"礼者,敬人也。"人际交往互相尊敬最为重要,尊敬是礼仪的情感基础,只有彼此间相互尊敬才能保持愉快的人际关系。所以互相尊敬是礼仪的核心与重心。每个人在人际交往中都处于平等地位,不管种族、国籍、肤色、社会地位如何,只有尊敬别人才能赢得别人的尊敬,"敬人者恒敬之,爱人者恒爱之"。

(二) 自律原则

礼仪是人们在人际交往中约定俗成的律己敬人的行为规范。自律原则就是要自我要求、自我约束、自我控制、自我对照、自我反省,同时更提倡"严于律己,宽以待人"。礼仪就像一面镜子,对照礼仪这面"镜子",可以发现自己形象的"美"与"丑",从而自我约束,树立良好的形象,成为一个受欢迎的人。

(三) 宽容原则

宽容就是允许别人有行动与见解自由,就是要豁达大度,有气量,不计较和不追究。由于每个人的背景不同、文化不同、阅历不同,判断是非的标准也不同,对不同于己的观点或传统观念的见解时要尊重他人的选择。在人际交往中,既要严于律己,更要宽以待人。对不同于自己的见解要多容忍他人,多体谅他人,多理解他人,不要责备求全,斤斤计较,过分苛刻。我们强调尊重他人,实际上就是尊重他人的选择。宽容是一种较高的境界和高尚的情操,一种容纳意识和自控能力,也是争取别人尊重的最好方法。

(四) 适度原则

战国时宋玉曾在《登徒子好色赋》里谈到女子的美,东家之子"增之一分则太长,减之一分则太短;著粉则太白,施朱则太赤",他认为东家之子的美恰到好处,是最理想不过的了。这种适度美的思想,也同样可以应用在礼仪中。适度的原则,就是要求应用礼仪时,必须要注意技巧,合乎规范,特别要注意把握分寸。因为凡事过犹不及,假如做过了头,或者做得不到位,都不能正确地表达自己的自律、敬人之意。在人际交往中,该行则行,该止则止,适度为佳。

(五) 从俗原则

由于国情、民族、文化背景的不同,在人际交往中,存在着"十里不同风,百里不同俗"的情况。因此,要入乡随俗、入国问禁、入门问讳,与绝大多数人的习惯做法保持一致,只有尊重对方特有的习俗,才能增进双方之间的理解和沟通,才能更好地表达我们的真诚和善意。遵守从俗的原则也是我们尊重他人的具体表现,有助于我们交往顺畅。

(六) 真诚原则

运用礼仪时,务必诚信无欺,言行一致,表里如一。真诚就是在交际过程中做到诚实守信,不虚伪、不做作。交际活动作为人与人之间信息传递、情感交流、思想沟通的过程,如果缺乏真诚则不可能达到目的,更无法保证交际效果。

三、礼仪在公共关系工作中的作用

（一）有助于完善自我修养

人的素质包括品德、知识、才能、性格、气质、体魄等诸多方面，而仪表举止则是这些素质的外在表现。在一定程度上讲，礼仪即教养，教养即文明。因此，在生活中讲礼从仪，有助于提升个人的修养水平和精神品位，有助于塑造个人的良好社会形象，提高自身的综合素质。

（二）有助于协调人际关系

公关礼仪通过直接塑造公关人员良好的个人形象，间接塑造了组织形象。公关礼仪往往借助于一定的外部形式，如问候、握手、邀请、迎送、慰问、预约等，反映组织良好的员工素质，从而塑造良好的职工形象。这对于增进人际关系和情感友谊，增强信任和了解有着重要的作用，公共关系人员只有遵守公共关系礼仪，才能与他人保持一种平等、互相尊重、相互帮助的关系，避免出现交往中的人际障碍和摩擦，使相互之间的关系协调发展，促进社会组织工作的顺利开展。

（三）有助于信息的沟通交流

在公共关系的交往中，人的主观能动性被充分调动，各种传播媒体在人的不同交往形式中，发挥信息沟通的作用。或者是人与人的直接交往，如聚会、访问、谈判等，或者是人们运用报纸、刊物、广播、电视、电话、宣传资料、实物、书信进行的间接交往。交往中促进了信息的流动，达到了人与人之间的信息沟通。有人做过统计，科技人员的专业信息，20%～50%是通过文字材料得来的，大量的信息来自文字以外的渠道，如访朋聚友中获得。公共关系中的各种交往形式，无疑对加强社会组织与公众之间的联系，促进信息的沟通，起了积极的作用。

（四）有助于广结良缘、消除误解

每一个社会组织为了求生存求发展，不仅要巩固现有的公众关系，还要广结良缘，拓展多方面的、新的关系，以求得到更多公众的理解和帮助，创造出良好的生存与发展的内外部环境。因此，讲求和培养良好的礼仪风范，不但可以获得理解和支持，而且还能有力地推动着整个社会文明程度的提高和发展。

第二节　公共关系从业人员个人形象塑造

一、仪容礼仪

| 案例 9 - 2 - 1 |

周总理在天津南开中学上学时，该校教学楼前树立一面镜子，上面写有 40 字镜铭："面必净，发必理，衣必整，纽必结。头容正，肩容平，胸容宽，背容直。气象：勿

傲、勿暴、勿急。颜色：宜和、宜静、宜庄。"周总理在学生时代就以此镜铭作为言谈举止的规范，他独特的仪态，被称"周恩来风格的体态美"，可谓"举手投足皆潇洒，一笑一颦尽感人"，因此在他光辉的一生中永远保持着举世公认的优美风度，给人留下深刻的印象。

（资料来源：改编自 K12 社区论坛）

仪容，就是人的外貌，即容貌。它是一种无声的语言，在人际交往的最初阶段，它是影响"第一印象"的最主要因素，直接影响人际交往的效果。因此，在公共关系实际工作中，要求公关人员在社交场合讲求仪容，力求做到仪容得体、举止大方。

但是，公共关系中讲的仪容与日常生活中人们谈论的美丽、漂亮等并不是一回事。美丽、漂亮是人的先天条件，而仪容则是先天条件加上后天努力共同作用的结果。人的先天条件是血缘遗传所致，有的人天生丽质，有的人相貌平平，具有不可选择性；而人的后天努力则具有一定可塑性。俗话说，"三分长相，七分打扮"，精心的设计、修饰可以让"丑小鸭变成白天鹅"，可以让人变得风度潇洒、气质高雅；不修边幅、衣衫不整的人面容再好，在社交场合也会让人难以接受。在公共关系实践中，我们认为，这些修饰、打扮的方法是可以学会的。经过学习，了解一些修饰仪容的基本技巧并熟练运用，每个人都可以变得更美丽、更潇洒。

一般说来，仪容包括面部、头发和肢体等部分。下面就简单地介绍一些人们在公关社交场合应注意的基本问题。

（一）面部

世界上每个人都有一副独特而不容混淆的脸，它是人体最为动人之处，是人的真正"门面"。人们相见时，给人印象最深的就是脸。面容虽然有难以选择的先天性，有时会影响人的形象，但面容在后天是可以改变的，不美没关系，我们可以通过坚持良好的生活习惯和科学的保养，以及得体的修饰化妆来改变我们。美化面部的基本要求是：端庄、自然、清洁和适当修饰。

男士要求注意每天修面剃须，切忌胡子拉碴地参加各种社交活动。即使蓄须，也需考虑工作允许，并注重常修剪，讲整洁。男士除非登台的演艺活动，一般不宜化妆，否则有失庄重。注意恰当地化妆与修饰，但不可过于标新立异、离奇出众。女子化妆与修饰应注意以下几点：

（1）化妆的浓淡选择。一般情况下，总体宜以淡雅、自然为主，白天（自然光下）略施粉黛即可，不宜厚粉艳妆；晚间社交活动，则多为浓妆。但在公共场所，不能当众化妆或补妆，如确有必要，可在避人的卧室或洗手间操作。

（2）眉眼修饰。修饰描画时，注意眼影的浓淡、涂抹范围应与时间、场合、服饰等相适应。眉部修饰要避免出现残眉、断眉、竖眉、"八字眉"等形状。有的人喜欢纹眉、纹眼睫，求一劳永逸，但作为公关人员则不宜选择此法。眼部还要注意清理，避免眼角出现分泌物（即"眼屎"）。

（3）口腔。保持口腔干净，口气清新。早晚刷牙，饭后漱口。吃东西后，马上擦嘴，并及时清除牙缝中残存的食物，但不能当众剔牙。出席社交场合前不能吃带有强烈气味的食品，例如韭菜、大蒜、臭豆腐等物。如口腔有异味时，可咀嚼口香糖或茶叶来清除。因牙病或其他疾病造成口中有异味的，应及时治疗。不随地吐痰。咳嗽、打嗝、打哈欠时应尽量避开他人，一旦忍不住时，要用手绢或手捂住嘴，并向他人道歉。

（4）颈部。颈部与头部相连，属于面容的自然延伸部分，也是人体最易显现年龄的部位，人称第二张脸。对颈部也要进行营养护理，防止皮肤老化，与面容产生较大反差。还要经常保持颈部的清洁卫生，尤其是脖后、耳后易藏污纳垢之处。

（二）头发

有一位形象设计专家曾说："在一个人身上，正常情况下最引人注意的地方，首先是他对自己头发的修饰。"在人际交往中，人们注意、打量他人时，往往是从头部开始的。而头发生长在人体的制高点，更容易引起重视。所以，修饰仪容应从头开始。整洁的头发、得当的发型会使人显得精神抖擞，容光焕发。

1. 发式

整洁的发式可给人以神清气爽的印象。为保持头发整洁，要勤洗头，至少每周三次，最好每天一次，并及时梳理和整饰，整饰发式通常每半月一次，以保持适当的发长。另外，要注意不要当众梳理头发，也不可乱扔断发与头屑等物，也不可以手代梳。

2. 发型

发型的选择应考虑工作场所、时间、年龄及个性、体貌特征等因素，基本要求是长短适当、风格庄重。对男士而言，要求是前发不覆额，侧发不掩耳，后发不触领，不可长发披肩或梳起发辫，也不可剃光头；对女士而言，一般以简约、明快为宜，脸长者不宜头发过短，脸短者则不宜头发过长；个高者可留长发，并可梳理蓬松，个矮者宜剪短发，不可梳理成大发式；肤黑或黄者不宜留披肩发。另外，染发不应改变自然本色，也不可过于前卫时髦。发型的选择既要符合美观、大方、整洁和方便工作的原则，又要与自己的发质、脸型、体型、年龄、气质、四季服装以及周围环境相协调，这样才能给人以整体的美感。

男女的发型要遵循以下原则：

第一，要符合身份。如在工作场合抛头露面的发型，应当传统、庄重、保守一些。经常出入社交场合的人，发型应当个性、时尚、艺术一些。怪异的发型会让人产生不信任的感觉。

第二，要符合个人条件。在选择发型时，应根据个人的脸型、发质、身高、胖瘦、年纪、服装、性格等选择。一定要遵守"应己原则"使其达到"扬长避短"的效果。如高个子的女子留披肩发就很合适，而矮个子的留长发就会使自己显得更矮。

第三，符合职业。一般白领最好不要留披肩发，应当是前不遮双眼，后不长过肩的直短发，或者是束发、盘发。

总之，头发应清洁整齐，丝丝可见光泽，具有弹性，不打结，发型适合自己的脸型、年龄、职业等。

（三）肢体

人的四肢既是劳动的工具，也是在社交场合展示自我风采和魅力的载体。任何优美的体态语言离不开四肢的和谐运用，因此，在公关礼仪中也非常重视对四肢的合理运用。这就要求人们合理地运用自己的手臂和腿脚，以保持一个良好的整体形象。

1. 手部的保养和修饰

有人说，手是社交中每个人都有的"第二枚名片"，从某种意义上讲，它甚至比人们常规使用的印在纸上的那枚名片更受重视。如果说，我们的脸是人的第一张脸，脖子是第二张脸，那么手就是第三张脸，所以我们应该在保养脸部皮肤的同时，多关照一下我们的手。

（1）保洁保养。人的手在社交中起着重要的作用，比如握手、递名片等，因而也容易引起人们的注意。所以，要勤于洗手，确保无泥垢、无污痕，保持清洁，特别场合要按规定戴好手套；要注意保养，避免出现粗糙、破裂、红肿、生疮及伤病创面等。

（2）修饰。手指甲一定要经常修剪。不留长指甲，甲长一般不过指尖；不涂艳妆，除为养护指甲而抹涂无色指甲油外，不可涂抹彩色指甲油或在指甲上绘画造型，在修剪手指甲时，应同时去除手指甲沟附近的"爆皮"，它们是手指不够卫生的产物，更不能有用牙齿啃指甲的坏毛病。在任何公开场合下修剪指甲，都是不文明、不雅观的举止。

（3）手臂。手臂上不可刺字、刻画。因温度或某种交际场所而身着短袖或无袖服装时，最好剃去腋毛；若手臂汗毛过于浓密，也应设法去除。

2. 腿脚的清洁和美化

（1）清洁。勤于洗脚，特别是赤脚穿鞋时要保持趾甲、趾缝以及脚跟等处清洁。要勤换袜子，最好每天换洗一双，不要穿着那些不易透气、易生异味的袜子。要勤于换鞋，并注意鞋面、鞋跟、鞋底等处的清洁。

（2）美化。注意腿毛，少数女性腿毛十分浓密，又需穿裙子，则最好设法去除，或选择色深不透明的袜子。勤剪趾甲，并注意剪除趾甲周围可能出现的死皮，使之洁白无瑕。忌化彩妆，除可涂抹养护趾甲的无色油外，不可涂彩造型。

案例 9-2-2

小李的口头表达能力不错，对公司产品的介绍也得体，人既朴实又勤快，在业务人员中学历又最高，老总对他抱有很大期望。可做销售代表半年多了，业绩总上不去。问题出在哪儿呢？原来，他是个不修边幅的人，双手拇指和食指喜欢留着长指甲，里面经常藏着很多"东西"。脖子上的白衣领经常是酱黑色，有时候手上还记着电话号码。他喜欢吃大饼卷大葱，吃完后，不知道去除异味的必要性。在大多情况下，根本没有机会见到想见的客户。

有客户反映小李说话太快，经常没听懂或没听完客户的意见就着急发表看法，有时说话急促，风风火火的，好像每天都忙忙碌碌的，少有停下来的时候。

（资料来源：杭州网论坛，http://www.docin.com/p-1107250072.html）

| 课堂讨论 |

"礼仪"的真正内涵是什么呢？简单地说，应该就是让对方觉得舒服，让对方觉得你尊重他。我们来看看上面的案例中，小李犯了哪些错误呢？

其实，礼仪更深层地表现了一个人对自己和其他所有成熟生命的赞美与尊重。可以说是一个人内在修养和素质的外在表现。"礼貌是外延，谦和是内涵"，这才是礼仪的真正含义。

二、仪表礼仪

| 案例 9-2-3 |

有一家大型超市，经理发现有个别男员工衣冠欠整洁就上岗，对顾客也欠礼貌。在周末生活会上，她说："我们超市去年营业额在本公司中名列第二位，每人均得了一笔丰厚的奖金。我发现，不少同志用了一点钱进行了包装，一走进我们超市，许多顾客眼睛一亮，姐妹们更加靓丽、光彩照人，与我们的商场交相辉映。但是，我发现有几位先生是否把资金上缴'国库'了？还是另有开支？若是上缴了，请给我说一声，再追加一点奖金。再就是我们使用的语言应该用水洗一洗，再过滤一下，更清洁一些，与我们的商品一样。"说话后的第二天，那几位先生个个进行了"包装"，更潇洒英俊了，而且再也听不到一句粗话和高分贝的声音，个个轻声慢语地与顾客交流，获得社区顾客的欢迎和良好评价，其他社区的公众也乐意来此购物，生意更为红火。

（资料来源：改编自网络礼仪课程教学案例）

（一）服饰穿戴的基本原则

1. 体现自身个性特点原则

作为个体的每个人，其自身的生理（体型、年龄、肤色等）及性格、性别等特征各不相同，服饰的选择也应有所区别。选择服饰要注意扬长避短，扬美避丑，要体现出自己的个性特征。比如从性别而言，男士要表现阳刚与潇洒，女性要展示柔美与娴雅。从体型肤色来说，身材娇小，宜于造型简洁、色彩明快、小花型图案服饰，"V"型夹克衫较适于双肩过窄的男性，"H"型套裙适于腰粗腹大的女性。肤色偏黄或黑者，要避免穿着与肤色相近或较深暗色彩的服装（如黄、深灰、蓝紫色等）。

2. 遵循 TPO 原则

TPO 是西方人提出的服饰穿戴原则，被公认为是世界服装礼仪的原则。是 Time、Place、Occasion 三个单词的缩写。也就是要求人们在着装时要注意时间、地点、场合三项因素。

（1）时间原则——Time。

第一是指应根据每天早、中、晚的时间变化选择着装，如早晨，户外运动时，着运动装或休闲装；白天上班时，着工作装、职业装；晚上参加社交活动时，着正式的礼服。

第二是指根据四季的更替，考虑服饰的厚薄、色彩、式样，如冬装、春秋装、夏装。

第三是指着装要与时代的主流风格保持一致，顺应时代潮流的发展，不可过于猎奇，也不要过分落伍。

(2) 地点原则——Place。

地点原则代表地方、场所、位置不同，着装应有所区别，特定的环境应配以与之相适应、相协调的服饰，才能获得视觉和心理上的和谐美感。一般地讲，休闲时的打扮比较随意，以舒适为基准；上班时着装应当整洁、大方、高雅，无须引人注目，过分暴露；社交场所则衣着可适当新潮、个性化一些，但也不可流于轻佻、浪荡。着装要考虑自己即将出席或主要活动的地点，尽量使自己的服饰与自己所处的环境保持和谐一致。

(3) 场合原则——Occasion。

不同的场合有不同的服饰要求，只有与特定场合的气氛相一致、相融洽的服饰，才能产生和谐的审美效果，实现人景相融的最佳效应。如公关小姐穿着牛仔服去赴商务宴会、参加吊唁活动着装鲜亮就不合要求；上班时间最好穿着打扮职业化些；参加婚礼或宴会、舞会时则应精心打扮，展示出自己的潇洒气质和迷人风采。

我们可以将其分为三类：公务场合、社交场合、休闲场合。

① 公务场合。在公务场合的着装要庄重、保守、传统，不强调性别，不展示女性魅力。

② 社交场合。广义上讲，就是上班以外，在公共场合与熟人交往、共处的时间。狭义地讲，大多是工作交往中的应酬活动。

社交场合我们的着装应该：典雅、时尚、有个性（既不花哨，又有个性）。

③ 休闲场合。休闲场合就是个人的自由活动时间，如居家、健身、旅游、逛街等，此时的着装应：舒适、方便、自然。

(二) 着装礼仪

1. 男士着装礼仪

(1) 色彩。要体现庄重、俊逸，色度上不求华丽、鲜艳，色彩变化上不宜过多，一般不超过三色为好，以免显得轻浮。

(2) 帽子与手套。戴帽子与手套一般在室外，但与人握手时应脱去手套以示礼貌，向人致意应取下帽子以显尊重，室内社交场合不要戴帽子和手套。

(3) 鞋袜。在正式场合中，以穿黑色或深棕色皮鞋为宜，娱乐场所可穿白色或浅色皮鞋。袜子的颜色以单一色调为好，而着礼服时的袜色要与西裤色相近，白色运动袜忌穿于正式场合。

(4) 衣裤。一般场合可以穿着便装，即各式外衣、牛仔裤等日常服装；而正式场合则应着礼服或西装，如典礼、仪式、会见等。在男式服装中，比较普通或典型的服装就是西装。西装穿着看似简单，其实也要遵从一定的规范，而避免"八忌"：一忌西裤过短或过长（裤脚盖住皮鞋为基准），二忌衬衫不扎于裤内，三忌不扣衬衫扣子，四忌西服袖子长于衬衫袖子，五忌衣裤袋内鼓鼓囊囊，六忌领带太短（一般以领带盖住皮带扣为宜），七忌西服配便鞋（休闲鞋、球鞋、旅游鞋、凉鞋等），八忌衣裤皱皱巴巴、污渍斑斑。

2. 女士着装礼仪

（1）帽子与手套。只要是正式场合（无室内外之分），女士均可戴帽，但帽檐不能过宽；与人握手时可不必脱去手套。

（2）鞋袜。社交场合，穿鞋要注意鞋子与衣裙色彩和款式的协调，但不可穿凉鞋、拖鞋等，比如布鞋配套裙不恰当。穿袜着裙装时，应配长筒或连裤丝袜，袜口不得短于裙摆边；颜色以肉色或黑色为主，不能穿着挑丝、有洞或缝补过的袜子，也不要当众整理自己的袜子。

（3）衣裙。正式场合（如会议、庆典等）应着典雅大方的套装（以上衣、下裙为宜），以民族性或古典性服装为宜。一般的基本要求是：避免过"露"，商务活动中过于性感的装扮，如袒胸露背、露脐、露肩等，都是不太适合的；避免过"透"，透明外衣需配内衬；避免过"短"，裙边要稍长、摆边至少长及膝盖。

（三）正式场合着装技巧

1. 男士西服着装技巧

社会交往场合最常见最受欢迎的是西服。西服是举世公认的既美观又大方的服装。因为它既正统又简练，且不失气派风度，已经发展成为当今国际最标准通用的礼服，在各种礼仪场合被广泛穿着。男士穿上合体的西服会显示一种庄重与潇洒。俗话说："西装七分在做，三分在穿。"西服的穿着有相当统一的模式和要求，只有符合这种模式和要求的穿着才能认为是合乎礼仪的。

（1）讲究规格。西服有两件套、三件套之分，正式场合应着同质、同色的深色毛料套装。两件套西服在正式场合不能脱下外衣。按国外习俗，西服里面不能穿毛背心或毛衣。在我国，至多也只能加一件"V"字领羊毛衫，否则会显得臃肿，破坏西服的线条美。西裤的裤线任何时候都应熨烫得挺直。

（2）衬衫。男性配西服的衬衫必须是长袖的，即使在夏天也不例外。衬衫通常为单色，一般多用蓝色、白色，不能过于花哨。领子要挺括、干净。衬衫下摆要掖进裤子里，不能露在外面。系好领扣和袖扣，衬衫衣袖要稍长于西装衣袖 0.5~1 厘米，领子要高出西装领子 1~1.5 厘米，以显示衣着的层次。非正式场合可不系领带，此时，衬衫领口的扣子应解开。

（3）领带。西装脖领间的"V"字区最为显眼，领带应处在这个部位的中心，领带的领结要饱满，与衬衫的领口吻合要紧凑，领带的长度以系好后下端正好在腰带上端为最标准。如穿背心，领带要放入背心里面。领带结的大小应与所穿的衬衫领子的大小成正比。领带夹一般应夹在衬衫第三粒与第四粒扣子之间，西装系好纽扣后，领带夹不能外露。选择领带时，色彩很重要，要根据个人的肤色、脸型以及着装环境，尤其是衬衣和西装的颜色来选择。

（4）衣袋。西装上下衣的口袋很多，但不能随便装东西。一般上装外面左胸口的衣袋是专门用于插装饰性手帕的，下面的两个口袋只作装饰用，一般不放物品，否则会使西服上衣变形。上装左侧内袋可装记事本、钱包，右侧可放名片、香烟等。背心的四个口袋用于存放珍贵的小物件。西裤前面的裤兜亦不可装物品，可用于插手（站立时可将手插在裤兜内，行走时却一定要把手拿出来）；右边后裤袋用于放手帕，左边用于存放平整的零钱或其他轻薄之物。穿西裤要保持臀位合适，裤形美观。

（5）纽扣。双排扣的西服要把纽扣全部系上，以示庄重；坐下时也可将最下面的扣子解开。单排两粒扣的上装，只扣上面一粒纽扣是正规穿法；三粒扣的，则扣中间一粒。单排扣的西服扣子也可以全部不扣，显得潇洒；如将全部扣子都系上，则显得土气。

（6）皮鞋。穿西服一定要穿皮鞋，裤子要盖住皮鞋鞋面。男性的皮鞋最好是黑色或与衣服同色的，正式场合还应当是黑色、无花纹、系带的。不能穿旅游鞋、轻便鞋或布鞋、露脚趾的凉鞋，也不能穿白色袜子、色彩鲜艳的花袜子和半透明的尼龙或涤纶丝袜。男性宜着深色线织中筒袜。

（7）腰带。要选择纯皮的腰带，颜色应为黑色、棕色或暗红色，并与包和鞋的颜色一致。皮带扣要简洁。

（8）袜子。袜子要长一些，到小腿中部最好，以免坐下后露出腿上的皮肤和汗毛。选择薄棉袜均可，袜子的颜色应为黑色、棕色或藏青色，也可选用与长裤相同或相近颜色的袜子。

2. 女性职业服装着装技巧

女性着职业服装，既要彰显个性，表现出自己的风格，也要遵守一些规则。

西服套裙是职业女性的标准着装，可塑造出端庄、干练的形象。

西装套裙分两种：一种是配套的，上衣和裙子同色同质地；一种是不配套的，上衣与裙子色彩、质地不同，但要搭配协调。着单排扣西服套裙，上衣可以不系扣；双排扣的，则要将扣子全部系上（包括内侧的纽扣）。

颜色的选择：西装套裙的最佳颜色是黑色、藏青色、灰褐色、灰色和暗红色。

面料的选择：西装套裙要选择质地和垂感好的面料。

衬衫的颜色和面料：衬衫的颜色没有严格限制，只要与服装相匹配色彩谐调即可。最常见的是白色、黄白色和米色，因为它们与大多数套装都能相配。衬衣应浆过，并烫熨平整。

案例 9-2-4

国内一家效益很好的大型企业的总经理叶明，经过多方努力和上级有关部门的牵线搭桥终于使德国一家著名的家电企业董事长同意与自己的企业合作。谈判时为了给对方留下精明强干，时尚新潮的好印象，叶明上身穿了一件 T 恤衫，下穿一条牛仔裤，脚穿一双旅游鞋。当他精神抖擞、兴高采烈地带着秘书出现在对方面前时，对方瞪着不解的眼睛看着他上下打量了半天，非常不满意。这次合作没能成功。失败乃成功之母，值得我们总结。

（资料来源：秘书 e 家，http://www.docin.com/p-558617538.html）

案例评析： 服饰也是一种文化。它能够反映一个国家、一个民族的经济水平、文化素养、精神文明与物质文明发展的程度，也能反映一个人的社会地位、文化品位、审美意识以及生活态度等。得体、和谐的服饰，会产生无形的魅力。

不同场合有不同穿着要求，这是一种礼仪礼节。缺乏这样的素养很难取得他人的信任，更谈不上事业的成功。

案例9-2-5

有位女职员是财税专家，她有很好的学历背景，常能为客户提供很好的建议，在公司里的表现一直很出色。但当她到客户的公司提供服务时，对方主管却不太注重她的建议，她所能发挥才能的机会也就不大了。一位时装大师发现这位财税专家在着装方面有明显的缺憾：她26岁，身高147厘米、体重43公斤，看起来机敏可爱，喜爱着童装，像个小女孩，其外表与她所从事的工作相距甚远，所以客户对于她所提出的建议缺少安全感、依赖感，所以她难以实现她的创意。这位时装大师建议她用服装来强调出学者专家的气势，用深色的套装，对比色的上衣、丝巾、镶边帽子来搭配，甚至戴上重黑边的眼镜。女财税专家照办了，结果，客户的态度有了较大的转变。很快，她成为公司的董事之一。

（资料来源：后海论坛，http://www.docin.com/p-748457518.html）

案例评析： 可见，随着社会经济、文化的发展，如何得体、适度的穿着已成为一门大有可为的学问。就在职的女性而言，服装风格的第一个原则，尤其在工商界、金融界和学术界，打扮过于时髦的女性，并不吃香，人们对服装过于花哨怪异者的工作能力、工作作风、敬业精神、生活态度，一般都会持有怀疑态度。

三、仪态礼仪

案例9-2-6

一次，有位老师带着三个毕业生同时应聘一家公司做业务员，面试前老师怕学生面试时紧张，同人事部主任商量让三个同学一起面试。三位同学进入人事部主任办公室时，主任上前请三位同学入座。当主任回到办公桌前，抬头一看，欲言又止，只见两位同学坐在沙发上，一个跷起二郎腿，而且两腿不停地颤抖，另一个身子松懈地斜靠在沙发一角，两手攥握手指咯咯作响，只有一个同学端坐在椅子上等候面试，人事部主任起身非常客气地对两位坐在沙发上的同学说："对不起，你们二位的面试已经结束了，请退出"，两位同学四目相对，不知何故，面试怎么什么都没问，就结束了。

（资料来源：秘书e家，http://www.docin.com/p-538582780.html）

课堂讨论

上面案例中面试的结果，你知道其中的缘故吗？

（一）站姿

站姿是最容易表现人的特征的姿势。不同站姿有时会传递出不同的信息。

1. 基本站姿

头正，颈直，下巴内收，双目平视前方；嘴微闭，肩平并保持放松，挺胸收腹；双臂下垂，手指并拢自然微屈，放在身体两侧，中指压裤缝；两腿挺直，膝盖相碰，脚跟并拢，脚尖分开呈45°或60°角；身体重心落在两脚正中。整体形成优美挺拔、精神饱满的体态。

2. 其他站姿

站立时可以保持两脚分开约15厘米左右，与髋同宽，和肩膀平行。

两手也可以自然下垂，在腹部交叉相握。

3. 不良站姿

头下垂或上仰；收胸含腰；背曲膝松；肩一高一低；臀部后突；两脚分得很开或交叉站立；手插在衣裤口袋里或搓脸、弄头发、抱肘于胸前；玩弄衣带、发辫、衣角、手指等；双臂胡乱摆动或背着手；用脚打拍子；一条腿弯曲或抖动；身靠柱子、桌子、柜台或墙，歪斜站立。

（二）坐姿

坐姿是秘书工作中使用最多的也最重要的人体姿势，它包容的信息非常丰富，同样也有美与丑、优雅与粗俗之分。正确的坐姿，能给人安详端庄的印象；不正确的坐姿，会显得懒散无礼。

1. 基本坐姿

基本坐姿亦称为"正坐"。坐下后，腰背挺直，稍向前倾，双肩放松；小腿与地面垂直，双脚自然着地；臀部坐椅子的2/3，背部不要靠在椅背上。如果不是坐在桌前办公，男性膝部可分开，不超过肩宽，双手自然弯曲，置于大腿中前部，或双手相握置于下腹部，体现出男子汉的自信、豁达；女性膝盖以上并拢，表现出庄重与矜持，右手搭在左手上，置于大腿中部。女性穿裙装入座，应用手将裙后摆稍稍拢一下，再慢慢坐下。如果坐在桌前办公，上身挺直前倾，前臂自然伏于桌上。

2. 其他坐姿

坐姿应与环境相适应，不同场合可以采用不同的坐姿。

（1）侧坐：坐正，女性双膝并紧，上身挺直，两脚同时向左放或向右放，双手叠放，置于左腿或右腿上。男性小腿垂直于地面，上身左倾或右倾，左肘或右肘关节支撑于扶手上。

（2）开关式坐姿：坐正，女性双膝并紧，两小腿前后分开，两脚前后在一条线上；男性既可两小腿前后分开，也可左右分开，两膝并紧，双手交叉于双膝上。

（3）重叠式坐姿：腿向正前方，而将两脚交叉放或跷起一条腿架在另一条腿上，但女性要尽量使上面的小腿收回平行直下，脚尖屈（绷直）向下，男性也不能跷起很高的二郎腿。

（4）交叉式坐姿：两脚前伸，一脚置于另一脚上，在踝关节处交叉成前交叉坐式。也可小腿后屈，脚前掌着地，在踝关节处交叉或女性采用一脚挂于另一脚踝关节处成后交叉坐姿。

落座动作要协调,声音要轻。通常是从椅子的左边入座和退席。多人入座时,除有上座的专门规定外,通常是由左边开始坐,站立时也要站在椅子的左边。女性起立时,可一只脚向后收半步,而后站起。

3. 不良坐姿

(1) 叉开双腿。女性落座后,两膝以上应全方位并拢,斜放双腿也同向一个方向斜。男性两膝也不能分得太开,两脚并拢而两膝外展是不美观的。

(2) 伸腿、摇腿和抖腿。两腿笔直前伸,或一腿盘在另一腿上,腿脚摇晃,或不断颤抖等,均显得粗俗无礼。

(3) 东趴西歪,弯腰弓背,或手托下巴,或把脚放在桌子或椅子上。

(4) 女性掀起裙子,露出大腿。女性落座时一定要用手抚裙子,而不能撩起裙子。

(5) 两手叉腰;两臂交叉在胸前或摊放在桌上;摆弄手指头,或将手里的扇子不停晃动;把手中的茶杯转来转去;一会儿拉拉衣服,一会儿整整头发。这些动作都不美观。

(6) 有时把一条腿跷在另一条腿上,会给人一种高贵大方的感觉,但女性要注意不能把衬裙露出来。二郎腿不能跷得太高,跷得很高且摇晃,很不雅观。在东南亚国家,让别人看到鞋底或脚尖指向别人都是对人的严重不敬。

(7) 落座声音要轻,不要猛地墩坐,噼啪作响。特别忌讳忽地坐下,腾地起来,如同赌气,容易造成紧张气氛。

(三) 行姿

走姿是最能体现一个人精神面貌的姿态。从一个人的走姿,就可以了解他是欢乐还是悲痛,是热情而富有进取精神还是失意而懒散。良好的步态应该是自如、轻盈、矫健、敏捷的,还有助于健康。

1. 基本走姿

走路时,目光平视,头正颈直,挺胸收腹,两臂下垂,前后自然摆动,前摆稍向里折,身体要平稳,两肩不要左右晃动,不要一只手臂摆动另一只手臂不动。走路出步和落地时,脚尖都应指向正前方,脚距为自己的 1.5~2 个脚长。要步履均匀而有节奏,着地重力一致。脚不宜抬得过高,也不宜过低使鞋底擦地。

2. 注意事项

走路姿态应该是优雅、自然而简洁的。同时要保持身体挺直,不要摇晃。男性走路要显示出阳刚之美;女性则要款款轻盈,显出阴柔之美。女性穿裙子或旗袍时要走一条直线,使裙子或旗袍下摆与脚的动作显示出优美的韵律感。穿裤装时,宜走成两直线,步幅稍微加大,显得活泼潇洒。

走路的步伐要坚定有力。人走路的姿态从很大程度上表明了他们处理问题的能力。专家说,街头罪犯经常选择那些步履迟缓、行动犹疑不定的人作为袭击对象。因为他们知道,抢这些人的钱包或公文包,与抢步伐坚定有力的人相比,逃跑的机会要多得多。

纠正内、外八字步,即脚尖向内撇,或向外撇;多人一起不要并排行走或搂肩搭背;忌奔跑,即使有急事也只能快步行走;在狭窄的通道上,遇尊者、长者、女士,应主动站立一旁，用手示意，让其先走；上下楼梯时，不能弯腰弓背，手撑大腿，或一步踏两三级楼梯，遇尊者、长者，应主动将扶手一边让给他们。

（四）蹲姿

在公共场所拾取物品时，采用的姿态要雅观。

1. 正确的拾物姿态

走到物品左边，让物品位于身体的右侧，腿取半蹲姿态。下蹲时左脚在前，右脚在后，两腿膝盖以上靠紧或右腿压住左腿，慢慢地屈膝并且腰部用力下蹲，不弓背，用右手拾起物品。

2. 注意事项

下蹲取物，女性如果穿着低领上装时，要用一只手护住胸口。拾物时不要东张西望，否则会让人猜疑；不要弯腰屈背，显露琐碎相，影响形体美观；不要采用全蹲姿态，这会使腿显得短粗；不要用不雅观的翘臀姿态，尤其女性着短裙时。

近距离面对他人下蹲，会使他人感到别扭；近距离背对他人下蹲，显得对别人不够尊重；双腿平行叉开下蹲，显得很不文雅，在公共场所更不该采用这样的蹲姿。

（五）手势

手势在日常交际中运用得也比较多，它属于无声语言，可以起到强化或替代有声语言的作用。做手势时，五指并拢自然伸直，手心略微凹陷。女性稍稍压低食指，显得比较优雅。常用动作、手势如下：

（1）递接物品。

若递接双方距离较远，递物方应主动走近接物方。如果原来坐着，在递接物品时双方最好都起立，含笑注视对方，用双手递接。不方便用双手时，应该用右手；用左手递物是失礼的，尤其在一些信奉伊斯兰教的国家更是如此。一般情况下，递给他人的物品，最好直接交到对方手中。此外应为对方留出便于接取物品的地方，让别人感到无从下手是不礼貌的。如递交的是带有文字的物品，应将其正面朝向对方。将带尖、带刃或其他易于伤人的物品递给他人时，不要将尖、刃指向对方，而应当使其朝向自己或它处。如递剪刀时，自己拿着剪刀尖一方，而将剪刀把朝向对方；递钢笔时，应拔开笔帽，将笔尖面对自己递给对方。

接物品方，要等对方递过物品时，再用手去接取，切不可急不可待地从对方手中抢过物品。

（2）用手示意。

用手势示意或招呼别人时，应该用手掌而不用手指。尤其不能在众目睽睽之下，用食指指人的鼻子，否则有挑衅之嫌。

常用来示意别人的手势有：

"请这边走"——指示行进方向。动作是手臂抬至齐胸高，以肘关节为轴，向外侧横向摆动，手指五指并拢手掌伸开，指尖指向行进方向。同时微笑地看着对方，并点头示意。

"在这里"——指示目标或物品的方位。指目标，动作也是手臂向外侧横向摆动，指尖指向前方。与前者不同的是，其手臂或者是抬至齐肩高；或者是放在身体一侧，手臂稍稍离开身体一段距离。此动作也可用于引导方向。指物品，伸出手掌，指尖指向物品。

"请进"——请人进门。动作是站在客人侧前方，肘部弯曲，小臂与手掌呈一条直线，向外横摆指向行进方向，手臂高度在胸以下。如走在客人前方，可回身伸出手臂，由体侧向体前推，手与地面成45°角，示意一下。

"请坐"——请人就座。动作是手臂由上向下斜伸指示座位，手掌可以稍微先下后上地顿一下。也可以以肘关节为轴，手由上而下摆动，指向斜下方座位处。

做以上四种手势时只用一只手臂，另外一只手臂可自然垂在身体一侧，或者背在身后。

(3) 引导。

有时需要为客人引路。引路时先礼请："×经理，请跟我来。"或"×先生，我来领路。"

路中，应走在客人左侧前方二三步左右，步调要和客人协调，不能只顾自己径直前行，也不宜停下脚步与人闲聊，而应当视与客人的相识程度，微微侧身把头部和上身转向客人，与其寒暄、交谈，以示友好、热情。

遇到拐弯、上楼、下楼时，要伸手指明方向，并说："请这边走。""请从这里上（下）楼。"上楼应请客人走在前面；下楼应请客人走在后面。如果是乘电梯上楼，需向客人说明："在×楼"，然后在电梯侧面按住门，请客人进入，自己随后跟入，并按到达楼层的开关。在电梯内不能盯视客人。电梯停稳后，要招呼："×楼到了，请下电梯。"并请客人先下。

来到会客室或办公室门口，要向客人说明："就是这里。"进入他人房间要先敲门。敲门的方法是，将右手的手指弯曲，用食指或中指不轻不重、有节奏地敲2~3下，里面有人说"请进"，然后再开门。如果门是朝外开的，要先将门拉向自己一边，请客人先入；如果门是朝里开的，要先推门进入，然后按住门，侧身请客人进入。

客人入室后，应将其引入上座。离门越远的座位，座次越高；离门越近的，座次越低。所以，应将客人引到离门最远的座位，以示尊重。

引客人入座时，要对客人说："请坐"，并以手示意。再说"请稍候"，然后送上茶水或饮料。

(六) 目光

目光，也称眼神，是面部表情的核心。眼睛是五官中最敏感的器官，被称为人类的心灵之窗。它能够自然、明显、准确地表现人的心理活动。

目光是一种重要的礼仪。在目光接触中，注视的部位、角度和时间不同，表明双方的关系也不同。

1. 注视的部位

注视的部位分以下三种：公务注视，是人们在洽谈业务、磋商交易、交办任务和商务谈判时所使用的一种注视，位置在对方双眼或双眼与额头之间的区域。社交注视，是人们在社交场合所使用的一种注视，位置在对方唇心到双眼之间的三角区域。亲密注视，是亲人或恋人之间使用的一种注视，位置在对方双眼到胸之间的区域内。

2. 注视的角度

注视的角度不同，目光的含义也不同。俯视，一般表示"爱护、宽容"或"傲慢、轻视"；正视，一般多为"平等、公正"或"自信、坦率"；仰视，一般体现"尊敬、崇拜、期待"；斜视，表示"怀疑、疑问、轻蔑"。初次见面，视线左右扫描，表明已占据优势。交往中视线朝下，手扶着头，眼皮下垂，是"不耐烦"的表现。在与人交谈的过程中，目光应以温和、大方、亲切为宜，多用平视的目光，双目注视对方的眼鼻之间，表示重视对方或对其发言颇感兴趣，同时也体现出自己的坦诚。

3. 注视的时间

注视对方时间的长短也传递着信息。注视对方的时间少或不屑一顾，表示冷落、轻视或反感；长时间注视对方，特别是对异性盯视和对初识者上下打量，也是失礼的行为，往往会使对方把目光移开，以示退让，也会引起心里不快，从而影响交际效果。

在交往中，目光注视时间的长短，要视关系亲疏和对对方的重视程度而定。一般对初次接触的人，不能直视对方，应先平视一眼，同时做微笑、点头、问候或握手等动作，然后转视他人或四周，避免相互长时间对视。对于熟人、故交，或对交往对象表示友好、重视，注视对方的时间则长一些。在谈话中，目光与对方接触累计应达到整个谈话过程的50%~70%，而听的一方注视的时间比说的一方要长一些。有时双方目光会出现对视，此时不要迅速躲闪，而应泰然自若地缓慢移开。当然，注视不是凝视，如果盯住对方脸上的某一部位，会使其感到不自然；应该采用"散点柔视"。

4. 其他要求

要想达到最佳的交际效果，必须学会巧妙地使用目光。比如，见面握手、问候时，要亲切、热情地望着对方；与人交谈时，要善于对对方的目光做出积极的反应；当询问对方身体及家人近况时，用关切的目光；征询对方意见，用期待的目光；在对方表示支持、合作意向时，用喜悦的目光；在得知对方带来意外的好消息时，用惊喜的目光；对对方谈话内容感兴趣时，用关注的目光；听到有启发性的意见，用赞赏的目光；中间插话、转移话题或提问时，用歉意的目光；要给对方一种亲切感，用热情而诚恳的目光；要给对方一种稳重感，用平静而诚挚的目光；要给对方一种幽默感，用俏皮而亲切的眼光；送别客人时，也要"目送"客人远去，以示尊敬友好。那种故意回避对方或闪烁不定的目光，会造成交流的障碍。但当双方缄默不语，或别人失言时，不应再注视对方，以免加剧已有的尴尬。总之，应最大限度地运用目光的表现力，创造一个最佳的交际氛围。

（七）微笑

在人的面部表情中，除目光之外，最动人、最有魅力的就是微笑。它是沟通双方心灵的润滑剂，是最能打动人的无声语言，被称为"世界语"。

| 案例9-2-7 |

美国"旅馆大王"希尔顿于1919年把父亲留给他的1.2万美元连同自己挣来的几千美元投资出去，开始了他雄心勃勃的经营旅馆的生涯。当他的资产从1.5万美元奇迹般地增值到几千万美元的时候，他欣喜自豪地把这一成就告诉母亲，想不到，母亲却淡

然地说："依我看，你跟以前根本没有什么两样……事实上你必须把握比5100万美元更值钱的东西；除了对顾客诚实之外，还要想办法使来希尔顿旅馆的人住过了还想再来住，你要想出这样的简单、容易、不花本钱而行之久远的办法去吸引顾客。这样你的旅馆才有前途。"母亲的忠告使希尔陷入迷惘；究竟什么办法才具备母亲指出的"简单、容易、不花本钱而行之久远"这四大条件呢？他冥思苦想，不得其解。于是他逛商店、串旅店，以自己作为一个顾客的亲身感受，得出了准确的答案："微笑服务。"只有它才实实在在的同时具备母亲提出的四大条件。

从此，希尔顿实行了微笑服务这一独创的经营策略。每天他对服务员的第一句话是："你对顾客微笑了没有？"他要求每个员工不论如何辛苦，都要对顾客投以微笑，即使在旅店业务受到经济萧条的严重影响的时候，他也经常提醒职工记住："万万不可把我们心里的愁云摆在脸上，无论旅馆本身遭受的困难如何，希尔顿旅馆服务员脸上的微笑永远是属于旅客的阳光。"因此，经济危机中纷纷倒闭后幸存的20%旅馆中，只有希尔顿旅馆服务员的脸上带着微笑。当经济萧条刚过，希尔顿旅馆就率先进入新的繁荣时期，跨入黄金时代。

（资料来源：王大庆、刘克苏，《微笑——融化坚冰的阳光》，http：//paper. people. com. cn/rmwz/html/2010 - 10/01/content_788316. htm？div = - 1，2004年10月1日）

1. 微笑的作用

微笑是人际关系的黏合剂，是"参与社交的通行证"，也是待人处世的法宝。在人际交往中，起着重要的作用。

（1）融洽气氛。微笑有一种天然的吸引力，是人际交往的一种轻松剂和润滑剂。它能使人相悦、相亲、相近，能有效地缩短双方的心理距离，打破交际障碍，为深入地沟通与交往创造真诚、融洽、温馨的良好氛围。

（2）减少摩擦。微笑是善意的标志，友好的使者，礼貌的表示。当碰到他人向你提出不好满足的请求或要求时，若板起脸来拒绝，往往会招人反感。而微笑不但可以为你赢得思考的时间，而且可以使你的拒绝让人容易接受，不伤和气地解决问题。

（3）美化形象。微笑给人以亲切、甜美的感受，是一个人最美的神态。一个善于微笑的人，心理一定是健康的，因为笑口常开的人，一定是一个心地善良、心胸豁达、乐观向上的人；是一个热爱工作、奋发进取、充满自信的人。因此，善于微笑的人，往往会赢得他人的好感和信赖。

2. 微笑的规范

微笑是社交场合最富有吸引力的面部表情。

（1）基本要求。对微笑基本要求是：真诚、自然、亲切、甜美。微笑时，面部肌肉放松，嘴角两端微翘，适当露出牙齿，不发声。

（2）其他要求。微笑要发自内心，要得体，不能强作欢颜。服务行业有的要求服务人员微笑时露出八颗牙，其实每个人笑得最美的时候，露多少颗牙是不一样的。所以应该照着镜子找到自己最漂亮、最生动、最迷人的微笑。

总之，使用微笑的表情语，再配以得体的文明用语，就会使无声语言与有声语言相得益彰。

第三节　公共关系交往礼仪

社交是人与人之间的社会交往与联系。在社交中遵循相应的礼仪规范，是公关人员开展公关活动的基本要求，是促进公关活动有效开展的重要条件和基础。

一、握手与介绍礼仪

（一）握手

握手是日常交往的一般礼节，多用于见面时的问候与致意；也多用于告别时的致谢与祝愿。这是世界各国通行的礼节。握手虽是日常生活中司空见惯、看似平常的社交礼仪，但从握手中却可以传递出许多信息。在轻轻一握之中，可以传达出热情的问候、真诚的祝愿、殷切的期盼、由衷的感谢，也可以传达出虚情假意、敷衍应付、冷漠与轻视。所以，绝不能等闲视之。学习握手礼，应掌握的要点有握手的场合、握手的顺序、握手的姿态、握手的禁忌，等等。

1. 握手方法

一般是双方站立，相距一步，各伸出右手，掌心向左，拇指张开，四指并拢，上身略向前倾，眼睛注视对方，面带微笑，手掌与地面垂直，手臂自然弯曲，上下轻摇。握手时，应让对方感到你的诚恳与真挚，不要斜视别处或东张西望，更不可与某人握手的同时，与另一人交谈。

握手的方式千差万别，不同的方式体现不同的意蕴。通过握手，我们可以了解对方的性格、情感状况、待人接物的态度等。常见的握手方式有：一是"控制式"，即握手者掌心向下，以求居高临下；二是"乞讨式"，即握手者掌心向上，以示谦卑与恭敬；三是"手套式"，即握手者双手握住对方的手，以求更加尊重、亲切、感激和有求于人；四是"死鱼式"，即握手者轻漫无力，毫无生机；五是"蛮横式"，即握手者出手力猛，显得鲁莽；六是"抓指尖式"，即握手者出手仅轻点对方指尖，显得清高冷淡。

2. 握手礼仪规范

从握手时间上来看，初次见面者握手时，用时一般不超过20秒，老友间最长也不过30秒。握手一般不宜轻轻一碰就放下，也不可久握不放。

从仪态上来说，男性握手时应脱去手套；握手毕，不可当面擦手；握手不可跨着门槛或隔着门槛，不可东张西望，不可手指捏捏点点，不可出示不干净或湿的手，不可左手去握。

在力度上，既不能有气无力，也不能握得太紧。太轻，会被别人认为你傲慢冷漠或缺乏诚意；太紧，会被认为热情过火，粗鲁轻佻。

在次序上，有很多人认为，在社交中，无论对方的性别和身份怎样，为了表达自己的真心实意，都应该先伸手与对方相握。其实这是一个误区。那么，握手到底应该遵照怎样的顺序呢？主要是把握"三优先"的原则。

（1）长者优先的原则：只有年长者先伸出手，年幼者才可以伸手相握。这种做法，符合社会的"长者为尊"的伦理标准，表示对年长者的尊重。

（2）女士优先的原则：只有女士先伸出手，男士才能伸手相握。女士优先的原则起源于西方所提倡的"lady first"，这种规范，体现了现代的文明意识，表达了对女性的尊重。

（3）职位高者优先的原则：只有职位高的人先伸出手，职位低的人才能伸手相握。一般遵循先同性后异性、先长辈后晚辈、先已婚者后未婚者、先主人后客人、先贵宾后一般宾客、先职位高者后职位低者的原则。握手时，要体现对女士、长辈、主人、上级的尊重。与女性握手要晚出手（即等女性先伸手）、手轻时短；与长辈、上级或贵宾握手时，也要晚出手（即等对方先伸手）、快步趋前、酌情问候，不可久握不放。

3. 握手的禁忌

（1）忌不讲先后顺序。如前所述，在正式场合，握手必须遵照长者优先、女士优先、职位高者优先的原则。如果两对夫妻见面，先是女性相互致意，然后男性分别向对方的妻子致意，最后是男性互相致意。

（2）忌戴手套握手。在社交活动中，如果女士的手套是其服装的组成部分，允许戴着手套和他人握手，但男士必须在与他人握手前脱下手套。

（3）忌用左手握手。尤其是在涉外场合，不要用左手与对方相握，因为有些国家比如阿拉伯，还有一些信仰穆斯林教的教徒，他们普遍认为左手是不洁的，不能随便碰其他人。

（4）忌握手时身体其他部分行为不规范。比如握手时将另外一只手插在衣袋里；握手时另外一只手依旧拿着香烟等不放下；握手时东张西望，左顾右盼，这些心不在焉的做法都是错误的。

（5）忌交叉握手。在社交场合，如果要握手的人较多，可以按照一定的顺序进行，或由近及远或从左到右依次与人握手。基督教徒尤其忌讳交叉握手，因为交叉握手时形成的十字架图案被认为是很不吉利的。

（6）忌握手时手部不洁净。与对方握手之前，应该保持手部的洁净，手部粘着灰尘或很脏，这样都是对对方的不尊重，同时避免与他人握手后用手帕擦手。

（二）介绍

所谓介绍，通常是指在人们初次相见时，经过自己主动沟通，或者借助第三者的帮助，从而使原本不相识者彼此之间有所了解，相互结识。根据介绍者具体身份的不同，介绍可分为介绍自己、介绍他人和介绍集体三种。

1. 自我介绍

自我介绍是社交中常用的介绍方式，和陌生人见面、应聘某个职位、第一次参加某个会议或聚会，通常需要做自我介绍。我们常说，良好的开端等于成功的一半，因此应该了解一些自我介绍的基本常识。自我介绍的内容包括自己的姓名、单位及职业、身份等。在介绍中，应尽可能找出与对方的相似点，以搭建彼此沟通的桥梁。

(1) 自我介绍的礼仪要求。

举止庄重大方，右手放在左胸前，不可慌慌张张，不要用拇指指着自己。

面含微笑，表情亲切自然，注视对方或大家，不可面红耳赤，也不能随便无所谓的样子。

口齿清晰，语调适宜，不可含糊其辞，也不可慷慨激昂或低三下四。

忌讳：一忌急于表现或夸夸其谈，长篇大论或随意打断他人的说话；二忌不敢表现，说话躲躲闪闪、吞吞吐吐。

(2) 介绍自己的内容。

介绍自己时，往往具体内容不同。在一般情况下，自我介绍的内容应当兼顾实际需要、双边关系、所处场合等，而且应具有一定的针对性。一般自我介绍分为四种。

一是应酬式。此种方式最简单，通常只有姓名一项即可。

二是问答式。这种方式即有问必答。

三是交流式。主要内容有籍贯、学历、兴趣等。

四是工作式。主要内容包括单位、部门、职务、姓名等内容。

(3) 自我介绍的方法。

可以从介绍自己姓名的含义切入，可以适当展开，提倡有幽默感；也可以从自己所属生肖切入，各类生肖动物都有很丰富的寓意，适当发挥能带来较好的现场效果；可以从自己的职业特征切入；可以从对事业的态度切入；可以从正在谈论的热点话题切入等。

(4) 自我介绍注意事项。

实事求是，不可不停地自我表白甚至吹嘘，否则易引起对方的反感或不信任感，不利于进一步交往和联系。

介绍时举止庄重、大方，讲到自己时可将右手放在自己的左胸上，不要慌慌张张，毛手毛脚，不要用手指点着自己。

介绍时表情坦然亲切，眼睛应看着对方或是大家，不要显得不知所措、面红耳赤，更不能一副随随便便满不在乎的样子。

介绍时控制好时间，最好将时间控制在一分钟左右为最佳。

2. 为他人做介绍

介绍他人就是介绍者将自己熟悉的人介绍给另一方或多方，传递被介绍者的基本信息，为其达到互相结识和了解提供初步条件。

(1) 为他人作介绍的顺序。

在为他人作介绍时谁先谁后，是一个比较敏感的礼仪问题。根据礼仪规范，必须遵守"尊者优先了解情况"的规则。也就是在为他人介绍前，先要确定双方地位的尊卑，然后先介绍位卑者，后介绍位尊者，使位尊者先了解位卑者的情况。要注意的礼仪通则是：先将男士介绍给女士，先将年轻者介绍给年长者，先将职位低者介绍给职位高者，先将未婚者介绍给已婚者，先将客人介绍给主人，先将后到者介绍给先到者。

但是在一些非正式的场合，不必过于拘泥于礼节，不必讲究先介绍谁后介绍谁。介绍人一句："我来介绍一下。"然后即可作简单的介绍，也可直接报出被介绍者各自的姓名："王明——张华"。

（2）为他人作介绍的方法。

在工作中，在为他人作介绍时，由于实际需要的不同，介绍时所采取的方式也会有所不同。常见的介绍方法有：

标准式：以介绍双方的姓名、单位、职务等为主。这种介绍方式适合于正式场合。

引见式：介绍者所要做的是将被介绍者双方引到一起即可，适用于普通场合。

简单式：只介绍双方姓名一项，甚至只提到双方姓氏，适用一般的社交场合。

附加式：也可以叫强调式，用于强调其中一位被介绍者与介绍者之间的特殊关系，以期引起另一位被介绍者的重视。

推荐式：介绍者经过精心准备再将某人举荐给某人，介绍时通常会对前者的优点加以重点介绍。通常，适用于比较正规的场合。

礼仪式：是一种最为正规的他人介绍，适用于正式场合。介绍语气、表达、称呼上都更为规范和谦恭。

（3）介绍他人的礼仪要求。

介绍时应先提及人的名字，同时提及其称呼、职衔，称呼、职衔要得体恰当，不能把"女士""小姐""夫人"等称呼混淆，也不可将尊称与职衔加在一起。

介绍时要语言清晰，内容简洁，不拖泥带水、含糊其辞。

介绍他人优点时恰到好处，不可言过其实、过分赞颂。

介绍者应用右手掌礼貌示意，眼神随手势投向被介绍者，真诚而热情友好，以免给人以敷衍了事之感。

（三）名片

名片是当代交往中一种最为实用的介绍性媒介。作为自我的"介绍信"，它具有使用方便、易于保存等特点，而且不讲尊卑、不分职业，不论男女老少均可使用，因此颇受欢迎。作为秘书，在交往中，要正确地使用名片，就应对名片的设计、交换的时机、交换的要点及名片的存放几个方面做到合乎礼仪规范。

1. 递送名片的礼仪

（1）递送时，双目正视对方，不可目光游离不定或漫不经心，要使名片正面朝向对方，用双手或右手递送给对方，并说相应的寒暄语，如"请多关照""请笑纳"等。

（2）递送名片，时机要恰当。一般在双方交谈得较融洽，有表示建立联系之意时或双方告辞时，顺手取出名片递给对方，以示有意结识对方并保持联络。

2. 接受名片的礼仪

（1）接受时，要目视对方，用双手或右手接过，态度恭敬，并点头致意。

（2）接过后，要认真阅看一下以示敬重和有兴趣，可以说些表示客气的话"深感荣幸"等。

（3）看过后，郑重放入口袋或名片夹或其他适当地方，切不可一眼不看地随手置于一边，或随意扔于桌上或其他地方，也不可随意在手中玩弄。

3. 名片的存放

随身所带的名片，最好放在专用的名片包、名片夹里，此外也可以放在上衣口袋内。不要把它放在裤袋、裙兜、提包、钱夹里，这样做既不正式，也显得杂乱无章。在自己的公文包以及办公桌抽屉里,也应经常备有名片,以便随时使用。

在交际场合,如需要名片,则应事先预备好,不要在使用时再临时翻找。

接过他人名片看过之后,应将其精心放在自己的名片包、名片夹或上衣口袋里,切勿放在其他地方。

案例 9-3-1

2005年4月,广州商品交易会,各方厂家云集,企业家们济济一堂。康威公司的徐总经理在交易会上听说伟达集团的崔董事长也来了,想利用这个机会认识这位素未谋面又久仰大名的商界名人。午餐会上他们终于见面了,徐总彬彬有礼地走上前去,"崔董事长,您好,我是康威公司的总经理,我叫徐刚,这是我的名片。"说着,便从随身带的公文包里拿出名片,递给了对方。崔董事长显然还沉浸在之前地与人谈话中,他顺手接过徐刚的名片,"你好"回应了一句并草草看过,放在了一边的桌子上。徐总在一旁等了一会儿,并未见这位崔董有交换名片的意思,便失望地走开了。

(资料来源:中国公关网,http://www.docin.com/p-212238722.html)

课堂讨论

上面的案例中,你认为双方问题出在哪里?是你的话你会如何做?

二、语言交际礼仪

任何社会交际活动都离不开语言的媒介,语言是社交活动最常见、最普遍的工具形式,是促进人际关系融洽,互相了解、沟通、合作和友谊的桥梁。语言一般分为有声语言和无声语言两种形式。交谈是有声语言,体态语则是一种无声语言。

(一)交谈的基本原则

(1)目的性。它是交谈的首要原则。交谈作为一种有意识的社交活动,要围绕一定的社交目的进行。交谈的目的有:一是传递信息或知识,二是引发注意或兴趣,三是获得了解或信任,四是激励或鼓励,五是说服或劝告。因此,交谈必须目的明确,言随旨意。

(2)对象性。交谈不是"独白",而是指向特定对象。因此交谈时出言要因人而异,有的放矢,灵活应对,不可千篇一律。

(3)适应性。交谈时的出言和表达要切合相应的具体场合,即时间、地点、交际情景,否则就会不合时宜。

(4)真诚性。交谈时要态度诚恳、内容实在、言词优雅、通俗易懂,避免曲意逢迎、装腔作势、浅薄粗俗。

(二)空间语的使用

空间语又称界域语,是指交际者间以空间距离或方位来传递信息的语言形式,包括距离语言和位置语言两种类型。不同的空间距离可传递不同的信息,不同的位置安排也会表达不同的意图。

每个人都具有一个心理上的个体空间,并且会竭力地维护它,一旦有人靠得太近,就会感到不舒服或不安全,就会试图做出调整。如在一辆空的公共汽车上,最先上车的两位陌生乘客肯定不会挨坐在一起;公园的一张可以坐10人的长凳上,陌生的游客甲和乙也会分坐两头,如果丙试图打破这一平衡,紧挨着其中的一人如甲坐下,那么,甲多半会起身走人或坐到乙和丙的中间去。

当然,在社交场合,人们也会根据具体情况来调整自己的最小空间距离。在拥挤的公共汽车上,在电影院、体育场、电梯中,人们是不会介意互相紧挨在一起的。

按照美国的爱德华·T. 霍尔博士的研究,空间距离可分为四个层次:

(1) 亲密距离。互相间隔在 0~46cm,一般限于恋人间、夫妻间、父母间以及至爱亲朋间。其中,0~15cm 是近位亲密距离,仅限于恋人或夫妻之间,表达亲密无间的情感色彩;15~46cm 是父母与子女间、兄弟间、姐妹间以及非常亲密朋友间的交往距离,即远位亲密距离,表示可说悄悄话,谈私事。

(2) 私人距离。互相距离在 46~122cm。其中,近位私人距离在 46~76cm,一伸手即可触及对方,表达热爱友好;远位私人距离在 76~122cm,双方把手伸直方可互相触及,表示一般朋友、熟人的交往距离。

(3) 社交距离。近位社交距离在 1.22~2.13m,适合于存在工作关系或业务关系的交往距离,如领导对部属布置工作时等。远位社交距离在 2.13~6.1m,适用于比较正式、庄重的社交场合,如政府官员的正式会谈和谈判等。

(4) 公众距离。又称公共距离。近位公众距离在 6.1~8m,通常是小型活动中讲话者与听众之间所保持的距离;远位公众距离则在 8 米以外,一般是大型报告会、听证会、文艺演出时的报告人、演讲人、演员与听众、观众间的距离,此种距离表示安全感和权威感。

(三) 直接交谈

直接交谈是听者与言者面对面的交流,谈吐仪态其礼仪要求为:

(1) 表情自然大方,和颜悦色,目视对方,态度诚恳。
(2) 全神贯注,会心、耐心、虚心地聆听。
(3) 氛围创造,适当寒暄,恰当使用敬语如"请""对不起"等,以示尊重。
(4) 以诚相见,亲切自然,避免言不由衷、装腔作势、虚情假意之嫌。
(5) 表达言简意赅,语速适中,通俗易懂,避免啰唆、含糊不清或故弄辞藻、哗众取宠。
(6) 围绕主题,深浅适宜,避免随心所欲、信口开河。
(7) 注意情绪交流和积极反应,谈话中适当辅以手势、眼神或其他体态语言。
(8) 富于幽默,巧于拒绝、批评和反驳。对于拒绝,一般不宜直截了当,要委婉曲折;对于批评,多用指教式、暗示式、模糊式等方式;对于反驳,要言之成理、婉转温和、措辞巧妙。

直接交谈的忌讳:

(1) 谦虚友好,不卑不亢,切忌自我吹嘘,目空一切。
(2) 尊重对方,切忌夸夸其谈、滔滔不绝,面对见解分歧,切忌针锋相对、武断固执、恶语伤人。

(3) 谈话内容健康，切忌对他人评头品足，揭人之短，不可谈论格调低下的话题和使用粗俗的"垃圾"语言。

(4) 话题适宜，切忌提及人家不愿提起或易引起伤心的话题，包括对方的生理缺陷。

(5) 尊重隐私和信仰，切忌随意询问对方婚姻、年龄、收入等，也不可评论他人的宗教信仰。

（四）间接交谈

即非直接谋面的交谈（主要是电话交谈）。电话交谈的礼仪要求是：

(1) 拨打电话的礼仪。

① 要先作简要自我介绍，切忌劈头直问"喂，你是谁？"。
② 拨错号码，主动致歉，切忌强词夺理。
③ 讲话内容精练简洁，切忌拖泥带水或东拉西扯。
④ 语速快慢适当，切忌放"连珠炮"或吞吞吐吐。

(2) 接听电话的礼仪。

① 铃响即接，服务热情，切忌不理不睬、慢慢吞吞。
② 首句问候（如"您好"），自我介绍，文明礼貌，切忌冷冷冰冰。
③ 遇当时难以答复或待查询的事项，应礼请对方稍等或记下联络方法，尽快回复，忌敷衍了事或让人久等。
④ 遇到打错的电话，应以礼明示，切忌冷言恶语。
⑤ 代转、代接电话，慎重热情，及时准确转达，切忌越俎代庖。
⑥ 语调平实，切忌声嘶力竭、尖声怪气或有气无力。

第四节　公共关系实务礼仪

公共关系实务工作是组织公共关系理念和公共关系方案在实践中具体操作的过程，在这一过程中必须讲求和遵循相应的礼仪或礼节规范。

一、迎送礼仪

(1) 事先了解来宾的背景资料，如年龄、性别、身份、来访目的、来访时间长短等。

(2) 确定迎送规格。根据背景资料，按照与客人对口、对等的原则，确定级别相当的人员或组织出面迎送。如果由于其他原因，级别相当的人员或组织不能出面，可灵活变通为职位相称者或副职人员代替，但要向客人解释，说明原因，表示歉意。

(3) 食宿及活动安排恰当。如食宿由对方自付或回去报销的，要按对方规定安排，不使对方难堪；如果食宿由接待方负责的，安排要与其身份相宜，标准不能太高，也不可过低。备齐接待用品，安排好就餐宴请，布置好会见场所。

（4）掌握迎送时间。迎送人员应提前到达飞机场、火车站和轮船码头等候；送客时，无论是在门口还是在机场、码头、车站，都要待客人走远或在交通工具启动后挥手道别。送行时应根据情况或陪同前往，或在客人登机、上车、上船前到达，如果有仪式则应于仪式前到达。

（5）注意迎送陪同礼节。客人抵达见面时，应主动上前热情握手，问候并做相应介绍或自我介绍；主动帮助客人提行李（但不要拿客人公文包或手提包）；安排客人乘车和在会客室会见或会谈，要注意位次礼仪。

（6）做好迎送仪式。如果迎送客人需要有相应仪式，应先准备好迎送文稿，安排好场地及其他人员位次，体现热烈隆重、真诚迎送的气氛。

二、会务礼仪

会议本身是各种人员交流、沟通、认识、了解的场所，会议的交流主要是会议内容本身，而要有效开好会议则要讲求会务礼仪。

（一）会议准备

1. 会议通知

（1）根据会议的主题和会议步骤（议程、程序、日程等具体内容），拟定与会人员名单或范围。

（2）拟定并及时寄发会议通知。

2. 会场选择

（1）大小适中，太大则显空旷，太小则显拥塞。

（2）地点合理，尽可能靠近交通中心（车站、码头），方便与会人员聚散。

（3）附属设施齐全，会场照明、通风、卫生、电话、服务、音响等设备一应俱全。

（4）要有停车场，便于与会人员交通工具停放。

3. 会场布置

（1）气氛适宜。根据会议性质，或隆重庄严、或喜庆热烈、或和谐亲切等，做出相应安排，要有相应标语、会标、花卉、彩灯等，以烘托气氛。

（2）会场形式。根据会议规模与性质，可以采用圆桌式、方桌式、"口"式、"U"式等样式。

（3）座次排列。包括主席台座次和其他与会人员座次，可按汉字笔画式、地理位置式、行业系统式等排列。

4. 事务安排

包括会议文件资料、后勤服务等事宜。

（二）会议进程

（1）迎接与会人员。根据会议性质、规模以及参会者的情况，有关人员要派车分赴车站、机场、码头迎接。

（2）生活安排。会务人员要热情引领参会者签到，然后分送到相应住处并告之会场会议事项。

（3）会场服务。包括茶水供应、会议记录、接转电话等，要由专门人员处理，并遵守会议纪律，不谈论非会议内容，不干扰会议秩序。

（4）会议结束工作。按照会务预先安排，调派车辆欢送与会人员离去，然后清理会场、整理会议记录、会务决算上报等。

三、宴请礼仪

宴请形式有宴会、招待会、茶会、工作餐等。宴会按规格可分为国宴、正式宴会、便宴和家宴，按时间可分为早宴（茶）、午宴、晚宴、夜宴（宵夜），按目的可分为欢迎宴、庆贺宴、答（酬）谢宴、送（告）别宴、朋友聚餐宴等。

（一）宴席的桌次安排

传统中上座的位置，在面向上讲究背北面南即坐北朝南。由于现代建筑风格的多样化，人们便习惯于把面对门的位置定为上座，故宴请中主座的位置即面向餐厅正门的位置。

按国际惯例，桌次高低以离主桌位置远近而定，右高左低，有左、中、右之别时，中尊右高左低。桌数较多时，要摆桌次牌，既方便宾、主，也有利于管理。

由两桌组成的小型宴会，当两桌横排时，其桌次以右为尊，以左为卑（面门定位）。当两桌竖排时，其桌次则讲究以远为上，以近为下。这里所谓的远近，是以距正门的远近而言的（以远为上）。由三桌或三桌以上所组成的宴会。通常它又叫多桌宴会。在桌次的安排时除了要遵循"面门定位""以右为尊""以远为上"这三条规则外，还应兼顾其他各桌距离主桌，即第一桌的远近。通常距主桌越近，桌次越高；距离主桌越远，桌次越低。

（二）宴请的座位安排

正式宴请，一般均排座位，席位高低以离主宾的座位远近而定；有时是排出部分客人的座位，其他人只排桌次或自由入座。要在入席前通知到每一个出席者，现场还要有人引导。

排列位次的方法是主人大都应当面对正门而坐，并在主桌就座；举行多桌宴请时，各桌之上均应有一位主桌主人的代表就座，其位置一般与主桌主人同向，有时也可面对主桌主人；各桌之上位次尊卑，应根据其距离该桌主人的远近而定，以近为上，以远为下；各桌之上距离该桌主人相同的位次，讲究以右为尊，即以该桌主人面向为准，其右为尊，其左为卑。

安排次序以礼宾次序为主要依据。我国习惯按个人本身职务排列，以便交谈和餐饮。如果夫人出席，通常把女方安排在一起，即主宾位于男主人右上方，其夫人坐在女主人右上方。按外国习惯，主桌上男女穿插安排，以女主人为准，主宾在女主人右上方，主宾夫人在男主人右上方；其他人员或宾客按其身份、职务穿插安排，或按性别分主宾穿插排列。

在具体安排席位时，除根据上述基本规则外，还要充分考虑其他实际情况。例如：

客人之间关系紧张者，应尽量避开安排；而对身份大体相同或从事同一专业者，可安排在一起。席位排妥后，要着手写座位卡；便宴、家宴可以不放座位卡，但主人对客人的座位也要有大致安排。

（三）吃西餐的礼仪

1. 上菜顺序

西餐上菜的一般顺序是开胃菜→汤→鱼→肉→色拉→甜点→水果→咖啡或茶等。菜肴从左边上，饮料从右边上。

2. 餐巾使用

入座后先取下餐巾，打开，铺在双腿上。

3. 刀叉使用

吃西餐时，通常用左手持叉、右手持刀。用叉按住食物，用刀子切割，然后用叉子叉起食物送入口中，切不可用刀送食物入口。

案例讨论与项目实训

一、案例讨论

（一）案例描述

案例一

北京伟华贸易公司公关部招聘工作人员，由于待遇优厚，应者如云。中文系毕业的小李同学前往面试，她的背景材料可能是最棒的：大学四年中，在各类刊物上发表了3万字的作品，内容有小说、诗歌、散文、评论、政论等，还为六家公司策划过周年庆典，一口英语表达也极为流利，书法也堪称佳作。小李五官端正，身材高挑、匀称。面试时，招聘者拿着她的材料等她进来。这时，小李穿着迷你裙，露出藕段似的大腿，上身是露脐装，涂着鲜红的唇膏，轻盈地走到一位考官面前，不请自坐，随后跷起了二郎腿，笑眯眯地等着问话，孰料，三位招聘者互相交换了一下眼色，主考官说："李小姐，请你回去等通知吧。"她喜形于色："好！"挎起小包飞跑出门。

案例二

焦雪梅是一名白领丽人，她机敏漂亮，待人热情，工作出色，因而颇受重用。有一回，焦小姐所在的公司派她和几名同事一道，前往东南亚某国洽谈业务。可是，平时向来处事稳重、举止大方的焦小姐，在访问那个国家期间，竟然由于行为不慎而招惹了一场不大不小的麻烦。

事情的大致经过是这样的：焦小姐和她的同事一抵达目的地，就受到了东道主的热烈欢迎。在为他们举办的欢迎宴会上，主人亲自为每一位来自中国的嘉宾——递上一杯当地特产的饮料，以示敬意。轮到主人向焦小姐递送饮料之时，是"左撇子"的焦小姐不假思索，自然而然地抬起自己的左手去接饮料。见此情景，主人骤然变色，对方没有把那杯饮料递到焦小姐伸过去的左手里，而是非常不高兴地将它重重放在餐桌上，随即理都不理焦小姐就扬长而去了，大家觉得非常纳闷和不解。

（二）提出问题

1. 阅读案例一，请回答下列问题：

（1）请根据阅读材料分析，李小姐的应聘为什么会失败？她在应聘中存在的主要问题是什么？

（2）如果你是李小姐，你将怎样在这次应聘活动中通过个人形象塑造获得面试成功？

2. 阅读案例二，请回答下列问题：

（1）焦小姐的"行为不慎"指的是什么？

（2）为什么会由此而招惹了一场不大不小的麻烦呢？

（三）讨论步骤

1. 分组讨论，选出代表在班级交流、发言。
2. 教师根据学生讨论发言情况点评总结。

二、项目实训

项目：根据下面的材料，进行情景模拟表演

（一）实训目标

1. 通过本次实训，培养公关人员的人际沟通与公共关系礼仪技巧，如与领导、与下属、与同事、与客户相处的技巧。
2. 正确理解公关礼仪与人际沟通的重要性，排除沟通障碍，提高公关礼仪素质与公关沟通能力。

（二）背景材料

场景一

人物：杭州市华维电器有限公司总经理、公关部李经理、外商2人、王厂长、下属小张、公司运输部职员小韩。

公关部李经理上班后本来要处理两件事，一是接待外商，二是代替外出的于总经理听取下属厂长的汇报。这时下属小张来电话说他生病不能来上班，原来安排好的上午由他接待上级一个检查团的工作接待不了。这时，运输部职员小韩来电说公司的一辆货车在214国道上因某种还不清楚的原因被扣留了。

问题：如果你是公关部李经理，你将如何应急处理这些事项？

场景二

人物：公关部周经理、胡记者、钱摄影师、公司于总经理、职员小马与小郑上午10点左右，胡记者和钱摄影师来到明仑电器公司。电器公司的职员都慌了，因为他们还在布置会场，更何况公司于总经理还没有到。打电话给总经理，总经理说："怎么这么早就来了，我这边还在谈生意呢，你们先接待一下，请记者坐坐，说我马上就到。"这次记者采访的是有关一位姓陈的顾客购买了此电器公司的空调，结果空调不知什么原因发生了爆炸，消费者陈某找到了维修中心，要求赔偿，却遭到维修中心服务人员的拒绝。消费者陈某一气之下，把这事告到了电视台。本来电视台说下午来采访，没想到现在就来了。见于总经理没有在场，记者很不高兴，认为于经理是故意避开他们，并表示于总经理再不来他们就走了。而公司于总经理至少还有30分钟才到。

问题：请问这时公关部周经理应该怎么处理？请学生说明公关部周经理在这种情况下的处理原则，并把处理的过程模拟出来。

（三）实训设计

1. 将班级同学分为5~7人的小组，采取学生分组进行，模拟训练，提出实现良好公关礼仪的建议和做法。

2. 自行设计、分配角色，布置表演场景，每个小组上台展示实现处理相关公关问题的建议和做法。

3. 由各小组代表对每个小组的模拟内容进行评比打分，由教师进行点评。

4. 评分标准：学生互评占50%，教师评分占50%。

模拟表演评分表

评分项目	得分	教师点评
仪容仪表（20%）		
仪态（20%）		
语言表达能力（20%）		
应变能力（10%）		
专业素质（15%）		
综合印象（15%）		

参考文献

1. 廖为建:《公共关系学简明教程》,中山大学出版社 2004 年版
2. 潘彦维、杨军:《公共关系》,北京师范大学出版社 2007 年版
3. 陆季春、田玉军:《公共关系实务教程》,经济科学出版社 2008 年版
4. 何伟祥:《公共关系原理与实务(第二版)》,东北财经大学出版社 2006 年版
5. 何修猛:《现代公共关系学(第二版)》,复旦大学出版社 2007 年版
6. 朱权:《公共关系基础与实务》,机械工业出版社 2007 年版
7. 栗玉香:《公共关系》,东北财经大学出版社 2001 年版
8. 黄昌年:《公共关系学教程》,浙江大学出版社 2004 年版
9. 胡锐、奕德泉:《现代公共关系实务》,浙江大学出版社 1994 年版
10. 范云峰、王珏:《营销广告策划》,中国经济出版社 2004 年版
11. 赵文明:《公关智慧168》,机械工业出版社 2006 年版
12. 陶应虎、顾晓燕:《公共关系原理与实务》,清华大学出版社 2006 年版
13. 张玲莉:《公共关系原理与实务(修订版)》,高等教育出版社 2007 年版
14. 刘厚钧:《公共关系理论与实务》,电子工业出版社 2007 年版
15. 张岩松:《公共关系案例精选精析(第三版)》,中国社会科学出版社 2006 年版
16. 中国高等教育学会秘书专业委员会:《秘书与公共关系》,人民出版社 2007 年版
17. 中国国际公共关系协会:《最佳公共关系案例》,清华大学出版社 2007 年版
18. 熊卫平:《现代公关礼仪(第二版)》,高等教育出版社 2007 年版
19. 曾琳智:《新编公关案例教程》,复旦大学出版社 2006 年版
20. 吴建勋、于建华、丁华:《公共关系案例与分析教程》,中国物资出版社 2002 年版
21. 熊源伟:《公共关系案例》,安徽人民出版社 1990 年版
22. 萨菲尔:《强势公关》,机械工业出版社 2002 年版
23. 吕维霞:《案说公共关系》,对外经贸大学出版社 2002 年版
24. 沈永祥:《公共关系学》,化学工业出版社 2005 年版
25. 方世南:《公共关系案例分析》,中国商业出版社 1999 年版
26. 万力:《名牌CI策划》,中国人民大学出版社 1997 年版
27. 李道平:《公共关系学》,经济科学出版社 2005 年版
28. 游昌乔:《危机公关:中国危机公关典型案例回放及点评》,北京大学出版社 2006 年版